安徽省"一流教材"

当代世界经济与政治

第 7 版

主　编◎吴玉才　杨　荣
副主编◎汪志伟　刘庆炬　孙自胜

北京师范大学出版集团
BEIJING NORMAL UNIVERSITY PUBLISHING GROUP
安徽大学出版社

图书在版编目(CIP)数据

当代世界经济与政治/吴玉才,杨荣主编.—7版.—合肥:安徽大学出版社,2020.1(2024.1重印)

ISBN 978-7-5664-1992-7

Ⅰ.①当… Ⅱ.①吴… ②杨… Ⅲ.①世界经济－高等学校－教材②国际政治－高等学校－教材 Ⅳ.①F112②D50

中国版本图书馆 CIP 数据核字(2020)第 010659 号

当代世界经济与政治(第7版)

吴玉才　杨　荣　主编

出版发行:	北京师范大学出版集团 安 徽 大 学 出 版 社 (安徽省合肥市肥西路 3 号 邮编 230039) www.bnupg.com www.ahupress.com.cn
印　　刷:	合肥创新印务有限公司
经　　销:	全国新华书店
开　　本:	787 mm×1092 mm　1/16
印　　张:	18.25
字　　数:	378 千字
版　　次:	2020 年 1 月第 7 版
印　　次:	2024 年 1 月第 6 次印刷
定　　价:	39.00 元

ISBN 978-7-5664-1992-7

策划编辑:姜　萍　胡国娥　王　黎　　　装帧设计:李伯骥
责任编辑:姜　萍　王　晶　　　　　　　　美术编辑:李　军
责任印制:陈　如

版权所有　　侵权必究

反盗版、侵权举报电话:0551－65106311
外埠邮购电话:0551－65107716
本书如有印装质量问题,请与印制管理部联系调换。
印制管理部电话:0551－65106311

目 录

绪　论 /001

第一章　当代世界经济的发展变化与基本趋势 /006
第一节　战后世界经济格局的形成与演变 /007
一、当代世界经济的主体及运行机制 /007
二、战后世界经济的迅速发展 /010
三、战后世界经济格局的演变 /011

第二节　当代世界经济发展的趋势与特点 /020
一、经济全球化在曲折中发展 /020
二、综合国力竞争日趋激烈 /022
三、市场经济体制在全球范围内运行 /025
四、新科技革命产生深远影响 /026
五、全球经济治理体系新发展 /028

第三节　当代世界经济发展面临的问题 /031
一、世界经济发展不平衡加剧 /032
二、世界经济可持续发展问题严峻 /032
三、世界经济发展影响因素增多 /038

第二章　当代世界政治的发展变化与基本趋势 /045
第一节　战后世界政治格局的形成与演变 /046
一、当代世界政治的行为主体与运行机制 /046
二、雅尔塔体制的确立 /050
三、战后两极政治格局的形成 /052
四、两极政治格局的演变 /056
五、两极政治格局的终结 /061

第二节　冷战后当代世界政治发展的趋势与特点　　/ 063
　　　　一、世界进入新旧格局过渡时期　　/ 063
　　　　二、多极化在曲折中发展　　/ 064
　　　　三、冷战后当代世界政治发展的基本特点　　/ 067

第三章　当今时代主题与建立国际新秩序　　/ 083
　　第一节　当今时代主题　　/ 084
　　　　一、时代主题的转换　　/ 084
　　　　二、当今世界和平与发展问题　　/ 092
　　　　三、世界处于百年未有之大变局　　/ 100
　　第二节　建立国际新秩序　　/ 102
　　　　一、国际秩序的形成和演变　　/ 102
　　　　二、国际旧秩序的特征与实质　　/ 106
　　　　三、建立国际新秩序的不同构想　　/ 108
　　　　四、建立公正、合理国际新秩序的长期性和艰巨性　　/ 113

第四章　战后发达资本主义国家的经济与政治　　/ 115
　　第一节　发达资本主义国家的经济　　/ 116
　　　　一、战后发达资本主义国家经济的较快发展　　/ 116
　　　　二、发达资本主义国家经济体制和社会政策的调整　　/ 118
　　　　三、发达资本主义国家的主要经济模式　　/ 121
　　　　四、发达资本主义国家的现实困难和深层矛盾　　/ 122
　　第二节　发达资本主义国家的政治　　/ 123
　　　　一、发达资本主义国家的政治制度及其实质　　/ 123
　　　　二、战后发达资本主义国家政治的新变化　　/ 124
　　　　三、发达资本主义国家面临的社会、政治问题　　/ 126
　　第三节　发达资本主义国家的外交战略和对外关系　　/ 126
　　　　一、发达资本主义国家的总体外交状况　　/ 127
　　　　二、奉行单边主义的美国　　/ 128
　　　　三、一体化进程中的欧洲　　/ 137
　　　　四、谋求政治大国的日本　　/ 143

第五章　战后发展中国家的经济与政治　　/ 151
　　第一节　发展中国家的崛起及其国际地位　　/ 152
　　　　一、发展中国家的崛起　　/ 152
　　　　二、发展中国家在世界政治经济中的地位和作用　　/ 156

	第二节	发展中国家的经济政治发展	/158
		一、发展中国家的经济	/158
		二、发展中国家的政治	/163
	第三节	发展中国家的对外政策与对外关系	/170
		一、和平、中立和不结盟的对外政策	/171
		二、发展中国家对外政策的共同点	/171
		三、发展南南合作	/172
		四、改善南北关系	/177

第六章　战后社会主义国家的经济与政治　/182

第一节　战后社会主义国家的发展壮大　/183
　　一、战后社会主义从一国到多国的发展　/183
　　二、社会主义国家的经济与政治　/184
　　三、社会主义国家的对外政策和对外关系　/187
第二节　社会主义国家的改革与探索　/191
　　一、苏联社会主义模式　/192
　　二、社会主义国家的改革　/194
　　三、苏联解体和东欧剧变　/197
第三节　正确认识社会主义的历史进程　/202
　　一、中国特色社会主义进入新时代　/202
　　二、其他社会主义国家的新探索　/203
　　三、正确认识社会主义发展的历史进程　/205

第七章　转型国家的经济与政治　/207

第一节　经济制度的转型　/208
　　一、经济制度转型概述　/208
　　二、独联体国家的经济转型　/209
　　三、东欧国家的经济转型　/211
　　四、经济转型的结果　/212
第二节　政治制度的转轨　/214
　　一、政治制度转轨概述　/214
　　二、独联体国家的政治制度转轨与特点　/214
　　三、东欧国家的政治制度转轨与现状　/216
第三节　外交政策的演变　/218
　　一、独联体国家对外政策的重大调整　/218
　　二、东欧各国对外政策的变化　/219

第四节　俄罗斯的经济政治　　　　　　　　　　　　/ 220
　　一、俄罗斯的经济转型　　　　　　　　　　　　/ 221
　　二、俄罗斯政治体制变化　　　　　　　　　　　/ 228
　　三、俄罗斯的外交政策及对外关系　　　　　　　/ 234

第八章　和平发展的中国　　　　　　　　　　　　　/ 243
第一节　中国对外关系的发展与外交政策的调整　　　/ 244
　　一、中国对外关系的发展　　　　　　　　　　　/ 244
　　二、中国外交政策的基本原则　　　　　　　　　/ 256
第二节　与时俱进的外交战略　　　　　　　　　　　/ 261
　　一、新时期外交战略的形成　　　　　　　　　　/ 262
　　二、新时期外交战略的发展　　　　　　　　　　/ 266
　　三、习近平外交思想与实践　　　　　　　　　　/ 270
第三节　中国的国际地位和作用　　　　　　　　　　/ 276
　　一、国际地位提升明显　　　　　　　　　　　　/ 276
　　二、中国在多极化进程中的作用　　　　　　　　/ 279

参考文献　　　　　　　　　　　　　　　　　　　/ 281

后　记　　　　　　　　　　　　　　　　　　　　/ 284

再版后记　　　　　　　　　　　　　　　　　　　/ 285

绪 论

学习要点

- 本课程的目的是教育大学生以马克思主义为理论指导,观察和分析当代世界经济与政治。
- 本课程的突出特点是它的生动性、综合性和现实性都很强。
- 本教材的结构可分为总论、分论和专论三大部分。
- 学习本课程要用经济与政治的辩证关系、矛盾的方法和联系的观点、以国家利益为出发点去分析和认识世界。

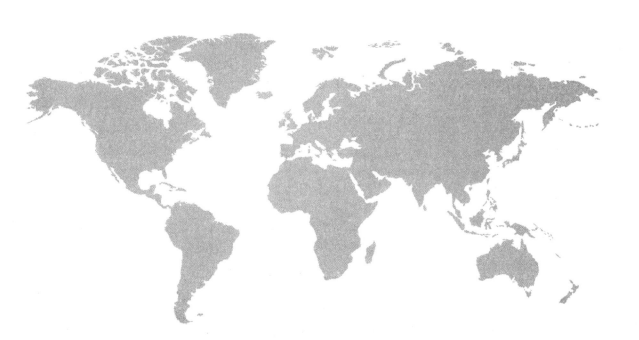

一、"当代世界经济与政治"的课程地位

"当代世界经济与政治"是教育部规定的高校思想政治理论课课程体系的组成部分之一。学习本课程的目的：教育大学生以马克思主义为理论指导，观察和分析当代世界经济与政治。具体来说，就是使学生能够用马克思主义的宽广眼界来观察和认识世界，掌握当今时代特征和总体国际形势；了解和把握当代世界经济与政治，国际关系演变及其发展趋势、特点和面临的主要问题；了解和认识主要国际力量在世界经济、政治中的地位和作用以及它们的对外战略；了解和认识其他社会主义国家的成败和发展中国家谋求发展的得失，实事求是地分析和判断发达国家发展的基本态势和矛盾；全面认识中国的外交战略、方针、政策与国际地位和作用，树立为国家富强和民族复兴、为人类的共同繁荣与进步而奋斗的信念。

改革开放以来，中国与世界的联系日益密切，中国人民与世界各国人民的交往也日益增多，特别是在经济全球化背景下，正确认识国际形势、掌握大国政治经济动向、科学评价中国的国际地位和作用具有重要意义。当今世界正处在大发展大变革大调整时期，国际力量对比出现新态势，大国关系进行深化调整，国与国的相互依存日益紧密；中国的国际地位与作用不断增强，在国际事务上的话语权日益提升，对维护世界和平的影响力不断扩大；重视对国情和世情的调查研究，并由此确定自己的战略策略，是中国共产党优良传统和实事求是思想路线的重要体现。因此，了解和正确认识世界，掌握世界经济、政治和国际关系基本知识，对于提高当代大学生的素质尤为重要。开设"当代世界经济与政治"这一思想政治理论课，正是为了适应这一客观要求。

当今中国正处在全面建成小康社会、开创中国特色社会主义事业新局面的关键时期。中国社会主义现代化建设的国际大背景是怎样的？在经济全球化的浪潮中，中国面临的机遇与挑战是什么？社会主义和资本主义两种制度将怎样发展？世界发展的前景如何？这些都需要我们运用马克思主义的立场、观点、方法，系统、科学地加以说明。

二、"当代世界经济与政治"的课程特点

"当代世界经济与政治"的突出特点是它的生动性、综合性和现实性都很强。

第一，这是一门十分生动的马克思主义理论教育课程。不同于其他四门思想政治理论课，它是把马克思主义理论教育的功能和马克思主义原理寓于当代世界经济、政治以及国际关系的分析和知识传授之中，使大学生学会运用马克思主义的立场、观点和方法来观察世界、了解世界。同时，这门课程也不同于"形势与政策"课只限于一个时期或一个事件的介绍和分析，它要求对当代世界经济与政治的发展作宏观性的综合分析，对其发展趋势和前景作出合乎科学的预测，并揭示出世界经济与政治发展的规律。

第二，这是一门综合性较强的课程。从课程内容上看，它既涉及当代世界历史、国际关系史、外交史、世界经济、世界政治、国际关系、国际法、国际贸易、国际金融等学科领

域,也涉及一些重要国家的经济和政治,以及我国的对外关系和对外政策等多方面内容;同时涉及世界经济、政治、军事、外交、科技、文化、思想等方面的相关知识,其具有多学科、多领域的综合性质。从课程的研究对象上看,它不只是世界经济与世界政治的简单相加,还是世界经济、世界政治和国际关系三个学科综合而成的一门学科,有着自己特定的研究对象。从广义上理解,世界政治是全球范围内的各种政治制度,各行为主体的政治势力、规模和相互关系,以及战争、和平、强权、民主等政治现象的总和,其中包含国际政治关系,但比国际政治关系的内涵更丰富。世界经济是世界范围内的各种经济制度,各行为主体的经济实力、规模和各种经济关系,是世界生产、分配、交换、消费等经济活动的总称,其中包括国际经济关系,但不局限于国际经济关系。国际关系可以概括为国际社会各行为主体之间的关系,它包括国际政治关系,国际经济关系,国际法律、文化、宗教关系等。国际政治关系是国际关系的本质反映,国际经济关系是国际关系的基础,其他关系是国际政治关系的实现手段或表现形式。可见,这三者既相互独立、自成系统,内容上又有交叉、重叠。

第三,这是一门现实性很强的课程。总体上说,这门课程的内容主要是第二次世界大战结束至今的世界经济与政治发展情况。无论是对世界经济发展历史进程的分析,还是对世界政治历史演变的探索,其目的都不仅在于了解当代世界经济与政治发展的基本现状,还在于更好地把握当今世界经济与政治发展的基本趋势、特点,把握当代世界经济与政治发展的基本规律。这门课程中的许多内容与现实联系非常紧密,都是我们能够从报刊上读到、从广播中听到、从电视中看到、从网络中浏览到的热点问题。

三、"当代世界经济与政治"教材编写的思路

从结构体系上看,本教材由八章组成。教材结构可分为三大部分,即总论、分论、专论。总论部分包括第一、二、三章,从整体上以二战后至今世界经济与政治的发展变化为主线,对当代世界经济、世界政治、世界主题与国际秩序三大全球性问题进行宏观概括和综合分析,从三个视角阐述二战后国际社会的发展历程。分论部分包括第四、五、六、七章,分别阐述发达资本主义国家、社会主义国家、发展中国家、转型国家这四种类型国家二战后经济、政治和外交关系的演变。专论部分即第八章,中国的国际地位和对外关系单独成章进行重点研究,突出了中国的国际地位和作用。教材的结构体系,充分体现了这门课程结构的系统性和知识的完整性,真实而科学地概括和介绍了当代世界经济与政治的全貌。从中我们可以看到,这是一个纵横交错的课程体系。从纵向看,既要对二战以来的世界经济与政治发展过程进行历史的回顾,又要分析当今世界经济与政治的基本现状,并考察世界经济与政治发展的基本趋势。从横向看,既要从全球的角度来分析考察,又要从地区和国家的角度来分析考察;既要分析考察当代世界资本主义,也要分析考察当代世界社会主义;既要分析考察其他大国的对外关系和对外政策,也要分析考察我国在国际舞台上的地位和作用。

教材的撰写突出该学科的前沿性。"当代世界经济与政治"是一门研究世界现实和历史问题的学科。一方面,我们努力反映近年来国际形势发展的最新态势、最新事件和最新问题,尤其是当代世界经济与政治的热点问题;另一方面,我们努力贯彻落实党的十八大精神,将习近平的外交理念和实践写进教材。

四、"当代世界经济与政治"的学习方法

第一,要从经济与政治的辩证关系角度去分析和认识世界。从二战后国际关系的发展、苏联的解体、政治格局的演变、经济和科技地位的提升等都可以清楚地看到,世界经济与政治是紧密相连的,它们相互影响,相互制约。从中我们还可以看到,经济是第一位的,是国家、民族赖以存在的基础,是国家、民族赖以发展的基本条件;各国间的经济关系是各种国际关系的基础;经济利益是国家利益中最基本、最核心的利益;二战后以来的国际关系和世界政治的变化,其原动力都来自于世界经济和科技的发展。人类社会的发展和进步并不是沿着直线上升的,而是曲折发展的。资本主义如此,社会主义也不例外。就社会主义国家来说,由于国内的和国际的各种复杂因素的作用,在发展过程中出现一定程度的停滞、曲折,甚至倒退,并不是一个奇怪的现象。从这个角度来看待苏联的解体、东欧的剧变,我们就不会为社会主义发展的暂时曲折而丧失信心。相反,我们还会从苏东剧变中吸取教训,努力把马克思主义的基本理论与本国实际相结合,继续推动社会主义向前发展。

第二,要用矛盾的方法和联系的观点去分析和认识世界。当代世界本来就是一个充满矛盾的世界。在这个世界中,有不同社会制度国家之间的矛盾,又有社会制度相同国家之间的矛盾;有民族矛盾、种族矛盾、宗教矛盾以及文化传统和意识形态之间的矛盾,又有领土争端、边界冲突;有经济竞争和摩擦,又有政治对抗与文化冲突等。当今世界各国之间的经济联系日益加深,生产布局、投资走向、金融往来、科技开发、人才培养乃至环境保护,都跨越了国界。任何一个国家要想脱离世界,都是不可能的,每一个国家都必须走开放之路,以积极的态度融入世界。但是,正是经济全球化趋势,才使得全球化的某些负面影响具有世界性,即使是在某一地区或某一国家发生的问题往往也会影响和波及整个世界,正因为如此,和平问题、地区冲突问题、世界经济的持续发展问题、生态环境问题、走私贩毒问题、核武器扩散问题、恐怖主义问题等才越来越成为国际社会关注的焦点。在认识某一国际问题和事件时,必须用联系的、系统的、辩证的观点去分析。只有这样,才能认清某些国际问题的本质,才能真正认识到对外开放的重要性,才能自觉地参与国际事务。

第三,要以国家利益为出发点去分析和认识世界。所谓"国家利益",指的是一个国家维护和创造本国大多数居民共同生存和发展所必需的多种因素的综合。国家利益主要是由安全利益、经济利益、政治利益所构成。在当代世界,国家仍然是主要的行为主体,国家利益是国家对外活动的出发点和归宿。对外政策本质上是国内政策的延伸,其

主要目的是维护本国的主权独立、领土完整和国家的繁荣富强。发展与外国的政治、经济、文化往来的主要目的还在于国家利益。从冷战结束后的国际关系来看,在经济全球化迅速发展的同时,不同的国家利益所导致的矛盾和冲突也越来越多。我们既要反对不顾国家利益的所谓"全人类利益高于一切"和"人权高于主权"等脱离国际现实的错误观点,又要反对不顾国际关系准则,把本国利益完全置于他国利益之上的霸权主义和强权政治;既要遵循国际法的基本原则,积极捍卫自己国家正当的国家利益,又要善于国际合作和协调,维护国际社会的共同利益。

第一章
当代世界经济的发展变化与基本趋势

|学|习|要|点|

- 第二次世界大战结束以来,科技革命日新月异,世界范围内的生产、贸易、金融和国际投资迅速发展,经济结构调整和经济体制改革方兴未艾。
- 二战后以美苏为首的两极经济格局形成。20世纪70年代到20世纪80年代中期,在资本主义世界中,美国、欧共体、日本三足鼎立的局面日益明显,世界经济向多极化方向转变。
- 世界经济正以前所未有的速度朝着全球化、区域化、市场化方向推进,在经济关系、经济体制、经济结构方面出现了许多新情况和新特点,深刻影响着世界经济和国际社会的未来发展方向。
- 20世纪90年代以来,人口、粮食、能源、水资源、生态环境等一些全球性经济问题仍然十分突出,发达国家与发展中国家的经济发展严重不平衡,南北差距进一步扩大。

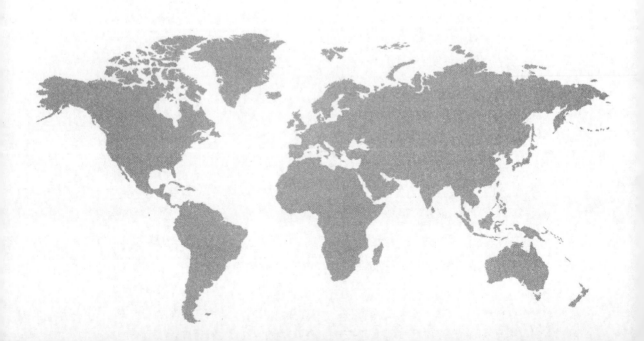

第一节 战后世界经济格局的形成与演变

世界经济是社会生产力发展到一定历史阶段的产物。它是世界各国和地区在经济相互联系中所形成的一定国际生产关系的统一体。第二次世界大战后,世界经济进入了迅猛发展的崭新阶段,特别是在新科技革命的推动下,无论是生产力的发展,还是经济体制的改革和国际经济关系的变化,都有重大突破。冷战结束后,振兴经济、发展经济成为时代主旋律,经济在国际社会中的地位和作用更加突出,世界经济体系的基本结构决定了世界主要力量的构成和变化。

一、当代世界经济的主体及运行机制

(一)当代世界经济的主体

1. 世界经济主体的含义

世界经济主体是指在世界范围的经济活动之中,能够独立参与国际经济事务并对其发展变化产生一定影响的经济实体。在世界经济运行体系中,经济主体包括两大类:一类是主权国家所构成的基本行为主体;另一类是非国家的经济行为主体,如跨国公司、地区或国际性经济组织和机构。在当今世界经济关系中,以主权国家为单位的经济行为主体依然是影响世界经济发展、世界经济格局最主要和最基本的行为主体。

2. 世界经济的基本主体

世界经济的发展总是力图冲破国家的疆界,把各国经济融合为一个有机整体,但这并不意味着世界经济的各个组成部分将变成性质单一、结构相同的无差别经济体。实际上,迄今为止,主权国家依然是世界经济运行的基本主体。世界上有近200个主权国家,按社会制度划分,大体可以分为社会主义国家和资本主义国家;按经济发展水平划分,大体可以分为发达国家和发展中国家,其中,发展中国家经过二战后几十年的演化又可以划分为多种类型。当今世界范围的经济联系和竞争,就是在这两种制度、多种类型的国家之间展开的。

3. 世界经济的非国家主体

世界经济中非国家的经济行为主体主要有跨国公司、地区或国际性经济组织和机构。

(1)跨国公司。跨国公司是指在两个或两个以上国家设立子公司或分支机构,同时进行国际规模的生产、销售、投资和其他经营活动的公司企业。早在1999年,全球跨国公司贸易额就占到全球贸易总额的60%,境外直接投资占国际直接投资的90%以上。到2008年,世界排名前250名的大型跨国公司的总销售额大约相当于全球生产总值的

1/3，有 100 多家跨国公司的年销售额超过 500 亿美元，而全球仅有 60 个国家的国内生产总值超过这一数字。跨国公司已经成为掌握国际经济命脉的重要主体，在世界经济舞台上发挥着特殊作用。

(2)国际经济组织。国际经济组织是世界经济运行过程中的一种组织协调机构，主要有国际货币基金组织、世界银行和世界贸易组织。

国际货币基金组织(International Monetary Fund)是根据 1944 年 7 月 44 个国家在美国新罕布什尔州召开的布雷顿森林会议通过的《国际货币基金协定》成立的全球性国际金融机构。1946 年 3 月正式成立，1947 年 3 月 1 日开始活动，1947 年 11 月 15 日成为联合国所属专营国际金融业务的机构，总部设在华盛顿，会员包括 189 个国家和地区，其中 39 个国家为创始会员国。

世界银行(World Bank)根据布雷顿森林会议有关协议成立的与国际货币基金组织密切联系、相互配合的全球性国际金融机构，是联合国的专门机构之一，现有成员国 189 个。世界银行与国际开发协会、国际金融公司、多边投资担保机构、国际投资争端解决中心五部分共同组成了世界银行集团。世界银行最初的任务是解决二战后初期所出现的经济问题，即通过担保吸引美国私人资本参加欧洲的重建。随着世界经济政治形势的变化，世界银行也发生了深刻变化。目前，世界银行主要向发展中国家提供长期贷款和技术协助来帮助这些国家实施它们的反贫穷政策。世界银行的贷款被用于非常广泛的领域，从医疗和教育系统的改革到环境保护和基础设施的建设。

世界贸易组织(World Trade Organization，简称 WTO)于 1995 年正式成立，是制定国际贸易规则、解决贸易争端的场所，有"经济联合国"之称。它以防止贸易保护主义，促进公开、公平、公正的国际自由贸易为宗旨。世界贸易组织有 164 个成员，世界贸易的 97% 是在 WTO 成员之间进行的。WTO 的前身是关税与贸易总协定(GATT)。世界贸易组织的目标是建立一个完整的、更具有活力和永久性的多边贸易体制。世贸组织的基本原则有非歧视贸易原则，包括最惠国待遇和国民待遇条款等，世贸组织所规范的范围包括货物贸易、服务贸易、技术贸易三个领域与知识产权保护等许多方面。

(二)当代世界经济的运行机制

1. 国际贸易促进世界经济增长

第二次世界大战后，世界政治和经济领域都发生了一系列深刻变化：亚非拉殖民地和半殖民地国家相继取得民族独立，走上发展民族经济的道路；以跨国公司为载体的国际资本流动获得迅猛发展；地区经济一体化和经济全球化趋势增强；国际贸易协定和组织方面在二战后出现了关税与贸易总协定、世界贸易组织等。所有这些都对国际贸易产生了深远影响，使国际贸易在规模、内容、结构等方面发生了巨大的变化。

冷战结束后到 20 世纪末，国际贸易从低迷不振走向快速增长，这一时期引起国际贸易快速增长的主要因素包括新一轮科技革命的驱动、由美国"新经济"引发的世界经济快速增长。此外，世界贸易组织在全球范围内推进贸易自由化，也使国际贸易在这一时期表现突出。1985—1995年,国际贸易量年均增长6%,1995年达到8%,1997年达到9.5%的高增长率。整个90年代,国际贸易的增长速度一直稳定在6.5%的水平。进入21世纪以来国际贸易总体保持增长势头,个别年份波动较大。美国"新经济"的结束和"9·11"恐怖袭击的影响,给21世纪初的世界经济蒙上了一层阴影,国际贸易亦受此影响,2001年国际贸易出现了负增长,2002年开始恢复,从2003年开始呈现强劲增长态势,一直持续到2007年,由于2008年国际金融危机的蔓延,国际贸易增速放缓。

2. 国际金融影响世界经济运行

国际货币体系是为了适应国际经济交往和国际支付的需要,各国政府对货币在国际间的职能作用及其他有关国际货币金融问题所制定的协定、规则和建立的相关组织机构的总称。国际货币体系包括汇率和汇率制度、国际收支调节机制、储备制度等。国际货币体系通常通过建立国际货币金融组织机构、签订金融协议等来实现对国际货币事务的协调与管理。其中,汇率制度最为敏感,汇率制度的变动会直接影响各国的经济利益,因此,确立稳定、持续发展、能为各国认可和遵守的国际汇率制度尤为重要。国际货币体系在演变和发展过程中大致经历了国际金本位制、布雷顿森林体系和牙买加体系三个阶段。现行的国际货币体系是在"牙买加体系"的基础上逐步演化而来的,也被称为"无体系的体系",它既没有统一的汇率安排,也没有明确的本位货币,各国的经济政策行为也难以受到约束。当爆发金融危机时,金融全球化使得各国共同遭受危机影响的程度加深,特别是发展中国家,在这一过程中处于更加弱势的地位,极易受到冲击。20世纪80年代以来,世界各国爆发的多次金融危机,究其根源就是金融全球化与国际货币体系矛盾的凸显。

3. 协调机制保障世界经济运行

世界经济协调,是指两个以上的国家,为了解决涉及当事国各方利益的世界经济领域的问题与矛盾,通过某种形式的协商,采取共同干预行动的行为。在主权国家仍然是国际社会主要行为主体的今天,国家利益依旧是国际关系行为的基本动因。有关国家或国际机构为实现世界经济的稳定对国际经济活动联合进行磋商和调节,由此逐步建立并完善的国际组织和国际会议以及大量国际规则、国际惯例,一起构成当今世界经济的协调机制。

在全球层次,有各种专业性的国际经济组织,包括联合国下属的各有关机构、会议以及后来的世贸组织等。这些全球组织作为各国共同利益的代表,就全球性经济问题展开讨论,制定共同遵守的行为准则,是多边协调的最高层次,其成果具有全球适用性。在地区层次,区域化经济集团进展加快,不仅区域内开展了广泛的合作与交流,而且区域集团之间的协调也有所加强,用以弥补国与国之间协调的不足。在国别层次,两国或多国之间不定期的贸易谈判或定期的协商制度,仍然是各国经常采用的协调方式,能够有效解决一些涉及各方的非常具体的问题。综合上述三个层次,现阶段几乎所有的全球性、地区性以及双边的国际经济活动都被纳入世界经济的协调机制当中。

二、战后世界经济的迅速发展

(一)世界经济的形成与发展

世界经济是人类社会发展到一定阶段的产物。世界经济的形成过程与资本主义的生产方式紧密相连。在资本主义生产方式确立以前,生产力水平低下,自然经济占统治地位,国与国之间的经济联系是局部的、个别的。世界经济的形成大体经历了三个阶段:萌芽期、初步形成期和最终形成期。从15世纪末地理大发现到18世纪60年代西欧产业革命前夕,是世界经济的萌芽时期。15世纪末16世纪初,地理大发现和新航路的开辟,彻底打破了昔日的封闭状态,为世界市场的形成提供了好的地理条件。国际贸易迅速扩大到世界各地,商品种类也随之增加。这个时期,西欧资本主义工场手工业盛行,社会分工和商品生产不断扩大,西欧一些国家的经济活动开始突破国界向外发展,形成了区域性的国际商品市场。从18世纪60年代到19世纪70年代第二次科技革命前夕,是世界经济的初步形成时期。这个时期,欧美等先进国家相继完成了以蒸汽动力为标志的产业革命,资本主义生产从工场手工业过渡到机器大工业,分工由国内扩大到国际,形成了国际分工;对外贸易的规模日益扩大,形成了世界市场;19世纪初轮船和火车的出现,为国际贸易和国际分工提供了交通便利;商品流通广泛发展,出现了世界货币。正如马克思指出:"由于机器和蒸汽的应用,分工的规模已使脱离了本国基地的大工业完全依赖于世界市场、国际交换和国际分工。"[①]从19世纪70年代到20世纪初,是世界经济的最终形成期。这个时期,以电力的发明和应用为标志的第二次科技革命进一步推动了社会生产力的大发展,国际分工向广度和深度发展;19世纪末,电报、电话的出现加强了全球性的经济联系;资本主义从自由竞争阶段进入到垄断阶段,生产和资本进一步国际化;20世纪初,殖民地、半殖民地约占世界总面积的2/3,世界上的殖民地已基本被瓜分完毕,国际上不同经济发展水平的国家和地区都被卷入资本主义国际分工体系中,世界殖民体系的建立,标志着世界经济最终形成。

(二)战后世界经济迅速发展的因素

战后世界经济迅速发展的原因是多方面的,除世界总体和平这一有利于世界经济发展的客观因素外,主要与下列因素有密切关系。

1. 第三次科技革命的强劲推动

战后掀起的第三次科技革命较之18世纪60年代开始的第一次科技革命和19世纪末20世纪初发生的第二次科技革命,其深刻程度和席卷范围是前所未有的,对世界经济的发展产生了巨大影响。新科技革命有力地促进了生产力的发展,包括改变了生产力的状态,实现了生产力的最优组合,极大地提高了劳动生产率,使扩大再生产的条件得到极

---

① 《马克思恩格斯全集》,第4卷,北京:人民出版社,1972年,第169页。

大改善。新科技革命促使社会经济机制发生重大变化，生产组织和管理体制的变革使经济运行的调节机制发生了重大变化，对资本主义经济周期产生了巨大影响。此外，新科技革命加快了生产国际化的进程，促进了国际分工和国际贸易的进一步发展。

2. 各国对经济体制的调整与改革

随着社会生产力的发展和科学技术的广泛应用，以及人们对经济制度和体制认识水平的提高，二战后，发达资本主义国家、社会主义国家和发展中国家都先后进行了不同程度的经济体制调整与改革。其内容主要涉及对经济调节机制、所有制实现形式、国有经济的地位和结构、现代企业组织形式和规模、社会保障体系等的调整与改革。在这一系列调整与改革中，共性的地方是：市场调节和政府干预的结合是各国经济调节体系的发展趋势；不论是资本主义国家还是社会主义国家都在开拓所有制的实现形式；各种类型的国家都相对减小了国有经济在国民经济中的比重，倾向于国有企业在国民经济中必要的存在和合理的分布；建立现代企业制度和企业并购是市场经济主体发展变化的一个共同点；为了维持经济持续发展、保持社会稳定和减少震荡，各国都致力于建立科学合理的社会保障体系。正是这一系列的调整与改革，资本主义国家一定程度上扩大了生产力发展的回旋余地，社会主义国家增强了经济发展的活力和优越性，从而大大促进了世界经济的发展。

3. 经济全球化的积极作用

经济全球化是社会生产力发展的客观要求和必然结果，它反过来又在世界范围内有力地促进了生产力的发展。生产国际化、资本国际化和贸易国际化的发展对生产要素在全球范围内的优化配置起了积极作用。经济全球化大大推动了国际贸易的发展，也加速了全球产业结构调整的进程。发达国家的产业结构朝着高级化方向发展；发展中国家则可以利用发达国家的产业向全球梯度转移的机会，加速自己工业化的进程，使自己的产业结构不断调整。国际资本流动的迅速增加和跨国公司的发展，使发展中国家能够更好地利用国内国外两种资源，一方面可以吸引更多的资金，引进更多的技术，另一方面也可以参与跨国投资、利用海外资源。

4. 国际经济协调对世界经济的积极作用

二战后，世界性和区域性的经济协调机构、合作机构大量涌现，并对世界经济发展起到积极作用。特别是国际货币基金组织、世界银行、关税与贸易总协定等组织，一直是国际经济调节的重要杠杆。关税与贸易总协定曾经举行过八轮多边贸易谈判，使得关税率逐步降低，消除了一些非关税壁垒，促进了世界贸易额的增长。根据"乌拉圭回合"决议，1995年1月1日，世界多边贸易体制的权威性机构——世界贸易组织正式启动，这意味着关税与贸易总协定的历史使命已经完成，世界经济合作进入一个新的时期。

三、战后世界经济格局的演变

(一) 两大经济格局的形成

1. 以美国为首的资本主义经济格局的形成

美国的经济霸权是在第二次世界大战中逐步确立的。战前，欧洲国家凭借先进的工业、技术和雄厚的经济实力,以殖民统治和海外贸易为手段,建立了以欧洲为中心、世界其他地区为外围的世界经济体系。19世纪末以后,由于美国和日本资本主义经济的发展,欧洲的中心地位受到挑战,但直至第二次世界大战爆发,其经济中心地位仍未改变。第二次世界大战不仅中断了世界经济的正常发展,而且造成了巨大的破坏,冲击了欧洲的世界中心地位,使世界经济体系发生了深刻的变化。战争结束时,德国、意大利、日本这些战败国的经济、军事受到沉重打击,战胜国中的英国、法国也是遍体鳞伤。唯独美国在战争中壮大起来,远离战场使它没有像其他国家那样遭受战火的破坏,《战时租借法案》的实施为它生产的军火和过剩的农产品打开了销路。战时美国的工业生产能力提高了1.2倍,实物出口量增加了2倍,进口增加了20%,资本输出增加了34.1%。到1945年,美国独占资本主义世界工业产量的60%,占对外贸易的32.5%以及黄金储备总量的59%。[①]

　　这种一枝独秀的压倒性优势,为美国争夺世界经济霸权提供了物质基础,使美国得以按照自己的设想构筑战后世界经济体系。在国际金融领域,"布雷顿森林协定"建立了以美元为中心的国际货币体系。1945年底,在华盛顿成立了国际货币基金组织(IMF)和国际复兴开发银行[IBRD,即世界银行(WB)]。由于这两个组织内部均遵循按缴纳资金份额的多少决定各国投票权力大小的原则,美国凭借资金优势掌握了相当大的投票权,从而对这两个金融机构进行实际控制。

　　在国际贸易领域,美国积极推动贸易自由化。1947年,美国筹组建立了一个多边性的关税与贸易总协定(简称关贸总协定),主张大幅削减关税及其他贸易障碍,取消国际贸易中的歧视待遇,目的是大量输出本国商品,趁在国际上没有竞争对手之时抢占国际市场。关贸总协定为二战后美国经济的对外扩张提供了便利,客观上对推动国际贸易和世界经济的发展也起到一定作用。它作为布雷顿森林会议的补充,连同"布雷顿森林协定",统称为"布雷顿森林体系",即以外汇自由化、资本自由化和贸易自由化为主要内容的多边经济体制,是美国制定的实现其经济霸权的体制。

◎ 资料卡片

布雷顿森林协定

　　1944年7月,在美国的新罕布什尔州布雷顿森林召开了共有44个国家参加的国际货币金融会议,会议通过了《联合国货币金融会议最后决议书》以及《国际货币基金协定》《国际复兴开发银行协定》两个附件(总称"布雷顿森林协定")。"布雷顿森林协定"建立的以美元为中心的货币体系,实际上是一种国际基金汇兑本位制,包含两个基本要素:一个是美元与黄金的自由兑换,另一个是美元及其他货币的固定汇率制。这就意味着美元成了主要的国际储备货币,可以替代黄金作为国际支付手段,确立了美元在战后资本主义世界金融领域的中心地位。

　　对西欧和日本等资本主义国家,美国采取了扶植政策。1947年6月5日,美国国务卿马歇尔在哈佛大学发表了援助欧洲演说,提出了"欧洲复兴计划",后来被人们称为"马

---

① 王绳祖主编:《国际关系史》,第7卷,北京:世界知识出版社,1995年,第27页。

歇尔计划"。到1952年6月,美国通过"马歇尔计划"共向西欧拨款131.5亿美元,其中贷款只占约1/10,[①]其余部分为赠与,这对西欧经济恢复的促进作用是显著的。1949年美国为日本制定了经济复兴的"道奇路线",在占领地区救济基金和占领地区经济复兴基金的名义下,向日本提供了大量贷款和援助,同时迫使日本在经济上对美国开放,为美国控制日本打下了基础。

对亚非拉民族独立国家,美国则采取新殖民主义的手法。1949年1月20日,杜鲁门在其第二任总统就职演说中提出了援助和开发落后地区的"第四点计划",即通过对亚非拉不发达国家的经济和政治渗透,抑制共产主义的影响,扩展美国的势力范围,这为战后美国处理同民族独立国家的关系奠定了基调。

对社会主义国家,美国则实行经济、技术封锁,遏制社会主义国家的发展。第二次世界大战后,社会主义从一国发展到多国,形成了以苏联为首的社会主义阵营。受战后初期美苏两国国家利益和意识形态对立的影响,苏联等社会主义国家没有参加国际货币基金组织、国际复兴开发银行和关贸总协定,拒绝了美国的贷款和"马歇尔计划"。1947年美国宣布对社会主义国家实行战略物资禁运,1949年11月,操纵英、法、意等15个西方国家成立了"巴黎统筹委员会"(简称"巴统"),严格控制向社会主义国家的出口,导致东西方经济关系的隔绝。

马歇尔计划援助的国家

国　家	1948/1949 (亿美元)	1949/1950 (亿美元)	1951/1952 (亿美元)	总数额 (亿美元)
奥地利	2.32	1.66	0.70	4.88
比利时与卢森堡	1.95	2.22	3.60	7.77
丹麦	1.03	0.87	1.95	3.85
法国	10.85	6.91	5.20	22.96
德国	5.10	4.38	5.00	14.48
希腊	1.75	1.56	0.45	3.66
冰岛	0.06	0.22	0.15	0.43
爱尔兰	0.88	0.45	—	1.33
意大利与的里雅斯特	5.94	4.05	2.05	12.04
荷兰	4.71	3.02	3.55	11.28
挪威	0.82	0.90	2.00	3.72
葡萄牙	—	—	0.70	0.70
瑞典	0.39	0.48	2.60	3.47
瑞士	—	—	2.50	2.50
土耳其	0.28	0.59	0.50	1.37
英国	13.16	9.21	10.60	32.97

---

① 王绳祖主编:《国际关系史》,第7卷,北京:世界知识出版社,1995年,第139页。

2. 以苏联为首的社会主义经济格局的形成

二战后，一系列欧亚国家相继建立了社会主义经济制度，它们互相支持、相互合作，从而在国际经济关系中出现了一种新型的、前所未有的社会主义经济体系。战后初期，虽然社会主义经济体系在力量上无法与资本主义经济体系相抗衡，整个世界经济格局存在明显的不对称，然而，苏联和东欧各国以其独特的经济活动方式与资本主义经济体系进行了激烈较量。针对以美国为首的西方国家的经济封锁和遏制，苏联实施了"莫洛托夫计划"。1947年7—8月，苏联分别与保加利亚、捷克斯洛伐克、匈牙利、波兰等东欧国家签订了贸易协定，以此来抵制和反击"马歇尔计划"，西方把这一系列贸易协定称为"莫洛托夫计划"。该计划是后来经济互助委员会的雏形，主要包括对东欧国家的经济援助以及发展东欧国家对苏联的贸易。它加强了苏联与东欧的经济联系，也限制了东欧同西方的经济往来。

1949年1月5日至8日，苏联、保加利亚、匈牙利、波兰、罗马尼亚、捷克斯洛伐克六国政府代表在莫斯科通过会议磋商，宣布成立经济互助委员会。1949年2月，阿尔巴尼亚加入经济互助委员会。1950年9月，民主德国加入经济互助委员会。1962年蒙古加入经互会。1978年，越南正式加入经济互助委员会。1956—1961年，中国以观察员的身份列席经济互助委员会的例行会议。1961年，中苏关系破裂后，阿尔巴尼亚拒绝接受苏联的指令，于1961年12月宣布停止参与经互会的一切活动。

1949年4月，在莫斯科召开了经济互助委员会第一届会议，会议规定经互会的宗旨是在东欧人民民主国家和苏联之间"建立密切的经济联系"。经互会自成立以来，对各成员国的经济发展起到一定的推动作用，各成员国国民经济有了较大发展。成立初期，各成员国之间的经济合作关系比较正常，经济发展较快。1951—1983年，经互会国家的国民收入增长了7.6倍。经互会国家的人口占世界人口的10%左右，国民收入占世界的25%，工业生产占世界的33%。其经济实力逐渐增强，成为当时世界上一支重要的经济力量。

经互会的经济体制实际上是苏联经济模式的扩大，在苏联的控制之下，经互会的主要目的改变为在"国际分工"的原则基础上，实行"全面的经济合作"和"专业化与协作"，大力推行"经济一体化"。其他成员国的经济计划必须同苏联的计划"相协调"，经互会先后建立了近30个超国家的"国际合作组织"和一些双边及多边合营的"联合公司"。经互会主要机构的负责人均由苏联人来担任，会议的工作语言也是俄语。

在实行经济一体化的同时，一些成员国存在着维护国家主权和民族利益的强烈愿望。由于经互会各成员国之间发展水平的差异和对各自利益的考虑，相互间也有分歧和矛盾。同时，经互会国家同其他发达国家、发展中国家的贸易和信贷等经济联系日益扩大。1970—1984年，经互会国家同欧洲经济共同体的贸易额增长了6.2倍。经济一体化导致其他成员国的经济不能独立自主地发展，并同苏联的经济日益紧密地联系在一起。由于苏联的控制和其他经济政治原因，经互会内部，特别是各成员国与苏联的矛盾日益尖锐。这些矛盾的日益积累和成员国之间不平等的政治经济关系，最终导致经互会的解散。1991年6月28日，在布达佩斯举行的经济互助委员会第46次会议上，经济互助委员会正式宣布解散。

经互会从成立到解散之前，是世界上贸易额仅次于欧共体的区域性经济组织。其对经互会各国之间的经济交流也起到较大的促进作用。但是,经互会在客观上加强了苏联对其他成员国的经济控制,削弱了其社会主义成员国的经济独立性。经互会成立后,苏联与西方的经济往来急剧减少,对外贸易主要是在经互会成员国之间进行,经互会内部贸易占其对外贸易总额的一半以上。这表明苏联的对外经济活动基本上囿于社会主义国家范围,制度和意识形态因素是阻碍世界两大经济体系间经贸关系的主要原因。与此同时,苏联加快经济发展步伐,逐步缩小与美国在经济上的差距。

经互会和"马歇尔计划"在欧洲的分布

◎ 资料卡片

经互会和欧共体的联系与区别

虽然经互会被认为是"东欧国家的欧共体",这两个组织都以经济区域整合和合作为主要目标,但是,两者的经济结构、经济规模和对其他地区的影响都很不相同。

20世纪80年代,欧共体拥有2.7亿人口,其组织的目的是使成员国的经济更加繁荣和更加有效率。其经济目的是占主要的,其成员国也全部是经济发达的西欧国家,成员国之间的平等性也得到较好的尊重,其制定的协议和决议也主要取决于市场因素。

经互会在解散之前,共拥有4.5亿人口,虽然成员国只有10个,但是却遍布欧洲、亚洲和美洲三大洲。成员国之间的经济差异巨大,古巴、蒙古和越南是当时世界上较落后的国家,东欧国家和苏联经济则较为发达。由于苏联在众成员国中的经济、军事和政治方面的巨大影响力,苏联成为该组织的领导者,东欧国家和其他成员国均处于组织的次要地位。苏联在"协调国民经济计划"的旗号下,经常通过制定指引性的计划经济对成员国进行经济上的干预,令其他社会主义国家的经济处于从属地位。另外,经互会并非一个超国家组织,其作出的决议不具有法律约束效应,只要成员国认为其决定有损于本国利益,它可以拒绝执行,但实际上这种情况较少出现。阿尔巴尼亚因为拒绝接受苏联的指令最后宣布退出该组织。

1970—1984年,经互会国家同欧共体的贸易额增长了6.2倍,1988年6月,经互会与欧洲共同体签署联合声明,双方互相承认,并正式建立关系。

(二)20世纪70年代到80年代中期,世界经济向多极化方向转变

进入20世纪70年代,世界经济进入一个低速发展和激烈动荡的新阶段。造成这种变化的原因:一是国际金融体系在70年代初受到了巨大冲击。美国的国际收支状况从50年代后期开始不断恶化,多次引发抛售美元、抢购黄金的浪潮,爆发美元危机。尼克松政府于1971年12月和1973年3月两次宣布美元贬值,各西方国家货币对美元的关系由固定汇率制转为浮动汇率制,这标志着布雷顿森林体系的瓦解。二是发展中国家石油斗争引发的能源危机。1973年10月,在第四次中东战争期间,阿拉伯石油输出国以石油为武器,打击以色列和支持以色列的国家。它们不仅减少石油生产,对一些国家实行禁运,而且大幅提高油价,短时间内油价从原来的每桶3.01美元提高到11.65美元,这对各国经济,特别是发达资本主义国家的经济造成了巨大冲击,从而打乱了国际贸易旧有的价格体系,影响了国际贸易的实际增长速度。三是发达资本主义国家的国内经济条件发生了很大变化。战后长期推行的凯恩斯主义经济政策使资本主义国家连年出现庞大的财政赤字,刺激经济增长的各种国家垄断资本主义措施开始带来日益增大的消极作用。发达国家逐渐陷入滞胀的困境。1973年爆发了二战后最严重的一次经济危机,美国的工业生产持续16个月下降,降幅达15.1%;日本的工业生产也持续16个月下降,降幅达19.3%;西欧国家中以英国的危机持续时间最长,达27个月;这次危机对其他国家经济的影响也都比战后的历次危机严重。正是在上述因素的作用下,战后经济高速增长的黄金时代结束了。与此同时,西欧和日本的经济实力大大增强,美国的经济霸权逐渐丧失。在资本主义世界中,美国、欧共体、日本三足鼎立的局面日益明显,世界经济开始向多极化方向发展。

为了维持其霸权地位和冷战的需要,美国除向西欧、日本提供大量的经济援助外,还给它的盟国提供强有力的军事保护伞。1950年,美国军事开支是世界军事开支总额的50%。1955—1970年,美国军费累计达90220亿美元,是联邦德国的14.8倍、日本的84.3倍。[①] 20世纪六七十年代,美国的经济增长率一直慢于大多数西方国家。按贸易量计算,60年代,美国的出口年均增长速度为5.9%,远远落后于日本的17.3%和联邦德国的8.8%。1960年,美国、欧共体和日本的出口额各占世界出口总额的16.2%、23.6%和3.2%。到1970年,美国的比重下降到13.8%,欧共体、日本则上升为28.6%和6.2%。[②] 可见,正是美国的扶植为其自身创造了竞争对手,导致美日欧三方经济发展水平均衡化,一国独霸的局面开始向三足鼎立的局面过渡。20世纪70年代后,美日欧在贸易、金融、投资领域的矛盾和斗争日益尖锐,美国处于被动地位。在西欧、日本的强劲挑战下,1971年,美国首次出现贸易逆差,此后除个别年份外,其赤字一直居高不下。1985年,外国拥

---

① [美]保罗·肯尼迪:《大国的兴衰》,北京:中国经济出版社,1989年,第411页。
② 王绳祖主编:《国际关系史》,第9卷,北京:世界知识出版社,1995年,第16~17页。

有的美国资产超过了美国拥有的外国资产,美国从最大的债权国变成了最大的债务国。

由于发展中国家与发达国家有着密切的经济关系,发达国家20世纪70年代的经济停滞也对发展中国家产生了不利影响。大多数发展中国家都面临着严重的通货膨胀、沉重的债务负担和日益恶化的国际经济环境等不利条件,加之有的国家经济政策的失误,经济发展十分艰难。只有东亚地区少数新兴工业化国家和地区崛起成为引人注目的成功者,它们是促进世界经济朝着多极化方向发展的新生力量,在战后世界经济的演变进程中具有重要意义。

苏联和东欧各社会主义国家经历了20年的经济快速增长。到20世纪70年代,苏联已成为实力雄厚的经济大国。同时,苏联经济模式的弊端也日益显现,经济结构不合理,管理体制高度集权。对此,苏联和东欧各国都进行了不同程度的改革,但是未能从根本上触动传统计划经济体制的深层次问题。到70年代末,苏联和东欧各社会主义国家经济相继出现了停滞下滑。

20世纪80年代不同类型的国家都进行了经济调整与改革。发达国家进行了产业结构调整。发展中国家在调整宏观经济政策的同时,更着眼于对经济体制和经济发展战略的调整。中国从70年代末开始实行对外开放的经济政策,开启了社会主义国家对发展市场经济的探索。由于西方国家"和平演变"战略的影响,以及苏联和东欧国家操之过急,指导思想出现偏离,使得社会主义经济的改革演化成由社会主义向资本主义私有化的全面过渡,从而导致苏联解体、东欧剧变。

(三)20世纪90年代世界经济多极化格局的新调整

随着两极格局的终结,经济因素在国际关系中的作用空前突出,以经济和科技为主要内容的综合国力的竞争成为国际关系的焦点。各国一方面从内部进行经济调整,另一方面积极加强同周边国家的合作与交流,通过联合取得集团优势来增强自身实力。尽管出现了诸如东南亚金融危机等突发事件,但总的来说,经济运行比较平稳,各种不同类型的国家和地区都实现了不同程度的经济增长,世界经济发展的调整不断深化,出现了前所未有的全球化趋势。世界范围内的区域性双边、多边经济组织和经济合作协定已经超过100个,70%以上是20世纪90年代以后建立的。其中,西欧、北美、亚太三个地区的区域性经济组织发展趋势最引人注目。

欧洲联盟(EU,简称欧盟)是最有成效、一体化程度最高的区域性集团。它的前身欧共体执行的一体化经济政策对成员国的经济以及世界经济都产生了巨大影响,它是区域集团化取得显著成功的典范。1991年12月,在荷兰小镇马斯特里赫特召开的欧共体首脑会议上,成员国签署了《欧洲联盟条约》,提出了建立经济货币联盟、实行共同外交和安全政策的宗旨目标。1993年1月1日,欧洲统一大市场启动,商品、劳务、人员和资本自由流通,实现了当今区域集团化的最高层次。1999年1月1日,欧洲单一货币——欧元启动,2002年1月1日,欧元进入流通领域,到2012年底,已经有17个国家使用欧元。

这是布雷顿森林体系崩溃以来国际货币体系中最重大的变革,国际储备体系出现了新的竞争格局,这对国际金融和世界经济产生了重大影响。2004年5月,马耳他、塞浦路斯、波兰、匈牙利等10国加入欧盟,这是欧盟历史上规模最大的一次扩大。2007年1月1日,罗马尼亚、保加利亚加入欧盟。2013年7月1日,克罗地亚正式成为欧盟第28个成员国。从而形成了横跨欧洲28国、人口达到4.9亿、国内生产总值超过14万亿美元的经济共同体。

北美自由贸易区(NAFTA)是由美国、加拿大和墨西哥三国组成的统一大市场。1992年,美、加、墨三国首脑签署了《北美自由贸易协定》,经三国国会批准后于1994年1月1日正式生效,协定规定三国在15年内逐步取消货物与服务的进出口关税及投资障碍,实现商品、劳务、资本的自由流通和更高等级的知识产权保护。三国经济实力相差悬殊,美国居于绝对的领导地位。按照美国20世纪90年代初提出的"美洲倡议"的设想,最终目的是要把北美洲和南美洲连在一起,建成一个美洲自由贸易区,而北美自由贸易区是实现其"美洲倡议"的第一步。2001年4月,在美洲国家组织的第三次首脑会议上确定到2005年12月将建成从阿拉斯加到阿根廷的美洲自由贸易区(FTAA),在西半球建立一个世界上面积最大、拥有8亿人口的自由贸易区,与欧盟形成对峙。然而,由于美洲各国之间的贸易争端短期内难以解决,敏感领域还存在激烈纷争,美洲自由贸易区未能在2005年如期启动。

亚太地区的经济集团化起步较晚。建立"太平洋共同体"的倡议在20世纪60年代由日本提出,但由于这一地区受不同社会制度、不同经济体制、悬殊的经济发展水平以及强烈的民族意识等因素的影响,区域集团迟迟未能建立起来。冷战结束后,在世界经济总体表现比较平稳的情况下,东亚经济活动非常活跃,经济保持了高增长。面对欧盟和北美自由贸易区所表现出的排他性,东亚地区也迫切需要加强地区经济合作。经澳大利亚提议,1989年11月,在堪培拉举行了首次亚太经济合作部长会议,亚太地区有组织的经济合作正式起步。1993年6月,正式启用"亚洲太平洋经济合作组织"(APEC,简称亚太经合组织)的名称,每年召开一次非正式首脑会晤。这不仅在协调亚太地区经济关系方面取得进展,而且形成了独具特色的"亚太经合组织方式"。

在亚太经合组织的21个成员中,除美国、日本、加拿大、澳大利亚、新西兰五国之外,其他都是发展中国家和地区。1994年11月的茂物会议确立了在成员中分两步实现贸易、投资自由化的目标。1995年11月的大阪会议进一步确认了各成员有权结合自己的情况,按照自己的进度和方式逐步实现自由化,不同领域可以有不同的速度。从严格意义上讲,亚太经合组织不是欧盟那样体制完备的经济集团,而是建立在相互尊重、平等互利、自愿、灵活、开放基础上的新型经济合作论坛。但它对协调成员利益、促进全球和地区经济发展发挥了积极作用,自身也得到壮大,开创了区域经济合作的新模式。

除了以上三大区域经济组织,还有众多的经济组织遍及世界各个角落,涉及将近2/3的国家,有的国家甚至参加了多个经济集团,洲际集团间的联系交往也更为密切。其中,东南亚国家联盟和南美洲国家联盟作为发展中国家的区域集团,近年来表现活跃,地位有所上升。

亚太经合组织成员国的分布

东南亚国家联盟成立于1967年,20世纪90年代发展成为囊括所有东南亚国家的十国大同盟,在推动东盟自由贸易区发展的同时,迅速成为亚太地区的一支重要力量。南美洲国家联盟成立于2007年,其前身是2004年成立的南美洲国家共同体,其目的是整合已有的两个南美洲地区的自由贸易组织——南方共同市场和安第斯共同体——构建起南美洲的一体化组织。在非洲、原苏东地区,建立新的或改组现存的区域经济组织也成为各国基于地缘经济现实和自身经济状况的理性选择。

(四)进入21世纪以来世界经济格局的发展趋势

进入21世纪,世界经济总体上保持了强劲增长势头,经历着一场从格局、结构到增长方式等的深刻变化。世界各主要经济力量既相互竞争又相互协调,推动着经济秩序的演变。2008年全球金融危机的爆发和影响,客观上加速了世界经济多极化趋势的发展。

世界经济是在衰退中迈入新世纪的。2001年,以美国为首的全球互联网泡沫破灭,世界经济经历了突然的、短暂的衰退后又逐渐回升。2003—2006年,全球国内生产总值的平均增幅达到4.8%,这是20世纪70年代以后世界经济增长最强劲的四年。但是,世界经济失衡状况的危险此时已经开始显现,油价高涨、房地产泡沫、美元汇率波动,使世界经济面临的风险加大。2007年4月,美国第二大次级抵押贷款机构——新世纪金融公司宣布破产,美国次级房贷危机爆发。次级房贷市场面向的主要是美国最贫穷、信用最差的借款人,其数额并不是很大,但由于金融市场投机盛行,在金融创新的旗号下,金融衍生产品泛滥。债务链某个环节的中断就引发多米诺骨牌式的连锁效应,进而引发金融市场的全面恐慌。2008年3月,有近百年历史的著名投资银行贝尔斯登破产。到了9月,美林证券、雷曼兄弟、摩根士丹利、高盛相继倒下或改组。在经济全球化和金融自由化的背景下，欧洲、日本、新兴经济体国家都出现了程度不同的经济危机，冰岛甚至到了国家破产的地步。2008年，世界经济增长明显减速，金融市场动荡剧烈，贸易市场低迷不振，就业形势急剧恶化。一年之内，全球股市蒸发市值30万亿美元。面对世界经济的严重衰退，世界各国政府纷纷出台各种政策刺激经济发展，促进经济复苏。新兴经济体率先走出衰退，全球经济从2009年下半年开始逐步回暖。

在危机后的调整与复苏中，新兴国家迅速崛起，世界经济的多极化趋势得到加强。20世纪90年代以后，在中、俄、印、巴"金砖四国"快速发展的带动下，发展中国家成为世界经济发展的重要推动力量，平均经济增长速度超过发达国家，涌现出一批新的经济增长点，成为推动经济多极化趋势的重要力量。中国自改革开放以来经济一直保持快速稳定增长的势头。由于中国经济的外贸依存度很大，金融危机对中国经济的冲击是显而易见的。但是，从长远来看，中国经济的竞争优势仍然明显。俄罗斯地大物博，自然资源丰富，劳动力素质较高，拥有雄厚的工业基础和科技潜力，国家实力不容低估。印度经济虽然受基础设施落后、自然资源贫乏等的制约，但在劳动力结构和素质方面具有明显优势。巴西虽然增长速度落后于以上三国，但也拥有劳动力和资源方面的优势。2009年6月，"金砖四国"领导人举行了首次峰会。2010年4月，四国在协商一致的基础上，正式吸收南非加入"金砖国家"组织。长期来看，这些新兴经济体对世界经济的贡献会越来越大，它们在世界经济秩序构建中的发言权也将进一步增强。2009年9月，在美国匹兹堡召开的二十国集团第三次首脑峰会决定提升二十国集团的地位，使之成为重建世界经济的核心力量。二十国集团的成员除了美欧等西方大国，一半是新兴经济体和发展中国家，这表明发达国家已经正视新兴国家崛起的事实。

第二节 当代世界经济发展的趋势与特点

20世纪90年代以来，世界经济发展的基本趋势是：经济全球化和区域经济一体化相互促进，共同发展。世界经济发展的特点是：科技进步日新月异，经济信息化加速发展，知识经济迅速兴起；以经济为中心、科技为先导的综合国力的竞争日趋激烈；各国对经济结构大力调整，促使经济朝着市场化的方向发展。

一、经济全球化在曲折中发展

20世纪90年代以来，世界经济发展的一个最明显趋势就是经济全球化。经济全球化是世界范围内生产力发展的客观结果，是不以人的意志为转移的客观趋势。它一般是指由于生产、贸易、投资、金融等经济行为超越一国领土界限的大规模活动，各国经济相互交织、相互融合、相互依赖、相互渗透这样一种经济状态，也是指生产要素在全球范围内广泛流动，实现资源最佳配置的过程。

(一)经济全球化是一个客观的历史进程

自20世纪90年代以来,信息技术的惊人发展,使得经济活动在世界范围内连成网络,大大缩短了世界各国和各种市场之间的距离,使各国经济更加紧密地交织在一起。经济全球化是经济生活国际化发展的新阶段,是生产力和国际分工高度发展的客观结果,其基本的推动力是科技力量和市场力量,特别是以信息技术为标志的现代科学技术的迅猛发展。其主要表现是:第一,国际贸易成为世界经济生活中的重要组成部分,成为国际交往中发展最快、最活跃的环节,全球贸易规则日趋统一,越来越多的国家加入世界贸易组织,按照它的规则从事贸易活动。第二,国际投资,特别是发达国家间的相互投资越来越普遍、频繁,资本流动的国际化程度达到空前高度。第三,国际金融活动发展迅速,其速度大大超过了同期全世界生产和商品交易数额,规模巨大。第四,跨国公司遍布全球,其产品的国际化水平和国际化程度越来越高,并成为促进经济全球化的重要力量。第五,国际分工发展到新的阶段。过去的以垂直型为主的分工逐渐过渡到以水平型为主的分工,即按照产品或生产流程分工,各国的生产成为世界生产的一个组成部分,成为生产链条中的一个环节。

(二)经济全球化与区域经济集团化并行发展

区域经济集团化也称为"地区经济一体化",是指地理上毗邻的若干国家(或地区)经济合作、经济联合和经济融合的一种趋势,主要表现为五种区域经济集团组织(自由贸易区、关税同盟、共同市场、经济同盟、完全的政治经济一体化)的建立与发展。这些组织通过制定严格的条约法规和建立相应的执行机构,彼此自愿约束经济主权,共同规范生产要素在成员国之间的自由流通,其目的就是要实现成员国间的资源优化配置,经济上互补、互利、互惠,共同促进经济增长。

世界经济全球化和区域经济集团化是矛盾的统一体。一方面,区域经济集团组织具有排他性,集团内外存在差别待遇。这虽然有利于经济集团内的贸易自由化以及成员国经济的加速发展,但就整个世界而言,仍带有浓厚的集团色彩的贸易保护主义。另一方面,经济集团具有开放性。任何一个区域经济都是世界经济不可分割的一部分,在世界经济走向全球化、一体化的今天,区域集团的产品、技术、原料、能源不同程度地依赖区域外的经济技术交往。各区域经济集团间事实上是你中有我,我中有你。因此,从长远和总体来看,区域经济集团化趋势是经济全球化的必要途径和步骤,二者并行不悖。区域经济合作的广泛开展必将进一步推动和促进经济全球化的进程。

经济全球化与区域经济集团化的相互作用:一方面,经济全球化对区域经济集团化有促进作用。经济全球化刺激、促进区域经济集团化向更高形式发展,又不断冲破区域经济一体化的框架限制。全球化给区域经济集团化的进一步发展带来新的驱动力,经济全球化不断增进区域经济组织间的合作,推动了区域经济一体化,从而得到更多的合作利益。另一方面，区域经济集团化对经济全球化也有促进作用。区域经济集团化为经济全球化准备了条件，促进了国际分工的深化，加强了区域内部各加盟国之间的合作与交流，推动了各加盟国的经济发展。在此基础上跨国公司通过强化贸易功能，必然进一步促进经济全球化的发展。经济全球化与区域经济集团化之间的关系是对立统一的，随着世界经济的发展，经济全球化与区域经济集团化会慢慢形成互补。两者之间虽然实施途径相异，但最终目的都是为了推动世界经济的发展。经济全球化与区域经济集团化都为企业创造了统一的市场环境，为世界各地的商务活动提供了便利条件。两者之间应该加强合作与交流，相辅相成，在全球化不断向前发展的情况下，它们必然会克服彼此间存在的矛盾，最终推动全球经济持续稳定的发展。

(三)经济全球化对世界经济的影响

经济全球化对各国经济的发展具有巨大的推动作用：第一，经济全球化为生产要素在全球范围内实现优化配置提供了可能，从而使世界各国取长补短，提高了经济效益。第二，经济全球化为各国提供了广阔的市场，使其产品能够更加便捷、顺畅地实现交换。第三，经济全球化使科技成果和信息在世界各地更加顺利地自由流动，促进各国的共同繁荣。第四，经济全球化为世界各国的经济发展提供了前所未有的机遇。发展中国家可以在经济全球化的进程中实现经济跨越式发展。

面对经济全球化趋势带来的影响，各国必须积极促进有效而公正地配置世界资源，促进全球多边贸易体制和公正、合理的国际经济新秩序的建立。国际社会必须加强对经济全球化进程的引导，趋利避害，促使它成为世界各国平等、互惠、共赢、共存的经济全球化，使各国特别是发展中国家在经济全球化中受益。

二、综合国力竞争日趋激烈

在当代国际竞争中，一个国家的强弱，不仅取决于军事力量、经济力量或某一单方面的力量，而且主要取决于包括文化软实力在内的综合国力。冷战结束以来，随着世界政治多极化的发展，世界主要国家在继续增加军费、进一步推进军队现代化的同时，积极开展了以科技为先导、以经济为中心的综合国力的竞争。

◎ 资料卡片

综合国力

综合国力是指一个主权国家赖以生存与发展所拥有的全部实力及国际影响力的合力。综合国力的内涵非常丰富，它的构成要素既包含自然的，也包含社会的；既包含物质的，也包含精神的；既包含实力，也包含潜力以及由潜力转化为实力的机制。它是一个国家的政治、经济、科技、文化、教育、国防、外交、资源、民族意志、凝聚力等要素有机关联、相互作用的综合体。在综合国力中，经济是基础，科技是先导。

(一)各国竞相调整科技战略和政策

随着经济全球化的迅猛发展、科学技术的日新月异、交通工具的日益发达、通讯手段的不断改进,各个国家和民族之间的联系越来越紧密。一个国家的利益已经不仅仅限于自己的国境线之内,而且越来越多地表现为与外部世界的联系,包括经济、政治、科技、文化、军事等的联系。不同国家在这种相互联系中实现着自己的利益。这种"联系利益",既包含共同的利益,也包含冲突的利益。共同的利益构成合作的基础,冲突的利益构成矛盾的基础。无论追求何种利益,为了谋取更大的份额,各国间必然要展开激烈的竞争,即综合国力的激烈竞争。

提高科技的地位和作用,突出科技为国家发展服务的目标。20世纪70年代末80年代初,各国政府就对发展科学技术予以高度重视。1983年美国出台"星球大战计划",后来又提出了"信息高速公路计划"和"为了国家利益发展科学"的科学政策报告,并通过多方投资,建设一个覆盖全国、连接世界各地的高速信息网络,把美国联邦政府、大学、研究所、大公司乃至每个医院和家庭联系在一起,共享全国大量的数据库。西欧一些国家于1985年联合推出"尤里卡计划"。苏联、东欧国家于同年12月通过了"科学技术进步综合纲要"。日本于1986年着手实施"人类科学新领域研究计划"。印度、巴西等发展中国家也在开发某些领域的新技术。我国1986年对外公布了"高技术研究发展计划纲要",即"863计划"。进入新世纪,面对各国在生物、信息、海洋、宇宙空间以及新能源、新材料等领域异常激烈的竞争,各大国都制定了21世纪振兴科技的长远规划和世纪初期的具体计划,力求本国在未来的高科技领域处于领先地位。日本制定了"经济新生计划",欧洲联盟确定了"电子欧洲"的计划,印度确立了"跨越性发展战略"等。

不断加大科技的投入。美国、日本、欧盟、俄罗斯、印度、韩国等自20世纪90年代以来明显加大了研究与开发的预算拨款。美国政府近年来投入了巨额公共资金,2002年的财政研发预算超过1000亿美元,创历史最高。国立卫生研究院在生物医药领域的研发预算达228亿美元,增长15.8%。2002年美国国会通过一项议案,要求未来五年的国家科学基金(NSF)预算增加一倍,即从2002年的40亿美元增加到2008年的80亿美元。美国企业投入的科研奖金同样数量惊人,五家最大的信息技术公司——微软、思科、英特尔、戴尔和甲骨文,将手中的870亿美元现金和短期投资,大部分用于新技术与新领域(如互联网服务、视频游戏机和手机软件)的开发。日本政府的财政近年来一直紧缩,但对科研的投入却持续增加。如2003年度两次大幅度增加科技预算,总额近4万亿日元,增长11.7%,其中生物技术2091亿日元,信息通信1288亿日元,纳米材料231亿日元。企业对这些重点领域的投资额也很大,资料显示,共有271家企业正在开发纳米技术,其中99家大型企业2002年投入的研发经费达327亿日元,比上年增加近50%;2003年的投入又增加24%,达407亿日元。欧盟在《关于使研发经费占GNP 3%的行动计划》中提出,2010年前实现欧盟国家研发经费占GNP 3%的目标,政府的科技投入将达到年均

8%以上的增长速度。韩国在其《长期科技发展规划——2025年构想》中,同样提出了大幅度增加科技投入战略及其产出目标。韩国政府认为,信息、生命、纳米、环境、文化等五大产业将是今后经济发展的新动力,应积极予以发展。为此,从2001年开始到2005年总共投入10万亿韩元进行研究开发,重点培养25万名专业人员。

(二)把经济安全确定为各国对外战略的重点

国家经济安全,是指经济全球化时代,一国保持其经济存在和发展所需资源有效供给、经济体系独立稳定运行、整体经济福利不受恶意侵害和非可抗力损害的状态和能力。它包括两个方面:一是国内经济安全,即一国经济处于稳定、均衡和持续发展的正常状态;二是国际经济安全,即一国经济发展所依赖的国外资源、市场的稳定与持续,免受供给中断或价格剧烈波动的突然打击,散布于世界各地的市场和投资等商业利益不受威胁。为了达到这种状态,国家既要保护、调节和控制国内市场,又要维护全球化背景下的民族利益,参与国际经济谈判,实现国际经济合作。

早在60年代后期,美国就有学者关注"国家经济安全问题"。到70年代,日本学者也开始关注"日本的生存空间和经济安全问题"。80年代,美日学者发表、出版了一系列相关的专题报告和学术专著。进入90年代,国家经济安全问题引起了越来越多的国际政界要人、战略专家、经济巨头等的关注。克林顿在1993年指出:"我们将把我国的经济安全作为对外政策的主要目标。"1996年五六月份,俄罗斯明确提出"国家经济安全战略"和"国家安全基本构想"。印度、日本等国也提出了本国的国家经济安全思路。

1997年东南亚诸国相继爆发了金融危机,2008年美国也爆发了金融危机,这再次告诫人们要关注国家经济安全问题。在中韩、中日等国政府首脑举行的高级会谈中,一些国际政界要人明确指出,不能将此看成"孤立的金融危机",而必须按照"国家经济安全的大思路"去看待这一事件。事实上,各主要工业化国家、新兴工业化国家、正在进入工业化国家行列的发展中大国,都越来越关心本国的国家经济安全问题。一些国际金融机构和一些国家的银行业也提出了金融安全和防范问题。90年代初至今,美国、法国、英国、俄罗斯、印度、日本等国家都有机构在政府高层的直接领导下,进行有关国家经济安全问题的研究。

(三)争夺科技人才成为国际高科技竞争的焦点

近年来,随着经济全球化的不断深入,世界各国纷纷制定相关法律和政策来争夺人才,进而争夺人力资本,一场激烈的人力资本争夺战已经在全球范围内迅速展开。有关资料报道,美国在1949年至1973年的24年间,先后引进科技人才16万人,这些人才为美国创造财富超过1000亿美元;20世纪80年代以后,美国每年引进科技人才6000多人;1999年美国对外国科技人才发放的签证达11.5万人。进入21世纪,美国每年引进科技人才的数量猛增到20万人。韩国对回国的科技人员实行新的工资标准,在当年韩国月平均工资只有50美元的情况时,回国的科技人员每月可领到250~400美元的工资,明显高于该国部长的标准。此外,韩国还允许外国科技人才的居留期延长至10年。跨国公司的人才竞争战略更为引人注目,它们直接用高薪、升迁、培训和发展机会等完善的用人机制在世界范围招聘人才,充实本土总公司的各个部门及海外子公司。我国政府、高校和企业也都出台相应的政策,招揽人才,聘请外国专家为顾问和客座教授,鼓励海外学子回国创业、报效祖国。

三、市场经济体制在全球范围内运行

作为一种资源配置方式,市场经济在当前世界经济秩序中取得了全面的支配地位。资本主义国家的市场经济已有几百年发展历史,追求利润的内在动力和市场竞争的外部压力促使资源配置不断优化,极大地推动了生产力的发展。二战后,各主要资本主义国家各具特色的市场经济模式日臻完善,使得各国经济得到较长时期的稳定增长。

(一)国有经济的地位、结构的调整与改革

二战后初期,资本主义国家的国有经济都有不同程度的发展。西欧的英、法、意等国掀起了国有化浪潮,国有企业在国家资本中的比重加大,在金融部门中的比重更高,有的国家达到一半,有的国家甚至一度达到2/3。在凯恩斯主义政策失灵之后,20世纪80年代,西方国家又普遍实行私有化政策,掀起了一股私有化浪潮。1981—1988年,英国全部或部分私有化的国有大企业有20多个,出售国有企业股票达50亿英镑。美国总统里根1982年2月签署命令,决定从1986年起用5年时间将联邦政府的5个电力机场、2个油库、1个客运铁路、5个卫星遥感站及部分资产售给私人。法国总理希拉克从1986年秋将65个国有金融公司、银行、工业企业私有化。联邦德国政府把400多家国有企业私有化。

发展中国家取得政治独立后,绝大多数国家进行了程度不同的国有化,并将一些外国资本收归国有,为发展中国家的经济独立奠定了基础。联合国资料显示,1960—1976年,发展中国家接管的外国企业达1447家。但不少国家不仅国有经济比重过大,而且国有企业经营管理不善,经济效益很差,成为"病态企业"。针对这些问题,20世纪80年代许多发展中国家采取破产、将国有企业的资产全部或部分出售给国内外的私人投资者等措施,对国有企业进行了大规模私有化改革。在经济体制改革过程中,社会主义国家在强调国有经济占主导地位的同时,也压缩了国有经济的规模。

总之,20世纪80年代以来,无论是发达国家还是发展中国家、资本主义国家还是社会主义国家,国有经济的比重都在下降。由此可见,国有企业的存在及其在国民经济各部门的分布是由生产力发展水平和生产社会化程度决定的,它的存在、发展应根据经济发展客观要求的变化而变化。

(二)所有制实现形式的调整与改革

二战后,在发达资本主义国家,个人资本越来越不能满足社会化大生产的需要,资本的家族色彩开始退化,各种股份公司、多国或跨国公司得到迅速发展。在20世纪80年代国有企业大规模私有化过程中,发达国家推行所谓的"人民资本主义化",也加速了资本的分散化、股份化和社会化进程。目前,在发达资本主义国家中,法人资本占资本的大多数,而法人资本中占主导地位的是银行和保险公司等金融机构。它们的资本又来自于居民,因此,尽管资本主义私有制的本质未变,但"资本社会化"的色彩越来越浓厚。20世纪80年代以来,为适应现代化生产和社会主义市场经济的需要,以中国为代表的社会主义国家对公有制实现形式进行艰难的探索。中国共产党第十五次全国代表大会提出在保持社会主义本质的前提下,可以利用合作经济、股份制和股份合作制等所有制形式,在公有制实现形式上实现了重大突破。我国的公有制经济因此焕发出新的活力。

四、新科技革命产生深远影响

科学技术进步是世界经济发展的主要动力。历史表明,科技进步不仅为人类认识自然、利用自然、改造自然提供了有力的手段,而且改变了各国实力对比,推动了国际关系乃至人类历史的变动、演化。

◎ 资料卡片

人类历史上的科学革命,是人类对客观自然界认识上的飞跃和科学理论上的突破。技术革命,则是指在材料、生产工具和生产工艺方面的重大变革。科学革命和技术革命是相互依赖、相互促进的。一般认为,人类社会自资本主义时期以来,已发生了三次重大的科技革命。第一次科技革命发生于18世纪下半叶,以蒸汽机的发明和广泛应用为主要标志,它导致近代机器制造业的蓬勃兴起,使工场手工业进化为机器大工业,引起了社会生产力的飞跃发展。19世纪下半叶发生了第二次科技革命,它以电力的广泛应用为主要标志,使生产社会化程度大大提高、国际经济联系迅速扩大。第二次世界大战后,原子能技术、电子计算机、合成材料、宇航技术相继出现,人类社会迎来了第三次科技革命,它在深度和广度上都超过了前两次科技革命,成为推动世界经济增长的基本因素,科学技术第一生产力的作用表现得尤为突出。进入20世纪80年代,第三次科技革命掀起了新的高潮,它以信息技术、生物工程、新能源、新材料为主要内容,大规模地向多层次的应用领域推进,对世界经济乃至国际关系产生了深刻影响。

(一)经济信息化加速发展

经济信息化是指由现代信息技术、信息设施、信息产业等组成的信息经济在全球的迅速扩散、普及和开发,信息产业成为社会的主导产业,人类社会从工业社会向信息社会转变的动态过程。

20世纪90年代以来,在微电子技术的带动下,计算机技术、电子光纤技术、光纤通讯技术、遥感技术、网络技术、软件开发技术、多媒体技术等日新月异,信息技术的变革令人目不暇接。其中,互联网的发展速度尤为惊人,1990年站点总数为30万个,1994年互联网开始在全球范围内大规模商业化,站点总数达300万个。1996年全球上网人数尚不足4000万,而截至2000年3月,全球上网人数已达3.04亿,2003年已经突破7亿。到2000年1月,因特网上的网页数量已达10亿。互联网的发展,使人们无论身在何处,只要有一台上网的计算机,便可以实现信息共享和沟通交流。互联网极大地推动了生产、金融、贸易、技术的全球化,推动了"数字地球"的形成。信息技术革命,不仅开拓出信息技术产业,而且不断地改造着传统产业,它对经济领域来说带来的不是某个方面的革命,而是全方位的革命,如新的信息系统、新的市场结构、新的分配渠道、新的管理方式等,并推动经济发展模式的升级换代。鉴于信息技术在美国等发达国家经济发展中作用的越来越大,1996年经济合作与发展组织(OECD)在其《以知识经济为基础的经济》报告中,提出了"知识经济"的概念:认为知识经济就是建立在知识和信息的生产、分配和使用上的经济。

进入21世纪,发达国家企业的核心竞争力已从传统的物质产品转向信息化、无形化的创新能力,现在,美、欧、日等与信息产业相关的产值已超过GDP的50%。正因为新科技革命具有如此重要的意义,所以20世纪90年代以来,为了能在21世纪的竞争中占据有利地位,世界上许多国家特别是发达国家都提出了发展本国科学技术的报告和计划,相继调整科技战略和政策,包括:加强政府对科学技术发展的领导、调整研究与开发投入结构、促进民用技术发展、推动科技面向经济、加速科研成果商品化等,从而使科技竞争日趋激烈。

(二)知识经济时代到来

知识经济是指以知识为基础的经济,是建立在知识和信息的生产、分配和使用上的经济。知识经济是在工业经济的基础上产生的,是继工业经济之后的更高水平的社会形态,其主要特征是产业结构进一步高级化,知识密集型产业在国内生产中的比重越来越大。在知识经济时代,资源配置以智力资源为第一要素,知识经济对智力资源的占有比工业经济对自然资源的占有更为重要。

1990年联合国研究机构提出了"知识经济"的概念,以发达国家为主要成员国的经济合作与发展组织,在1996年发布了一系列报告,在国际组织文件中首次正式使用了"知识经济"(Knowledge-based Economy)这个新概念。与传统经济相比,知识经济具有以下特点:

1. 知识经济是一种可持续发展的经济

传统工业经济单一地、尽可能多地利用自然资源,以获取最大利润,而不考虑或极少考虑环境效益、生态效应;随着经济的发展、经济规模的扩大,传统工业经济带来的是资源和环境的破坏。而以知识经济为特征的高科技产生于多种自然资源几近耗竭、环境危机日益加重的时代,它把科学与技术融为一体,反映了人类对自然界以及对科学的全面认识。因此,高技术的指导思想是科学、合理、综合、高效地利用现有资源,同时开发尚未利用的自然资源来取代几近耗竭的稀缺自然资源,如信息科学技术的软件、生命科学技术的基因工程对资源的耗费与传统技术下的耗费相比,二者是不可同日而语的。

2. 知识经济是以无形资产投入为主的经济

传统工业经济需要大量的资金、设备,有形资产起决定作用,而知识经济则是知识、智力和无形资产的投入起决定作用。目前美国许多高技术企业的无形资产已超过总资产的60%。在资源配置上,知识经济以智力资源、无形资产为第一要素,而对自然资源则通过知识智力进行科学、合理、综合、集约的配置,不再依赖于土地、石油等已经短缺的自然资源。与此同时,知识经济致力于通过智力资源开发富有的自然资源来创造新财富,逐步替代工业经济中已经短缺的自然资源。

3. 知识经济是以知识决策为导向的经济

知识经济的决策和管理必须知识化,科学决策的宏观调控作用在知识经济方面呈现日渐增强的趋势。由于高科技已成为衡量一个国家综合国力的重要标志之一,因而发达国家都将"科学技术领先"列为竞争的重点,从掌握最先进的科学技术入手。为加快高科技发展,美、欧等加强了政府对科技发展的宏观管理和协调,制定中长期科研计划,组织实施重点研究项目。20世纪90年代以来,各国纷纷调整政策,以促进本国的科技发展和经济发展。据有关资料反映:1992年全球科研经费总额达1.3亿美元,1997年达到1.8亿美元,美国政府自1992年就接连提出"全国信息基础设施"("信息高速公路计划")等一系列高技术经济导向政策,这些政策对美国经济的持续增长起到了巨大作用。

进入21世纪,以信息技术为支撑的信息社会的兴起,对人类活动的各个领域,对现有的生产方式、生活方式、思维方式等正在产生重大影响。一是经济增长方式发生了根本性变化,由资源为主型向知识信息为主型转变。20世纪80年代以来,以数字化和网络化为特征的信息技术的飞速发展,正在使世界经济增长方式发生根本性变化。经济发展对自然资源的依赖相对减少,而对科学技术、信息和人的素质的依赖大大加强。二是产业结构发生重大变化,出现了新的经济增长点。以知识和信息为基础的新兴产业迅速崛起,高技术产业、信息产业以及知识密集型技术服务业在整个国民生产总值中所占比重迅速提高。网络经济和电子商务应运而生。三是发展中国家追赶发达国家有了新路径。发展中国家可以通过加强教育、培养高素质人才来充分利用信息技术革命的成果,提升经济发展水平。中国、印度近年来的发展都证明了这一点。

五、全球经济治理体系新发展

(一)"一带一路"完善全球治理

1. "一带一路"倡议推行多边主义、多边治理

习近平总书记在推进"一带一路"建设工作五周年座谈会上发表重要讲话强调:共建

"一带一路"顺应了全球治理体系变革的内在要求,彰显了同舟共济、权责共担的命运共同体意识,为完善全球治理体系变革提供了新思路、新方案。当前单边主义的冲击让许多国家都感到压力和担忧。但是,国际社会支持多边主义的声音仍然是主导力量。"独行快,众行远"。多边是"众行"之路,"一带一路"倡议实施以来,实实在在造福了沿线人民,带去了就业、光明、道路、合作,带去了有商量的机制,带去了平等、尊重、真诚的诚意。推动多边主义,维护多边主义是全球治理体系完善和稳定的基石,"一带一路"倡议是中国为推动国际合作、促进共同发展提供的国际公共产品,是携手构建人类命运共同体的重要路径。

2. "一带一路"倡议破解全球治理赤字

当今世界正处于百年未有之大变局,治理难题是当今世界各国共同面临的时代发展课题,既有各自国内的治理难题,也有全球发展的治理难题。这就需要走开放、多边的全球化发展之路。以合作破解治理赤字,以全球化的多边主义、更加紧密的全球关系,促进各国发展,实现各自国家国内治理与全球治理的联通,共同协作改革不平衡的全球化发展趋势,完善多边机制,打通发展的新通道,维系全球战略的稳定、平衡,为世界提供更多发展所需的国际公共产品。而"一带一路"倡议顺应了时代发展和人心所向,是中国立足自身,面向世界,针对世界发展大势,提出的破解全球治理赤字,落实人类命运共同体思想的中国"药方"和中国方案。它坚持公正合理,破解治理赤字,坚持互利共赢,破解发展赤字。

3. "一带一路"倡议实施新全球化时代的治理

习近平总书记指出:"'一带一路'倡议丰富了国际经济合作理念和多边主义内涵,为促进世界经济增长、实现共同发展提供了重要途径。"既有的全球化发展模式确实存在发展的弊端,从规则的制定到国际产业分工体系,再到大型跨国企业主导的国际市场对国际资源的配置,引发全球化在世界市场和有关国家内部收入分配体系的不平衡、不均衡、不平等问题,是导致逆全球化民粹主义兴起和有关国家长期动荡的直接诱因。和平与发展是时代的主题,更是各国普通民众的呼声,各国有责任提出、对接发展倡议,破解全球化发展不平衡、不平等问题,走包容发展的新全球化发展之路。"一带一路"是新全球化时代的重大发展倡议,"一带一路"的建设与发展,将携手各国更加均衡地配置全球市场资源,让全球化发展更加均衡,全球化规则更加完善,全球治理机制更加健全,以联合国为核心和基础的全球治理体系将得到加强。①

(二)推进"一带一路" 构建人类命运共同体

1. 共建"一带一路"为实践平台推动构建人类命运共同体

以共建"一带一路"为实践平台推动构建人类命运共同体,这是从我国改革开放和长

---

① 马峰:《"一带一路"倡议的全球治理意义》,《中国发展观察》,2019 年第 8 期。

远发展出发提出来的,符合中华民族历来秉持的"天下大同"理念和中国人怀柔远人、和谐万邦的天下观;还占据国际道义制高点,引领区域一体化、跨区域合作、经济全球化新发展,其机会和成果属于世界。对世界来说,我国以"一带一路"建设为契机,聚焦构建互利合作网络、新型合作模式、多元合作平台,注重开展跨国互联互通、提高贸易和投资合作水平、推动国际产能和装备制造合作,以点带面、串点成线、从线到片,步步为营、久久为功,逐步形成区域大合作,这在本质上就是把我国的发展同沿线国家的发展结合起来,让更多国家搭上我国发展的快车、便车,通过提高有效供给来催生新的需求,实现世界经济再平衡。特别是在世界经济持续低迷,广大发展中国家加快工业化、城镇化,进而实现经济独立和民族振兴方兴未艾的背景下,我国顺应各国特别是广大发展中国家对促和平、谋发展的愿望,牢牢把握重点方向,聚焦重点地区、重点国家、重点项目,抓住发展这个最大公约数,使顺周期下形成的巨大产能和建设能力走出去,支持沿线广大发展中国家推进工业化、现代化和提高基础设施水平的迫切需要,将有利于稳定当前世界经济形势。这不仅造福我国人民,更造福沿线乃至全世界各国人民,还丰富了国际经济合作理念和多边主义内涵,为促进世界经济增长、实现共同发展开辟了新路径。①

2. 阐明全球治理的重要遵循

2018年11月27日至12月5日,习近平主席应邀对西班牙、阿根廷、巴拿马、葡萄牙进行国事访问,并出席在阿根廷布宜诺斯艾利斯举行的二十国集团(G20)领导人第十三次峰会。习近平主席审时度势、登高望远,呼吁与会各国顺应发展大势、把握经济规律、坚持正确方向,为世界经济拨开云雾。习近平主席就全球经济治理提出四个坚持:一要坚持开放合作,共同维护和建设开放型世界经济;二要坚持伙伴精神,减少主要经济体宏观经济政策的负面外溢;三要坚持创新引领,深入研究新技术应用及其影响;四要坚持普惠共赢,继续把发展问题放在突出位置。这些倡议延续了习近平主席近年来在国际舞台上的系列讲话精神,紧扣形势变化,解答时代命题,有利于推动世界经济强劲、可持续、平衡、包容发展。②

(三)更开放的中国为世界带来新机遇

"中国将采取一系列重大改革开放举措,加强制度性、结构性安排,促进更高水平对外开放。"在第二届"一带一路"国际合作高峰论坛开幕式的主旨演讲中,习近平主席宣布了"五个更"的重大举措,为新时代中国进一步扩大开放指明了路径,为中国与世界良性互动、共同繁荣发展带来了新机遇。更广领域扩大外资市场准入,推动现代服务业、制造业、农业全方位对外开放,通过公平竞争、开放合作为包括外资企业在内的各类市场主体创造更大的发展空间;更大力度加强知识产权保护的国际合作,全面完善知识产权保护

---

① 高祖贵:《推进"一带一路"建设 构建人类命运共同体》,《学习时报》,2019年4月22日。
② 《万水千山只等闲》,《人民日报》,2018年12月7日1版。

法律体系,将更好地保护外国知识产权人合法权益,为创新营造尊重知识价值的营商环境;更大规模增加商品和服务进口,进一步降低关税水平,既为中国消费者带来新选择和福利,又促进贸易平衡发展,让各国企业更好地分享中国这个"世界市场"的巨大商机;更加有效地实施国际宏观经济政策协调,共同构建更高水平的国际经贸规则,为国际治理体系有效运转筑牢根基,共同促进世界经济强劲、可持续、平衡、包容增长;更加重视对外开放政策贯彻落实,认真履行同各国达成的多边和双边经贸协议,进一步完善市场化、法治化、便利化的营商环境,让所有企业和经营者吃下"定心丸"、安心谋发展。这是中国"一诺千金"品格的生动体现。

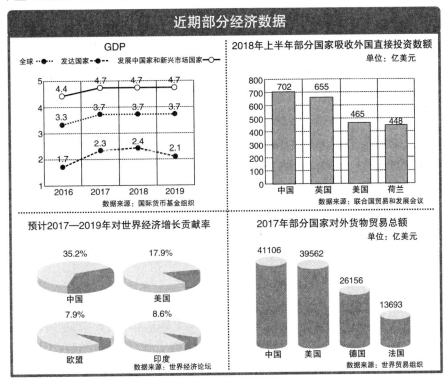

(数据整理:王迪　李欣怡　制图:郭祥)
资料来源:黄发红、李欣怡、吴乐珺、刘军国、张远南:《多国经济学家深入评析当前经济形势——世界经济需要排除制约因素》,《人民日报》,2018年11月13日22版。)

第三节　当代世界经济发展面临的问题

1972年,罗马俱乐部推出《增长的极限》一书,书中指出,世界人口增长、自然环境恶化、自然资源短缺等威胁世界经济和人类生存的问题被称为全球性经济问题。20世纪90年代以来,这些问题不仅仍然存在,而且日趋严重。人口膨胀成为世界经济持续发展的主要障碍,资源短缺成为制约世界经济发展的重要因素,环境恶化成为阻碍世界经济发展的不利条件。

一、世界经济发展不平衡加剧

经济发展不平衡是世界经济的基本规律。当前世界经济发展不平衡规律作用的范围更广,也更为复杂,主要表现在三个方面:第一,发达资本主义国家之间的经济发展不平衡。到20世纪90年代初,美国最先走出西方周期性经济危机,经济平稳增长,持续时间长达10年之久,打破了历史纪录,保持世界领先的地位,具有比欧、日更大的优势。第二,发展中国家与发达国家之间的经济发展不平衡。这方面最突出的表现是南北差距进一步拉大。这种差距不仅表现在数量上。1980—1989年,发展中国家人均国内生产总值的年均增长率为1.6%,而发达国家为2.3%。1960年,发达国家的人均收入是发展中国家的30倍;1990年,这一差距扩大到60倍;到21世纪初,进一步扩大到74倍。少数发达国家拥有全球生产总值的86%和出口市场份额的80%。这种差距更重要的是表现在质的方面。在新科技革命之前,发达国家与发展中国家是工业国与农业国的关系;当发达国家利用科技革命的机会迈入信息时代或知识经济阶段后,二者之间的差距进一步扩大,形成了所谓的"数字鸿沟"。网络和电脑的使用在发达国家已广泛普及,而发展中国家许多人却不知道网络和电脑为何物。第三,发展中国家之间的经济发展不平衡。20世纪90年代,发展中国家作为一个整体,经济发展较快,但从各国内部具体情况来看,它们的发展是极不平衡的。亚洲、拉丁美洲国家之间有很大的差距。亚洲,尤其是东亚国家发展是最快的,一些发展中国家经过艰苦努力已经成为新兴工业国,甚至可以跻身于发达国家的行列并成为经济竞争中的强者。

在经济发展不平衡作用下,各国实力对比发生了变化,其结果:一方面,大国力量逐步均衡化,世界经济格局向多极化转变。另一方面,由于不平衡规律的作用,世界经济形势更加错综复杂。美、日、欧为争夺世界市场掀起了新贸易保护主义;发展中国家间出现了严重分化;新兴工业化国家在成功地缩小与先进国家差距的同时,面临着更加激烈的市场竞争和规则之争;最不发达国家和地区的长期贫困化,使它们在世界经济竞争中逐渐被边缘化。由此可见,地区之间和国家之间经济发展不平衡的加剧,是当今世界经济发展中的一个重要特点。

二、世界经济可持续发展问题严峻

伴随着科技革命的发展,国际社会的联系日益紧密,世界各国在政治、经济、文化和科技等方面相互渗透、相互制约。这就使得许多问题跨越国界而成为全球性问题。所谓"全球性问题",是指在世界范围内普遍存在的社会性问题。就其空间范围讲,它不是各个国家存在的个别问题,而是关系整个人类利益的重大问题,具有全世界性和全人类性。就其严重程度来讲,它不是世界范围内存在的一般问题,而是严重威胁人类社会生存和发展的一系列重大问题,具有严重性和紧迫性。就其解决方式而言,全球性问题的解决不是仅仅靠某些国家或地区的努力就可以做到的,而必须通过全世界各国的共同努力才能解决,具有全球的协调一致性和相互合作性。① 世界经济发展面临的问题是全球性问题的重要方面,是世界范围内普遍存在的、影响世界经济可持续发展的问题。它主要包括人口问题、粮食问题、资源问题和环境问题等。

(一) 人口问题

当今世界的人口问题,主要是指人口的爆炸性增长和人口的老龄化问题。

1. 人口的爆炸性增长

在人类社会漫长的历史中,由于高出生率和高死亡率并存,人口自然增长率极低,人口增长也极其缓慢。直到 1650 年世界人口只有 5 亿,1850 年世界人口也只有 10 亿。但随着人类生产力水平的提高、医疗卫生事业的发展,人口的自然增长率逐渐提高,20 世纪世界人口出现了急速膨胀。1930 年世界人口为 20 亿,1975 年则达到 40 亿,1987 年 7 月 1 日,联合国秘书长宣布第 50 亿位居民出生。联合国人口基金会和家庭计划国际财团共同制作的"世界人口钟"显示,1993 年 4 月 5 日中午 12 点 13 分 55 秒世界人口为 55 亿 5555 万 5555 人。1999 年 10 月 12 日,地球上第 60 亿位居民诞生。2001 年 11 月,联合国人口基金会发布的《2001 年世界人口状况》报告指出,目前世界人口正以平均每年 7500 万人的速度增长。按这种速度发展下去,2025 年世界人口将可能增至 93 亿。② 早在 1929 年著名统计学家库琴斯基就根据计算提出一个看法:地球能够养活的人口约为 100 亿至 110 亿。根据联合国人类环境会议推断,地球资源可供养的最多人口数也为 110 亿。按目前世界人口增长的态势,如果不加以控制,再过 50 年左右,人类就会逼近自己生存的临界点!③ 值得注意的是,在世界人口急速膨胀的过程中,人口增长速度和人口分布是很不均衡的:在不到 30 年的时间,发展中国家的人口翻了一番,人口总数占到世界人口总数的 80% 以上;与之相反,发达国家的人口基本稳定下来,甚至在一些欧洲国家还出现了人口减少的现象。④ 世界人口的过快增长及其不均衡分布,给世界经济、政治和社会发展带来了极大的压力,不但使资源的消耗加快,造成生态失衡和环境污染,而且使经济发展负担加重,使"富者越富、穷者越穷"的状况更为严重,造成大量新的移民,从而加重了世界的矛盾和冲突。

2. 人口的老龄化

国际上一般认为,一个国家或地区 60 岁以上人口占总人口的比例达到或超过 10%,或 65 岁及 65 岁以上人口占总人口的比例达到或超过 7%,即为人口结构老龄化。第二

---

① 俞正梁等:《全球化时代的国际关系》,上海:复旦大学出版社,2000 年,第 205 页。
② 金鑫主编:《世界问题报告》,北京:中国社会科学出版社,2002 年,第 427 页。
③ 金鑫主编:《世界问题报告》,北京:中国社会科学出版社,2002 年,第 429 页。
④ 金鑫主编:《世界问题报告》,北京:中国社会科学出版社,2002 年,第 431 页。

次世界大战后,由于长期的和平环境和经济、卫生等生活条件的改善,世界人口日益老龄化。据联合国统计,1950年世界60岁以上的老年人口为2亿多,2000年老年人口增加到6亿多,已占世界总人口的10%以上。人口的老龄化带来了一系列的社会问题:一方面,人口的老龄化使劳动力短缺。如在欧洲的德国等一些发达国家,劳动力短缺严重制约其经济发展和社会生活的正常运转,迫使它们向移民敞开大门,而这又滋生了排外现象和社会冲突等一系列问题。另一方面,人口的老龄化使劳动力日益老化。如奥地利,1900年劳动力中45岁以上的"年老"部分占全部劳动力的比重为39%,1910年为39.5%,1920年为41.7%,1938年为45%,1958年达50.3%,已超过了半数。劳动力的老化,不利于劳动生产率和工作效率的提高,也使整个国家革新能力下降,对迅速发展的社会经济事业起阻滞作用。[①] 另外,人口的老龄化给国家带来的突出问题是,政府直接和间接用于老年人口的财政支出越来越大。发达国家今天面对的这些令人"头痛"的问题,随着发展中国家人口老龄化速度的加快,它们也必将面对这一难题。

(二)粮食问题

20世纪由于人口的膨胀,全球粮食需求快速增长。20世纪70年代末以来,在世界53个主要国家和地区中,自给率低于60%的有10个,自给率在60%~79%的有9个,自给率在80%~94%的有15个,自给率在95%~99%的有12个,自给率100%的只有7个。这就必然造成粮食出口国家或地区越来越少。缺粮最严重的是非洲,它从20世纪50年代起就成为缺粮区,而且越来越严重,1983—1984年度非洲的粮食总产量只有4600万吨,人均粮食仅为46公斤,造成空前的粮食危机——2亿多非洲人面临饥饿的威胁,3000万非洲人死于饥饿。此外,亚洲的朝鲜、孟加拉、斯里兰卡、尼泊尔、马尔代夫等国也是粮食严重短缺的国家。[②]

1979年联合国粮农组织第20届大会决定,从1981年起,将每年的10月16日定为"世界粮食日",希望以此唤起人们对粮食问题的重视。但成效并不显著,世界上许多国家和地区的粮食危机还是一再发生。1996年11月,186个国家的领导人聚集在意大利首都罗马,举行历史上首次世界粮食首脑会议,讨论粮食安全问题,通过了《世界粮食安全罗马宣言》和《世界粮食首脑会议行动计划》,确定了到2015年将全球饥饿人数减少到4亿人的目标。2002年6月,联合国粮农组织又在罗马召开了世界粮食首脑会议,再次对世界粮食安全形势进行评估,探讨解决粮食安全问题的新途径。现在,世界各国政府都把粮食和农业问题放在重要地位。但是,由于人口的过快增长,特别是发展中国家人口的过快增长、工业化过程中对农业用地的占用和土壤的退化等因素的影响,解决粮食问题的进程不可能一帆风顺。粮农组织在2000年公布的一份世界粮食状况报告中指

[①] 金鑫主编:《世界问题报告》,北京:中国社会科学出版社,2002年,第431页。
[②] 金鑫主编:《世界问题报告》,北京:中国社会科学出版社,2002年,第439页。

出,全球处于饥饿状态的人口高达 8.26 亿,占世界总人口的 13%。2003 年,全球粮食产量大约为 18.18 亿吨,消费缺口在 9300 万吨左右。据粮农组织估计,到 2025 年,世界人口将逼近百亿,世界粮食产量必须增长 75% 才能满足人口增长的需要。人类解决粮食问题的任务依然任重而道远。

(三)自然资源短缺问题

"资源问题"是指自然资源的短缺问题。在工业革命以前的人类历史上,人们常用"取之不尽,用之不竭"等字眼来描绘自然资源之丰富。但是,在工业革命以来的短短 200 多年历史中,人类就已经认识到自然资源之有限。20 世纪 60 年代以来,几乎所有的自然资源都出现了短缺,今天人类正面临着自然资源枯竭之威胁。

1. 土地资源问题

人均耕地面积减少。据统计,20 世纪 50 年代中后期,世界耕地面积每年增长 1%,而到 70 年代、80 年代、90 年代,耕地面积的增长速度分别为 0.3%、0.2%、0.15%,呈递减趋势。当今,世界人均耕地面积已由 1975 年的 0.31 公顷,降到 0.28 公顷(我国人均只有 0.08 公顷,不及世界平均水平的 1/3)。耕地退化严重,总体质量越来越差。过度地耕种和放牧,导致全世界大约有 2000 万公顷的土地被严重侵蚀而辍耕或弃牧。此外,土壤的盐碱化、大量的水土流失、大片土地的荒漠化等都严重损害了耕地的质量。

2. 水资源问题

水是"生命之源"。地球表面 70.8% 被水覆盖,水资源不可谓不丰富。然而,淡水只占地球水总量的 2.53%,人类真正可以利用的淡水资源又不足淡水总量的 1%,因此,可以说水资源本来就是非常有限的。20 世纪世界人口的迅猛增长、工农业生产的迅速发展,对水资源的需求急速增加。据联合国统计,现在人类提取的淡水量平均每天约 10 立方公里,全年平均 3500 立方公里,比工业化初期增加了 335 倍。目前,淡水的提取量以每年 4%~8% 的速度增加。这种态势已造成水资源的短缺。而严重的水污染又加剧了水资源的危机。目前,全球 90% 以上的江河湖泊被排放了工业废水、城市生活污水。全世界每年排放的污水达 4000 亿吨,造成 5 万多亿吨水体被污染。据统计,目前全球有 100 多个国家 20 多亿人口出现淡水资源危机,发展中国家有 10 亿人喝不上清洁水,其中 29 个国家的 4.5 亿多人完全生活在缺水状态中。全球缺水最严重的是发展中国家,全球 20 个"缺水国家"(有关专家认为,每年人均 1000 立方米淡水资源才能满足起码的要求,因此将人均淡水量不足 1000 立方米的国家称为"缺水国家")主要是发展中国家,而非洲和中东是目前世界上缺水最严重的两个地区。由于水资源危机,一些人被迫背井离乡,从而形成一种新的难民——"环境难民"。"环境难民"的人数在 1998 年第一次超过"战争难民",并有继续增长之势。作为"生命之源"的水资源的短缺,对人类的威胁是多方面的。它不仅影响到粮食生产和生态环境,而且严重影响到人类的生命健康,全球每年有 1100 万儿童死于各种与水有关的疾病。更为严重的是水资源争夺已成为引发国家冲突、威胁地区稳定的重要因素,埃及前总统萨达特就曾公开表示"谁想打尼罗河的主意,就是向我们宣战"。①

3. 能源问题

能源问题是资源问题的重要组成部分。能源的种类繁多,有一次能源和二次能源之分。这里所说的"能源"主要是指一次能源的三大支柱——石油、天然气和煤炭。石油、天然气、煤炭都是不可再生资源,它们再丰富,也有枯竭的时候,而这一天离我们越来越近。

自1859年世界上打出第一口油井开始,石油的开采和利用就迅速发展起来,石油在社会经济生活中的作用越来越大,到20世纪60年代中期,已取代煤炭成为世界主要能源,被誉为"经济的血液"。随着世界经济的迅速发展,石油的开采量越来越大。虽然21世纪头几年世界石油探明储量不断增加,但增幅明显下降。尽管世界石油探明储量还有增长的空间,然而这个空间已经不大。目前,关于世界石油总储量有两种估计,悲观的估计为2700亿吨,乐观的估计为6500亿吨。② 不管是悲观的估计还是乐观的估计,石油的总产量毕竟是有限的。而现在的石油产量和消费量还在不断增长。根据英国石油公司的统计,2004年英国全年石油总产量为38.68亿吨(每天8026万桶),比1994年增长19.5%。按照这样的增长态势,英国石油公司预计,已探明的储量40年左右时间将全部开采完毕。即便按估计的石油储量计算,人类离石油资源枯竭到来的那一天也为时不远了。正是在这种背景下,近几年国际市场原油价格剧烈波动,而且涨幅空前。纽约商品交易所原油期货价格,2008年曾上升到每桶150美元左右。由于石油是重要的战略资源,石油价格飞涨对世界经济的冲击极大。按照世界银行前行长沃尔芬森的估计,如果国际市场原油价格每桶上涨10美元并维持一年,世界经济年增长率就会降低0.5个百分点,发展中国家经济增长率则会降低0.75个百分点。20世纪,在丰富的低价石油的推动下,世界实现了经济快速发展。21世纪,世界必将面临石油枯竭所带来的极大挑战。

天然气和煤的情况也不容乐观。全球天然气总储量约1800万亿~4000万亿吨,人们对天然气可采储量有不同看法:一种认为是70多万亿立方米,一种认为是281万亿立方米。即使按后一种看法算,天然气也只能满足人类170年的需求。③ 煤炭是一次能源三大支柱中开发利用时间最长的,也最为丰富,但它也不是取之不尽的。目前已证实煤的储量为1.4万亿吨。还有一种估计是,预测全球煤的储量是10万亿吨,但可供采掘的只有约7000亿吨。不管按哪种数字,以目前每年开采量34亿吨算,可用的最长时间是500年。④

总之,在当今世界急速发展的情况下,如果人类不付出巨大的努力,抓紧开发新能源,改变能源消费结构,那么,人类面临全面能源危机的时候就不远了。

---

① 金鑫主编:《世界问题报告》,北京:中国社会科学出版社,2002年,第456~461页。
② 金鑫主编:《世界问题报告》,北京:中国社会科学出版社,2002年,第479页。
③ 金鑫主编:《世界问题报告》,北京:中国社会科学出版社,2002年,第479页。
④ 金鑫主编:《世界问题报告》,北京:中国社会科学出版社,2002年,第480页。

(四)生态环境日益恶化问题

这里所说的"环境"是指自然环境,包括人类赖以生存的土地、水、大气、生物等。随着科技进步,人类改造自然的能力飞速提升,但这对人类赖以生存的自然环境所产生的负面影响也越来越大。以下是一些主要的世界环境问题:

1. 全球气候变暖

大量使用石油、煤炭等矿物燃料,造成大气中二氧化碳等气体的含量迅速增加,从而产生了所谓的"温室效应"。工业革命以来,全球气温上升 1.1℃。近些年来,全球平均气温升高的幅度越来越大。1997 年比 1961—1990 年的平均值高出 0.43℃。全球气温变暖的后果是十分严重的,它使冰川融化、海平面上升、生物物种减少等,从而造成一系列自然灾害。如果温室气体的排放维持现状,那么到 2025 年,地球表面平均温度将升高 1℃,到下世纪末可能升高 5.8℃,而这造成的后果将是我们难以想象的。

2. 臭氧层受到破坏

臭氧主要聚集在离地面 2 万～3 万米的平流层,可以过滤太阳的紫外线辐射,并起到调节气候的作用,因而臭氧层被喻为地球的"保护伞"。但是,地球的这个"保护伞"正在受到破坏。20 世纪 70 年代后期,人类已观测到南极上空出现臭氧层空洞。这个空洞在 20 世纪 80 年代中期有美国国土面积那么大,而到 2000 年已达到美国国土面积的 3 倍。美、日、英、俄等国家联合观测发现,北极上空臭氧层也在减少。2000 年与 20 世纪 80 年代中期相比,北极上空 18 公里处的平流层,臭氧含量累计减少了 60%以上。这是近 10 年间同一区域臭氧损失最严重的一次。除南北两极以外其他地区上空的臭氧量也在减少,中纬度地区 30 多年平均减少了 10%左右。臭氧层的破坏与工业污染直接相关。臭氧层的破坏除对生态系统造成破坏之外,还对人体造成直接损害,使皮肤癌和白内障等患者增多。

3. 生物物种减少

生物之间以一种链式关系相互依存,保持动态平衡。长期以来,物种的自然淘汰是十分缓慢的。从 1600 年到 1900 年,大概每 4 年有一种生物灭绝。但 20 世纪以来,由于对大自然的过度开发,生物的种类以前所未有的速度在消失。有学者估计,现在世界上每年至少有 5 万种生物物种灭绝。目前,地球上约有 500 万～3000 万种生物,基本保证了生态系统和自然界的平衡。但是,若不采取措施加以保护,而是按目前的速度减少,不久的将来,整个生态系统将会崩溃,其后果不堪设想。

4. 土地荒漠化

土地荒漠化包括土地沙化和可耕地退化。由于种种原因,沙漠及土地荒漠化不断扩大。据统计,1984—1991 年全球沙漠化土地从 3475 万平方公里增加到 3592 万平方公里,增长了 3.4%。沙漠化的扩大,严重威胁着人类的生存。目前,全球有 9 亿人口受其影响,其中一半左右的人居住在沙漠危害严重的地区。据统计,全球每年表土流失达 240

亿吨,全世界用于农业的 57 亿公顷旱地约退化 70%。土地荒漠化严重削弱了社会生产的基础,并造成其他生态系统变化等灾难。

5. 森林面积萎缩

森林被称为"地球的绿色之肺",具有多种生态功能。因此,森林覆盖率被看成是衡量一个国家环境优劣的重要指标。500 年前,森林覆盖地球陆地面积的 2/3,达到 76 万亿平方米。但是,20 世纪 50 年代以来,世界森林面积锐减,到 1978 年只有 31 万亿平方米。目前,森林面积正以每年 2000 亿平方米的速度从地球上消失。森林资源的减少和破坏,已经带来诸如气候异常、水土流失加剧、水源涵养减少、洪涝灾害增多乃至生态平衡破坏等负面影响。

6. 工业污染和酸雨现象

工业化和城市化的发展,造成了水污染、空气污染和酸雨频发。大量未经处理的生产和生活垃圾、农药使用和化学工业及其产品所造成的污染日趋严重,让人触目惊心。工业化导致的环境污染,使人类宝贵的水资源被白白浪费或无法利用。空气和环境的污染,正在动摇人类生存的基础。酸雨的频发,给人类生存带来了极大威胁。酸雨有百害而无一利,它使土壤、湖泊、河流酸化,造成土壤贫瘠、水生态系统和森林生态系统改变与退化,腐蚀各种物质材料和建筑物,危害人类健康等。此外,河流和海洋的污染、工业和生活垃圾的处理等都是我们面临的全球性问题。

总之,随着世界经济联系的日益紧密,世界各国经济面临的主要问题日渐增多,这些问题严重威胁人类社会的生存和经济发展,世界各国只有协调一致和相互合作,才能解决这些问题并使世界经济稳定、可持续发展。

三、世界经济发展影响因素增多

(一)国际金融市场风险增大

战后的国际金融格局经历了从单极向多极发展的深刻变化。初期,各国忙于解决国内经济问题,只有美国以低息贷款为其盟国提供援助,以赢利为目的的国际资本流动数量比较少。国际金融活动的整体水平很低,美元基本上是唯一的国际货币,占据了国际金融霸主地位。到 20 世纪 50 年代末 60 年代初,随着战后经济复兴的完成,西方主要资本主义国家先后取消了外汇管制,实行多边支付,金融市场的开放程度大大提高。各国利率水平的差异使私人资本在国际金融市场上为套汇套利而大规模流动,不可避免地加剧了各国政府之间为争夺黄金储备、限制资本流动而展开的货币战,并最终导致以固定汇率制度为核心的布雷顿森林体系的崩溃。受此影响,国际货币关系动荡,汇率波动加剧,全球国际收支失衡现象严重,改革世界货币体系成了国际金融领域的中心问题。

1976 年,国际货币基金理事会在牙买加举行会议,达成了修改《国际货币基金协定》的《牙买加协定》。此后逐渐形成一种新的国际货币体系,被称作"牙买加体系",其特征是浮动汇率合法化,各国政府因此拥有解决国际收支不平衡的重要手段,即汇率变动的手段。一方面,这在一定程度上加强了对国际收支的调节,有利于世界经济的正常运转;另一方面,也使得国际货币体系变得更加复杂而难以控制,日元、马克加入国际货币的行列,传统的英镑区、法郎区加强了自己的活动和联系,国际货币格局多元化。伦敦、东京成为与纽约并立的金融中心,新加坡、中国香港等在20世纪80年代成长为新兴的金融市场,金融格局多极化的趋势不断得以巩固。1999年欧元启动,成为美元第一个真正的竞争对手。启动欧元后的欧盟不再总是被动承受美元利率和汇率波动的影响,欧元能够降低和减缓美元波动对国际金融市场的冲击,其作为国际储备和结算支付手段的地位也会上升,在稳定金融关系方面起了积极作用。然而,2009年欧债危机的爆发显现出欧元区财政制度不统一、应对危机乏力的缺陷,欧元的未来发展面临考验。

国际金融市场规模急剧扩大。随着国际分工的不断深化、国际贸易的迅速发展、跨国公司的不断建立、金融手段的不断增多,战后特别是20世纪80年代以来,世界货币的国际流动规模空前,国际投资获得了巨大发展,突破了长期以来围绕国际贸易运转的旧格局,一跃成为影响世界经济发展最活跃的因素之一。统计显示,全球的外汇交易量与世界贸易额的比率已从1983年的10∶1跃升到1995年的60∶1。近年来,每天的外汇交易额在15000亿美元左右。进入20世纪80年代以来,国际资本输出呈不断增长趋势。1985—1990年,发达国家年均对外直接投资额为1450亿美元,1997年增加到3590亿美元。截至1980年,发达国家对外直接投资累计达5092亿美元,到1997年则达到31925亿美元。从国际金融市场的发展趋势看,国际投资流向和投向正在发生重大变化,国际投资主体和资金来源渠道呈多样化态势,国际资本流动出现了脱离商品劳务运动的趋势。

国际金融市场动荡频繁。布雷顿森林体系崩溃后,各国纷纷以浮动汇率制取代固定汇率制,此后国际金融市场动荡时有发生。1978年10月,美元对其他主要西方货币汇价暴跌,引起整个西方货币金融市场的混乱。1987年10月,"黑色星期一"的股市狂泻,再次显示金融市场的脆弱性。20世纪90年代以后,国际金融市场动荡更加频繁,且破坏性日益扩大。1994年12月,墨西哥金融危机爆发,墨西哥中央银行的外汇储备一夜间几乎骤减为零,而外债高达1830亿美元,国家濒临破产,殃及其他拉美国家,并引发全球美元危机。1995年2月,英国著名的巴林银行因一名交易员的投机失败而倒闭,并引起欧洲、日本金融市场的恐慌。同年上半年,欧洲货币体系因意大利里拉、西班牙比索、瑞典克朗的急剧贬值几近崩溃,美元对日元和马克的汇率降到历史最低点。1997年7月,泰国爆发金融危机,并很快席卷东亚,波及全球。世界第11大经济实体韩国在货币贬值中损失了一半的国民生产总值,日本资产达数10亿美元的巨型银行和证券公司接二连三地倒闭。金融风暴同样席卷了东亚政坛,泰国差瓦立政府、印度尼西亚苏哈托政府、日本桥本龙太郎政府先后倒台。甚至到1998年,东亚金融风暴的余波仍在全球股市汇市肆虐横行。2002年12月,阿根廷持续三年的经济衰退终于酿成金融危机,并引发全国性骚乱,短短十几天换了五位总统。相比之下，2008年的全球金融海啸波及范围之广、影响程度之深，更是前所未有。这场危机从号称拥有最完善金融体系的美国掀起，由于美国长期以来在国际金融领域一国独大，世界其他国家的金融体系通过各种金融衍生品与美国牢牢捆绑在一起。当美国发生金融危机时，其他国家也在劫难逃。金融动荡已演变为世界性危机，其损失令人触目惊心。

在一个经济全球化时代，各国间的经济合作、市场开拓、贸易往来、技术开发等都依赖于国际资本流通、国际资金融通和国际金融服务的支持与保障。国际金融市场的重要性即在于此。但金融市场的运作已脱离物质生产和国际贸易活动而独立存在。正如马克思、恩格斯所说："资本输往国外……并不是因为它在国内已经绝对不能使用……这种情况之所以发生，是因为它在国外能够按更高的利润率来使用。"[①]资本的本性就是追逐利润。当大量国际资本投向金融市场时，必然带来金融业的极度膨胀，对东道国的货币政策、银行系统和金融监督机制乃至宏观经济调控能力形成巨大压力。一旦东道国经济体系存在漏洞且处理不当，就会造成金融风险，短期投机资本的推波助澜则会加剧这种风险。短期资本投资的时间短、流动性强，容易受各种因素的影响而突然大量迅速外流，非常不利于金融稳定。当今国际资本市场数额庞大的短期资本具有很强的破坏性，投机的趋利性会使潜在的金融风险在短时间内酿成金融危机。加之金融市场的透明度和迅捷的传播速度，金融风险的多米诺骨牌效应与日俱增，一国的金融危机可能引发其他国家甚至全球的金融动荡。因此，可以认为，金融危机是现代经济中资本过分追逐利润的必然结果。

（二）世界经济增长不稳定因素值得重视

1. 世界经济增长仍存在不稳定因素

国际货币基金组织把2018年世界经济增长预期从3.9%下调至3.7%。国际货币基金组织研究部副主任吉安·马里亚·米莱西—费雷蒂指出，国际货币基金组织下调经济增长预期，反映出2018年上半年主要发达经济体尤其是欧洲的经济活动弱于预期。

日本三菱UFJ银行经营企划部经济调查室主任研究员鹤田零认为，当前不管是发达国家还是新兴市场国家经济都继续保持增长，预计今后全球经济增长的势头也不会中断。在谈到中国经济时，鹤田零说，作为世界第二大经济体，中国以个人消费为基础的内需坚挺，面向世界各国的出口缓慢增长，这让中国经济保持稳定发展。

"总体来看，全球经济仍处在中速增长阶段。"中国社会科学院世界经济与政治研究所所长张宇燕认为，从2017年下半年到2018年上半年，全球经济发展信心较足，增长速度有所提升。然而，IMF此次下调2018年世界经济增长预期，说明世界经济增长仍存在

[①] 《马克思恩格斯全集》，第25卷，北京：人民出版社，1974年，第285页。

不稳定因素。①

2. 世界面临的严重负面影响

美国奉行的单边主义、霸权主义做法没有出路,给世界经济增长和全球贸易带来严重的负面影响。

作为二战结束后国际经济秩序和多边贸易体制的主要建立者和参与者,美国本应肩负起应有的责任,带头遵守多边贸易规则,在世贸组织框架下通过争端解决机制妥善处理与其他成员之间的贸易摩擦,这也是美国政府曾经向国际社会作出的明确承诺。然而,本届美国政府在享受现行国际贸易体系带来的好处的同时,片面夸大自己的国内问题,将国内问题国际化、经贸问题政治化,奉行极端实用主义,甚至不惜公开违反世贸规则,损害的恰恰是本国的国家形象。

美国政府骤然加征关税的做法,必然会对美国自身造成巨大伤害,这是美国社会早已形成的共识。美国服装和鞋类协会主席里克·赫芬贝说,额外关税只会伤害美国家庭、美国工人、美国公司和美国经济。美国农民同样遭到打击。2018年,美国农业净收入下降了12%,大豆、猪肉、乳制品和小麦价格遭遇断崖式下跌,在利润下降的同时设备价格却在上涨。

不仅如此,世界两个最大经济体之间的贸易摩擦引发了国际社会对全球经济增长的担忧。国际货币基金组织、世界银行等机构不久前下调了对世界经济增长的预期。国际货币基金组织总裁拉加德用"晴雨不定"来形容当前的世界经济状况,并将贸易问题列为"全球最大的不确定性因素"。世贸组织则已将2019年全球贸易增长预期从3.7%下调至2.6%,为三年来最低水平。

贸易战解决不了问题,美方一意孤行的贸易保护主义行为,使美国的消费者、农场主、企业家等群体利益和全球化产业链都受到伤害。当前美国经济、政治上的压力越来越大,也很难承受贸易摩擦进一步升级的代价。国际舆论认为,美方最终只能回到谈判桌上,通过平等协商真正解决问题,这才是唯一正确的选择。

(三)发达国家和新兴市场国家发展态势分化

1. 发达国家和新兴市场国家经济分化态势较为严重

发达国家和新兴市场国家经济呈现较为严重的分化态势,是世界经济的一大特点。全球最大对冲基金桥水基金联合首席投资官鲍勃·普林斯在英国《金融时报》上警告,美联储收紧货币政策在抑制经济增长泡沫的同时,也会对金融市场造成压力,美国经济增长可能已经"见顶"。一方面,美国财政赤字再度创新高,预计未来仍会继续上涨;另一方面,美国经济的增长率远高于潜在增长,因而其经济增长不可持续。美联储预计,美国经

---

① 黄发红、李欣怡、吴乐珺、刘军国、张远南:《多国经济学家深入评析当前经济形势——世界经济需要排除制约因素》,《人民日报》,2018年11月13日22版。

济的潜在增长率是1.8%,远低于目前3.8%的增长率。当前,欧洲经济增长仍然处于瓶颈期。欧盟统计局发布的初步统计数据显示,欧盟28国2018年第三季度国内生产总值(GDP)环比增长0.3%,低于上一个季度的0.5%。

2. 一些新兴市场国家和发展中国家的经济前景令人担忧

受金融环境收紧、地缘政治局势紧张以及石油进口价格上升等条件影响,一些新兴市场国家和发展中国家,如伊朗、土耳其、阿根廷和巴西的经济前景令人担忧。不过,许多能源出口国的经济增长前景因石油价格上涨而改善。美国金融政策的正常化导致资金从新兴市场国家流向美国,使得土耳其、阿根廷等金融政策依赖性强、对外平衡脆弱的国家出现了金融市场波动。但是未来全球汇率还将继续波动,如果美国调整其货币政策,全球汇率将受到进一步冲击。

在逆全球化和保护主义抬头背景下,来自发展中国家和最不发达国家的多位领导人在2018世界投资论坛期间呼吁坚定支持全球化和多边主义,抓住第四次工业革命的机遇,努力实现2030年联合国可持续发展议程目标。

(四)全球经济治理后退的危险性

1. 国家对全球经济治理体系影响差别很大

在全球层次,国家的选择和行为对全球治理体系影响差别很大。特朗普对美国长期以来实行的全球治理政策和现存的全球治理体系不满,决定退出一些全球治理机构或者协定(即"退群")。美国的"退群"弱化甚至恶化了全球治理体系,引发动荡。在地区层次,全球治理行为体,尤其是具有国际行动能力的地区一体化机构(如欧盟),使全球治理体系更加复合。2017年3月29日,英国启动"脱欧"进程。欧盟历史上第一次有成员试图根据欧盟《里斯本条约》第50条退出欧盟。在英国"脱欧"的阴影下,欧盟仍在扩大并加强其在全球治理中的作用。新形势下,欧盟依然积极参与七国集团(G7)、二十国集团(G20)、联合国等复合全球治理进程。欧盟自称是全球安全尤其是海洋安全的最大保障者。需要指出的是,欧盟在全球治理中的作用仍然是一个重大的全球议题,欧盟内外对此议题存在各种争论。参与全球治理是欧盟"共同外交与安全政策"的主要内容之一。全球治理的其他行为体(世界其他国家、政府间国际组织及主要全球论坛)承认或接受欧盟在全球治理中的关键作用。欧盟与其他国际行为体(如中国)在全球治理中加强互动与协调,全球治理已成为中国与欧盟关系的基石之一。

2. 全球治理机构改革存在分歧

大多数现有的全球治理机构确实先天不足,存在设计缺陷,在运行中积累起诸多问题。所以,加紧进行全球治理机构改革已成为全球治理参与者的共识。不过,到底如何改革,各参与者立场不一,甚至相互冲突。在世贸组织改革问题上,中美两国之间存在分歧。欧盟提出世贸组织(尤其是上诉机构)改革方案,并试图弥合其与美国之间存在的分歧,同时加强与中国的合作。联合国特别是安理会改革还将继续。国际金融组织改革取得一些进展,国际货币基金组织和世界银行的资本都实现了大幅增长。2019年3月14日,世界银行执行董事会确认,美国政府提名的马尔帕斯成为下届世界银行行长的唯一候选人。特朗普政府要求从美国国家利益的角度出发进行全球治理改革。2019年1月16日,美国向世贸组织总理事会提出《一个无差别的世贸组织——自我指定的发展状态导致体制的边缘化》的文件,之后又据此提出一份总理事会决定草案,要求取消一大批发展中成员享受特殊和差别待遇的权利。世贸组织的"特殊和差别待遇条款"源于关贸总协定第18条。越来越多的发展中国家"入世"正是因为有这一优待。但目前,美国等不再支持中国在世贸组织中的发展中国家地位。美国的"无差别"改革主张对组织中众多发展中国家不利。2019年2月15日,中国、印度、南非和委内瑞拉联合向世贸组织提交了《惠及发展中成员的特殊和差别待遇对于促进发展和确保包容的持续相关性》分析文件。此后,又有六个发展中成员国联署了该份文件。2月28日,在世贸组织总理事会上,中国政府认为,"发展中成员特殊和差别待遇原则不容否定"。3月12日,欧盟委员会发表《欧中关系战略前景》文件,认为中国不再是发展中国家,引发广泛关注。

3. 中国道路不可阻挡

2019年6月2日,中国政府发表《关于中美经贸磋商的中方立场》白皮书。白皮书指出,对于贸易战,中国不愿打,不怕打,必要时不得不打,这个态度一直没变。当前,国际形势发生很大变化,世界处于百年未有之大变局。美国政府单方面发起的中美经贸摩擦硝烟未散。这是改革开放40多年来中国面临的大变局之一,是当前横亘在民族复兴道路上的一个挑战,也是我们在新长征路上必须跨越的一道重要关口。①

和平与发展是时代主题,一个国家要发展繁荣,必须把握和顺应世界发展大势。中国深刻地认识到世界繁荣、稳定是中国的机遇,中国发展也是世界的机遇。中国决心更好地把国内发展与对外开放统一起来,把中国发展与世界发展联系起来,把中国人民利益同各国人民共同利益结合起来,以更加积极的姿态参与国际事务,共同应对全球性挑战,努力为全球发展作出贡献。中国不会屈服于美国的所谓极限施压和无理要求。中国一直把握着应对美国挑衅的分寸。基本准则就是:中国不为美国的打压、围堵、遏制所动,坚持改革开放,坚持走和平发展道路,坚持与各国合作共赢,不以意识形态划界,只以共同利益为准绳。中国这样的战略定力和世界胸怀,超出美国想象。习近平主席同美国总统特朗普通电话时指出,中美合则两利、斗则俱伤。双方应该按照我们达成的共识,在相互尊重、互惠互利基础上,推进以协调、合作、稳定为基调的中美关系。美方有责任向世界各国表明,如何把握好攸关世界前途命运的关键问题,成为一个负责任的世界大国。②

---

① 许峰:《中国道路不可阻挡》,《人民日报(海外版)》,2019年6月4日1版。
② 华益文:《风物长宜放眼量》,《人民日报(海外版)》,2019年6月19日1版

思考题

1. 什么是当代世界经济？世界经济的构成是怎样的？
2. 怎样看待经济全球化与区域经济集团化的相互作用和影响。
3. 论述更开放的中国为世界带来新机遇。
4. 什么是全球性问题？为什么说它是当今世界经济发展中面临的主要问题？

第二章
当代世界政治的发展变化与基本趋势

|学|习|要|点|

- 第二次世界大战后雅尔塔体制确立,世界逐步形成以美苏为核心的两大阵营对峙的两极政治格局。
- 20世纪50年代中期至80年代中期,世界政治格局开始出现动荡、分化和重组。
- 冷战后,世界政治格局的发展纷繁复杂,一超与多强、单极与多极、合作与冲突、对话与对抗同时并存,体现了世界政治多极化发展的必然性与曲折性。
- 大国关系进一步深化调整,以联合国为代表的国际组织的作用进一步加强,新兴国家的群体性发展日益改变着国际力量的对比格局。
- 全球范围内的地缘战略竞争依然激烈,传统安全威胁与非传统安全威胁相互交织。

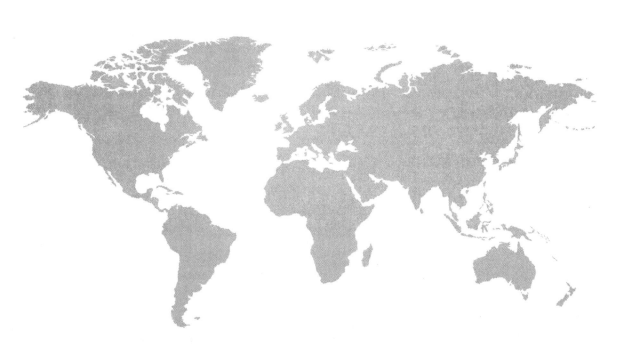

第一节 战后世界政治格局的形成与演变

世界政治是指在国际社会中各种政治力量,在世界政治领域为实现特定政治目的而进行的各种活动及相互间形成的各种政治关系的总和。它主要涉及各国对外政策及其发展演变、国家之间的冲突与合作、国际政治力量的分化组合与对比变化、世界政治格局的形成与演变等。世界政治格局则是指活跃于世界舞台、充当主角的国际政治行为主体相互联系、相互作用,在一定历史时期形成的一种结构和态势,它是一定历史时期内国际关系比较集中而概括的表现形式。世界政治格局的形成与演变,取决于主要国际政治行为主体间的实力对比及其发展变化。

一、当代世界政治的行为主体与运行机制

(一)当代世界政治的行为主体

世界政治的行为主体包括主权国家行为主体和非主权国家行为主体。第二次世界大战前,世界政治的行为主体主要是国家,外交、国际贸易等政治行为大都在国家间进行。二战后,由于科技革命的不断推进、经济全球化的不断发展、国家数量的不断增加、国际秩序的重新建构,世界政治变得愈加复杂。国家仍然是世界政治的主要行为主体,但行为主体多元化的特点越来越明显。世界政治的参与者不仅有国家,还有众多非国家行为主体。

1. 国家是世界政治最主要的行为主体

国家是国际事务的主要参与者,是一国对外活动的责任承担者,是世界政治中唯一享有对外主权的行为主体。国家作为世界政治的最主要行为主体,必须具备定居的居民、一定界限的领土、健全的政府机构、独立的国家主权四个基本要素。二战后,随着大批亚非拉的殖民地和半殖民地走向独立,先后出现了100多个新国家。20世纪80年代末和90年代初,苏联、南斯拉夫和捷克斯洛伐克等多民族联邦制国家相继瓦解,分解出20个新国家,至今全世界有近200个国家。

2. 国际组织等非主权国家行为主体

非主权国家行为主体指除主权国家以外能独立参与国际事务的政治实体,如国际组织、跨国公司、各种利益集团、宗教组织等,其中最主要的是国际组织。国际组织是跨国的联合机构,它们有其自身的宗旨、行为规范和组织机构,是联系国家和国际社会的桥梁与纽带。国际组织从不同角度,大致有四种分类方法:按宗旨与职能可分为综合性国际组织和专业性国际组织;按地域范围可分为世界性国际组织和区域性国际组织;按活动

性质可分为政治国际组织、经济国际组织和军事性国际组织;按主体构成可分为政府间国际组织和非政府间国际组织。

(1)联合国是当代世界最具普遍性和影响力的综合性国际组织。1945年6月26日,51个国家在美国旧金山签署了《联合国宪章》,10月24日宪章生效,联合国正式成立。联合国是当今世界最大的政府间国际性组织,截至2012年底,现有193个正式成员国,2个观察员国。其宗旨主要包括:维护国际和平及安全,反对战争和侵略;发展国际间以尊重人民平等权利及自决原则为基础的友好关系;促进国际间经济、社会、文化等方面的合作,以消除引起战争的经济和其他原因;协调各国的行动等。

联合国有六个主要机构:联合国大会、安全理事会、经济及社会理事会、托管理事会、国际法院、秘书处。联合国大会是主要审议机构,大会每年举行一次,每个会员国有一个投票权,主要讨论有关维持国际和平与安全,促进经济、社会、文化合作与接纳新会员等问题。安全理事会是维持国际和平与安全的执行机构,是联合国最重要的机构,现由美、英、法、中、俄五个常任理事国和十个非常任理事国组成。安理会可以调查任何争端,可以断定是否存在对和平的威胁、破坏或侵略的行为,可以建议调停争端或解决争议的办法,建议或决定采取包括经济、外交甚至军事行动等措施,以维护或恢复国际和平与安全。常任理事国对任何非程序性问题拥有否决权。经济及社会理事会是协调联合国及专门机构的经济和社会工作机构。托管理事会负责监督对国际托管领土的管理,由于原托管领土已全部独立或自治,其于1994年11月1日正式停止运作。国际法院是联合国的主要司法机构,由来自不同国家的15名法官组成,受理当事国提起的诉讼和联合国机构提请的咨询。秘书处是联合国日常工作的机构,为联合国其他机构服务,并执行相关的计划与政策。秘书长由安理会推荐,得到大会到会投票会员国的多数赞成票之后由大会任命,任期五年,可连选连任。

二战以来,联合国作为当代世界最具普遍性和影响力的综合性政府间国际组织,受到国际社会的普遍重视,在国际事务中发挥着日益重要的作用。

(2)重要的区域性国际组织。区域性国际组织大量涌现,也是二战后国际形势发展的显著特征。它主要是按地理区域建立起来的,成员间有着共同或相近的民族、历史、语言和文化特征,具有开展经济合作、维护国家安全、保障地区利益等共同的愿望与目标。

欧洲联盟(简称"欧盟")是由欧洲共同体发展而来的,初始成员有法、西德、意、荷、比、卢六国,总部设在布鲁塞尔。1991年12月,欧共体马斯特里赫特首脑会议通过《欧洲联盟条约》,通称《马斯特里赫特条约》(简称《马约》),规定各国实行一些共同的经济政策、建立经济货币联盟等措施,同时计划实行共同外交与安全政策及最终实行共同的防务政策。1993年11月1日,《马约》生效,欧盟正式诞生。欧盟现拥有28个成员国,正式官方语言有24种。欧盟的主要机构包括欧盟理事会、欧盟委员会、欧洲议会及欧盟法院。2009年12月1日正式生效的《里斯本条约》,将欧洲一体化的进程向前推进了一大步。欧盟是当今世界上最有成效、一体化程度最高的国家集团,是世界上第一大经济实体,绝大多数成员国为北约组织成员。

东南亚国家联盟(简称东盟)于1967年8月正式成立。当时其成员有马来西亚、新加坡、泰国、菲律宾和印度尼西亚,文莱、越南、缅甸、老挝、柬埔寨先后加入,东盟至今拥有十个成员国,成为东南亚最重要的区域性国际组织。如今东南亚自由贸易区已经建立,东盟开始由经济联盟到逐步转变为加强政治与外交合作,成为亚太地区的一支重要力量。东盟在发展本地区经济与加强同区域外国家的经济来往方面取得了重大成就。目前,中国—东盟自由贸易区已初步建成,2010年1月正式全面启动,该贸易区成为一个涵盖11个国家、超过20亿人口、占世界贸易份额13%以上、GDP超过16万亿美元的巨大经济体,是目前世界上人口最多、发展中国家间最大的自贸区。

非洲联盟(简称"非盟")的前身是非洲统一组织,1963年5月成立,是非洲人民长期坚持反帝反殖反霸斗争的胜利成果,在推动非洲国家内部团结统一、发展民族经济、捍卫国家主权独立的斗争中起着重要作用,2002年改组为非洲联盟。非盟在协调非洲国家间的关系、加强经济社会领域合作、发展民主和人权、减少内部冲突、在国际上维护各国的主权和共同利益等方面发挥了积极作用。目前非盟有55个成员国,是一个集政治、经济和军事于一体的政治实体。非盟未来还计划组建共同市场、统一使用货币、联合防御力量及成立跨国家机关,最终建立"非洲合众国"。

美洲国家组织的前身是成立于1890年的美洲共和国国际联盟,1948年在波哥大举行的泛美大会上改为现名。目前有33个成员国,先后有70个国家或地区在该组织派驻观察员。20世纪70年代,由于拉美人民反霸斗争不断高涨,美国的控制力削弱,美洲国家组织成为拉美发展中国家反对霸权政治、维护自身权益的重要平台。其宗旨:加强美洲的和平与安全;保障成员国间和平解决争端;在成员国遭到侵略时组织声援行动;谋求解决成员国间的政治、经济、法律问题,促进各国经济、社会、文化的合作;控制常规武器;加速美洲国家一体化进程。

此外,阿拉伯国家联盟、亚太经济合作组织、上海合作组织、金砖国家合作组织等,也是当今世界有影响力的重要的区域性国际组织。

(二)国际竞争、国际合作和国际冲突是世界政治的三种基本状态

第二次世界大战后,世界政治的行为主体不断增加,它们积极参与国际事务,谋取自身利益诉求,相互间既有竞争又有合作,既有交流又有冲突,在相互关系上形成了当代世界政治的三种基本状态:国际竞争、国际合作和国际冲突。

国际竞争,是指世界政治各行为主体为达到自身目标,实现自身利益与价值,在世界政治领域通过各种竞赛获取优胜的一种状态。国际竞争是世界政治的行为主体在国际社会中协调相互关系的形式之一,有利于经济、技术发展和社会进步,有利于维持世界和平,促进经济繁荣。

国际合作,是指世界政治各行为主体基于特定的利益和目标,在一定领域所进行的

相互配合行为。随着科技进步与经济全球化的发展,世界政治各行为主体间相互依存关系日益发展,共同利益范围日益扩大,出现了许多单个行为主体难以解决的问题。国际合作越来越具有全球性、普遍性、机制性等特点,成为各行为主体生存和发展的必然选择及基本行为方式。

国际冲突,是指世界政治各行为主体由于所谋求的利益、目标和价值的不同或相悖,或因国际社会结构性差异等引发的矛盾,而处于一种自觉的抵制、摩擦、对立和对抗状态。二战后国际冲突遍及政治、经济、军事、文化及其他社会问题等领域,各国际力量间都曾发生过一系列武装干涉、边界摩擦、地区战争、经济封锁、经贸纠纷、金融战争及民族、宗教冲突等国际危机。随着冷战的结束及经济全球化的迅猛发展,以经济、文化、价值标准等为主要内容的"软实力"之间的冲突在国际关系中日益凸显。

世界政治行为主体间产生的国际竞争、国际合作和国际冲突,都离不开国际法的调整与规制。

(三)国际法对当代世界政治行为主体的规制

国际法指为国际社会的大多数成员所普遍接受或认可,为国家间的相互关系提供系列基本的法律规范和原则,指导国家和其他国际行为主体对外行为和对外关系的基本法律规范。

二战后,旧的殖民体系被打破,包括中国在内的大批新独立国家相继登上国际政治舞台,使世界政治力量的对比发生了有利于国际法进步的重大变化。随着国际法主体的不断增加,国际社会的多元化发展,使国际法由过去少数大国控制下为其垄断地位服务的工具,逐渐转变为广大中小国家用以反对强权政治、制约大国行为、维护自身利益和国际正义的重要武器。在广大第三世界国家的积极推进下,传统国际法中主要体现西方列强利益的一些原则、规则逐步得以摒弃,代表先进的法律观念和世界各国人民利益的一些新的原则、规则得以确立。通过国际法调整国际政治各个行为主体间关系为国际社会所普遍接受。除国际法的基本准则为国际社会接受外,现代国际法在渊源、形式、内容和数量上都有了较大发展,双边条约、国际公约不断涌现,内容涉及政治、经济、文化、军事等方面。国际法的原则与内容也越来越朝着国际民主化、平等化的方向发展,并成为改革旧的国际政治秩序的重要内容。

二战后国际法的不断发展、完善,为世界政治各行为主体提供了应遵循的一些基本原则,其中具有重要影响力的有:《联合国宪章》七项原则、和平共处五项原则、万隆会议十项原则、《国际法原则宣言》七项原则、《各国经济权利和义务宪章》十五项原则等。主权平等、互不侵犯、互不干涉内政、平等互利、和平共处、和平解决国际争端等原则,成为《联合国宪章》等国际法所强调的基本原则,是国际社会公认的、适用于国际关系、具有法律性的普遍原则。国际法民主性的加强,也体现在诸多国际事务的决策程序上。

国际法的发展是人类对国际准则的承认和以国际法解决国际事务达成共识的体现。

相对于国内法而言,国际法具有"弱法"(Weak Law)的特点,在其执行过程中会出现强权实力优先与各国平等理念的冲突,国力强劲的国家在国际交往中出现了利用或抛弃国际法的现象。近年来,个别奉行强权主义的国家,也不乏搞单边制裁、"长臂管辖"等霸凌行径,将自己的国内法凌驾于国际法之上。国际法来源于国家的授权,其先天成因决定了其必将受到国家权力的制约。但在未来的国际法发展中,国家权力必然会受到国际均势的制约。

尽管在国际法的发展过程中,国际政治不时会制约国际法的发展,但是从国际法的发展前景来看,减少或逐步摆脱国际政治的影响和束缚,是其发展的必然趋势。虽然现今国际社会强权政治依旧存在,国际法的作用受到一些强权国家的束缚,甚至有时不免成为这些国家推行其霸权主义、强权政治和新殖民主义的工具。特别是对于有些违反国际法的行为,尚不能采取有效的强制性制裁措施。但是,国际法律关系和国际司法行为毕竟已成为国际政治与国际关系的一个重要组成部分,成为制约国际行为的一个重要因素。世界需要和平,人类需要发展。时代要求一切国家,特别是综合国力强大的国家,依法履行国际义务,依规进行国际交往。

中国作为负责任的大国,是联合国安理会常任理事国,是和平共处五项原则的倡导者和践行者,是国际规则的维护者和建设性参与者。改革开放以来,中国参与并签署批准了一系列国际公约和议定书,还要进一步按照自身改革、发展、稳定的需要,推进与国际法律体系的协调和合作。中国随着综合实力的不断增强,应充分利用各种资源和平台积极参与国际事务以及相关国际规则的制定,以增强在国际规则制定中的话语权来维护自身的重大利益。由此,也能进一步提高中国在国际上的影响力,提升中国的国家形象和国家软实力。

二、雅尔塔体制的确立

世界政治格局是指在一定时期的国际舞台上作为国际行为主体的各种政治力量(主要是主权国家和国家集团)相互联系、相互作用而形成的一种政治结构,它是一定历史时期内国际关系集中而概括的表现形式。世界政治格局这种政治结构形态一旦形成,就不会因一时一事的事变或矛盾而轻易解体,在相当长一段时期内具有一定的稳定性。但随着国际政治力量对比关系的不断变化,此消彼长,从量变到质变,最终会引发世界政治格局的重大变化。战后世界两极格局从形成到终结经历了半个世纪。雅尔塔体制奠定了战后两极格局的基础,在战后世界政治格局的形成与发展中占有非常重要的地位。

(一)雅尔塔体制的建立

雅尔塔体制,是指美、苏、英三大国在二战后期,出于各自利益,就尽快结束战争、处理战争遗留问题及构建战后世界秩序等问题,通过德黑兰会议(1943年11月)、雅尔塔会议(1945年2月)、波茨坦会议(1945年7月)等国际会议达成的一系列协议而建立的战后国际体制。雅尔塔体制确定了美、苏两国在欧洲及远东的势力范围和保持均势的各项措施,从而确立了战后世界秩序和政治格局的基本蓝图。由于这些战后世界秩序的规则和三大国势力范围划分的协议主要是在雅尔塔会议上达成的,故称为"雅尔塔体制"。

◎ **资料卡片**

雅尔塔体制

欧洲被一分为二,东欧属于苏联的势力范围,西欧属于美国的势力范围,德国被苏、美、英、法四国分区占领,后来发展为两个德国。在远东,苏联承认美国对日本的控制及在中国的利益,美国则满足了苏联收回库页岛、取得千岛群岛、承认外蒙古独立,以及把中国大连港国际化,苏联在该港的优越权予以保证、旅顺港租让给苏联作海军基地、中国的长春铁路由中俄共管的要求。在全球,建立苏、美、英、法、中五大国拥有否决权的和平与安全机构——联合国。按美苏口头协议,朝鲜以三八线为界一分为二,北方建立社会主义制度,南方建立资本主义制度。

重大影响:雅尔塔体制是战胜国为了各自的利益对战后世界的安排,它确立了美苏主宰世界的基本原则。一方面,它对于维持战后国际关系相对稳定具有一定的积极意义;另一方面,它的总体精神和原则与一战后的凡尔赛—华盛顿体系是一脉相承的,仍是一种大国强权政治,损害了许多国家的利益,为战后国际关系播下了许多矛盾的种子。它确立的两极格局虽然防止了"热战"的爆发,但是也导致"冷战"的不断升级,直到东欧剧变、苏联解体。

丘吉尔、罗斯福、斯大林在雅尔塔会议上

从这一系列会议的内容来看,三大国首脑经过讨价还价达成的谅解和协议,概括起来分为三大类:第一类是关于协调盟国最后战胜法西斯的战略步骤,制定盟国在反法西斯战争最后阶段协同作战的军事计划。第二类是关于确定对战败国的处置原则及势力范围的划分。第三类是关于确定维护战后世界和平与国际安全的机制。第二、三类主要表现为战后美、苏、英三大国(主要是美苏两大国)按照政治、军事实力的对比重新安排和划分势力范围,确立了大国控制世界,实际上主要是由美苏两个大国控制世界的基本原则。雅尔塔体制反映了二战后期国际力量的对比状况,是各主要国际力量相互妥协的结果。美国和苏联占据了国际政治的中心,欧洲的世界政治中心地位由此丧失。

(二)雅尔塔体制的作用

雅尔塔体制的确立,在战后对防止德、意、日军国主义和法西斯势力死灰复燃,维持欧洲各国的相对稳定,避免新的世界大战的爆发,维护战后欧洲与世界的和平,发挥了重要的积极作用。联合国的建立也是雅尔塔体制的一项重要内容,是各国合作的一个重要标志。在协调大国关系方面,雅尔塔体制也一定程度上体现了和平与民主的原则,表明不同社会制度和意识形态的国家间只要相互尊重、愿意合作,是可以和平共处的。

雅尔塔体制的实质是美苏等大国根据自身的实力和利益划分各自在欧洲和远东的势力范围,具有浓厚的大国强权政治色彩。二战后期,美苏两大国分别掌控不同的战区,抢夺胜利果实。在欧洲,东欧成为苏联的势力范围,西欧则为美国所控制,德国被美、英、法、苏四国分区占领,后来进

雅尔塔会议纪念币

一步分裂为东德、西德两个国家。在远东,美苏两大国也大体划分了各自的势力范围,美国满足了苏联收回库页岛、占领千岛群岛、享有在中国东北的特殊利益的要求,苏联则承认了美国对日本的控制及更多的在华利益。它将大多数中小国家排除在外,甚至无视和公然侵犯其他国家的主权与领土完整,损害一些国家的正当权益。

雅尔塔体制奠定了战后世界两极政治格局的基础,也导致随后出现的美苏两个超级大国之间的冷战和两大阵营的长期全面对立,成为战后世界局势紧张和世界战争危险的主要因素。

三、战后两极政治格局的形成

(一)两极政治格局在东西方冷战对抗中形成

反法西斯战争的胜利使国际舞台上的各种力量对比发生了极为深刻的变化。国际力量对比产生了有利于美苏两国的变化。意、德、日三个法西斯国家相继战败投降;英、法两个世界强国被极大地削弱,欧洲丧失了世界中心的地位;美国在经济、军事、科技等诸多方面都跃居世界领先地位,成为全球性强国;苏联经受了战争的严酷考验,成为拥有巨大实力和威望的社会主义强国;欧洲和亚洲相继建立了一批人民民主国家,二战结束后,社会主义超出一国范围,在欧亚大陆先后出现了南斯拉夫、阿尔巴尼亚、波兰、捷克斯洛伐克、罗马尼亚、保加利亚、匈牙利、民主德国、朝鲜、越南、中国等一系列社会主义国家,国际舞台上力量对比出现了有利于苏联的新变化。正是这种力量对比的变化,使战后政治格局形成了以美苏为中心的两大力量集团,这是战后美苏对峙的两极格局形成的力量基础。

1. 冷战序幕拉开,形成以美国为首的资本主义阵营

(1)提出冷战理论。1946年2月,美国驻苏联代办乔治·凯南向国务院拍发了一份长达8000字的电文,全面阐述了对苏联"理论、意图、政策和做法"的分析。他认为由于政治制度和意识形态的对立,美苏不可能建立持久的合作关系,美国不能把苏联当作战略上的伙伴,只能当作政治上的对手,必须对苏联进行长期的遏制,以武力为后盾,遏制苏联发展。他的主张为后来美国推行遏制苏联的冷战战略提供了理论依据。1946年1

月,英国前任首相丘吉尔应邀访美。3月5日,他在美国总统杜鲁门陪同下抵达密苏里州的富尔顿,在杜鲁门的母校威斯敏斯特学院发表了所谓的"铁幕"演说,呼吁英美"建立特殊关系",西方国家联合起来,合作建立政治军事同盟,共同对付来自苏联的威胁,从而揭开了冷战的序幕。1946年9月,杜鲁门的白宫助理白拉克·克利福德在《美国与苏联关系》的报告中正式提出对苏冷战纲领。

冷战是二战后以美国为首的西方发达资本主义国家针对社会主义国家所进行的除直接武装进攻以外的一切敌对政策和行动,包括经济上的封锁与制裁,政治上的压制与孤立、不承认政策,粗暴干涉对手的内政,通过激烈的军备竞赛来谋求胜过对手,在对手的周边地区驻军围堵,甚至进行煽动颠覆、军事威胁及核讹诈。冷战的实质是力图通过瓦解对方的政治制度、意识形态,谋求领导、控制、支配世界的权力。

(2)杜鲁门主义。1945年杜鲁门继任美国总统后,反复强调美国在世界上的领导地位,加快谋取世界霸权的战略部署,不断强化反苏政策。1947年3月12日,杜鲁门在国会发表国情咨文,声称希腊受到共产党领导的武装人员的威胁,如果希腊陷落,将严重影响土耳其,从而影响欧洲、中东和整个"自由世界"。他要求国会给予希腊、土耳其共4亿美元的经济和军事援助,以抵抗共产主义的扩张。杜鲁门认为世界上任何地方的共产党革命,都会造成对"自由世界"及美国安全的威胁,而美国有领导"自由世界"的使命,美国要在全世界反对共产主义,这就是"杜鲁门主义"。杜鲁门主义的出台,标志着冷战政策的正式形成并付诸实施,也标志着美苏战时同盟关系的破裂,是美国对外政策的转折点。

(3)马歇尔计划。1947年6月5日,美国国务卿马歇尔在哈佛大学毕业典礼上发表演说,提出了美国帮助欧洲经济复兴的方案,被称为"马歇尔计划"。其主要内容是,为使西欧各国战后尽快恢复经济,美国将拨款100多亿美元作为援助,其条件是受援国必须购买一定数量的美国货物,撤除关税壁垒,取消或放松外汇管制,保障美国私人投资和开发的权利,削减同社会主义国家的贸易等。从1948年至1952年,随着马歇尔计划的实施,美国以赠款和贷款的方式向西欧多个国家提供了总额为131.5亿美元的援助,使西欧各国经济迅速恢复到战前水平,同时也使大量美国资本和商品涌入西欧市场,从而加强了美国对西欧国家政治和经济的控制,把西欧纳入美国对苏联冷战的战略轨道,使西欧成为美国推行其全球战略的工具。

(4)北大西洋公约组织。为了推行遏制和控制欧洲的军事防务体系,1949年4月,美国、加拿大、英国、法国、比利时、荷兰、卢森堡、丹麦、挪威、葡萄牙、意大利、冰岛共12国外长在华盛顿正式签订《北大西洋公约》,建立北大西洋公约组织(简称北约)。该条约规定,缔约国实行协商共同行动和集体防御,任何缔约国同他国发生战争,必须给予援助包括使用武力。北约组织打着集体防御和维护北大西洋区域安全的旗号,实际上是一个旨在遏制苏联的军事集团。1949年8月条约生效,北约总部设在布鲁塞尔。北约的建立,是资本主义世界在军事上实现战略同盟的标志,也是以美国为首的资本主义阵营正式形成的标志。

(5) 第四点计划。1949年1月,杜鲁门在其第二任总统就职演说中提出了美国外交的四点行动计划,其中第四点是"技术援助和开发落后地区计划",即"第四点计划"。其主要内容是,通过利用技术和资本输出对亚非拉不发达国家进行经济和政治渗透,以防止在这些"贫困和不满的土壤中滋长共产主义",阻止民族解放运动的发展,全面控制亚非拉地区,将这些国家纳入其全球遏制战略轨道。

(6) 加强对亚洲的扩张与控制。二战后,美国单独占领了日本,并逐步计划把日本作为其加强对亚洲扩张与控制的基地。1951年9月8日,美国和一些国家在排除中国的情况下,与日本缔结了《旧金山和约》,该和约主要是为了解决第二次世界大战后战败国日本的地位问题。同年9月18日,周恩来代表中国政府郑重声明,《旧金山和约》由于没有中国参加与签订,是非法、无效的,中国政府不予承认,且该和约所确定的交由美国托管的西南诸岛并不包括钓鱼岛。1953年12月25日,美国发布《琉球列岛的地理界限》,非法擅自扩大美国的托管范围,将中国领土钓鱼岛裹挟其中。《旧金山和约》签订五小时后,日本首相吉田茂和美国代表艾奇逊又签署了新的《日本国和美利坚合众国之间的安全保障条约》(简称《日美安保条约》)。《日美安保条约》不仅构成了日本从属美国的法律依据,使美国长期对日本占领合法化,而且使美国可以在日本无限制设立、扩大和使用军事基地。此外,在亚太其他区域,美国又牵头签署了《美澳新条约》《马尼拉条约》《巴格达条约》等条约,形成了在美国控制下的战略同盟。

2. 以苏联为首的社会主义阵营的形成

面对来自以美国为首的资本主义阵营的威胁,针对其政治上的孤立和敌视、经济上的制裁与封锁、军事上的包围与威胁、意识形态上的攻击与诬蔑,苏联采取了一系列措施,在政治、经济、军事等方面予以全面抗衡,并逐步形成以苏联为首的社会主义阵营。

在政治上,为了稳定东欧政局,苏联一方面帮助东欧各国改组政府,另一方面帮助东欧各国进行社会主义改造。针对美国的杜鲁门主义,苏联推动成立了欧洲九国共产党和工人党情报局(简称"九国情报局")。1947年9月,有苏联、波兰、南斯拉夫、罗马尼亚、匈牙利、保加利亚、捷克斯洛伐克、法国、意大利九国共产党和工人党参加的情报局在波兰成立,号召各国共产党团结起来,互通情报,协同行动。朝鲜、中国、越南等社会主义国家成立后,立即得到了苏联、东欧国家的承认和支持。1950年2月,中国和苏联签订了为期30年的《中苏友好同盟互助条约》,表明中苏同盟关系正式构建。

在经济上,针对美国的"马歇尔计划",苏联依据其外交部长莫洛托夫的提议,加强与东欧各社会主义国家的经济联系,于1947年分别同保加利亚、捷克斯洛伐克、罗马尼亚、波兰等国签订了一系列贸易协定,帮助东欧国家恢复和发展经济,被称为"莫洛托夫计划"。1949年1月,苏

北大西洋公约组织

联同波兰、匈牙利、捷克斯洛伐克、保加利亚、罗马尼亚六国成立经济互助委员会（简称"经互会"）。经互会的成立是社会主义阵营形成的又一标志。这些措施使苏联从经济上把社会主义国家紧密地联系在一起，东欧国家的经济发展某种程度上也被纳入苏联对外战略的轨道。

在军事上，苏联不断加强自身的军事实力，积极研制核武器。1949年，苏联的第一颗原子弹试爆成功，从而打破了美国的核垄断。1947—1949年，苏联与东欧国家先后签署了多个双边友好同盟互助条约，大批苏联军队进驻东欧。针对西方国家重新武装联邦德国并把它拉入北约这一冷战行为，苏联全面实施了自己的军事安全计划。1955年5月14日，苏联与波兰、捷克斯洛伐克、匈牙利、罗马尼亚、保加利亚、阿尔巴尼亚和民主德国八个国家在华沙举行会议，签订了《友好合作互助条约》，成立了华沙条约组织（简称"华约"）。华沙条约规定，缔约国如遭到进攻时，华约成员国将行使单独或集体自卫的权利。为与以美国为首的北约军事集团相对抗，苏联和东欧各国也形成了正式的华约军事集团，以苏联为首的社会主义阵营得以全面建成。

至此，出现了以北约与华约两大军事集团为核心的资本主义和社会主义两大阵营，世界两极格局形成。

（二）两大阵营的全面对峙

两大阵营形成后，双方在政治、经济、军事、意识形态等方面展开了激烈的对峙与斗争，具体表现为以下四个方面。

政治上，主要表现为两面旗帜的斗争。以美国为首的资本主义阵营打着反苏反共的旗号，以防止共产主义扩张为幌子，在世界推行侵略和战争政策，压制人民革命斗争和民族解放运动。以苏联为首的社会主义阵营及一大批民族主义国家则高举和平民主的大旗，开展了声势浩大的和平运动，反对帝国主义的侵略与战争政策，支持被压迫民族和人民的解放斗争。

经济上，主要表现为封锁与反封锁的斗争。1947年美国宣布对社会主义国家实行战略物资禁运。以美国为首的15个西方国家于1949年11月成立了"巴黎统筹委员会"（简称"巴统"）。在美国控制下，"巴统"长期对社会主义各国实行封锁禁运。为打破帝国主义的经济与技术封锁，社会主义国家在自力更生的基础上，加强彼此间的合作，通过缔结条约、协定和成立组织等方式，建立了与资本主义市场相平行的社会主义市场，从而使社会主义各国经济获得迅速发展。同时通过各种途径设法开展与西方的民间贸易。

军事上，主要表现为全面冷战和局部热战。二战后，以美国为首的资本主义阵营通过缔结《北大西洋公约》和《日美安保条约》，组建了西方政治军事同盟，在世界各地建立军事基地，围堵社会主义国家，不断加剧紧张局势。以苏联为首的社会主义阵营通过加强华约组织等同盟机制，反击西方阵营的挑衅。两大阵营对抗的重点在欧洲，欧洲对抗的重点在德国。1948年6月，爆发了第一次"柏林危机"，并由此造成德国的正式分裂。

在亚洲,两大阵营的对抗突出表现为1950年爆发的朝鲜战争,它使冷战升级发展到热战。朝鲜战争中,中朝联合抗击了美国操纵下的联合国军队。这是冷战时期最严重的对抗,两大阵营几乎动用了一切战略资源和力量进行了殊死的较量。

意识形态上,主要表现为"和平演变"与反"和平演变"的斗争。20世纪50年代初,西方在军事取胜无望的情况下,提出了"和平演变"战略。从艾森豪威尔开始的美国历届总统都致力于推行这一战略,运用政治、文化、宣传等除战争以外的一切手段,通过和平渗透与"和平演变"来瓦解社会主义,最终达到不战而胜之目的。社会主义国家则采取措施反对和防止"和平演变"。

以美国为首的资本主义阵营和以苏联为首的社会主义阵营是当时世界政治中全球层面的最重要的战略力量。尽管这一时期涌现出一批民族独立国家,但这些国家对世界格局的影响有限。两极格局使两大政治力量处于相对平衡状态,维持了世界近50年的和平,为战后世界经济的快速发展创造了稳定和平的国际大环境。但美苏对峙的两极格局把世界分成两大阵营,不同阵营国家之间的经济、政治、文化联系渠道被人为割断,不利于世界各国人民的相互联系、交流与合作。由于两大阵营的竞争对抗,不断引发局部战争与冲突,世界和平长期面临战争的威胁。

四、两极政治格局的演变

20世纪50年代中期至80年代中期,世界政治在两极格局的大框架下,开始出现动荡、分化和改组,两极格局发生动摇。社会主义阵营因中苏关系破裂而走向解体,资本主义阵营也因美日欧力量对比的变化而发生分化,第三世界作为一支独立的政治力量登上历史舞台,世界政治格局开始由两极朝多极方向演变。

(一)国际力量的分化与改组

1. 社会主义阵营的解体

苏联作为社会主义大国,在支持欧亚社会主义国家建设、推动各国革命运动发展等方面发挥了重要作用,但同时也日益显露其大国沙文主义倾向。苏联干涉其他社会主义国家的内部事务,把这些国家当作自己的势力范围,要求它们的内政、外交都要服从于苏联的路线和战略目标。苏联的这种行径遭到其他社会主义国家的激烈反对,并导致社会主义阵营的矛盾激化与最终解体。

20世纪50年代中期至60年代末,中苏两党和两国关系的恶化是社会主义阵营矛盾激化和解体的最重要表现。1956年2月苏共二十大后,中苏两党在和平过渡及斯大林评价问题上出现重大分歧。1958年后苏共逐渐将两党在意识形态领域的分歧扩大到两国关系上。苏联计划在中国建立长波电台和联合舰队的无理要求遭到拒绝后,于1960年单方面撕毁合同,撤走专家,废除合作项目,在对外政策上公开孤立和反对中国。1962年12月至1964年7月,中苏两党展开理论上的大论战。1964年勃列日涅夫上台后,进一步推行霸权主义。苏联在中苏、中蒙边境陈兵百万,多次挑起武装冲突,中苏关系极其恶化。1965年3月,苏共一手操纵的莫斯科会议召开,表明共产主义运动内部政治路线、理论观点上的分歧发展为组织上的分裂。1969年3月,苏联在中苏边界的珍宝岛地区制造了大规模流血事件,中国不屈服于苏联压力,进行了坚决反击,双方兵戎相见。社会主义阵营也因中苏关系的破裂而开始走向解体。

苏联在处理与其他政党和国家关系时,同样推行大国沙文主义、大党主义乃至霸权主义的错误政策,在社会主义阵营内部造成了一系列严重的矛盾和冲突,如1948年苏南冲突、1956年波兹南事件和匈牙利事件、20世纪60年代苏联和阿尔巴尼亚关系的破裂、1968年8月苏联因干涉捷克改革内政而不惜悍然出兵。苏联的大国沙文主义行径损害了其他社会主义国家的利益,伤害了它们的情感,导致社会主义阵营因内部矛盾激化而最终解体。

2. 资本主义阵营的分化

60年代以后,因美国、西欧、日本力量对比的变化以及它们对各自利益的考虑,资本主义阵营也开始出现分化。战后初期受美国控制的西欧、日本,随着经济实力的增强,在政治、经济、外交上都出现了独立自主的倾向,它们不再甘心一味追随美国,要求在国际事务中有更大的发言权。主要表现是戴高乐主义、新东方政策和多边自主外交等。

1958年法国总统戴高乐重新上台执政,在对外政策上推行独立自主的外交政策,反对美国对欧洲事务的控制和干涉,反对一味追随美国的做法,坚持恢复法国在国际事务中的大国地位和独立自主的方针。1959年他从北大西洋公约组织收回本国舰队的指挥权并禁止美国使用法国的基地。他主张建立法国独立的核力量,1963年他拒绝签订《美苏禁止核扩散条约》。他同时努力促进法德谅解,消除宿怨,通过法德合作,促进以法德为核心的欧洲一体化,提出"欧洲人的欧洲"的口号。在对美国关系上,反对美国充当欧洲的霸主,要求法国在北约组织内拥有决策权。当法国的要求被美英拒绝后,法国于1966年3月宣布退出北约,禁止美国核武器运入法国,并赶走驻在法国的美国军队,维护法国的国防独立。在对苏联关系上,不顾美国反对,实行对苏和解政策。1964年1月,法国公开违背美国意愿,成为率先与中国建立大使级外交关系的西方大国。1966年6月,戴高乐又访问苏联,改善了法国同苏联、东欧国家的关系。戴高乐主义的实质是民族主义,即捍卫国家主权,维护民族独立,恢复法国在国际舞台上的大国地位。

1969年10月,联邦德国勃兰特政府推行"新东方政策",旨在推行同苏联及东欧国家实行缓和与关系正常化的外交政策。其主要内容包括:其一,承认战后欧洲各国的现有边界,改善同苏联和东欧各国的关系,减少对美国的依赖,奉行更符合德国利益的外交政策。其二,承认德意志民主共和国是一个独立的主权国家,表示愿意实现两国关系的正常化,并表示愿意以和平方式谋求国家统一。1972年,联邦德国、民主德国实现了国家关系正常化。新东方政策的实施,对70年代东西方关系的缓和起了重要作用,也极大地提高了联邦德国的国际地位。

◎ 资料卡片

新东方政策

新东方政策是1969年10月联邦德国勃兰特政府上台后开始推行的,旨在与苏联、东欧国家"缓和、谅解、合作"的外交政策。新东方政策对70年代东西方关系的缓和起了重要作用,但是它实质上以联邦德国的地位和利益为出发点,以实现德国统一为目标,它是联邦德国凭借其经济实力向东欧和苏联推行"和平演变"战略的具体表现。

日本随着经济实力的增长,也开始寻求减少来自美国的控制,推行独立自主的外交政策。20世纪50年代末,日本要求修改《日美安保条约》,以增强自己的独立地位。1964年,佐藤荣作内阁提出"亚洲自主外交"的方针,表明日美关系中日本地位的提升。此后,日本通过持久谈判收回由美国占领的琉球和小笠原诸岛。1972年7月田中角荣上台后,又进一步提出"多边自主外交",主张除与美国继续保持密切关系外,还要同世界上如中国、苏联等其他战略力量进行符合日本国家利益的交往。具体地说,日本继续以日美同盟关系为基轴,积极发展对华关系,借重中国以抗衡苏联。1972年9月,中日两国正式建立外交关系。

以美国为首的资本主义阵营内部发生的分化,也在一定程度上动摇了两极政治格局。

3. 第三世界的崛起

第二次世界大战给亚非拉广大被压迫民族的解放事业开辟了更加广阔的道路。战后亚非拉民族独立与民族解放运动不断高涨,民族独立国家大量涌现。20世纪50年代中期,亚非地区有30多个国家获得了民族独立。到60年代末,亚非拉共有104个国家获得独立。第三世界逐步崛起,作为一个整体力量登上了国际舞台,成为反帝反殖反霸的生力军,极大地冲击了两极格局,推动着世界格局向多极化方向发展。

1955年4月,第一次亚非会议在印度尼西亚的万隆召开,通过了《亚非会议最后公报》。这次会议表明了亚非人民要掌握自己历史命运的意志和力量,加强了发展中国家间的团结合作。万隆会议的成功召开,成为战后民族民主解放运动的重大转折点,也是第三世界开始兴起的重要标志。

1961年9月,25个中小国家首脑和代表在南斯拉夫首都贝尔格莱德举行了第一届不结盟国家和政府首脑会议。会议通过了《不结盟国家和政府首脑会议宣言》,要求消除一切形式的殖民主义和霸权主义,全力支持各国人民为争取和维护民族独立而进行的斗争。这次会议标志着以独立自主、不结盟和非集团化为原则的不结盟运动诞生,标志着第三世界作为一支新兴的政治力量登上国际舞台。

在不结盟运动的倡议和推动下,1964年3月第一届联合国贸易和发展会议上,77个发展中国家联合发表了《七十七国联合宣言》,决定在每次贸发会议之前,七十七国集团都要开会协调立场、研究对策,以维护第三世界国家的利益,在联合国系统内第一次形成了以维护发展中国家权益为目的的国家集团。七十七国集团在1974年4月联合国大会第六届特别会议期间起草了《建立新的国际经济秩序宣言》和《建立新的国际经济秩序的行动纲领》,并获得通过,从而使第三世界国家斗争的重点逐渐由政治领域转向经济领域,第三世界成为世界政治和经济生活中一支不可忽视的力量。

第三世界的崛起表明世界政治舞台上出现了一支独立于两大阵营之外的新兴力量。这些国家为维护自己的权益,逐步团结起来,活跃在国际舞台上。在缓和世界紧张局势、支持民族解放运动、参与联合国事务方面,第三世界都发挥了重要作用。这些独立国家还纷纷建立各种地区性国际组织,亚非会议的召开、不结盟运动的开展和七十七国集团的成立,标志着第三世界已经成为撼动两极格局的重要力量,推动世界政治格局朝多极化方向发展。

4. 二战后中国的快速发展与国际地位的不断提升

1949年10月新中国的成立,使占世界人口1/4的国家走上了社会主义道路,极大地改变了国际政治力量的对比,有力地打击了帝国主义的殖民统治,为正在争取国家独立、民族解放的被压迫民族的人民树立了榜样,增强其信心,推动了民族解放运动的持续高涨。新中国成立后,摆脱了美国的控制,又收回了苏联在中国东北的特权,有力打击了霸权主义和强权政治,为维护世界和平作出了重要贡献。新中国自成立以来,就以独立自主的姿态屹立于世界民族之林,发挥着独特的作用。新中国成立初期中苏结盟,壮大了社会主义阵营的力量,着力反对美国的霸权主义。特别是20世纪50年代初期中国志愿军抗美援朝的胜利,极大地增强了中国的民族自信心,提升了中国的国际尊严。

20世纪70年代国际形势发生了重大变化,美苏两个超级大国的军事力量对比朝着有利于苏联的方向发展。由于美国长期对外扩张,特别是陷入侵越战争的泥潭,实力遭到削弱,霸权地位受到挑战。而苏联则乘机加紧扩充军备,并依仗其膨胀起来的军事实力对外扩张。在双方的激烈争夺中,出现了苏攻美守的战略态势。为此,美国调整对外政策,在亚洲实行收缩战略。为了捍卫中国的和平安全,抵御来自苏联的霸权威胁,1973年毛泽东在会见美国国务卿基辛格时提出了"一条线"战略,希望与美欧日加强合作,要搞一条横线,联合美国、日本、中国、巴基斯坦、伊朗、土耳其、欧洲等国际力量,共同反对苏联的霸权主义。

1974年2月,毛泽东又提出了划分"三个世界"的战略思想。他说:"我看美国、苏联是第一世界。中间派,日本、欧洲、澳大利亚、加拿大,是第二世界。咱们是第三世界。""第三世界人口很多。""亚洲除了日本,都是第三世界。整个非洲都是第三世界,拉丁美洲也是第三世界。"1974年4月,邓小平在联合国大会第六届特别会议上详细阐述了毛泽东的这一战略思想。他表示,中国是一个社会主义国家,也是一个发展中国家,中国属于第三世界。毛泽东划分"三个世界"的战略思想指明了两个超级大国是当时造成世界不安和动乱的主要根源,它们推行霸权主义和强权政治,以大欺小,以强凌弱,以富压贫,从而引起了第三世界国家的强烈反对和极大不满。中国作为第三世界国家的一员,坚决支持第三世界国家反对霸权主义的斗争,支持第二世界国家反对超级大国干涉和控制的斗争。

20世纪70年代后期,在美苏争霸的过程中,中国作为中美苏"大三角"中独特的"一角",发挥着有力的制衡作用。中国长期奉行独立自主的和平外交政策,把反对霸权主义、维护世界和平作为对外政策的基本目标,长期以来同各种形式的霸权主义和强权政治进行了不懈斗争。中国是和平共处五项原则的积极倡导者、模范执行者和坚定捍卫者。中国重返联合国后,作为安理会常任理事国,一贯支持联合国在维护世界和平、裁军、解决国际争端方面所作的积极努力,并发挥自己的独特作用。中国坚持发展睦邻友好关系,不断加强同周边国家的友好往来和合作,维护周边地区的安全与稳定。中国同一些周边国家建立了双边或多边安全对话和磋商机制,同时积极参与国际争端的斡旋与调停,在稳定国际局势、抑制战争中发挥了举足轻重的作用。

(二)美苏争霸

20世纪60年代随着社会主义阵营的瓦解、苏联对外政策的变化和资本主义阵营内部矛盾的加剧,两大阵营的对峙逐步演变为美苏两个超级大国的世界争霸。美苏争霸在不同时期具有不同的特点。

1. 20世纪50—60年代,美苏争霸态势表现为美国进攻、苏联防守

这一时期,苏联竭力加强对社会主义国家的控制,同时利用民族解放运动作为同美国争夺的筹码,企图实现美苏两家合作主宰世界的战略。波匈事件、中苏关系的破裂、苏联出兵捷克以及苏联提出的"戴维营精神"等都充分体现了这一点。这时美国在经济和军事方面处于优势地位,而苏联处于恢复发展时期。美国的攻势表现在:介入朝鲜战争;扩大越南战争;在中东战争中支持以色列打击苏联支持的阿拉伯国家等。在古巴导弹危机中,美国之所以能迫使苏联让步,就是因为当时美国的核力量远大于苏联,苏联的核力量还没有达到与美国势均力敌的程度。苏联主要在欧洲范围内与美国争夺霸权,而不能在世界范围内同美国争霸。

2. 20世纪70年代,美苏争霸态势转变为苏联进攻、美国防守

这一时期,由于美国深陷越战泥潭,加上国内经济危机,实力大大削弱。在内外交困中上台的尼克松总统,为了保住美国的霸权地位,调整了对外战略,奉行以实力为后盾、以伙伴关系为核心、以谈判为手段的对外政策原则,即所谓的"尼克松主义"。尼克松主义的出笼是美国霸权地位衰落的表现,尼克松主义是美国为继续保持霸权地位而采取的一种政策。这一时期,苏联的经济和军事实力大大增强,经济上仅次于美国,军事力量与美国旗鼓相当,1972年苏联的军费甚至超过了美国。这一时期美苏争霸的态势是苏攻美守。

苏联在对西方战略上,一方面采取缓和的手段,于1975年促成"欧安会"召开,使西方国家从法律上正式承认战后欧洲的现有边界,承认战后雅尔塔体系所规定的苏联疆界及苏联在东欧的势力范围,这无疑是苏联外交的重大胜利。另一方面又采取争夺的手段,对美国采取攻势,在世界范围内排挤美国,争霸世界。苏联为此在第三世界进行更大规模的扩张,具体表现为:在亚洲,苏联支持印度分裂巴基斯坦,以便更深入地向南亚渗透;支持越南入侵柬埔寨,试图借此控制东南亚;直接出兵占领不结盟的阿富汗,苏联对外侵略扩张行径达到顶峰。在非洲,苏联先是重点经营埃及,于1971年5月签订《苏埃友好合作条约》,给埃及提供经济、军事援助。1975年苏联插手安哥拉内战,控制了安哥拉;1977年先后两次向扎伊尔沙巴省发动攻击。在这期间苏联又加紧向"非洲之角"渗透,插手索马里和埃塞俄比亚在欧加登地区的军事冲突,控制埃塞俄比亚。在中美洲,苏联势力渗入古巴、尼加拉瓜和萨尔瓦多。这一战略就是要在世界范围内与美国争夺霸权。

3. 20世纪80年代,美国重新采取攻势,苏联处于守势

进入80年代,美苏经济军事实力对比发生了不利于苏联的变化。苏联70年代后期经济陷于停滞,综合国力不断下降,特别是长期推行扩张政策,消耗了大量的人力、物力。苏联争霸的包袱越来越重,经济增长率不断下降。在军事方面,美苏之间不断的扩军备战和军备竞赛,拖垮了苏联。1981年美国里根总统上台后,改变了70年代实行的战略收缩政策,面对苏联咄咄逼人的战略进攻态势,重新采取强硬姿态,同苏联展开全面争夺。在里根总统的第一任期内,美国打出了"重振国威"的旗号,力图通过加强美国的经济和军事实力,扭转同苏联争夺中的被动局面。1983年又推出"战略防御倡议",被媒体称为"星球大战计划"。使得美国在同苏联的争霸中重新取得优势,出现了美攻苏守的态势。

4. 80年代中期以后,长期争霸的美苏两个超级大国的关系由激烈对抗走向缓和

1985年3月戈尔巴乔夫上台后,鉴于苏联力量的急剧下降,提出了"改革与新思维"。对内改革,以振兴苏联经济,对外开始放弃同美国的对抗政策,下决心摆脱冷战,寻求缓和。在里根第二任期期间,由于美苏双方的需要和世界多极化趋势的发展,长期争霸的两个超级大国的关系由激烈对抗逐步走向缓和。1985年11月,美苏两国首脑举行了日内瓦会晤,这成为两国关系从紧张走向缓和的起点。1987年两国首脑通过华盛顿会晤,签署了《中导条约》,就美苏两国裁减核武器的实质问题达成协议,并规定了严格的核查制度,从根本上缓和了美苏关系。从1985年11月日内瓦会晤开始,到1990年9月赫尔辛基会晤为止,短短五年时间里美苏共进行了八次首脑会晤,达成了一系列协议,签署了包括《中导条约》《欧洲常规武装力量条约》《美苏关于削减和限制进攻性战略武器条约》等在内的标志美苏关系实质性缓和的重要文件,这些成为两极格局终结的先声。

五、两极政治格局的终结

20世纪80年代末90年代初,国际政治局势发生了重大而深刻的变化,世界政治格局开始从两极向多极化发展,两极政治格局最终走向终结。

80年代中期以后美苏关系缓和,世界热点地区也普遍降温。1988年5月,苏联开始

从阿富汗撤军。1980年7月至1988年8月长达八年的两伊战争停火。1989年9月越南侵略柬埔寨的战争落下帷幕。1988年12月安哥拉、南非和古巴在纽约签署和约,从而使安哥拉战争偃旗息鼓。1990年2月尼加拉瓜大选,标志着其国内战争的结束。在国际形势趋于缓和的新形势下,一方面,以美国为首的资本主义国家加紧对社会主义国家实施"和平演变"。1989年5月,美国总统布什提出"超越遏制"战略,要把苏联融合到西方政治经济体系中。另一方面,戈尔巴乔夫推行的"新思维"也起了推动作用。20世纪80年代以来,东欧各国经济形势逐渐恶化,与西方发达国家的差距日益拉大。从1989年下半年开始东欧各国形势剧变,政权更迭,先后发生了激烈动荡和急剧变化,从波兰"团结工会"上台执政到罗马尼亚发生流血冲突,最终东欧七国的共产党均丧失政权。这些国家的政治制度、经济制度和对外关系都发生了根本变化。1990年10月3日,联邦德国与民主德国实现统一。1991年6月28日经互会宣布解散,同年7月1日华约组织也宣告终结。东欧剧变、两德统一导致了雅尔塔体制在欧洲的崩溃,两极格局走向解体。

被拆毁的柏林墙
(柏林墙始建于1961年8月13日,全长155公里。1989年11月9日,屹立了28年的柏林墙倒塌,1990年两德重归统一。)

在苏联,戈尔巴乔夫执政后,推行"人道的、民主的社会主义"路线,苏联的内外政策发生很大改变,在国内实行改革,在国际上美苏关系缓和。但因苏联国内改革困难重重,甚至出现严重的错误和失误,导致国内政局动荡、经济形势不断恶化、民族分离倾向抬头,危机四伏的状况使联盟面临解体的危险。1991年"8·19"事件后形势急转直下,苏共被解散,各加盟共和国纷纷宣告独立。1991年12月21日,在哈萨克斯坦首都阿拉木图,俄罗斯等11个独立国家领导人举行会议后发表了《阿拉木图宣言》,宣布成立独立国家联合体。12月25日,戈尔巴乔夫被迫辞去总统职务,随即苏联最高苏维埃宣布苏联停止存在。苏联解体标志着美苏对峙格局中的一极不复存在,两极格局终结。

第二节　冷战后当代世界政治发展的趋势与特点

两极政治格局的终结,是二战后世界政治、经济长期发展,以及美苏及其领导的东西方两大阵营与其他国际政治力量此消彼长和分化组合的必然结果,世界自此进入重新确立政治新格局的过渡时期。随着两极政治格局的终结,世界政治格局开始发生重大转变,多极化越来越成为冷战后当代世界政治发展的基本趋势,当代世界政治发展也呈现出一些新的特点。

一、世界进入新旧格局过渡时期

历史上,新旧世界格局的转换,通常都是通过战争方式来完成的。自有近代意义的国际关系以来,世界格局经历了三次大的转换,包括维也纳多极均势格局、凡尔赛—华盛顿体系格局、雅尔塔两极格局,都与战争有直接的关系。但是,二战后持续了近半个世纪的两极格局的终结,并不是通过战场上的直接较量来完成的,而是多种因素相互交织、相互作用的结果。其中最根本的原因,是战后世界经济发展的不平衡改变了世界政治力量的平衡,从而最终导致旧格局的终结。

当前世界仍处于旧格局已经瓦解,新格局尚未形成的过渡时期。这次新旧格局转换具有以下特点:第一,旧格局的解体没有经过大规模战争,而是在和平条件下进行的。无论是东欧剧变,还是苏联解体,总体上讲都是在非暴力的环境中完成的。同时,不像以往世界格局转换那样,在战争之后通过若干大国召开国际会议谈判协商、重绘世界政治版图来确立新的世界格局,而是通过各大国或国家集团的实力消长和分化组合逐步形成新的世界政治格局。第二,新格局的形成过程必然是长期复杂的。虽然美国是世界上唯一的超级大国,力图建立单极世界,但它没有足够的力量一统天下,其他主要大国都积极争取在世界或地区的主导权,期望建立一个多极世界。但也没有任何一个国家拥有足够的实力,可单独与美国相抗衡。因此,在一段时间内,多极力量与单极世界之间存在激烈的斗争。世界各种力量必然要经过长时期的消长、分化、组合,才能重新形成稳定的格局。第三,新格局的形成将是一个渐进的过程。各主要大国和国家集团为争夺对世界新格局的主导权而展开斗争,斗争的结果将取决于历史的"合力"。在和平时期,这需要经过一个长期的演进过程。

随着冷战后两极政治格局的终结,世界进入"一超多强"的现实政治格局。"一超"是指美国,"多强"包括中国、俄罗斯、欧盟、日本、印度等国家和其他影响力较大的国际政治力量。美国以其强大的政治、经济、军事、科技、文化等软硬实力成为世界上唯一的超级大国。美国的长期国策也使其必然要打击任何可能挑战其国际地位的国家或集团,推行霸权主义和强权政治,维护其主导的单极世界,以期获取最大利益。但随着政治、经济发展的不平衡,世界呈现多极化的发展趋势,中国、俄罗斯、欧盟、日本、印度等国家和集团,成为多极化的重要推动者,单极与多极的力量此消彼长。21世纪以来,随着国家综合实力的不断增强,中国成为在"多强"中力量越来越突出的一强,已是国际社会不争的事实。中国必须因应世界格局转换过程中的挑战和机遇,正确认识和利用当今世界格局的发展趋势,通过明智的地缘政治经济文化战略塑造有利的世界新格局,对我们发展良好的国际关系,争取稳定的国际环境,实现中华民族的伟大复兴至关重要。

二、多极化在曲折中发展

(一)世界政治多极化是当今世界发展的基本趋势

世界政治多极化是指一定时期内对国际关系有重要影响的国家和国家集团等基本政治力量相互作用并形成多极格局的一种发展趋势,是主要政治力量在全球实力分布状态的一种反映。世界政治多极化是建立在经济多极化基础之上、不以人的意志为转移的客观趋势。

1. 美国难以长期维持一家独霸的局面

两极格局解体后,美国成为世界上唯一的超级大国,其经济、科技、军事实力仍处优势地位,但其国家实力在世界上所占比重比起二战刚结束时已下降很多。小布什上台后,经济出现明显衰退。阿富汗战争和伊拉克战争也大大消耗了美国的实力。2008年美国爆发了由次贷危机引发的金融危机,这场危机波及美国的各个金融行业,造成大量金融机构的破产或重组,进而影响到实体经济,美国经济发展一度濒临衰退的边缘,其经济总产值全球占比开始下滑。这场危机的发生,从国际政治因素看,也是由美国在单极格局下奉行单边主义军事霸权,军费开支居高不下所导致。尤其是美国至今仍在国际上四处插手,与过去相比,力量配置更加分散。就美国的实力与其沉重的国际负担相比来看,美国显得日益不堪重负。基辛格、布热津斯基、亨廷顿等美国著名战略学家都认为,美国唯一超级大国的地位很难再长期维持。随着美国实力的下降和国际政治民主化的发展,美国对国际事务的掌控也越来越力不从心。面对多极化的日益发展,妄图建立单极世界的美国是百般阻挠。20世纪90年代初的海湾战争、世纪之交的科索沃战争、21世纪初的阿富汗战争和伊拉克战争,还有之后的利比亚战争和叙利亚战争,都是单极与多极间深刻矛盾的反映。

"9·11"事件是国际恐怖主义对美国的侵害,也是对人类的犯罪,国际社会有责任团结一致,共同携手打击国际恐怖主义这一公害。所以,美国所发动的旨在打击阿富汗塔利班和本·拉登恐怖组织的军事行动,得到了世界上绝大多数国家不同程度的理解和支持。但这并不表明大家认同美国的单极世界主张,更不意味着认同美国凭借反恐实现其霸权的野心。美国在反恐问题上的双重标准和单边主义行径,加剧了伊斯兰教普通民众的反美情绪,也引发世界各国的普遍质疑和忧虑。美国在反恐联盟中的主导地位并不意味着单极格局的建立,大国关系的改善与合作的加强,说明多极化潮流是不可抗拒的。

冷战结束后美俄关系的短暂改善并没有消除两国战略结构上的深层矛盾和对抗,2014年爆发的乌克兰危机再一次突显了美俄的战略博弈。近些年,美国奥巴马政府提出"亚太再平衡"战略,特朗普政府提出"印太"战略,明显有防范和遏制中国进一步崛起的战略企图。中俄也相应确立了全面战略协作伙伴关系,形成在一些重大问题上抗衡美国的大国组合,在一定程度上牵制了美国的行动。美国弱化分化第三世界、维持国际经济旧秩序的做法,加剧了第三世界的动荡,使得南方国家的处境更加困难,激起了这些国家强烈的不满与反抗。同时,经济全球化的发展使得世界各国更加重视发展对外经济联系,更加警惕和反感可能出现的"美国化"现象,更加重视本国的国家安全。

近年来,美国奥巴马和特朗普政府也都不得不在一些国际事务介入和地缘战略竞争方面,进行一定程度的战略收缩。在此背景下,美国企图建立以它为主导的"世界新秩序"的图谋难以成为现实。目前国际上这种"一超"凌驾于"多强"之上的局面,只是一种过渡时期的暂时现象。国际政治格局向着多极化方向发展的量变正经历着"部分质变",美国仍然会是"一超",但已难以"独霸"。

2. 其他国际力量的成长壮大

世界格局多极化发展的深层原因,还在于经济实力对比关系的变化。冷战时期,美苏之所以能成为世界霸主,归根结底是因为两国具有强大的经济实力,其他国家与它们的经济实力差距过大。在此背景下,美苏称霸的局面得以长期维持。由于世界经济全球化的推动和经济发展不平衡的作用,各大战略力量的经济实力已逐渐趋向平衡,其国际地位和影响不断上升。世界多极化趋势已经成为不可阻挡的历史潮流。世界多极力量中,除超级大国的美国外,还包括中国、俄罗斯、欧盟、日本及实力逐步提升的印度、巴西等新兴的发展中大国。

日本和西欧的经济在二战后获得飞速发展,这大大提升了它们的国际地位。目前日本和欧盟的经济发展都面临一些困难,但日本仍是世界第三经济大国,日本经济在全球仍有很强的竞争力。同时,安倍政府领导下的日本正加速谋求走向政治大国的地位,其国际影响力仍不容低估。欧盟虽然还没有完全走出欧债危机,但经济、金融形势总体较为稳定。只要英国"脱欧"事件不至于引发欧盟的进一步分崩离析,随着欧盟经济政治一体化的加深,它的综合实力还会进一步增长,欧盟将成为国际社会具有重要影响力的一极。欧盟、日本力图摆脱美国控制,寻求自主定位的倾向也日益明显。

冷战结束后,俄罗斯国内形势不稳,金融危机严重,生产停滞、经济滑坡,大国地位受到严重削弱。但俄罗斯毕竟拥有良好的工业和科技基础,以及丰富的资源、巨大的发展潜力,在军事上,它仍然是唯一能够和美国相抗衡的核大国。普京上台后,采取一系列政治经济改革与发展的举措,从而使俄罗斯社会逐渐趋向稳定,经济得以恢复和增长,国际影响力逐步提升。近年来,俄罗斯在乌克兰危机和叙利亚战争中所展现出来的强硬姿态,都表明俄罗斯仍然是当今国际社会实力强劲、不可忽视的重要一极力量。

冷战后,中国积极倡导建立公正、合理的国际政治经济新秩序,推动了世界多极化的进程。随着两极格局的崩溃,各种力量分化组合,形成了七大力量中心。在多极化趋势进一步发展所带动的大国关系深刻调整的过程中,中国的迅速和平崛起,进一步推动了北美、欧洲、亚洲三大中心区域和多极化力量的均衡化发展,中国在国际战略力量中的制衡作用更为突出。20世纪90年代以来,中国坚持改革开放政策,经济持续强劲增长,国家综合实力明显增强,与美国的经济差距逐步缩小。中国经济的增长速度保持了稳健前行的态势,GDP总量目前已超过13万亿美元。国内需求的继续增长抵消了世界经济变化带来的不利影响。近年来,通过实施扩大内需、调整经济结构、深化政治经济改革等一系列措施,中国经济开始逐步适应竞争加剧的市场环境,自发增长的能力和后劲不断提升。随着经济的进一步发展,中国在国际事务中将发挥越来越重要的作用。伴随中国提出的"一带一路"倡议的深入实施,新兴经济体和发展中国家之间的政治经济联系必然进一步加强,在逐渐的经济和政治融合中呈现出独立于西方中心、自成系统的趋势。

3. 世界的多样性特征客观上要求建立与之相适应的多极化格局

当今世界有200多个国家和地区、上千个民族,有着不同的语言和文化、不同的风俗习惯和宗教信仰、不同的意识形态和价值观念、不同的发展模式和社会制度。这种多样性决定了世界不可能由一个民族、一个国家、一种宗教信仰、一种价值观念、一个发展模式和一种社会制度来主导和统治,决定了世界的发展应是多样的。在构成多极结构的各种战略力量中,不仅有全球性大国,也有地区性大国、国家间的联盟或由主权国家构成的重要国际组织;不仅有以信仰基督教为主的国家,也有以信仰佛教或伊斯兰教为主的国家;不仅有几千年文明史的国家,也有上百年文明史的国家;不仅主权国家在多极化发展中充当主角,而且日益壮大的非政府组织也将发挥越来越大的作用。多极化的发展必须以多样性为基础,而多样性的特征又为多极化的发展提供了条件。

冷战结束后,尽管世界政治格局的发展纷繁复杂,一超与多强、单极与多极、合作与冲突、对话与对抗同时并存,有时斗争甚至非常激烈,但世界政治多极化的总趋势不可能发生根本改变。

(二)世界政治格局多极化的主要因素

冷战时期的国际关系中,政治因素、军事因素占突出地位。而冷战后,经济、技术以及文化因素在国际关系中起着日益显著的作用。经济利益日益成为各国发展对外关系的主导因素,经济全球化的发展和相互依赖程度的加深,使单极世界产生的可能性大大降低。冷战结束后,各国都把发展科技、经济放在首位,把发展对外经贸关系和科技合作放在优先考虑的地位,以地缘、民族、宗教关系为纽带,积极开展经济交流与合作,寻求和开辟经贸关系的新途径。发展经济贸易关系成为各国对外关系的重要目标和实质内容之一。在国际关系中,政治与经济的关系越来越紧密。经济上的矛盾与争夺、控制与反控制、制裁与反制裁成为国际斗争的重要形式。

世界政治格局多极化是不可逆转的客观趋势。多极化世界有利于人类社会避免单极世界的种种危害,各大力量相互制约,力量对比大致均衡,有利于阻止少数大国肆意发动侵略战争,维护世界和平与稳定,同时保证中小国家的主权、利益与安全;在多极化世界里,少数大国不能垄断国际事务,世界事务由各国人民共同管理,有利于世界各国平等相处、互利合作及通过协商谈判解决国际争端;在多极制衡的世界中,世界各国平等地参与国际事务,有利于倡导崭新的国际关系准则,改变国际经济政治旧秩序,推动人类共同的进步与繁荣。

世界多极化也必然要在曲折中行进和发展。这是因为:美国的霸权主义和构建单极世界的图谋是多极化趋势的最大障碍;冷战思维继续存在、南北差距的扩大、民族矛盾与宗教纠纷依旧不断等,也严重冲击了多极化趋势;多极化格局的形成是世界各种力量的重新组合与利益的重新分配,因此,世界多极化过程也必然长期曲折,充满各种复杂的矛盾与斗争。

三、冷战后当代世界政治发展的基本特点

(一)大国关系深刻调整

1. 冷战结束后一段时期的大国关系调整

冷战结束后,国际社会发生了重大变化,各大国为适应这一变化,对自己的对外政策作出重大调整,大国关系中出现了合作与斗争并存的新特点。主要表现为:大国外交空前活跃,高层会晤频繁,谋求对话,避免对抗,探索构筑各种新型伙伴关系;通过大国关系的调整,大国间出现了既相互合作又相互斗争,既相互借重又相互制约,既有协调又有摩擦的错综复杂的新局面;美国的单边主义和霸权主义受到多方面挑战。其中最为突出的是,大国之间建立了各种形式的伙伴关系。

1997年以来,大国关系进行了一系列深刻调整。1997年以"大国关系调整年"而载入国际关系史册。1997年10月底,江泽民访美,两国领导人决定"共同致力于建设面向21世纪的建设性战略伙伴关系"。1998年6月底,克林顿访华,继续推动中美关系改善。江泽民和叶利钦实现了互访,进一步肯定了中俄之间建立"平等、信任、面向21世纪的战略协作伙伴关系",两国元首郑重签署了关于世界多极化和建立国际新秩序的声明。1997年5月法国总统希拉克访华,中法宣布建立"面向21世纪的全面伙伴关系"。1998年11月江泽民访日,两国领导人就构筑"致力于和平与发展的友好合作伙伴关系"达成共识。1998年4月第二届亚欧会议召开,中欧领导人首次会晤,双方表示希望在中欧间建立面向21世纪的长期稳定的建设性伙伴关系。1998年11月欧盟主席桑特访华,双方就中欧发展21世纪全面合作伙伴关系达成共识。与此同时,其他大国间的首脑外交也频繁展开。日俄间领导人开始互访,打破了长期冷淡僵持的局面,这为改善两国关系创造了条件。俄、法、德三国首脑建立定期会晤制度。俄罗斯1997年成为亚太经合组织成

员国,1998年成为八国集团成员国。这一系列高层对话和多种伙伴关系的建立,表明各大国在世纪之交的关键时刻,都在探索处理彼此关系的新规则,为建立面向21世纪的新型关系而努力。

大国间形形色色的新型伙伴关系,内容虽各有不同,但其共同特点是:不结盟,不对抗,不针对第三国。同冷战时期那些以军事合作为基础、旨在共同对付第三国的"同盟关系""集团关系"有所不同,当今这些大国间的"伙伴关系""战略关系",更着重于政治、经济、安全、环保、科技等众多领域的共同合作,不针对第三国,不妨碍同第三国发展关系,强调不结盟、不对抗,以平等互利的对话解决彼此间存在的分歧与争端。这种新型伙伴关系有利于推动整个大国关系的发展,有利于推动世界多极化,有利于世界的和平稳定与繁荣发展。

2. 新世纪以来的大国关系调整

2001年美国小布什总统上台后,奉行单边主义政策,与其他大国关系趋于紧张。"9·11"事件后,美国为反恐需要,在对外战略上作出某些调整,与其他大国关系保持一定的合作与稳定。总的来说,在世纪交替之初,大国关系不再具有全面对抗的性质。但大国之间的矛盾、分歧、冲突仍然存在,国际社会中霸权主义、冷战思维仍然没有退出舞台,某些大国肆意干涉别国内政的现象时有发生。2008年爆发金融危机以后,美国为了摆脱战略困境,希望战略重心从反恐走向防范新兴大国的崛起,地缘战略重点从大中东转向亚太、东欧及中亚地区,行为方式从单边主义转向借助以美国为核心的战略同盟。这说明大国关系的调整并非一蹴而就。新世纪以来,大国关系继续深入调整,相互间呈现出明显的既合作协调又摩擦牵制的特点。

2012年美国总统奥巴马连任后,中国东海和南海局势紧张、中东地区持续动荡与战火重启、乌克兰危机和叙利亚冲突背后各方尤其是美俄间的激烈博弈,都是这一情势的具体表现。特别是自美国总统奥巴马提出"亚太再平衡"战略和其后特朗普提出"印太"战略以来,中美关系不断面临新的波折与考验。在今后相当长一个时期内,美国全球战略的调整和中国走向复兴战略的实施将成为引领大国关系新一轮互动的关键,中美间既合作又相互制约的态势将成为影响大国关系全局的一条主线。2013年6月,习近平主席与奥巴马总统在美国安纳伯格庄园会晤时,进一步提出构建中美"新型大国关系",这一基于"不冲突、不对抗、相互尊重、合作共赢"理念基础上的新型大国关系能否真正成为大国间的相处之道,避免重蹈大国对抗与博弈的历史覆辙,需要中、美等大国的共同努力。特别是美国特朗普总统上台后,不久中美间就掀起了贸易战,美国原来奉行的对华"接触+遏制"战略难免会进行新的重大调整,也必将使构建中美新型大国关系面临更加复杂的国际局势的严峻考验。

3. 中国积极应对大国关系的新变化、新调整

2018年6月,习近平主席在中央外事工作会议上指出,"世界正处于百年未有之大变局",我们"要把握世界多极化加速推进的大势,又要重视大国关系深入调整的态势"。这个大变局就是:国际格局正面临从五百年西方主导格局,向东西方均衡发展格局的加速转变,大国关系必然会出现一系列新变化、新调整。

(1)国际关系的不确定性明显增加。近年来国际形势风云变幻。中东等传统上不稳定地带自"阿拉伯之春"以来,冲突呈现加剧趋势。北美、欧洲受恐怖主义、难民危机的冲击,不稳定因素也越来越多。原来的全球化旗手美国,现在似乎越来越成为全球化的最大障碍。

究其原因,一是信息网络化导致思想、利益复杂化,同时宗教极端化日益突出。互联网日益改变着人们接受信息的途径与方式。传统信息传播媒介单一、固定,如今人们可以通过网络多渠道、自由选择偏好的信息,比较容易在互联网上找到志趣相投的同伴。当今世界约有80%的信教人口,宗教历来是推动地缘政治变迁的重要因素。冷战后,世界范围内的宗教极端化趋势明显抬头。除了各种世俗利益冲突,"诸神的战争"也更加严重,包括基督教、伊斯兰教、佛教、印度教等世界主要宗教,目前都出现了极端化倾向。借助于现代网络社交媒体,宗教极端分子在世界范围内蛊惑和网罗支持者,宣扬暴力合法化,鼓吹宗教纯洁和所谓"圣战"。未来相当长一段时期内,宗教极端主义都是国际社会不稳定因素的一个重要来源。二是民粹主义和强人政治的盛行,增加了这种不确定性。近年来,在大多数西方国家包括采取西方政治经济体制的一些发展中国家,民粹主义政党的支持率都在迅速上升,这表明西方体制原先赖以存在的经济基础和政治文化出现了诸多问题。经济全球化导致各国贫富差距持续拉大,民众越来越青睐极端主义的政党或政客,使得传统制度化的政治频频转向社会运动的政治,导致强人政治盛行。

(2)实力消长、兴衰变化导致大国关系深刻调整。大国间的实力消长与兴衰变化,始终是导致大国关系深入调整和世界格局逐步演变的根本因素。2008年以来,美国和欧洲先后爆发金融危机和欧债危机,说明西方国家内部经济和社会发展出现了严重问题,人口老化、萎缩,工业优势不再明显。截至2018年底,美国GDP为20.5万亿美元,占比仍为全球的24%左右,还是明显的超级大国,但独霸全球的绝对实力却已难以维持。而在国际力量对比的新格局中,欧盟、日本实力相对也都有明显衰退。新世纪以来,俄罗斯经过大力的政策调整,经济发展逐步走出谷底,大国地位得到较大程度恢复。同时,由于教育与科技的发展、经济全球化的推动,非西方力量整体壮大起来。2010年中国超越日本,成为世界第二大经济体。2018年中国GDP总量为13.6万亿美元,是日本GDP总量5万亿美元的两倍多。新兴大国印度正在崛起,挤入大国行列。美国与中国,作为最大的发达国家和最大的发展中国家,庞大的体量和综合国力决定了两国在全球大国关系中处于极为重要的位置。两国的发展动向和关系走向,对大国关系的调整,影响尤其重大。

美国是影响大国关系最重要的变量。现任美国总统特朗普的许多想法、做法常常不同于以往美国的建制派领导人,并且对现今国际关系的各个领域影响巨大。他上任以来,不断退出美国创立的国际机制和协定,如跨太平洋战略经济伙伴关系协定(TPP)、巴黎气候变化协定、伊朗核协议、联合国全球移民公约、联合国教科文组织、联合国人权理事会等。世界的"群主"不断"退群",破坏了现存的国际秩序。特朗普处处强调"美国优先",高举"公平贸易"大旗,大打贸易战。其针对的对象不仅包括主要竞争对手中国、俄罗斯,还逼迫邻国墨西哥、加拿大以及盟友欧盟、日本、韩国,甚至一些弱小的发展中国家。中国是影响大国关系的另一大变量。中国具有体量大、发展快、较稳定的特点,国际地位和影响力快速提升。中国特色大国外交政策开拓进取,中国也成为影响国际格局特别是影响大国关系的重要变量。

(3)中国特色大国外交积极应对大国关系新调整。中国共产党的十九大报告中,明确提出中国特色大国外交的理念:中国全面推进中国特色大国外交,已经形成了全方位、多层次、立体化的外交布局。中国外交总体秉持独立自主的和平外交政策,提倡广交友、不树敌。中国不想把任何大国当作敌人,我们在全球大国间建立各种伙伴关系,方针是结伴而不结盟。因为结盟往往是针对第三方的,就会潜在树敌。目前,中俄是全面战略协作伙伴关系,中欧是全面战略伙伴关系,中国和日本、印度的定位也都是伙伴关系,只不过结伴程度视具体情形而有所区别。

近些年,我们构建大国关系总体上是有积极成效的,与周边重要大国的关系总体稳定。中俄在2001年签署《中俄睦邻友好合作条约》的基础上,2014年5月在上海发表了《中俄关于全面战略协作伙伴关系新阶段的联合声明》。2015年5月在莫斯科又发表了《中俄关于丝绸之路经济带建设和欧亚经济联盟建设对接合作的联合声明》。2019年6月5日,中俄元首在莫斯科会晤并发表声明,决定将两国关系提升为"新时代中俄全面战略协作伙伴关系"。同时宣示中俄要共同维护全球战略稳定。中俄关系在高水平上持续、稳定、健康发展,处于历史最好时期。中日间2018年实现了政府首脑的互访,关系有了明显改善;中印间经历了2017年的"洞朗对峙"危机后,经过两国领导人武汉会晤达成了诸多管控分歧、加强合作的共识,关系已逐步回暖稳定。但是2017年和2019年由中国在北京主办的两届"一带一路"国际合作高峰论坛,印度都没有派重要代表参加,表明印度对中国还有很大的防范和疑虑。未来几年,中俄、中欧关系将相对稳定,中印和中日关系有可能出现反复,但基本可控。而中美关系将迎来较大挑战。

中国的发展需要良好的外部国际环境,中美关系的稳定则是外部环境稳定的关键条件。中国希望中美能在相互尊重和互利互惠的基础上建立稳定的伙伴关系。这种伙伴关系将使双方能够更好地实现各自的国内目标,更有能力应对当今世界的诸多挑战。这就是中国对美政策的实质和中方对中美关系的期待。

随着当今经济全球化、社会信息化、世界多极化日益深入的发展,大国关系处于进一步深刻调整与变动之中,相互协调合作与竞争制约并存,一方面在全球公共问题领域存在广泛的合作,另一方面在涉及各自国家核心利益的问题上存在诸多矛盾冲突。当前的大国关系呈现总体稳定与复杂多变共存的局面,如何在保持良性竞争的同时表现出更多的稳步合作。大国间应更加冷静地应对相互间的矛盾分歧,继续朝着重视相互协调与合作的方向发展。

(二)以联合国为主的重要国际组织的作用进一步加强

二战后,许多具有世界影响力的国际组织迅速崛起,它们在世界经济政治生活中的作用不断加强。冷战后,国际组织在国际事务中继续扮演着越来越重要的角色。尤其是联合国,作为最具普遍性和影响力的全球性国际组织,二战以来受到国际社会的普遍重视,在国际事务中发挥着日益重要的作用。

联合国成立初期,一度为美国等少数大国所操纵。中华人民共和国的合法席位长期被剥夺,严重损害了联合国的普遍性和公正性。随着美苏两国争夺世界霸权斗争的展开,联合国一度成为美苏争霸的一个战场。美苏在表决中玩弄相互对抗的游戏,在安理会轮番使用否决权,致使联合国在重大问题上往往议而不决,其宗旨和原则难以得到充分执行。20世纪70年代以来,随着国际形势的发展变化,尤其是第三世界的崛起,大批亚非拉民族独立国家纷纷加入联合国,在联合国中逐渐成为一支新兴的政治力量。1971年10月,中华人民共和国在广大发展中国家的协力帮助下,冲破一些西方大国的阻挠,恢复了在联合国的合法席位,并成为发展中国家中唯一的安理会常任理事国,加强了发展中国家在联合国的地位,进一步改变了过去少数大国操纵联合国的局面。

冷战后,随着世界政治格局多极化的加速发展,联合国的地位与作用进一步得到恢复和加强。伊拉克战争后,面对国际上的压力,美国等西方大国在解决国际争端、干预地区和他国事务时必须争取得到联合国的赞同,联合国在当今国际社会中的作用日益增强。在解决人类面临的共同问题,诸如环境保护、保护人权、消灭贫困、打击国际犯罪、反对恐怖主义、应对疾病传播、防止大规模杀伤性武器扩散等方面,联合国积极协调各国合作、制定共同规则、维护国际基本准则、促使各国采取一致行动,受到国际社会的普遍认同。

在维护世界和地区稳定、制止地区动乱方面,联合国发挥了重要作用;联合国在前南斯拉夫、柬埔寨、索马里、纳米比亚、海地等地区进行维和行动,受到国际社会的赞扬;在核军控和裁军方面,联合国也作出了积极的贡献;联合国于1992年通过《禁止化学武器条约》,1995年决定无限期延长《不扩散核武器条约》等。联合国在促进经济和社会发展、保护生态环境方面做了大量工作,成为全球的协调中心。

20世纪90年代以来,联合国积极筹集资金,向亚非拉国家提供各种无偿援助,年均达13亿美元。联合国多次召开世界性会议,讨论有关人口、粮食、家庭等问题,努力维护妇女、儿童、老年人的权益问题。在解决国际争端方面,联合国也发挥了重要作用。联合国已成为大国间调整相互关系及发展中国家交换意见、开展合作、维护权益、共同推动建立公平合理的国际新秩序的最重要场所。此外,其他国际组织,如欧盟、东盟、非盟、上海合作组织、亚太经济合作组织、世贸组织等,冷战后在维护地区和平与稳定、促进经济和社会发展方面也都发挥了重要作用。

但是,联合国在机制、结构、运行、管理、功能等方面也存在不少问题与不足,难以很好地适应新形势、新挑战的需要。冷战结束后,联合国成为单极势力和多极势力角逐的场所。由于霸权主义、强权政治的干扰,联合国应发挥的作用,没有得到充分发挥,甚至一度有所削弱。某些大国无视联合国的存在,需时用之,逆我弃之。特别是小布什就任美国总统后,其单边主义倾向急剧膨胀。2003年美国不顾联合国多数国家的反对,在没有联合国授权的情况下向伊拉克开战,违背了国际法和《联合国宪章》的精神,严重影响了联合国的权威。此外,财政困难也是联合国的一大难题。由于维和行动的不断增加、某些国家拖欠会费以及联合国机构膨胀,联合国的财政负担加重。为了适应国际形势的巨大变化和迎接严峻挑战,联合国机构面临新的调整和改革。

为此,中国外交部于2005年6月发布了《中国关于联合国改革问题的立场文件》,阐明中国倡导和支持联合国改革的立场主张。联合国是实践多边主义的最佳场所,是集体应对各种威胁和挑战的有效平台,应该继续成为维护和平的使者、推动发展的先驱。联合国的作用只能加强,不能削弱。通过改革加强联合国作用,符合全人类的共同利益。中国的原则立场是:改革应发扬民主,广泛协商,积极稳妥,循序渐进。中国主张联合国改革应有利于坚持宪章的宗旨和原则,更好地发挥联合国的作用,维护会员国的共同利益。同时增加发展中国家的代表权和发言权,切实维护其利益。

联合国安理会的改革尤其受到世界的广泛关注。其主要有两大问题:一是安理会的扩大问题,一是否决权问题。对于这两个问题,各国分歧很大。2004年9月联大会议期间,一直谋求安理会常任理事国地位的日本与印度、德国、巴西结盟,相互支持对方"入常",其中日本表现得最为积极。安理会改革事关重大,实际上是国际政治权力结构的变动,涉及国际政治权力的再分配,而且需要修改《联合国宪章》,极为复杂。

在争议较大的安理会改革问题上,中国提出了安理会改革应遵循以下原则:提高安理会的权威和效率;优先增加发展中国家代表性;应让更多国家特别是中小国家有更多的机会轮流进入安理会参与决策;坚持地域平衡原则,并兼顾不同文化和文明的代表性;涉及各地区的改革方案应首先在有关地区组内达成一致,地区轮任原则值得重视和考虑;坚持协商一致,这是《联合国宪章》的重要精神,目的是兼顾各方,特别是中小国家利益,只有经过协商一致作出的决定才能赢得最广泛的信任和支持。中方反对人为设时限,反对强行对尚有重大分歧的方案进行表决。

区域性国际组织是特定地区内的若干国家基于一定的历史文化或者具有共同关心的利益,通过协议而建立的各种国家集团组织。大量区域性国际组织的出现,是当代国际社会的一种普遍现象。冷战结束后,一些重要的区域性国际组织的作用也进一步加强。许多区域性国际组织冷战后从两极体制的桎梏中解脱出来,获得了更大的生存和发展空间。与此同时,联合国在解决地区冲突中遇到一系列困难和挫折后,也需要让一些重要的区域性国际组织发挥更大作用。

两极格局解体后,世界政治格局呈现"一超多强"的局面。与世界格局的这种多极化发展趋势相吻合,区域性国际组织的作用呈上升势头,日益成为国际舞台上不容忽视的活跃因素。它们一方面加快内部政治经济一体化的深化和组织规模不断扩大的步伐，另一方面又积极参与地区和国际事务，力图发挥自身优势，以独特的地位和作用，构成对未来国际政治经济新格局的影响和制衡。欧洲联盟、东南亚国家联盟、非洲联盟、美洲国家组织、阿拉伯国家联盟、亚太经济合作组织，还有21世纪以后建立的以新兴国家为重要主体的上海合作组织、金砖国家合作组织等，都是当今世界有影响力的重要区域性国际组织。

区域性国际组织的建立和发展，使国际关系更加开放，有利于推进世界政治民主化，促进世界政治格局向着多极化方向发展。

(三)新兴国家的群体性发展日益改变国际力量的对比格局

2008年全球金融危机以来，新兴国家快速崛起，这个以发展中国家为主的群体，经济发展潜力巨大，与发达国家的经济差距不断缩小，面对金融和经济危机的冲击，其经济仍保持了较好的发展，对世界经济的增长作出了巨大贡献。新兴国家积极参与国际金融和经济秩序的变革，政治话语权不断提升，以更加平等的身份广泛参与国际事务，成为推动国际格局发展变革的重要力量。

进入21世纪以来，国内外提出"新兴大国群体性崛起"的观点。这在2008年以来的国际战略形势发展中进一步得到验证。新兴国家推动世界多极化和国际关系民主化的意愿不断增强。中国、俄罗斯、印度、巴西、南非、韩国、印尼、埃及、委内瑞拉等一大批新兴国家都从整体上认识到世界力量的转变及其对本国发展的战略意义。二十国集团的建立和强化更加巩固了新兴国家在国际上的优势与地位。长期以来，随着中国综合实力的不断增强，"中国威胁论"有盛无衰，或宣扬中国挑战美国的霸主地位，或挑拨中国与其他新兴国家间的关系。实际上，中国的壮大与其他新兴国家的发展几乎是同步的，大多数新兴国家也认为中国作为最大的发展中国家给其他发展中国家的发展带来了机遇。以"新兴国家群体发展论"应对"中国威胁论"不仅有理有据，而且是推动世界多极化和争取国际舆论支持的有力支撑。

美欧在国际力量格局、国际体系和国际秩序中的传统优势地位正受到进一步冲击，西方国家内部危机感增强。尤其是美国奥巴马和特朗普政府多年来针对中俄的战略攻势，促使中俄战略协作关系更加紧密。国际力量对比正在发生新的变化，大国关系出现新的变动，国际体系孕育新的变革，主要国家战略进行新的调整，新兴力量快速上升的势头更加明显，西方国家对国际事务的整体影响有所下降。尤其是上海合作组织、金砖国家等的构建与发展，深化了新兴大国间的合作共赢，提升了新兴大国在国际上的整体影响力。

上海合作组织(简称"上合组织")的前身是"上海五国"会晤机制。1996年4月26日，中国、俄罗斯、哈萨克斯坦、吉尔吉斯斯坦、塔吉克斯坦五国元首在上海举行了第一次首脑会晤，之后又签署了多个加强互信的协定。"上海五国"最初是一个讨论边境地区加强军事信任与裁军的元首会晤机制。随后,会晤的内容由边界问题逐步扩大到政治、安全、外交、经贸等领域。除元首会晤外,还建立了执法与安全、国防、外交等部门领导会晤机制。2001年6月15日,"上海五国"首脑在上海举行第六次会晤,乌兹别克斯坦申请加入,六国元首共同签署了《上海合作组织成立宣言》,宣告上海合作组织正式成立。上合组织每年举行一次元首正式会晤,定期举行政府首脑会晤。上合组织的宗旨是:加强成员国间的相互信任与睦邻友好;鼓励在政治、经济、科技、文化、教育、能源、交通、环保等领域开展有效合作;联合致力于维护和保障地区的和平、安全与稳定;建立民主、公正、合理的国际政治经济新秩序。上合组织奉行不结盟、不针对其他国家和地区及对外开放的原则,愿与其他国家及相关国际组织开展各种形式的对话、交流与合作。

2017年6月9日,新兴大国印度与巴基斯坦一起成为上合组织新的正式成员。上合组织观察员国包括阿富汗、白俄罗斯、伊朗、蒙古国。目前,上海合作组织已成为人口最多、地域最广、潜力巨大的跨区域多边综合性组织,将为维护地区安全稳定、促进共同发展繁荣发挥重要作用。2018年6月9日,上合组织在中国青岛举行峰会,这是上合组织扩员后的首次峰会。会议签署了《上海合作组织成员国元首理事会青岛宣言》和一系列合作文件,合作议题涉及反恐、安全、发展、合作、"一带一路"等。上海合作组织青岛峰会,是上合组织扩员后的首次峰会、青岛峰会将成为上合组织发展进程中一座新的里程碑。随着上合组织成员的扩展,如何提升组织的决策和行动效率,是一个新的课题。同时,如何利用上合组织这个平台,协调好印巴两国之间长期的矛盾冲突,也将是一个艰巨挑战。

金砖国家组织在政治和经济领域不断深化合作,给更多的发展中国家作出了示范。金砖四国的概念,由美国高盛公司首席经济学家吉姆·奥尼尔在2001年发表的《全球需要更好的经济之砖》一文中首次提出,具体是指巴西(Brazil)、俄罗斯(Russia)、印度(India)和中国(China)四国。由于四国首字母组成的"BRIC"发音与砖块(brick)相似,故被称为"金砖四国"。2010年南非(South Africa)加入后,其英文单词变为"BRICS",并改称为"金砖国家"。作为全球主要新兴市场国家,金砖五国拥有世界领土面积的26%、世界人口的43%、世界GDP的23%、世界贸易额的15%以上。从2008年开始,相关国家举行系列会谈和建立峰会机制,并逐步拓展为国际政治实体。金砖国家组织的宗旨是遵循开放透明、团结互助、深化合作、共谋发展原则和"开放、包容、合作、共赢"的金砖国家精神,致力于构建更紧密、更全面、更牢固的伙伴关系。金砖国家组织成员国间富有成效的合作,不仅维护了发展中国家的利益,也给成员国自身带来了重要的发展机遇,提高了成员国进一步加强合作的意愿。每一次金砖国家峰会都使这些国家之间的合作向前迈进一步。随着金砖国家经济的快速增长,其国际影响力与日俱增。金砖国家合作机制建立以来,由于成员国不断协调立场与采取共同行动,在一些重要国际事务上取得了重要成果。2010年,金砖国家和其他国家推动二十国集团成为国际经济协调与合作的主要平台,同时推动了世界银行和国际货币基金组织的改革。这些改革是一次最大规模的有利于新兴市场和发展中国家的权力调整,大大增加了发展中国家和新兴市场国家的话语权。2014年7月15日，金砖五国在巴西福塔莱萨签署协议，成立金砖国家开发银行。《福塔莱萨宣言》宣布，金砖国家新开发银行初始资本为1000亿美元，由五个创始成员平均出资，总部设在中国上海。金砖国家开发银行的设立与运作，表明金砖国家在当今国际体系中致力于寻求与其不断壮大的经济实力相匹配的影响力。金砖国家的合作未来虽然仍会面临诸多挑战，但也必将展现更广阔的前景。近年来，金砖国家合作已经形成以领导人会晤为引领，以安全事务高级代表会议、外长会晤等部长级会议为支撑，在经贸、财政、金融、农业、教育、卫生、科技、文化、禁毒、统计、旅游、智库、友城、地方政府合作等数十个领域开展务实合作的多层次架构。在国际格局变化和国际秩序调整的今天，新兴大国在国际事务中发挥着越来越重要的作用。金砖国家组织已成为推动世界多极化的重要力量。

此外，2015年4月22日至24日，在"加强南南合作，促进世界和平繁荣"的主题下，亚非领导人会议和万隆会议60周年纪念活动在印度尼西亚雅加达和万隆举行，约100个国家和国际组织的领导人或代表出席了此次亚非领导人会议，会议通过了支持巴勒斯坦独立、加强新亚非战略伙伴关系和重申万隆会议精神三个成果文件。在这次亚非峰会上，中国国家主席习近平再次向国际社会阐述了中国的国家战略和中国倡导的世界共同发展的基本原则，不但将"和平共处五项原则"进一步推向世界，更提出了包容性发展、共同繁荣、人类命运共同体等一系列新理念，中国成为国际社会向新方向发展的引领者。许多与会国家都积极寻求与中国扩大和加深合作。这次亚非峰会是国际秩序变革重组的又一次重要会议，具有划时代意义。它不仅进一步确认和提升了中国现有的国际地位，也进一步促进了亚非及世界范围内更多新兴国家的群体性发展。

新兴国家的群体性发展日益改变着国际力量的对比格局，这势必会增加它们要求改革现行国际机构及国际体系的愿望与诉求，提升它们在国际社会中的地位及对国际事务的参与权与决定权。近年来，中国在联合国等国际组织和各种多边机制场合，越来越主动地建言献策，发出中国声音，提供中国方案，成为推动全球治理的重要力量。

（四）全球范围内的地缘战略竞争依然激烈

地缘政治作为国际关系的一种重要理论，是指以地缘关系为基本出发点和立足点，制定一个国家的战略和对外政策，以获取更大的地缘利益的理论。这一理论产生于19世纪，是西方列强进行殖民统治和战争掠夺的产物。二战后，地缘政治理论被广泛运用于国际关系领域，成为强国谋求霸权和势力范围的理论依据。冷战后，地缘政治关系的重组，是以世界经济全球化和世界政治多极化为背景的。

世界经济全球化将世界各国各地区的经济进一步紧密联系，大家相互依存、共同发展，一荣俱荣，一损俱损，大大拓展了地缘政治的空间，使地缘政治走出以往狭隘的相邻和区域关系的范畴，许多国家越来越注重从全球角度制定自身的地缘政治战略。而且地缘政治关系在传统侧重于政治军事关系的基础上，也越来越带有浓厚的经济色彩。冷战后,面对亚太地区经济的蓬勃发展,美国调整了亚太战略,公开宣布美国是一个太平洋国家,亚太地区是美国的根本利益所在。为此,美国加入亚太经合组织,试图实现在其主导下的亚太地区贸易、投资和金融的自由化。冷战后,欧洲的地缘战略在经济全球化的背景下也作出了相应调整,开始出现"泛欧化"和洲际化倾向。欧盟在推行扩围战略的同时,1996年3月,也与亚洲国家建立了亚欧首脑会晤机制,这是欧洲"在经济上进入亚太、分享亚太繁荣成果的最佳形式"。与此同时,中欧经济战略合作逐步走向深入。

进入21世纪以来,中国在亚太地区的影响力不断增强,2010年中国—东盟自由贸易区初步建成,中日韩自贸区谈判虽历经波折但仍获得进展。为了维持其在亚太地区的影响力,美国奥巴马政府除在政治上提出"亚太再平衡"战略外,在经济上着重推行TPP(跨太平洋战略经济伙伴关系协定)谈判,该协定对象涵盖了除中国之外的大多数亚太地区国家,地缘经济战略博弈意味浓厚。2014年10月,中国主导创建亚洲基础设施投资银行(简称亚投行)。最初的21个首批意向创始成员国中既有印度、新加坡、泰国等区域性大国,也有老挝、尼泊尔、乌兹别克斯坦、柬埔寨等小国。亚投行在中东同样受到广泛支持,沙特、约旦、阿曼、卡塔尔与科威特均加入其中。面对亚投行这样一个开放性的区域金融机构,从2015年3月开始,一些主要西方大国开始加入其中。尤其是在英国的示范效应下,德国、法国、意大利、瑞士等欧洲国家相继申请加入,随后,巴西、埃及、澳大利亚、新西兰、韩国、俄罗斯等又跟进申请加入。至2015年4月,共有来自五大洲的57个国家确定成为亚投行意向创始成员国,包括联合国安理会五个常任理事国中的四个,二十国集团中的14个,金砖国家全部加入了亚投行。美国与日本因担心亚投行会冲击既有的由其主导的国际货币基金组织和亚洲开发银行而拒绝了成为原始创投国的邀请。亚投行成立后,其他国家和地区作为普通成员方仍可申请加入亚投行。2019年4月22日,亚投行理事会又批准加入了新一批成员,亚投行成员至此达到97个。亚投行的建立,将促进人民币逐渐走向国际化,增加中国在世界金融领域的话语权与诸多商品的定价权。同时,它也将为中国"一带一路"(即丝绸之路经济带与海上丝绸之路)倡议的实施及世界基础设施的建设提供有力的资金支持,惠及的世界人口将超过40亿,这些对优化中国的地缘政治经济环境及推动世界经济发展均具有重大意义。

世界政治多极化使以大国关系为核心的地缘政治关系日趋复杂化、多元化。地缘政治关系从冷战时期以集团对峙为主转向冷战后纷纷在世界范围内谋求大国关系的"伙伴化"。中俄率先在大国中建立战略伙伴关系,共同签署关于世界多极化和建立国际新秩序的声明。这不仅改变了两国面临的复杂地缘政治环境,也引发了大国间基于自身地缘政治战略考量而构建的各种形式的伙伴关系的变化。多维交织的大国关系大大拓展了传统地缘政治关系的空间,也使得地缘政治关系更加复杂微妙。当前世界政治领域,地缘政治的冷战余思不时突显,冷战幽灵仍在徘徊。北约持续东扩、美日安保体制重构及美国奥巴马政府提出的"亚太再平衡"战略、特朗普政府提出的"印太"战略等都是美国基于地缘政治战略竞争的全球考量,巩固由其主导的美欧日战略同盟。北约东扩寻求将整个欧洲纳入北约的控制范围,构筑新的欧洲地缘政治版图。新的美日安保体制超出日美双边范围,企图涵盖整个亚太地区,以"维护美国在亚太地区的力量存在"。奥巴马政府的"亚太再平衡"战略旨在"平衡"新崛起力量在亚太地区对美国影响力与控制力的冲击。特朗普政府的"印太"战略,是"亚太再平衡"战略的扩大和延伸,战略空间从太平洋拓展到印度洋。它把中国作为"假想敌人"和主要竞争对手,采取系列举措对中国在政治、经贸、安全与外交等领域进行全方位围堵,图谋挤压中国在印太地区的发展空间,通过构建包括日本、澳大利亚甚至印度在内的新的战略同盟,来共同遏制中国崛起,维护美国霸权利益,严重威胁中国国家安全。尽管未来美国"印太"战略会随着国际情势的发展变化而存在诸多不确定因素,但中国对此必须有充分的思想准备和前瞻性规划来积极应对,以全面维护中国的国家安全。上述战略措施遥相呼应,谋求形成有利于美国控制欧亚核心地带的地缘政治态势,从而使美国维持其全球战略优势,继续推行其霸权主义和强权政治。

进入新世纪以来,全球范围内局部战争和武装冲突有了明显增加,国际安全的不稳定性和不确定性有所上升,热点地区局势时缓时紧,地缘战略竞争依然激烈。当今世界各大力量继续围绕欧亚地缘战略要地展开激烈的竞争与角逐,导致国际热点问题层出不穷,不断影响国际政治经济形势的变化、发展。在东欧地区,美欧与俄罗斯围绕反导系统、北约东扩等展开交锋,颜色革命、俄格冲突及之后的乌克兰危机,表明冷战后西方与俄罗斯的地缘战略博弈依然如火如荼。特别是乌克兰发生政权更迭,亲西方派在西方的支持下取得执政权,乌克兰随后进一步寻求加入欧盟和北约,打破了俄与美欧在该地区的战略平衡。俄罗斯强势反击,通过公投方式导致克里米亚重新脱乌入俄。美、欧、日等也随即开启对俄罗斯不断加码的制裁。乌克兰危机使俄与美、欧的对立加剧,是双方地缘战略矛盾积累到一定阶段的一次集中爆发。美俄两国关系僵化对抗,颇有进入"新冷战"状态的趋势。今后双方的地缘政治博弈可能更为激烈,这必然对世界局势变化产生深远影响。在大中东地区,巴以和平进程依旧举步维艰,伊核问题争议难平,"阿拉伯之春"后的埃及、利比亚等国动荡不安,阿富汗的塔利班卷土重来,基地组织头目本·拉登被杀后"伊斯兰国"异军突起,叙利亚冲突背后多方力量博弈,各种矛盾相互交织,各种力量明争暗斗。在拉美地区,委内瑞拉、玻利维亚等国不满美国的霸权行径,双方矛盾逐渐加剧。在亚洲东部,中日、韩日近些年来围绕钓鱼岛、独(竹)岛主权归属,争议再起。朝核六方会谈陷入僵局多年,朝鲜半岛南北关系发展几经波折。2018年初开始,朝鲜半岛南北双方开启了冬奥外交,实现了领导人会晤。随后,美朝双方领导人特朗普和金正恩也先后在新加坡和越南河内进行了两次会晤。朝鲜半岛紧张局势一度有了较大程度缓和。但第二次"特金会"的"无果而终"也表明,美朝双方仍旧有很深的战略猜疑和相互缺乏充分的互信。实现朝鲜半岛的无核化及持久和平稳定,仍有待各方持续不断的努力。

近些年,中国的政治经济实力和地区影响力不断上升。美国奥巴马和特朗普政府基于地缘战略竞争考量,相继推行"亚太再平衡"战略和"印太"战略,加大对亚太及印太地区的投入,使中美关系不断面临新的波折与考验。美国明确支持日本解禁集体自卫权,顺势完成了美日防卫合作指针的修订,宣布钓鱼岛周边纳入《美日安保条约》的适用范围。同时,怂恿越南、菲律宾在南海岛礁归属问题上挑战中国的战略定力。在中国西南方向,中印边境一度出现"洞朗对峙"危机。各方背后力量的激烈博弈都是地缘战略竞争情势在亚太及印太地区加剧的新表现。

2015年开始,美国战略界展开了一场美国对华战略的讨论,得出的结论认为,美国一直奉行的对华"接触+遏制"战略需要进行调整,主张对华强硬逐渐成为共识。2017年底至2018年初,美国公布《国家安全战略报告》《国防战略报告》《全球威胁评估报告》等一系列文件,一致认为美国的主要威胁不再是恐怖主义,而是大国竞争。中俄都是美国的战略竞争者,而且未来的主要战略竞争对手是中国。一些西方国家实力的综合性滑坡,使它们更青睐于采取进攻性现实主义外交政策。尤其是美国选择欧亚大陆、太平洋及印度洋之间的重要边缘地带重点出击,给中俄等国带来了巨大的地缘政治、经济及军事压力,迫使中俄更加紧密地形成背靠背的依托关系。2014年3月,中国国家主席习近平首访俄罗斯,进一步达成一系列战略合作共识。2014年5月,在上海双方发表了《中俄关于全面战略协作伙伴关系新阶段的联合声明》。2019年6月5日,中俄元首在莫斯科会晤并发表声明,决定将两国关系提升为"新时代中俄全面战略协作伙伴关系",同时声明中俄要共同维护全球战略稳定。中俄之间通过加强战略协作,大大增进了双方的战略互信,以应对来自美国的战略竞争压力。中俄关系未来的挑战在于,双方能不能有定力抵御住来自美国的各种战略诱惑,保持双方在一系列国际问题上的利益协调与战略合作。

另外,值得关注的是,进入新世纪以来,全球地缘战略竞争继续向一些新战略疆域拓展。各大国际力量在极地、海洋、太空及网络空间等领域的战略竞争会更加激烈。如何参与这些战略新疆域的开发,如何维护自身的国家利益与国家安全,如何在新一轮战略竞争中避免被边缘化,是所有国际力量尤其是诸多发展中国家面临的严峻课题。

(五)传统与非传统安全威胁相互交织,恐怖主义危害上升

冷战结束后,国际形势总的来说是趋向缓和,但局部地区仍然动荡不安。国际形势中的不稳定因素在增加。其中一个重要表现就是非传统安全威胁因素增加,传统与非传统安全威胁相互交织,对世界和平、稳定、发展构成新的威胁,使得国际安全形势比以前更加复杂。

传统安全威胁主要是指国与国之间的军事威胁及威胁国际安全的军事因素。按照威胁程度和大小,可划分为军事竞赛、军事威胁和战争三类。传统的国家安全关系是一种"零和"关系,主要强调以别国的不安全来换取自身的安全,从而使自己国家的主权不受侵犯。冷战结束后,一些地区热点走向和平解决的进程,大国之间纷纷建立各种战略伙伴关系,包括美国在内的一些大国的军费开支一度有所下降。然而,20世纪90年代中期以后,特别是进入新世纪以来,国际形势又发生了深刻变化,传统安全威胁重新抬头,主要表现在:霸权主义和强权政治又有新发展,新干涉主义盛行;国际裁军和军控进程出

现倒退甚至失控的局面；由民族宗教冲突、领土争端及其他原因引起的局部战争和武装冲突不断，地区冲突和地区危机增多。冷战后，美国凭借唯一超级大国的地位，利用各种借口发动了科索沃、阿富汗、伊拉克、叙利亚等几次大规模的局部战争，大量投入使用先进的军事科技，引起了国际社会的极大震动，掀起了世界范围内的新一轮军备竞赛，增加了诸多地区和局部的安全威胁。

非传统安全威胁是相对于传统安全威胁而言的，是指除军事、政治和外交冲突以外其他的对主权国家及人类整体生存与发展构成威胁的因素。非传统安全问题主要包括恐怖主义、环境恶化、武器扩散、疫病蔓延、跨国犯罪、走私贩毒、非法移民、贫困、海盗、洗钱等问题，还涉及经济、金融、信息、生态、资源等方面的安全问题。2001年发生的"9·11"恐怖袭击事件、2013年斯诺登曝光的信息安全事件、2014年埃博拉病毒疫情的重新肆虐、2018年美国特朗普政府掀起的贸易战威胁等，一系列非传统安全威胁事件的发生，标志着国际局势正在发生冷战结束以后最为深刻的变化。同时，这也使绝大多数国家越来越清醒地认识到，非传统安全威胁某种程度上并不亚于传统安全威胁，加强对非传统安全威胁的防范，以及增强在非传统安全领域的国际合作十分必要。

恐怖主义是指为了达到某种政治和社会目的，通过制造恐怖气氛来引起社会注意，以威胁有关政府或社会，无论弱者或强者都可以采用的、针对非战斗目标特别是无辜平民的各种形式的违法或刑事犯罪性质的暴力破坏活动。据史料记载，最早的恐怖活动可追溯到公元前4世纪的古希腊。近代恐怖主义始于18世纪末，但基本局限在一国之内。进入20世纪后，恐怖主义开始超越国界。现代恐怖主义恶性膨胀的原因是多方面的，它除同和平与发展问题长期未解决、南北差距拉大、民族宗教矛盾依然尖锐密切相关外，也同冷战后霸权主义和强权政治犹存，有的国家在国际事务中一味奉行单边主义，过度显露主导欲望与依赖军事实力，造成国际社会不公正和国际安全不稳定有关。

恐怖主义的形式多样，但不管哪种形式的恐怖主义，都对世界和平与发展及各国的安全构成直接威胁。尤其是美国"9·11"事件之后，恐怖主义问题更加突显。恐怖主义的国际化、网络化和大型化，使得恐怖主义已成为重大国际性问题，成为一大国际公害，需要各国政府和人民通力合作、共同应对，以保障世界和平和人民安全。

"9·11"事件后，美国借反恐全面调整军事战略，通过制定"先发制人"政策清剿恐怖组织，打击"无赖国家"，谋求强化其绝对优势，防止潜在对手为赶超美国而扩充军备。美国为此大幅增加军费投入，远程精确制导、无人驾驶飞机、新型核武、多层反导、实战性强的外空武器等不断推陈出新，致力于提高联合反应、快速部署、远程投送能力等。与此同时，俄、法、英、日、澳、印等主要军事大国也不同程度加大军事投入，调整军事战略，谋求军备技术跨越式发展，理由也都是适应反恐的需要。国际反恐在深度和广度上都有新发展，以"基地"为代表的恐怖主义势力也在加紧活动，制造新的恐怖主义袭击爆炸事件。"基地"的骨干分子散落世界各地，与其他恐怖组织密谋重组，先后发起撞击法国油轮、莫斯科人质事件、巴厘岛和三宝颜连环爆炸案等报复袭击，震惊了世界。

美国小布什政府时期,将国际恐怖主义作为美国头号安全威胁之一,在全球实施反恐战争,先后发动了阿富汗战争和伊拉克战争。美国奥巴马总统上台后,决心将对外战略的重心转移到复兴经济及遏制地缘政治对手和新兴大国崛起上,淡化恐怖威胁,降低反恐调门。如此收缩反恐战线之举,一度纵容了国际恐怖主义的泛滥猖獗。

2014年以来,"伊斯兰国"(伊拉克和沙姆伊斯兰国)异军突起,攻城略地,并迅速蹿升为国际恐怖主义势力的"领头羊"。"伊斯兰国"是当代恐怖主义发展的特殊产物和新的形态,兼具国家政权、恐怖组织、意识形态、社会运动四大属性。经过2017年启动国际社会多方力量联合打击、围剿之后,"伊斯兰国"难免将向常态化的恐怖组织转型。国际恐怖主义长期难以消除,究其原因,政局动荡难安、国家治理不善、民族宗教冲突、经济状况恶化等因素,是恐怖主义滋生蔓延的内在根源,也与国际格局演变及大国关系调整息息相关。

相当长时期内,国际恐怖主义发展将呈现全球化、独狼化、社会化、网络化等特征。传统上,中东与南亚是恐怖主义的两大策源地和危害泛滥地。但近年来,以往很少发生恐怖袭击的地区如中西非、欧洲和东南亚,恐怖主义威胁也在持续扩大。尤其是在欧盟境内,近年来"独狼分子"以及回流的"伊斯兰国"恐怖分子不断发动恐怖袭击。英国、法国、比利时、德国、意大利、西班牙、芬兰、瑞典甚至瑞士等国,相继发生严重的恐怖袭击事件,各国纷纷提升威胁警报等级。欧盟所遭遇的恐怖主义威胁,与移民问题、难民危机、欧盟内部整合危机、欧债等经济危机相互叠加,使危机不断深化,解决难度也在不断增大。近些年,由于俄罗斯对叙利亚巴沙尔政权的强力支持以及军事介入叙利亚,俄面临恐怖主义威胁也在增大。2008年以来,俄罗斯历年发生的恐怖袭击次数已达上千起之多。为此,俄政府采取了一系列措施主动出击,对叙利亚极端组织采取军事行动,加强反恐合作与协调,特别是加强与中亚国家的反恐合作。2017年以来,俄罗斯与上合组织其他成员国联手破获了50多个恐怖组织,颁布了一系列如《网络反恐修正法案》《反恐法修正案》《国家秘密法修正案》《反极端主义活动法修正案》等反恐新法规。最近几年,美国本土也多次遭到恐怖袭击,造成重要伤亡,如2017年10月31日的纽约恐怖袭击、2016年11月28日的俄亥俄州立大学恐怖袭击、2016年6月16日的奥兰多夜总会恐怖袭击、2016年1月7日的费城枪击事件、2015年12月2日的加州圣贝纳迪诺枪击事件等。2017年特朗普总统上台后,在反恐问题上致力于"美国安全第一",对伊斯兰极端主义和恐怖主义态度强硬,反恐成为其中东政策的主要内容。特朗普在其美国《国家安全战略报告》中明确提出,击败"圣战"恐怖分子是美国至关重要的国家利益,不让中东成为恐怖主义的安全天堂和培育基地。为此向伊、叙增派美军,加大空袭力度,并竭力重建反恐国际联盟,一度强调要加强与俄罗斯等国的反恐协调与合作。反恐力量的国际合作,加速了"伊斯兰国"的瓦解。随着信息技术的高速发展,网络为恐怖主义发展提供了极大的便利。网络空间的虚拟性、隐秘性、便捷性、扩散性,使得网络不仅成为恐怖组织新的活动空间,也成为其从事组织、宣传、招募、筹资和策划等恐怖活动的重要工具。

恐怖主义已成为国际公害，中国也深受其害。长期以来，我国周边的中亚、西亚和南亚地区，历来是恐怖主义的重要策源地，也是"伊斯兰国"成立后在全球招募"圣战者"的重要兵源地。在我国，"东突"是长期以来危害最大的恐怖主义组织。"东突"组织是东突厥斯坦维吾尔族民族分裂恐怖分子的总称，包括东突厥斯坦伊斯兰运动、东突厥斯坦解放组织、世界维吾尔青年代表大会、东突厥斯坦新闻信息中心等多个组织。"东突"等民族分裂主义、极端宗教势力近些年在中国各地制造了一系列恐怖袭击，造成了巨大的人员、财产损害。"东突"恐怖势力受到国际恐怖组织的训练、武装和资助。随着"伊斯兰国"在中国周边地区的扩张渗透，"东突"恐怖势力进一步融入周边恐怖网络，生存与活动空间增大，恐怖技能进一步提升。中国在周边地区的利益与人员，面临恐怖袭击的风险上升，恐怖主义严重威胁"一带一路"倡议的推进实施。

反对"东突"是国际反恐怖主义斗争的重要方面。中国同世界各国一道，坚定不移地谴责和反对一切形式的恐怖主义。无论恐怖主义发生在何时何地，针对何人，以何种方式出现，国际社会都应共同努力，坚决予以谴责和打击。目前，中国已参加了绝大多数国际反对恐怖主义公约，还通过了上海合作组织成员国缔结的《打击恐怖主义、分裂主义和极端主义上海公约》。中国主张，联合国和安理会应在国际反恐问题上发挥主导作用，支持各国加强反恐的国际合作与协调。由于恐怖主义往往是跨国犯罪，涉及范围又特别广，所以必须加强国际合作，共同打击国际恐怖主义活动。打击恐怖主义要遵守《联合国宪章》等公认的国际法准则，充分发挥联合国和安理会的作用，全面落实安理会相关决议及《联合国全球反恐战略》，一切行动应有利于世界和平与发展的长远利益。2019年2月11日，中国常驻联合国代表在安理会上公开呼吁国际社会应树立人类命运共同体意识，加强务实合作，以共同应对恐怖主义威胁。国际社会共同阻止恐怖组织对互联网及通信技术的滥用，支持各国加强边境管控，分享情报资源，加强执法与司法合作。中国认为，恐怖主义属于极少数极端邪恶势力，绝不代表任何民族或宗教，不能将恐怖主义与特定民族或宗教混为一谈。打击恐怖主义须证据确凿，不能任意伤及无辜，不能对打击恐怖主义采取双重标准，不能借反恐影响世界和地区的稳定与发展，不能借反恐来实现一己的利益诉求。尤其需要强调的是，多年来少数西方国家刻意采取双重标准，对于无关本国本地区利益的恐怖事件和极端行为，不予打击甚至暗中支持纵容。

当前及今后相当长一段时期，我们仍将继续面对一个动荡不安和恐怖威胁难以消除的世界。国际反恐斗争任重而道远，一定要加强国际合作，注重源头治理，铲除滋生土壤，标本兼治，从而防范和打击各种恐怖活动，并努力消除产生恐怖主义的根源。近年来，国际恐怖主义发展的新态势，给中国的反恐带来严重压力，也对"一带一路"倡议的持续推进构成重要的安全威胁。中国应切实不断提升自身的反恐能力，扩大国际反恐合作，尤其与大国、周边及地区重点国家的反恐合作，积极发挥上海合作组织等重要区域组织的作用，推动建立周边地区的反恐机制，扩大安全和情报方面的支持援助，以大国姿态参与全球反恐治理。为构建一个更加美好的人类命运共同体，承当我们的大国责任，提供我们的大国方案，作出我们的大国贡献。

 **思考题**

1. 二战后两极格局解体的原因是什么？其重大影响有哪些？
2. 冷战后大国关系发生了哪些新变化？
3. 为什么说冷战结束后世界范围内的地缘战略竞争依然激烈？

第三章
当今时代主题与建立国际新秩序

|学|习|要|点|

- 20世纪80年代,国际经济政治发生深刻变化,和平与发展取代战争与革命成为当今世界的时代主题。
- 和平与发展两大主题相互依存,互为条件,相互促进,互为因果。和平是发展的前提和条件,发展是和平的基础和保证。
- 和平与发展时代主题的提出有其科学依据和重大意义。维护和平是当今世界的根本问题,促进发展是当今世界的核心问题。
- 国际秩序的形成和演变经历了几个发展阶段。建立公正、合理的国际新秩序是一个长期而艰巨的过程。

第一节 当今时代主题

时代,是对人类社会发展阶段基本特征的概括,也是对世界历史进程基本态势的反映。在人类社会产生和发展的历史长河中,每个时代都有自己的带有普遍性、全局性的时代问题。所谓时代主题,就是指在一定的历史阶段,反映世界基本特征并对世界形势的发展具有全局性影响和战略性意义的问题,是国际社会在这个较长时段里所面临的主要课题和要解决的根本问题。时代主题属于对国际局势战略性、基础性的重大判断,它不是固定不变的,随着世界形势的变化,特别是国际社会基本矛盾的变化而变化。对时代主题的科学认识、准确把握是各个国家制定正确的发展战略和内外政策的重要依据。

一、时代主题的转换

时代,是对人类社会发展阶段基本特征的概括,也是世界历史进程基本态势的反映。在人类社会产生和发展的历史长河中,每个时代都有自己的时代问题,其中那些带有普遍性、全局性的根本问题和主要问题就是时代主题。概括地讲,所谓时代主题,就是指在一定的历史阶段,反映世界基本特征并对世界形势的发展具有全局性影响和战略性意义的问题,是国际社会在这个较长时段里所面临的主要课题和要解决的根本问题。这个主要课题和根本问题使这一时代呈现出自身特殊的历史面貌和特征而区别于另一时代。时代主题属于对国际局势战略性、基础性的重大判断,它不是固定不变的,随着世界形势的变化,特别是国际社会基本矛盾的变化而变化。对时代主题的科学认识和准确把握是各个国家制定正确的发展战略和内外政策的重要依据。从19世纪末20世纪初至当今时代,世界经济政治格局发生了深刻改变,时代主题也随之发生了变化,经历了由"战争与革命"向"和平与发展"的转换。

(一)"战争与革命"的时代主题

20世纪上半叶是一个特殊的时代。19世纪末20世纪初,世界进入剧烈动荡和空前变革时期。随着第二次工业革命的迅猛发展,17世纪以后形成的以西欧资本主义为中心的国际政治经济体系开始瓦解,世界经济、政治格局出现了新的变化。第一,美国、德国、日本等一批新兴帝国主义国家崛起,并加入争夺世界市场和殖民地的斗争。1898年的美西战争、1899—1902年的英布战争、1904—1905年的日俄战争以及两次世界大战的爆发等,都表明了这一变化。第二,殖民地和半殖民地人民反对殖民地宗主国,争取民族独立和解放的运动空前高涨,并且取得了巨大的胜利。世界上殖民地和半殖民地国家纷纷摆脱殖民控制,取得国家和民族独立。第三,无产阶级作为一支独立的力量登上历史舞台,世界各国无产阶级革命运动风起云涌。1917年,俄国无产阶级革命取得成功,建立了人类历史上第一个社会主义国家,给予了世界无产阶级革命运动以极大的鼓舞。1918—1919年,德国、匈牙利等国相继爆发了无产阶级革命运动。这些变化都预示着一个新时代的到来。

无产阶级革命家列宁敏锐察觉和及时把握了这一变化,深刻分析了资本主义世界矛盾,揭示了资本主义发展的新阶段,即从自由资本主义发展到垄断资本主义。他指出在这一阶段存在三大矛盾:垄断资产阶级和无产阶级之间的矛盾,帝国主义国家和殖民地、半殖民地人民之间的矛盾以及帝国主义国家之间的矛盾。在资本主义发展不平衡规律的作用下,帝国主义瓜分世界和争夺势力范围的斗争日益激烈,对殖民地、半殖民地的剥削更加残酷,从而使得这些矛盾不断激化,资本主义必然陷入深刻的危机,最终导致帝国主义战争,同时也为无产阶级革命准备了客观条件。因此,列宁认为世界已经进入帝国主义时代和无产阶级社会主义革命时代。事实也正是如此。第一次世界大战给当时相对落后的俄国造成政治危机,俄国共产党人及时捕捉并抓住这一时机,带领人民发动了俄国十月革命并取得胜利,建立了世界上第一个社会主义国家。苏联理论界把列宁的这一理论概括为"帝国主义和无产阶级革命时代"的理论。从此,便得出"战争与革命"成为那个时代主题的经典结论。

20世纪上半叶,世界经济政治格局和各种政治力量对比发生了一系列深刻变化:美、苏崛起并成为超级大国,社会主义国家从一国发展到多国,形成了领土面积约占世界陆地面积1/4、人口约占世界总人口1/3的社会主义阵营;与此同时,亚非拉地区的民族解放运动如火如荼,以欧洲为中心的世界殖民体系解体、超过100个新兴主权国家在世界范围出现;"第三世界"迅速崛起等,这一切充分印证了列宁关于时代论断的客观性和正确性。正因如此,这一理论在以后相当长时间里成为世界无产阶级革命和社会主义国家分析判断国际形势、制定内外政策的指导思想和重要依据。

中国共产党继承了列宁"战争与革命"的时代理论。毛泽东在《新民主主义论》中就指出:"现在的世界,是处在革命和战争的新时代。"①在这一思想指导下,中国共产党制定和执行了正确的战略方针与政策,带领全国人民赶走日本帝国主义,推翻三座大山,取得新民主主义革命的胜利,建立了新中国,走上了社会主义道路。

(二)"和平与发展"的时代主题

1. 和平与发展时代主题的形成和发展

进入20世纪下半叶,随着第二次世界大战的结束,历史进入了新的发展阶段,国际政治、世界经济和科学技术都发生了深刻变化。经济全球化使世界各国之间的联系比以往任何时候都更为紧密,交流也更为便捷。国家之间的竞争,由过去的军事、政治斗争转

---

① 《毛泽东选集》,第2卷,北京:人民出版社,1991年,第663页。

变为以科技、经济为主的综合国力的较量。国际局势虽然在局部和相对短时间内表现为紧张状态,但总体趋势是缓和的。国际经济、政治等因素发展变化的总体趋势是有利于维护和平、促进发展的。求和平,谋发展已经成为全球各个国家共同的目标和根本的任务。60 年代以后,这一趋势更加明显。"战争与革命"的时代主题已经不能准确反映和科学揭示时代基本特征。

以邓小平同志为核心的党的第二代中央领导集体,对国际形势新变化进行了细致观察和深刻分析,明确了当今时代面临的最根本问题是和平与发展问题。1984 年,邓小平指出:"现在世界上问题很多,有两个比较突出。一是和平问题……二是南北问题,这个问题目前十分突出。发达国家越来越富,相对的是发展中国家越来越穷,南北问题不解决,就会对世界经济的发展带来障碍。"[1]1985 年,邓小平明确提出"和平与发展"是当今世界主题的论断,"现在世界上真正大的问题,带全球性的战略问题,一个是和平问题,一个是经济问题或者说发展问题。和平问题是东西问题,发展问题是南北问题。概括起来,就是东西南北四个字。南北问题是核心问题"。[2] 这个论断改变了中国长期以来坚持的"战争与革命"的思想观念。1987 年 10 月,中国共产党十三大报告将这一论断概括为"和平与发展是当代世界的主题",并将其作为建设有中国特色社会主义基本理论的基本观点之一。此后,党的历次全国代表大会的报告都依据不断发展变化的国际形势,对时代主题理论进行了与时俱进的丰富和发展,不断深化对邓小平关于时代主题思想的理解和把握。"和平与发展"时代主题的提出和明确,对于我国客观认识国际形势,制定正确的内外政策,抓住机遇,加快发展,产生了深远影响。"和平与发展"时代理论提出以后,世界经历了许多重大变化,发生了很多重大事件,和平与发展高潮和低潮交替出现,但是和平与发展的总趋势没有改变。正如党的十八大报告指出的"当今世界正在发生深刻复杂变化,和平与发展仍然是时代主题"。作为当今世界两大主题,和平与发展虽然在性质、内涵等方面具有不同质的规定性,但这一时代主题揭示出国际社会发展的共同方向,表明"和平与发展"已经取代"战争与革命"成为当今时代的基本特征。

2. 和平与发展两者之间的关系

和平与发展两者之间有着密切的联系,它们相互依存,互为条件;相互促进,互为因果。国际社会共同发展需要世界和平,同时又进一步促进世界和平。和平是发展的前提和条件,发展是和平的基础和保证。

第一,和平是发展的前提和条件。经济的发展离不开和平,只有世界的和平与安宁,才能为各国经济发展提供良好的前提和条件。

和平与繁荣总是连接在一起的。无论是世界整体还是每一个国家,只有在和平的条件下,经济的发展繁荣才能成为现实。正反两方面的事实都充分证明了这一规律。迄今

---

[1] 《邓小平文选》,第 3 卷,北京:人民出版社,1993 年,第 56 页。
[2] 《邓小平文选》,第 3 卷,北京:人民出版社,1993 年,第 105 页。

为止,人类社会共发生两次世界大战。第一次世界大战死伤人数3000余万,造成的经济损失超过2000亿美元;第二次世界大战这两个数字分别上升到超过1个亿和40000多亿美元。两次世界大战不仅打断了世界经济发展的正常进程,而且造成世界经济的严重倒退,据估算,二战后参战各国平均用了5～10年的时间才使国民经济恢复到战前水平。具体到一个国家来说,战争是导致经济停滞和落后的首要因素。联合国人类发展指数排位提供了这样一组数据:32个居于指数表低位的国家中,有22个自1990年以来经历了暴力冲突,其中5个国家出现排位倒退;排位最低的10个国家中,有9个自1990年以来经历了暴力冲突。除世界性战争外,就是国家之间或地区之间的局部战争或动荡,不仅对本国、本地区,而且对世界经济的影响也是十分明显的。如冷战结束后的科索沃战争、伊拉克战争、叙利亚战争等,都给交战各方造成了巨大的人员、财产损失,也给世界经济带来深远的影响。

  只有在和平的条件下世界各国才能将有限的人力、物力、财力用在经济建设和社会发展方面,集中精力加快发展。没有和平的环境,社会总处在动荡不安之中,出于安全的考虑,各个国家必然把有限的资源用于军备建设。这在很大程度上制约了经济社会的发展。同时,战争不仅会造成不可估量的经济损失,还要消耗巨额的资源,如历时70多天的英国与阿根廷之间的马岛之战,英国耗资20多亿美元,阿根廷耗资10多亿美元,由此造成的间接损失则难以精确统计。另据瑞典智库统计,2012年世界各国军事支出总计17530亿美元,占世界GDP总和的2.5%。预计这一数字还会逐年增长。众所周知,地球资源是有限的,如果将如此巨大的用于军备开支的费用转移到经济建设和社会发展方面,必将带动世界经济的大幅增长。

  战争不仅消耗巨额资源,造成巨大的物质损失,还使世界各国不得不将主要精力和中心工作放到战争准备方面,无法集中精力进行经济建设。各种类型国家特别是发展中国家都面临经济发展的艰巨任务,都需要把工作中心转移到经济建设和社会发展上来,但没有和平的国际环境是无法做到的。在这方面,社会主义中国为在和平的国际环境下集中精力实现经济快速发展,提供了一个成功的范例。新中国成立前,由于帝国主义的野蛮侵略,中国的经济和社会发展基本陷入停滞状态,1949年中国的国民生产总值仅占世界总量的1%。新中国成立初期,我国取得了一个短暂的相对和平时期,经济得到迅速恢复和发展。1955年,中国的国民生产总值占世界总量的比例上升到4.7%。此后,西方资本主义阵营对新中国采取政治上遏制,经济上封锁的政策,在边境不断挑起事端,企图武力干涉中国。在这种情况下中国不得不将宝贵的人力、物力、财力用于战争准备,以防御帝国主义侵略。再加上这一时期自身发展战略的局限,到1980年,中国的国民生产总值占世界总量的比例下降到2.5%。80年代后,随着"和平与发展"时代主题的确立,中国及时调整了发展战略,对内改革,确立了以经济建设为中心的发展方针;对外开放,全力营造周边和平环境。近十年来中国的综合国力大幅提升,取得了令人瞩目的成就,2005年,中国GDP总量超过英国和法国,居世界第四位;2008年超过德国,居世界第三位;2010年超过日本,居世界第二位,成为仅次于美国的世界第二大经济体;按照中国国家统计局发布的统计数据,中国2018年国内生产总值达到900309亿元,突破了90万亿人民币大关,GDP总量换算成美元是13.6万亿美元,相当于美国GDP总量20.5万亿美元的三分之二。中国的国际地位和国际影响力显著提高,作为联合国安理会常任理事国,中国在国际社会中正发挥着日益重要的、积极的建设性作用。正如邓小平指出的:"中国要实现自己的发展目标,必不可少的条件是安定的国内环境与和平的国际环境。"[①]

第二,发展是和平的基础和保证。一方面,没有和平就没有发展,而没有世界各国的共同发展也不可能有真正意义上的世界和平,经济发展是维护世界和平的重要基础和有力保证。

二战后国际局势总体和平,但局部战争和动乱从没停止过,且大多数发生在第三世界国家和贫穷落后地区。生活贫困、经济落后、南北贫富差距拉大是这种现象产生的根本原因。一些发展中国家取得民族和国家独立之后,经济长期处于低速发展状态,发展形势并不乐观。经济最落后的非洲,也是世界上最不安宁的地区之一。全非洲50多个国家中,有20多个国家陷入战乱或受到武装冲突的影响。全世界48个最穷国家中有33个在非洲。根据2014年联合国千年发展目标年度进展报告,2010年黑非洲(撒哈拉沙漠以南)地区极端贫困人口数为4.14亿,比1990年的2.9亿不降反升,成为全球唯一极端贫困人口数上升的地区。虽然饥饿人口比例从1990—1992年的33%下降到2011—2013年的25%,但营养不良儿童数量和发育迟缓儿童数量均在增长。据国际减债行动机构2014年统计,目前非洲国家外债总额为3330亿美元。另外,1960—1993年,非洲大陆经历了24场战争,随之而来的是大规模的黑色难民潮,1992年末非洲难民为527.8万,约占全世界难民总数的三分之一,一年后上升为745万人。邓小平指出:"世界上一些国家和地区发生问题,从根本上说,都是因为经济上不去。"[②]只有消除贫困落后,发展经济,特别是广大第三世界国家经济得到发展,才能从根本上消除引发战争和动荡的因素,实现世界和平。

另一方面,经济的发展和繁荣是制约战争的重要因素。邓小平说:"如果世界和平的力量发展起来,第三世界国家发展起来,可以避免世界大战。"[③]和平一定要有经济的发展作物质基础。二战后局部战争和冲突频发,但大多发生在经济欠发达地区和国家之间,西方经济发达地区和国家之间几乎没有发生武装冲突。二战结束后,伴随新科技革命的发生,世界各国都把主要精力和工作重点放在经济建设上,以期在新一轮较量中取得有利地位,由此世界经济出现了前所未有的大发展,"和平"取代"战争"成为当今世界的总特征。在当今世界经济大发展背景下,经济全球化及贸易、投资、金融、生产等活动的全球化,使得世界各国的联系更加紧密,经济利益相互交融,利益交汇点越来越多,相互依

---

① 《邓小平文选》,第3卷,北京:人民出版社,1993年,第360页。
② 《邓小平文选》,第3卷,北京:人民出版社,1993年,第354页。
③ 《邓小平文选》,第3卷,北京:人民出版社,1993年,第249页。

存、共同发展已成为各国的共识。同时随着国家间关系的密切，各国经济往来不断增多，不同国家人民之间的交流更加广泛，了解更加深入。这些都成为制约战争爆发的因素。

(三)时代主题转换的科学依据和意义

邓小平关于"和平与发展"论断的提出揭示了当代国际社会的主要矛盾和根本任务，有着科学依据和重大意义。

1. 时代主题转换的科学依据

"和平与发展"取代"战争与革命"成为时代主题，不仅是历史发展的要求，也存在着现实性基础。

(1)从历史进程看，和平与发展是时代发展的要求。第一，第二次世界大战的胜利，彻底摧毁了德、意、日法西斯的军事力量和国家政权，清除了世界民主化进程中的最大障碍，消灭了威胁世界和平与发展的一个重要因素。

第二，战后殖民地和半殖民地国家纷纷独立，原有的以欧洲资本主义为中心的殖民体系结束；社会主义实现了由一国到多国的发展，实力增强，威望提高，成为国际舞台上一支重要力量。世界政治多极化趋势加强，有力地牵制、削弱了少数大国对世界的控制，推进了国际社会民主化，主权平等、互不干涉内政、反对武力威胁逐渐成为国际社会的基本原则，这使得赤裸裸的强权政治、直接侵略、军事征服和武力掠夺变得不再可能。

第三，美国和苏联先后崛起为世界强国，由于意识形态和社会制度不同，世界上形成了资本主义和社会主义两大阵营全面对峙的两极格局，进入冷战状态。在冷战背景下，有资格、有能力发动战争的，只能是美苏两国。但这两个超级大国在军事上，特别是核武器上搞恐怖平衡，谁都可以毁灭对方，因此谁也不敢轻易动手和先动手；同时，要在世界范围内发动战争，就得进行全球布局，可是美苏两国在这方面都遇到了困难，都存在着难以克服的战略短板。冷战结束后，虽然美国在军事上拥有绝对优势，也试图通过建立国家导弹防御系统打破过去所形成的战略平衡，但这并不是容易的事，而且短时间内也难以改变局面。世界上大国之间相互制约所形成的平衡还在发挥作用。

第四，二战后建立了联合国等国际组织，在一定程度上约束了各国行为，改善了国际社会的无政府状态。联合国是维护世界和平与安全、关注经济社会发展最具代表性和权威性的国际组织，也是当今世界最大、最重要的国际组织，在解决国际争端、加强国际合作、推动裁军等方面发挥着越来越重要的作用。

(2)从现实状况看，和平与发展是国际社会的共同利益所在。第一，和平与发展是广大发展中国家的迫切要求。随着殖民体系的瓦解，二战后出现了一大批新兴国家，这些国家在取得民族解放、国家独立后，发展民族经济就成为首要任务，而经济发展首先需要的就是和平与安宁的国际环境。但是旧的国际分工和贸易体系依然存在，广大发展中国家在国际竞争中处于劣势的地位不仅没有得到改变，而且有日益加剧的趋势；再加上原先基础普遍薄弱以及人口、环境、饥荒、外债等问题，发展中国家经济发展更加无力，下滑明显,南北差距进一步拉大。一些国家甚至陷入贫穷—动荡—更贫穷的恶性循环中,不仅自己国家内部动荡不安,还波及周边国家和地区。可见贫穷不仅增加了这些国家内部陷入战乱的可能性,也是造成地区和世界不安宁的潜在因素。只有广大发展中国家贫穷落后的状况得到改善、经济得到发展,南北差距缩小,才能从根本上解决这些问题和矛盾。

第二,西方发达国家也存在再发展的要求。二战后西方发达国家基本上没有经历大的危机,经济保持全面较快的发展,至今仍处于世界领先地位。但西方各国的发展也不是一帆风顺的,2008年国际金融危机给美国和欧洲经济造成很大影响,使整个西方国家都面临高失业、高赤字、高债务以及生态失衡等问题。这些问题虽没有表现为严重的社会危机,但也极大地困扰着这些国家经济社会的持续发展,在一定程度上激化了社会矛盾;加之战后发达国家普遍建立的社会保障体制需要经济的不断发展来维持。与此同时,布雷顿森林体系解体后,美元和黄金脱钩,导致全世界出现富余的美元需要寻求新的出路、新科技革命推动下的产业升级换代等。因此,西方国家不得不调整经济发展战略,以进一步刺激经济发展。近年来美国正在推进"再工业化"政策,欧盟也在着手进行结构调整和改革,积极寻求新的经济增长点。

第三,世界经济全球化和政治多极化给和平与发展创造了机遇和条件。经济全球化和政治多极化,是当今世界最突出的特征与发展趋势。经济全球化是生产力和国际分工高度发展的产物,包括贸易、投资、金融、生产等活动的全球化,是世界各国经济在全球范围内实现全面融合的客观发展进程。随着国际分工的不断深入和深化,世界经济活动已经超出一国国界,通过对外贸易、资本流动、技术服务等形成了一个相互依存、相互联系的有机整体。经济全球化必然带来世界经济的新变化。一是加强了世界各国经济的相互依赖性,各国之间的交往与合作在深度与广度上都会有新的拓展,寻求合作、谋求发展的意识日益加强。二是战后兴起的第三次科技革命极大地推动了世界经济的发展,各国发展和竞争的重点已从过去的军事竞争转变为当今的经济与科技、综合国力的竞争。20世纪80年代末90年代初,随着东欧社会主义国家的剧变和苏联的解体,冷战时期形成的以美国为首的资本主义和以苏联为首的社会主义两大阵营对峙的两极格局瓦解;中国的快速发展和欧盟影响力的增强,加速了世界多极化的进程,当今世界已呈现出"一超多强"的局势。在这种局势下,少数国家想要独霸世界并非易事,国际关系的民主化进程必然加快,这会极大地抑制世界性战争的爆发,形成有利于世界和平与稳定的局面,给世界的和平与发展带来了机遇、创造了条件。

(3)世界人民和平与发展的愿望也促使时代主题的转换。二战后,虽然战争因素依然存在,但世界和平力量的增长超过战争因素的增长。世界要求和平、反对战争的力量空前壮大。这股力量首先来自拥有130多个国家、人口占世界4/5的广大的第三世界国家,它们是反对战争、维护和平的最强大力量。长期以来,战争把它们推入苦难的深渊,使它们备受欺凌,因此取得国家独立和民族解放的第三世界国家和人民对和平的渴望比任何时候、任何人们都强烈。西方发达国家的人民也是反对战争的,特别是欧洲人民,它们饱受两次世界大战之苦,冷战时期处于前沿阵地,又是美苏争霸的中心,一旦战争爆发,它们首当其冲受到冲击。即使是美苏两国人民也深受战争之害,大多数也不支持战争,希望世界和平。邓小平说:"苏美两家还在进行军备竞赛,世界战争的危险还是存在的,但世界和平力量的增长超过战争力量的增长。这个和平力量,首先是第三世界……日本人民不希望战争,欧洲人民也不希望战争。""美国人民、苏联人民也是不支持战争的。世界很大,复杂得很,但一分析,真正支持战争的没有多少,人民是要求和平、反对战争的"。① 世界人民反对战争、维护和平的愿望,极大地推动着时代主题由"战争与革命"向"和平与发展"转换。

2. "和平与发展"时代主题确立的意义

"和平与发展"取代"战争与革命"成为时代主题,是对当代国际形势和时代特征的正确判断,是对当代世界和当今社会基本矛盾与主要任务的科学概括,具有重大的理论和实践意义。

(1)在理论方面,"和平与发展"时代主题论断的确立,是对马克思主义的重大发展和重大突破。邓小平指出:"不以新的思想、观点去继承、发展马克思主义,不是真正的马克思主义者。"②马克思主义理论从来都不是机械的、教条的,而是与时俱进的,它总是随着历史的变化而不断发展变化的。这正是马克思主义理论生命力和科学性所在。时代主题具有强烈的时代色彩,真正的马克思主义者不会把马克思主义经典理论当作条条框框,而是把它和具体实践相结合,在实践中去丰富和发展它。就马克思、恩格斯来说,他们对于时代主题大多是从生产方式和社会形态角度来论述的。列宁则立足于俄国革命实践,把时代与世界形势、革命运动联系起来,对当时的时代形势、时代特征、时代矛盾、时代任务、时代发展的阶段性和曲折性等进行具体分析,提出"战争与革命"的时代主题,丰富和发展了马克思主义的时代理论。列宁的时代理论已被历史实践证明是科学的、正确的。随着世界经济政治发生极大的变化,国际局势出现新的特点,"战争与革命"已经不能概括时代特征。邓小平深刻把握当代世界局势的重大变化,对时代主要矛盾和特征以及时代发展趋势作出了科学判断,提出"和平与发展"的时代主题,高度概括了当代世界的新变化和新特点,改变了"战争与革命"的传统观念,是在世界和中国实践的基础上,对马克思主义时代理论的又一次极大丰富和发展。

(2)在现实方面,"和平与发展"时代主题论断的确立,为社会主义发展战略的调整提供了指导。"和平与发展"时代主题的科学论断,反映了世界发展变化的本质特征,揭示了当代国际关系的基本内容,表明国际社会已经进入和平与发展的历史时期。由"战争与革命"向"和平与发展"时代主题的转换,意味着各国发展和国际竞争的重点已经转向经济领域,而不

---

① 《邓小平文选》,第3卷,北京:人民出版社,1993年,第127页。
② 《邓小平文选》,第3卷,北京:人民出版社,1993年,第292页。

再是军事较量。世界上许多国家正因为看到国际局势的这一变化,及时调整发展战略,把中心工作转移到经济建设上来,就都取得了快速发展和长足进步。由于苏联长期受冷战形势所迫,坚持"战争与革命"的战略思维,实行同战争、备战相适应的发展战略和集中管理体制,与国际形势的发展变化越来越不相适应,弊端逐渐显露。而其他社会主义国家一律向苏联看齐,照搬照抄苏联模式。先是苏联,接着是整个社会主义国家,经济发展缓慢,大大落后于西方发达资本主义国家。

新中国成立后,根据当时的国际形势以及中国的实际状况与所处国际地位,采取了向以苏联为首的社会主义阵营"一边倒"的外交政策。为此,新中国必然遭受到来自以美国为首的西方资本主义阵营的长期封锁与遏制。50年代的抗美援朝战争、六七十年代的抗美援越战争,都是新中国在冷战大背景下直接或间接卷入的局部战争。特别是之后中苏关系因多方面原因,也出现了不断恶化与矛盾冲突,甚至有战争一触即发之势。所以,直到20世纪70年代,中国共产党仍然认为当前世界主题是战争与革命,不是革命制止战争,就是战争引起革命。此后一段时间这一思想不断得到明确和强化,"第三次世界大战随时可能爆发"成为当时我们党对国际形势的判断。在当时的国际局势和这一思想指导下,我国就难以集中力量发展社会生产和提高人民生活。为应对可能到来的战争,在国内搞了一、二、三线建设,把一些战略性基础产业和国防尖端项目按照"靠山、分散、进洞"原则进行建设,提出"深挖洞、广积粮",疏散人口等。同时又下定决心"勒紧裤带"来发展"两弹一星"事业。这在相当大程度上确实影响了我们集中更多的人力物力财力资源来发展诸多的民生事业,给当年百姓生活带来诸多的艰难困苦。但也为此后中国的长远发展和国际地位的提升,奠定了坚实的基础。当年的三线建设,客观上也对改变中国不够合理的工业布局,促进区域经济平衡发展奠定了重要基础,作出了重要贡献。

20世纪80年代以后,国际局势发生了巨大变化,中美已经建交,美苏关系和中苏关系得到大大缓和。邓小平及时根据当代世界局势的重大变化,对时代主要矛盾、特征及发展趋势作出了科学判断,提出了"和平与发展"的时代主题。我国由此大力开创和利用来之不易的和平发展的战略机遇期,顺应国际形势的发展,调整发展战略,把工作重点转移到社会主义现代化建设上,注重在经济发展的同时,使各项民生事业得到不断改善,不仅实现了经济的快速增长,我国的国际地位也得到显著提高。

二、当今世界和平与发展问题

随着国际社会基本矛盾的发展变化,"和平与发展"取代"战争与革命"成为当今时代主题,和平与发展是不可逆转的发展趋势和时代潮流,已成为当今社会迫切需要解决的主要任务。

(一)当今世界的和平问题

二战结束至今的70多年时间里,全球没有再发生世界性战争,总体和平是基本态势。

但国际社会并不太平,热点、焦点问题不断,地区和国家间的局部战争和冲突一刻也没停止过,有时还很激烈。一方面,和平是主流,另一方面,世界又是不稳定和不安全的,威胁世界和平的因素依然存在,世界和平面临着一系列挑战。

1. 影响世界和平的因素

第一,霸权主义和强权政治依然存在并有新的表现。霸权主义和强权政治造成世界动荡不安,是威胁世界和平与稳定的主要因素。其在本质上是把本国的利益凌驾于其他国家利益之上,凭借自身的经济军事实力对其他国家进行控制、干涉和侵略。冷战时期,美苏两个超级大国积极推行霸权主义和强权政治,在一些具有重要战略意义的地区进行争霸,严重威胁着世界的和平稳定。冷战结束后,霸权主义和强权政治依然存在,而且有所发展,并以新的形式表现出来。其表现形式主要有:首先,强迫别国接受和照搬自己的社会制度与意识形态;其次,利用"民主""人权"甚至"价值观"等问题,通过各种借口和方式来任意干涉别国内政;再次,凭借经济和军事实力到处侵略。霸权国家往往置联合国安理会于不顾,违背国家主权和领土完整不受侵犯的神圣原则,公然践踏国际关系的普遍原则,妄图用武力手段建立一个符合自己利益的国际新秩序,确立其主宰世界的地位。冷战后出现的"新干涉主义"就是霸权主义的一种新形式。新干涉主义以捍卫人类普遍的价值观为幌子,宣扬所谓的人道主义、民主和法治等西方价值观,打着"人权高于主权""人权无国界"的旗号,大力鼓吹所谓的"人权外交"和"道德贸易",肆意侵犯别国主权,干涉他国内政,实际上是借口维护人权推行霸权主义。与传统的霸权主义采取武力和军事干涉手段不同的是,"新干涉主义"更多地披着合法的外衣,因而具有很大的迷惑性和欺骗性,对世界和平的危害更大。只要霸权主义和强权政治存在,世界就不会真正和平。

◎ **资料卡片**

新干涉主义

在当前的国际环境下出现的以人道主义和捍卫西方共同的价值观为借口,以武力干涉别国内政为手段,以推行霸权主义和构筑有利于西方的国际关系新秩序为目的的一种思潮。以科索沃危机为契机,新干涉主义在西方乃至全球日渐抬头。它作为一种处理国际问题的模式,其对国际关系的危害日渐显现。且在美国及其盟国的推动下,新干涉主义在理论上日渐完备,在行动上日渐机制化、制度化、模式化。新干涉主义的两大理论支点或曰两大借口更具有迷惑性。其一是"人权高于主权论"。新干涉主义在人权和主权关系上大做文章,提出所谓的"人权高于主权""主权有限论""主权过时论""人权无国界",大力鼓吹所谓"人权外交"和"道德贸易"。其二是"捍卫人类普遍的价值观",公开宣扬所谓人道主义、民主与法治是西方共同的价值观,维护西方价值观与"被压迫民族"权利符合西方战略利益。英国前首相布莱尔声称"我们不是为土地而战,而是为价值观而战",各国可以高举人道主义旗帜介入主权国家事务。美国前总统克林顿也声称要为在世界范围内停止民族清洗而进行干预。西方鼓吹新干涉主义,挑战和否定的是发展中国家的主权、生存权和发展权;西方以"人类普遍的价值观"为由,向广大发展中国家强制推行符合西方利益的西方模式。

第二，新一轮军备竞赛呈加剧之势，武器扩散和核安全问题日益突出。冷战结束后，随着苏联解体和东欧剧变，两极格局终结，国际力量对比出现严重失衡。以美国为首的一些国家在世界范围内掀起了新一轮争夺高、精、尖技术优势的军备竞赛。2001年底美国宣布退出1972年美苏签署的《反弹道导弹条约》，着手部署国家导弹防御系统，并多次进行导弹拦截试验。同时美国军费开支大幅度增加，2000年，防务预算达到2808亿美元，超过中、俄、英、法、德、日六国总和，2001—2005年其预算规划又比原计划高出1120亿美元。英国智库"国际战略研究所（IISS）"2019年2月发布的全球军事能力与防务经济年度报告公布，2018年全球军费支出最多的前十个国家排名中，美国以高达6433亿美元的军费开支位居第一，其军费支出超出其他九个国家的总和。亚洲地区军费开支也呈现持续增长的态势。军备竞赛的升级必然导致武器交易量的上升，国际上武器扩散屡禁不止，核安全问题日益突出。迄今为止，虽然核武器没有被大规模用于战争，但是到20世纪80年代，美苏拥有的核弹头就超过5万枚，它们就像悬挂于人类头顶上的"达摩克利斯之剑"，时刻威胁着国际社会的安全。2001年12月13日，美国小布什总统宣布，退出1972年与苏联共同签署的《限制反弹道导弹系统条约》（简称《反导条约》），此举对国际军控及国际安全造成了深远影响。当今，美国、欧盟、俄罗斯等，都在加紧研制科技含量更高的新式武器，目的都是增强本国实力，在激烈的国际竞争中占据有利地位。美国特朗普总统于2018年8月签署《2019财年国防授权法案》，将美国的国防开支增至7160亿美元，同时还要对美国核武库进行重大升级，以确保美国有足够的威慑能力。2018年10月20日，特朗普政府以俄罗斯不遵守条约义务为由，宣布退出《中程核力量条约》。该条约是1987年由美苏两国领导人签署的，规定双方不再保留、生产或试验射程500—5500公里、作为核武器运载工具的陆基巡航导弹和弹道导弹。美国这些片面追求自身军事绝对优势、打破战略平衡的举措，将迫使中俄等国家采取相应举措予以应对。特朗普政府还多次要求按自己意愿修改美苏签订了30多年的《美苏消除两国中程和中短程导弹条约》（简称《中导条约》），并不惜以退出《中导条约》相威胁。此外，美国还积极组建太空军，并力主提升其网络攻击能力。这一切都对世界和平构成了直接的威胁。

第三，因领土、种族、宗教信仰等问题引发的冲突和局部战争此起彼伏、连绵不断。虽然国际上没有爆发世界战争，但国家和地区间的局部战争与冲突从来没有停止过。这一方面是殖民主义统治留下的恶果，殖民主义国家在撤离殖民地时留下了制造矛盾的祸根，如长期以来存在的巴以冲突、印巴问题等。另一方面是历史遗留下来的民族矛盾、种族矛盾、宗教矛盾等引发的冲突。如波黑内战、非洲地区的种族仇杀、中东中亚地区的动荡等。再者，一些地区大国、强国等推行地区霸权主义引起的地区冲突和局部战争等。据统计，从第二次世界大战结束到1986年底，世界上发生了182场局部战争，共计造成2000多万人死亡，相当于第一次世界大战死亡人数的2倍。[①] 冷战结束后的科索沃战争、

---

① 潘振强、夏立平主编：《世界军事大趋势》，北京：国防大学出版社，1994年，第105页。

阿富汗战争、伊拉克战争、利比亚战争、叙利亚战争等，都在不同程度上具有因领土、种族、宗教信仰等问题而引发的局部战争。可见国际局势的总体缓和，并不代表没有冲突和战争，世界并不太平。

第四，传统安全威胁与非传统安全威胁相互交织，对人类社会和平造成严峻挑战。由霸权主义、强权政治、领土争端、民族矛盾、种族冲突等引发的局部战争和冲突仍然对世界和平构成严重威胁。但是，非传统安全威胁对世界和平的影响和危害更为突出。非传统安全威胁主要包括恐怖主义、环境恶化、武器扩散、疫病蔓延、跨国犯罪、走私贩毒、非法移民、海盗、洗钱等，还涉及经济、金融、信息、生态、资源等方面的安全威胁。1997年爆发的亚洲金融危机、2001年发生的"9·11"恐怖袭击事件、2008年的全球金融与经济危机、2013年斯诺登曝光的信息安全事件、2014年埃博拉病毒疫情的重新肆虐、2018年美国特朗普政府掀起的贸易战威胁等，一系列非传统安全威胁事件的发生，标志着国际局势正在发生冷战结束以后最为深刻的变化。这也使绝大多数国家越来越清醒地认识到，非传统安全威胁某种程度上并不亚于传统安全威胁。与传统安全威胁相比，非传统安全威胁具有隐蔽性、多样性、复杂性以及跨国性、全球性等特点，因而对人类安全的危害性更大。当今社会，传统安全威胁与非传统安全威胁相互交织，相互转化，如当前的恐怖主义、生态恶化、公共疾病传播扩散等，由于长期以来没有得到应有的重视和有效的治理，从而演化成对整个人类生存造成威胁的严重问题，解决起来非常困难和复杂，成为国际社会关注的焦点。

虽然和平与发展是时代主题，但是由于以上因素的存在，实现社会的持久稳定，维护人类的真正和平，依然任重而道远。

2. 维护世界和平的途径

第一，加快经济发展，以国际社会的共同发展促进人类社会的持久安全。发展是永恒的主题，是解决一切问题和矛盾的基础。世界上一切争端，一切危害和平的冲突和战争的产生，都有深层次的经济原因。二战结束到20世纪80年代末，世界上发生了180多场局部战争和武装冲突，其中96%以上集中在亚洲、非洲和拉丁美洲，而欧洲所占比例不到4%。可见，经济越不发展，发生战争的几率就越大。因此，加快世界经济发展，特别是加快第三世界国家经济发展，是实现世界和平的基本途径和根本保证。2012年7月，习近平主席在北京出席"世界和平论坛"开幕式时指出，必须以发展求安全。经济发展繁荣是维护安全的重要保障。应该继续高度重视并切实解决好全面协调可持续发展这个重大课题，持续致力于自身发展，积极支持发展中国家发展，努力缩小南北发展差距，真正实现共同发展繁荣。2017年10月18日，习近平在中国共产党十九大报告中进一步提出，中国将高举和平、发展、合作、共赢的旗帜，恪守维护世界和平、促进共同发展的外交政策宗旨，坚定不移在和平共处五项原则基础上发展同各国的友好合作，推动建设相互尊重、公平正义、合作共赢的新型国际关系。

第二，反对霸权主义和强权政治，建立国际新秩序。旧的国际秩序是在殖民主义背景下,按照有利于发达国家利益形成的,经济上表现为不平等和不合理,政治上带有明显的霸权主义和强权政治的印记。发达国家凭借经济政治优势,恃强凌弱,把发展中国家作为原料供应地和产品加工厂,控制世界市场,极大地损害了广大发展中国家的利益。国际旧秩序既不利于整个世界和发展中国家的经济发展,也不利于维护世界的和平与稳定。冷战结束后,世界上反对旧秩序、建立新秩序的呼声日益高涨,在爱好和平的人们的不懈努力下国际秩序得到一定程度的改善,但不公正、不合理的国际秩序并没有从根本上改变。2014年7月16日,习近平在巴西国会演讲时指出,历史昭示我们,弱肉强食不是人类共存之道,穷兵黩武无法带来美好世界。世界各国都要遵循平等互信、包容互鉴、合作共赢的原则,一起来维护和弘扬国际公平正义,推动建设持久和平、共同繁荣的和谐世界。反对霸权主义和强权政治,建立公正、合理的国际新秩序是当前维护世界和平的根本途径。

第三,制止军备竞赛,积极推进国际社会裁军和军控进程,消除战争隐患。联合国设立了负责限制军备和裁军的专门机构,如成立了原子能委员会以确保原子能只用于和平目的,取缔原子武器和其他大规模毁灭性武器等。1978年第一届裁军特别联大通过决议,设立由联合国所有会员国组成的联合国裁军审议委员会。第二次世界大战后,国家间缔结了一些和限制军备有关的多边条约。但国际社会中裁军、军控与军备竞赛一直并存,直到20世纪80年代,裁军、军控才出现重大进展。在核武器等方面,1995年联合国大会作出了无限期延长《不扩散核武器条约》决定,1996年通过了《全面禁止核武器条约》等文件。中国也积极签署和批准了一系列有关军控、裁军与防扩散的国际条约。在中国人民抗日战争暨世界反法西斯战争60周年之际,中国政府于2005年9月2日发表了《中国的军控、裁军与防扩散努力》的白皮书,旨在成为国际社会维护世界和平,促进共同发展的建设性力量。

国际社会裁军和军控是维护世界和平的重要手段,具有十分重大的意义。通过裁军和军控,各国将有限的人力、财力、物力资源集中于经济建设方面,有利于推动世界经济发展,有利于削弱少数超级大国对国际事务的控制,使世界向多极化方向发展,大大消除了战争隐患。

第四,加强国际社会的广泛合作,壮大世界和平力量。经济全球化使当今社会各个国家利益交融、相互依存,联系日益紧密,不仅利益与共,且安危与共。当今世界和平与稳定面临着诸多问题和挑战,这些问题和挑战不论是局部性的还是世界性的,都会直接或间接危及整个国际社会的和平与安全。和平与安全问题已经超越一国一域,再强大的国家离开国际合作,也难以实现真正的和平与安全。因此,国际社会要树立新的安全观,加强广泛合作,超越"零和"思维,积极携手合作,通过平等对话,协商和谈判解决争端,共同应对各种问题和挑战。只有这样,维护世界和平才能得到国际社会的广泛支持和共同参与,这项工作才能进一步推进。

2015年9月3日,习近平主席在纪念中国人民抗日战争暨世界反法西斯战争70周年招待会的讲话中表示，和平来之不易，和平必须捍卫。基于对历史的惨痛感知，中国人民将始终不渝走和平发展道路，始终不渝奉行互利共赢的开放战略，在和平共处五项原则基础上发展同一切国家的友好合作，坚定不移维护世界和平。中国的发展壮大必将是世界和平力量的发展壮大。

第五，充分发挥联合国等国际机构的作用，切实维护世界和平与安全。联合国是二战后由主权国家组成的国际组织，致力于促进各国在国际安全、经济发展、社会进步、公民自由、政治自由、民主及实现世界持久和平等方面的合作。《联合国宪章》第一条关于联合国宗旨中明确规定："以和平方法且依正义及国际法之原则，调整或解决足以破坏和平之国际争端或情势。"由此可见，"维护世界和平与安全"在联合国四项宗旨中位于首位。作为当今世界最大的国际组织，联合国成立后虽然遇到诸多困扰，但在调节国际争端、缓和紧张局势，支持被压迫民族解放和国家独立，以及推动人类可持续发展等方面发挥着越来越重要的作用。随着全球化和多极化发展，联合国的国际地位和民主性也会不断提高和加强，联合国及其重要机构安理会必将在维护世界和平等方面发挥越来越重要的作用。

(二) 当今世界的发展问题

和平与发展是当今时代主题，维护和平是当今世界的根本问题，促进发展则是当今世界的核心问题。国际社会在发展问题上矛盾更集中、斗争更尖锐，面临的挑战也更严峻。二战后，特别是冷战结束后，世界各国纷纷调整战略，把主要精力集中于经济建设方面。虽然经历了起起伏伏的波折，但在世界各国的共同努力下，世界经济的总趋势还是大幅度向前发展的，而且取得了前所未有的成绩。尽管如此，同和平问题一样，世界发展问题并没有得到根本解决，仍为国际社会亟待解决的共同问题。

1. 世界发展问题的基本状况

当今世界发展问题最突出的表现是发展中国家经济发展缓慢，南北差距持续扩大。广大发展中国家在取得民族解放、国家独立之后，都把发展本国经济作为首要任务。但是由于经济、政治等多方面因素，大多数国家长期处于低速发展状态，并未摆脱经济困境，不同程度地出现债务危机、经济下滑、经济不断恶化等严重问题，与发达国家的差距越来越大。即使冷战结束后，世界上贫富悬殊的局面依然没有得到有效改变，反而呈愈演愈烈之势。据1998年统计，世界上收入最高的国家卢森堡，其人均国民生产总值是最低国家埃塞俄比亚的450倍还多。从对财富的占有看，占世界40%的人口仅占有全球总收入的5%，而生活在主要发达国家10%的人口却占有54%的世界财富。世界不平均实验室发布的《世界不平均报告2018》显示，全球最富有的1%人群占有的财富份额，从1980年的28%上升至2016年的33%，与此同时，底层75%的人群所占有的财富份额则一直停留在10%左右。21世纪，世界进入信息化时代，发展中国家经济落后状况不仅没有改善，反而雪上加霜，由于对数字化技术掌握和运用的差异，带来了经济发展的差距，进一步弱化了发展中国家原有的普通劳动力、土地和资源优势,降低了发展中国家的国际竞争力。这种状况不仅使发展中国家经济日益困难,而且加剧了南北贫富差距。信息技术和产业的发展,尤其是近年来各种大数据、云计算及人工智能的技术发展,是需要非常高的资金进行研发投入的,而发展中国家本来基础差、底子薄,又背负沉重的债务负担,根本无力承担规模庞大的信息基础设施建设和相关技术研发投入,普通民众更无力支付高额的教育和通讯费用,因此发展中国家在与信息秩序相关产业的规则制定领域几乎没有发言权,越来越多的发展中国家被隔离在"数字鸿沟"的另一边,甚至被边缘化。

2. 谋求世界共同发展的途径

造成上述发展问题的原因众多,包括国际经济旧秩序、霸权主义和强权政治,还有发展中国家自身发展战略以及经济、政治政策失误等。为此,谋求世界共同发展要从以下几个方面做起:

第一,改革不合理的国际经济旧秩序,建立公正、合理、平等、互利的国际经济新秩序。这是实现人类社会共同发展的根本途径。国际经济旧秩序是在帝国主义殖民时代建立起来的,其基本特征就是不平等和不合理。旧秩序严重地阻碍了发展中国家经济的发展,是发展中国家经济落后、社会贫困的症结所在。长期以来,发达国家利用经济、政治上的优势,把发展中国家变成原料供应地和商品倾销市场,利用不等价交换对其进行压榨和剥削,使其经济结构单一畸形,严重依赖发达国家。经过世界人民的不懈斗争,发展中国家的地位虽有所提高,但经济旧秩序并未真正改变。随着科技革命的不断发展,发展中国家在国际分工体系中更加处于劣势地位。由于历史、现实原因和经济、政治原因,要真正打破国际经济旧秩序,建立公正、合理、平等、互利的国际经济新秩序,将是一个长期而艰巨的斗争过程。

第二,推动南北对话,加强南南合作。这是实现国际社会共同发展的现实途径。南北对话是发展中国家与发达国家围绕改革不平等的国际关系、加强南北双方经济合作等问题进行谈判和斗争的重要形式。南北对话始于20世纪60年代,70年代以后有重大进展。1971年开始实施的普惠制 GSP(Generalized system of preference),作为发达国家对发展中国家出口的制成品和半制成品,单方面在最惠国税率的基础上给予关税减免的一种优惠制度。1974年第六届特别联大通过了关于《建立新的国际经济秩序宣言》和《建立新的国际经济秩序的行动纲领》,标志着南北关系问题被提上国际议事日程。这些都是发展中国家经过长期斗争,通过推动南北对话所获得的重要成果。1974年7月,欧共体同非洲、加勒比地区和太平洋地区的46个发展中国家举行部长级会议,经过磋商和谈判,于1975年连续签订了四个《洛美协定》,同意给予这些发展中国家贸易优惠、价格补贴和财政援助。1975年12月,南北国家的领导人首次就国际经济合作问题进行对话,参加国包括19个发展中国家和8个发达国家。1977年11月,"南北委员会"宣告成立,目的在于进一步推动南北对话。1977年底,第34届联合国大会通过了138号决议,确定了全球谈判原则。1981年10月,14个发展中国家和8个发达国家的首脑在墨西哥坎昆城共商恢复全球谈判和改善南北关系,并达成了多项有利于发展中国家的协议。中国政府在此次会议上提出了关于国际经济合作的五项原则。此后由于西方发达国家经济陷入困境,南北矛盾激化,双方对话陷入僵局。冷战结束后,南北双方区域性经济合作有了一定的发展。1994年,美国、加拿大、墨西哥三国正式建立北美自由贸易区;2000年,欧盟15国与非加太地区77国签署了为期20年的《科托努协定》,决定继续对非加太地区提供援助。南北对话是一个艰巨、复杂而长期的过程,只有西方发达国家拿出诚意,才能取得实质性效果。

1955年召开的万隆会议被认为是南南合作的开端。这次会议确定了南南合作"磋商"的原则,促进了原料生产国和输出国组织的建立,提出在发展中国家间实施资金和技术合作。20世纪70年代至80年代末,发展中国家之间的区域性和跨区域性合作蓬勃发展。20世纪60年代初形成的不结盟运动和七十七国集团是南南合作两个最大的国际组织;1981年5月,七十七国集团高级会议制定了《发展中国家经济合作的行动纲领》;1989年9月,"亚非拉十五国集团"正式成立;2008年12月,七十七国集团名人小组在中国南开大学举行高层会议,达成"南开共识"。随着国际形势的发展变化,南南合作从内容到形式,从机制到手段,都在不断丰富、完善和更新。南南合作把广大发展中国家集合起来,形成一个巨大的整体,是发展中国家团结自救、合作自强、谋求进步的重要形式,是确保发展中国家融入和参与世界经济的有效手段,对提高发展中国家地位、推动南北对话、发展民族经济等都有极其重要的作用。2003年12月23日,联合国大会决定每年的12月19日为南南合作日。南南合作必将在改革旧的国际经济秩序、建立新的国际秩序中发挥重要作用,为推动世界共同发展作出积极贡献。

2006年以来,由新兴市场国家巴西(Brazil)、俄罗斯(Russia)、印度(India)、中国(China)和南非(South Africa)五国所组成的金砖国家组织"BRICS",合作势头良好,取得丰硕成果,为南南合作带来了新机遇和新路径,越来越成为引领南南合作的新机制。

第三,各个国家,尤其是发展中国家要努力搞好自身建设。基础差、底子薄、在国家建设上缺乏经验、不合理的国际分工等使发展中国家发展缓慢。中国和广大发展中国家在历史上都是历尽磨难,通过民族解放运动挣脱帝国主义、殖民主义枷锁而独立的经济文化落后的国家,在发展过程中都遇到了资源、资金、人才、技术、管理经验等方面欠缺以及一些发达国家实行各种限制与压制所造成的困难。中国和广大发展中国家有着共同的历史命运。从新中国成立伊始,中国人民就在为改变国家的贫穷落后面貌而奋斗,为此进行了长期探索。改革开放以来,中国继续在总结自身和世界经验的基础上,在经济增长、制度改革、科教兴国、社会建设及生态保护方面取得了举世公认的长足发展,开辟了中国特色社会主义道路。中国也愿意向广大发展中国家分享自身发展经验,为解决诸多人类问题贡献中国智慧和中国方案。2019年4月9日,中国非洲研究院在北京召开成立大会,旨在同非洲各国深化文明互鉴,加强治理和发展经验交流,为中非共同推进"一带一路"合作,共同建设面向未来的中非全面战略合作伙伴关系,共同构筑更加紧密的中非命运共同体提供智力支持和人才支撑。实践表明，发展中国家一定要立足实际，认真研究和制定符合本国实际的发展战略，处理好自力更生和依靠外援的关系，充分利用国际社会发展带来的机遇，努力实现本国经济的大发展，增强本国实力，才能为实现国际社会的共同发展做贡献。

三、世界处于百年未有之大变局

当今世界正经历新一轮大发展大变革大调整，大国战略博弈加剧，国际体系和国际秩序深度调整，人类文明发展面临的新机遇新挑战层出不穷，不确定不稳定因素明显增多。基于对世界大势的敏锐洞察和深刻分析，以习近平同志为核心的党中央作出一个重大判断：世界处于百年未有之大变局。深刻认识这一"变局"的丰富内涵，牢牢把握变局给中华民族伟大复兴带来的重大机遇，是新时代开拓广阔发展空间、实现"两个一百年"奋斗目标的现实要求。

大变局是具有历史性、时代性和战略性的重大判断。作为大战略判断，这里的"百年"在本质上是一个大历史概念，是指一个相对较长且正在发生巨大变化的历史时期。这里的"世界"是指视野更为宏大、内涵更为丰富的人类社会。所谓"世界百年未有之大变局"，是指在一个相对较长的历史时期，深刻影响人类历史发展方向和进程的世界大发展、大变化、大调整、大转折、大进步。

(一)大变局体现了认识世界大势的一种全球维度的大历史视野

在当前国际形势风云变幻、世界不确定性显著增多的背景下，要清醒把脉人类历史发展方向和世界发展大势，更需要有大视野、大格局和大胸怀。习近平总书记明确强调，把握国际形势要树立正确的历史观、大局观、角色观。善于从中长期把脉人类历史发展大势，善于发现世界演进规律，善于从林林总总的表象中把握整体、全局和本质。把中国自身发展置于国际体系变迁大势之中，善于认识中国的历史方位和世界作用，善于统筹国内国际两个大局，在错综复杂的形势下保持战略定力，在瞬息万变的世界中赢得战略主动。

(二)大变局的本质是世界秩序的演进方向和发展趋势

当前世界历史演进趋向包括五个"百年之变"。

1. 全球化进程百年之变

世界范围的商品大流通、贸易大繁荣、投资大便利、技术大发展、人员大流动、信息大传播不断深入发展，深刻影响着当今世界的发展模式、交往模式、思维模式和治理模式。

2. 世界经济格局百年之变

随着一大批新兴大国和发展中国家快速崛起，延续几个世纪的"大西洋时代"已经演变为大西洋和太平洋"两洋"并举并重的新时代。

3. 国际权力格局百年之变

伴随世界经济重心的逐步多元化，国际力量对比更趋均衡的态势更加明显，多极化进程继续稳步向前推进,特别是亚非拉第三世界国家在国际体系中的地位和影响力在逐步提高。

4. 全球治理体系及治理规则百年之变

随着全球治理主体和议题更加多元,以及全球治理规则和理念加速演变,长期以来发达国家"治人"、发展中国家"治于人"的全球治理格局也出现了新的变化趋向。

5. 人类文明及交往模式百年之变

一大批新兴国家开始成为知识、技术、信息的生产源和传播源,在方兴未艾的新技术、新产业革命中不断崭露头角,同时伴随中国特色社会主义的不断发展完善和一些转轨国家在制度上的不断探索,世界范围的思想、观念、制度、模式也呈现出日益多元的格局。

(三)大变局的根本动力在于科技革命的突破性进展和制度的伟大创新

人类历史相继经历了三次大的技术革命,推动人类社会相继进入"蒸汽时代""电气时代"和"信息时代",由此带来了世界经济的飞跃性发展以及国际权力格局的重塑。当前,以人工智能、人数据、物联网、太空技术、生物技术、量子科技为代表的新科技革命正在全面酝酿,由此推动了新产业、新业态、新模式的巨大发展,带来了人们生产方式、生活方式、思维方式的显著变化。与科技革命和产业革命相伴随的是,在思想和制度层面,人类社会也在不断推陈出新,从封建制度、资本主义制度到社会主义制度,每一次社会制度创新都推动了生产力的巨大发展和人的更大程度解放。当前时代,各主要国家纷纷以科技发展和制度创新为依托,以重塑国际规则为手段,推动国际力量对比和国际秩序不断演变、调整,世界范围的利益、权力和观念格局都在发生富有历史意义的大变化。

(四)大变局是推动构建人类命运共同体的重要时代背景

着眼世界中长期发展趋向,世界性的科技革命和产业革命深入发展的基本态势不会根本改变,各国各地区相互联系、日益紧密的基本态势不会根本改变,人类社会追求和平、发展、合作、共赢的强烈愿望不会根本改变,全球化进程不断深入发展的基本态势自然也不会根本改变。但同时,在世界大发展大变化大调整的背景下,保护主义、民粹主义思潮明显抬头,逆全球化态势明显上升,大国竞争明显回归。习近平总书记明确提出推动构建人类命运共同体的重大远景,就是旨在回答"建设一个什么样的世界,如何建设这个世界"这一关乎人类前途命运的重大课题。推动构建人类命运共同体思想为人类社会破解世界难题、携手共创美好未来提供了中国方案,增添了中国智慧,贡献了中国力量。

(五)大变局和中国大发展的历史性交汇是当今世界历史进程中最富意义的重要方面

观察中国与世界关系,既要有"由外向内"的视角,看到世界大变局对中国发展带来的机遇和挑战,也要有"内外并举"的视角,看到中国自身发展本身就是推动世界秩序变化的最重要因素之一,也是从根本上决定中国外部环境的最重要因素。过去 70 年来,经过长时期的革命、建设和改革尤其是党的十八大以来的积极努力,党的面貌、国家的面貌、人民的面貌、军队的面貌、中华民族的面貌发生了前所未有的巨大变化。中国综合国力发展之快、世界影响之大百年未有,中国的世界贡献、大国责任的快速增长百年未有,中国的道路、理论、制度和文化的全面自信百年未有。自近代以来,久经磨难的中华民族迎来了从站起来、富起来到强起来的伟大飞跃,中国已经站在新的历史方位上,正以崭新的姿态屹立于世界的东方。世界大变局与中国大发展的历史性交汇,是中国实现中华民族伟大复兴的重大历史背景。

(六)大变局背景下中国战略机遇期呈现许多新变化新特点

在当下急剧变动的时代,中国发展战略机遇期既有历史延续性,其内涵和条件也在发生新变化,体现出若干新特征。战略机遇期的内生性和可塑性显著增强,中国自身国力的增长以及中国与世界关系的显著变化本身就是决定中国战略机遇期的最重要因素,战略机遇期由此实现了由客观形成向主动塑造的重大转变。随着中国综合国力和世界影响力的不断增长,中国主动塑造战略机遇期的能力显著提高。正是着眼于国际秩序变化的大趋势以及新时代中国与外部世界关系的深刻转变,中央因此作出重大判断,当今世界处于百年未有之大变局,我国发展仍处于并将长期处于重要战略机遇期。

在世界百年未有之大变局进程中,我们要不断拓展战略远见、保持战略定力、强调战略运筹,为人类社会贡献更多的中国方案和中国智慧,在国际秩序的发展完善中彰显中国的责任和道义,在大变局时代把握好中国发展的战略机遇期。

第二节 建立国际新秩序

国际秩序,是指以一定的世界格局为基础形成的各国际行为主体之间处理相互关系的行为规范、原则及相应的保障机制的总和。国际秩序的建立,意味着国际行为主体之间以一定的方式解决矛盾和争端,消除战争,保持国际社会的和平与稳定。随着两极格局的终结,世界多极化成为一个基本趋势。如何改变现有的不公正、不合理的国际旧秩序,构建更加公平合理、稳定有效的国际新秩序,是国际政治经济形势发展的客观需要,也是世界上绝大多数人民的良好愿景。

一、国际秩序的形成和演变

"国际秩序"的最初萌芽可追溯到中世纪的欧洲。由于当时教皇、新兴贵族争权夺利,战乱频发,人们颠沛流离,盼望着和平与安宁的生活。建立世界秩序,用以维持社会稳定和平的思想便在此时萌发。现代意义上的国际秩序是指伴随资本主义生产方式的

建立,由于资本主义殖民扩张在全球范围形成殖民体系,把世界连成一体后所形成的国际秩序。其发展大约经历了以下几个阶段:

(一)威斯特伐利亚秩序

威斯特伐利亚秩序形成的主要标志是《威斯特伐利亚和约》的签订。1618—1648年,欧洲爆发了大规模的战争,史称"三十年战争"。战争先是德意志帝国内部"新教同盟"与"天主教同盟"的内战,后由于西欧各主要国家都卷入其中而扩大为国际战争。战争持续约30年,损失惨重的双方于1648年10月签订了《威斯特伐利亚和约》,在欧洲大陆确立了一个相对均衡的多极格局,在此基础上确立了威斯特伐利亚秩序。该秩序打破了中世纪以后以罗马教皇为中心的神权政治体制,肯定了"国际法之父"格劳秀斯所提出的主权国家存在的合法性,即国家主权原则。这一体制规定了欧洲大陆各国的国界,将国家主权、国家领土、国家独立等原则确立为国际关系应遵守的准则,开创了以国际会议形式解决国际争端和结束国际战争的先河,并且首次规定对违约国实行集体制裁的原则。之后各国之间开始派遣常驻使节,建立正式的邦交。1713年,欧洲各国又缔结了《乌德勒支和约》,第一次以法律条文的形式将保持欧洲"均势"写入国际法,使欧洲大陆均势得到维护。但是这里所确定的"均势"是指维持少数大国之间的势力均衡;所确定的主权平等、国家独立也是对少数强国而言,贫国弱国、殖民地国家是被排除在外的。如《乌德勒支和约》规定,将在美洲殖民地专卖黑奴的权利由西班牙转给英国。美洲殖民地各国家的主权和独立不在受保护的"均势"范围内。《威斯特伐利亚和约》是具有现代意义的第一个国际关系条约。威斯特伐利亚秩序维持了约一个半世纪,后被拿破仑战争打破。该体系所确立的国家主权平等和领土完整等原则,直到今天都是处理国际关系所遵守的基本原则。

(二)维也纳秩序

19世纪初拿破仑帝国崩溃后,以英、俄、奥、普为首的战胜国通过维也纳会议在欧洲大陆上建立了新均势体系。拿破仑一世战败后,被迫于1814年4月6日宣布退位,同年5月30日,反法联盟国家同法国签订了《法、奥、俄、英和普和平条约》,即《第一次巴黎和约》。根据和约第32条规定,参战各方于1814年10月1日至1815年6月9日在奥地利首都维也纳举行会议(即维也纳会议)。会议的主要目的:恢复拿破仑战争时期被推翻的各国旧王朝及欧洲封建秩序,防止法国东山再起,战胜国重新分割欧洲的领土和领地。各战胜国都想乘机扩张自己的领土和领地,彼此争夺十分激烈,尤其是在华沙公国和萨克森问题上,俄、普和奥、英互不相让。会议因拿破仑百日政变曾一度中断,后于1815年6月9日,英、俄、奥、普、葡、法、瑞典七国签署了《维也纳会议最后议定书》。《维也纳会议最后议定书》及有关条约、宣言和文件构成了维也纳体系。它以均势原则、正统主义和补偿原则等为指导思想,在拿破仑帝国瓦解后的欧洲,建立起新的政治均势,并暂时维持了欧洲列强间的和平与协调。为了确保维也纳体系的完整,防止革命再度发生,沙皇亚历山大一世于1815年9月26日联合奥、普两国缔结神圣同盟,并邀请各国参加。为防止法国东山再起,同年11月20日,英、俄、奥、普四国又缔结了《四国同盟条约》,四国将以武力维护维也纳会议决议的实施。经过20年代的西班牙、意大利资产阶级革命以及希腊独立运动,30年代的法国七月革命、比利时革命、波兰十一月起义以及1848年欧洲革命的接连冲击,神圣同盟解体。1848年欧洲革命沉重打击了欧洲的封建统治,维也纳体系彻底瓦解。

维也纳体系已经具备初级形态的国际秩序。尽管这种平衡和均势只是相对的,但它毕竟在一定程度上调整了欧洲大国之间的关系,结束了欧洲长期以来的战乱,维持了欧洲强国之间的和平与协调。所以,历史实践证明,它毕竟给欧洲带来了约一个世纪的相对稳定和发展,欧洲大踏步地走到了世界的前列。①

19世纪对整个欧洲秩序产生重大影响的还有德国的统一和崛起,以及在这一过程中形成的俾斯麦体系。德意志"铁血宰相"俾斯麦利用纵横捭阖的外交手腕实现了国家统一,并在欧洲着手建立大陆联盟体系,通过削弱法国势力,恢复并维持了欧洲均势局面。

这一时期的国际秩序是西方资本主义国家主导和控制的国际秩序,是西方资本主义国家在经济、政治上掠夺和奴役殖民地国家与人民、信奉"强权即公理"的国际秩序。由于贪婪本性的驱动,殖民主义者对殖民地国家的奴役和掠夺日趋野蛮残酷,二者之间的矛盾也进一步加深、激化。虽然此时它们也曾试图在国际社会建立某种机制,制定一些法律和约定,用以维护相互之间的均衡状态,但始终没能超出欧洲传统的"均势"框架。随着帝国主义国家之间经济政治发展的不平衡,资本主义社会终于爆发经济危机,第一次世界大战也爆发,世界陷入空前混乱状态。

(三)凡尔赛—华盛顿体系

第一次世界大战的战胜国主要是英国、法国、美国等,它们建立了一种新的国际关系制度。帝国主义在全球范围内对一战后列强关系的调整和世界秩序的重新安排,构成了帝国主义国际关系的新格局。1919—1920年,协约国同德国的盟国奥地利、匈牙利、土耳其、保加利亚签订了一系列和约,这些和约同《凡尔赛和约》一起构成了凡尔赛体系,确立了在欧洲、西亚、非洲统治的新秩序,标志着第一次世界大战结束后列强之间经过激烈的外交斗争,终于在欧洲、西亚和非洲建立了战后资本主义世界的新秩序。凡尔赛体系对第二次世界大战前的世界特别是欧洲的影响是巨大的。华盛顿会议是凡尔赛会议的继续,通过华盛顿会议签订了一系列条约。1921—1922年,美、英、日、法、意、荷、比、葡、中九国在美国华盛顿召开会议,签订了《四国条约》《五国条约》《九国公约》,形成了华盛顿体系,华盛顿体系确立了战后帝国主义在东亚、太平洋地区的统治秩序。特别是通过华盛顿会议,美国取得了外交上的极大胜利,这对战后美国在全球势力的迅速膨胀具有重大影响。

---

① 杨国顺:《威斯特伐利亚体系和维也纳体系的形成和特征——兼谈欧洲统一性内涵的近代化》,《辽宁大学学报(哲学社会科学版)》,2005年第1期。

经过华盛顿会议，资本主义世界在东亚和太平洋地区的秩序得到安排。它同凡尔赛体系一起，构成了战后资本主义国际新秩序，即通常所说的"凡尔赛—华盛顿体系"。

凡尔赛—华盛顿体系在一定程度上暂时维持了资本主义世界的平衡，但是，随着经济政治发展不平衡的加剧，资本主义世界很快又陷入严重的经济危机。再加上英法等国对德国法西斯势力的姑息纵容，在经过多次局部战争之后，第二次世界大战全面爆发，凡尔赛—华盛顿秩序彻底瓦解。

(四)雅尔塔体系

第二次世界大战最直接、最深刻的结果，就是它大大加速了欧洲作为传统力量中心的衰落和美国、苏联的崛起。二战后期，在德黑兰会议、雅尔塔会议、波茨坦会议等一系列会议上，苏、美、英三国从各自利益出发，就结束战争、战争遗留问题、德国的赔偿、战后秩序维护、建立联合国等问题进行讨论，公开或秘密签署了一系列协议和文件，形成雅尔塔体系。作为大同盟内部相互妥协的产物，雅尔塔体系带有强权政治的烙印，但雅尔塔体系以建立和维持战后的世界和平为主要目标，第一次将两种不同社会制度国家之间的和平共处原则正式纳入国际关系体系。在此基础上，几个大国试图建立以美、苏、英、中、法等大国主导的新的国际秩序。

1945年6月26日，来自50个国家的代表在美国旧金山签署了《联合国宪章》，同年10月24日起生效，联合国正式成立。《联合国宪章》第一次把维护和平与解决经济和社会发展问题紧密联系在一起。确立了国际社会生活的宗旨和原则，包括主权平等、和平解决国际争端、禁止使用武力、不干涉别国内政等。尽管联合国在冷战时期曾一定程度上受制于少数超级大国，但是它在维护世界和平、促进社会发展、维护人权以及推进非殖民化进程等方面仍然发挥了重要作用。随着冷战的终结以及世界多极化的不断发展，联合国在和平解决国际争端、加强对落后地区的援助、反对恐怖主义、坚持可持续发展等方面的作用正进一步增大。联合国作用的发挥，表明国际社会制度化程度大大提高。国际组织的大量出现、国际条约作用和约束力的不断加强，使系统化的国际规范和准则得以形成，各种运作机制和保障机制第一次在世界范围内全面建立起来。

但是二战结束后不久，美苏两个超级大国联盟破裂，分别组建了两大集团，形成美苏控制下两大集团冷战与对峙的国际秩序，这种状况一直持续到20世纪80年代末。随着东欧社会主义国家剧变和苏联解体，国际经济全球化和政治多极化的发展，国际秩序朝着更加公正、合理的方向发展，新秩序开始萌芽。尽管如此，二战后建立起来的国际秩序是对建立在早期殖民主义体系基础上的国际秩序进行不彻底改革后形成的，由少数大国主导的局面并没有发生质的改变，它仍带有明显的霸权主义、强权政治痕迹。总体上讲，二战后的国际秩序依然是不公正、不合理的。随着世界经济政治的深刻变化，这个秩序受到来自各个方面的挑战，改变国际旧秩序，建立国际新秩序已成为全世界人们越来越迫切的要求。

二、国际旧秩序的特征与实质

国际秩序包括国际经济秩序和国际政治秩序。国际旧秩序是按照发达资本主义国家的意志和需要建立起来的,经济上表现为西方发达资本主义国家对广大发展中国家的掠夺和剥削;政治上表现为霸权主义,强权即公理,是不公正、不合理的国际秩序。随着世界格局和国际局势的重大变化,国际旧秩序虽然出现了若干次变革,在调节机制、形式和手段上有很大改变,但其不公正、不合理的实质并没有改变。国际经济旧秩序的特征主要表现在以下几个方面:

(一)在生产体系上,以不合理的国际分工为基础

不合理的国际分工是殖民掠夺的结果。长期以来,帝国主义国家垄断工业制成品生产,而殖民地国家和地区只生产单一产品,甚至没有工业制成品的生产,只作为宗主国的原料供应地。这种不合理的生产分工直接导致发展中国家和发达国家之间呈现一种依附与被依附的不平等关系。二战后,殖民地国家取得了国家独立,一定程度上建立起自己的民族工业,但长期以来形成的畸形、单一的生产结构并没有根本改变,依然严重制约着发展中国家的经济发展。这些国家没能建立起自己的民族工业,国民经济整体落后状况没有根本改变。随着科技革命的进一步发展、数字鸿沟的出现,这种不平等的国际分工体系不仅没有减弱,反而有进一步加强的趋势。一旦有新兴发展中国家想突破传统不合理的国际分工布局,向产业链高端寻求发展,往往会遭受一些西方发达国家的技术封锁甚至强力打压。美国近期强力反对"中国制造2025"计划以及妄图在全球范围内对中国华为公司的5G技术发展进行打压,就是赤裸裸的霸凌主义的最新表现。

(二)在贸易体系上,以不等价交换为特征

这是不合理的国际生产分工体系在国际贸易上的体现。不合理的国际分工体系必然导致不合理的国际贸易体系。殖民主义时期,帝国主义国家凭借生产优势,一方面提高工业制成品价格,以垄断高价强行向殖民地推销产品;另一方面则压低原料和初级产品、农产品价格,以此来剥削、压榨殖民地国家和地区,获取高额利润。虽然二战后世界经济一体化、全球化趋势加强,国际贸易迅速发展,但初级产品价格不断下降,工业制成品价格不断上涨所形成的剪刀差在不断加大。众所周知,发展中国家的对外贸易以出口原料和初级产品、进口工业制成品为主。在这种情况下,世界贸易越发展,发展中国家所受的剥削就越重。再加上发达国家的贸易保护主义,发展中国家出口逆差扩大,债务负担越来越重,进一步加剧了南北差距。一些西方经济学者,往往以李嘉图的比较成本说,力图掩盖国际垄断资本在国际贸易中对发展中国家进行剥削的实质,否认在国际贸易体系上存在不等价交换。

(三)在货币金融体系上,国际金融为垄断资本所支配

殖民主义时期,殖民地国家和地区是没有独立的货币发行权的,国际货币、国际金融体系完全被垄断资本主义国家和垄断资本所控制。世界殖民体系瓦解后,虽然有些取得独立的国家拥有了自己独立的货币发行权,但长期以来形成的由垄断资本控制的国际货币和金融体系很难改变。如世界两大金融机构之一的国际货币基金组织,其议事制度实行投票表决制,以经济实力决定成员国的发言权和表决权。目前国际货币基金组织的投票权主要掌握在美国、欧盟和日本手中。据统计,过去发展中国家的基本投票权曾经超过国际货币基金组织所有投票权的15%,但由于国际货币基金组织的扩大,现在只占总数的2%。2010年中国的份额由3.65%上升至6.19%,超越德、法、英,位列美国和日本之后。但是,美国作为最大股东,持有17.69%的份额,依旧拥有"否决权"。以经济实力决定成员国的发言权和表决权貌似公正,实际上是违背公正合理原则的,因为它排除或限制了经济落后的发展中国家参与国际事务的权利。一方面发展中国家受控于国际垄断金融资本不能自拔,另一方面发展中国家抗风险能力大大落后于发达国家,一旦出现金融风险,发展中国家首先成为牺牲品。金砖国家组织中的新兴市场国家可以努力提升在国际货币基金组织和世界银行中的投票权份额,寻求以集体合作的力量,提升在国际金融组织和体系中的表决权与话语权,以维护自身的金融安全与经济权益。

(四)在国际经济协调机制方面,以西方发达国家为主导

国际经济协调,是指各个国家通过国际经济组织、国际会议以及建立区域经济组织等方式加以磋商和协调,对国际经济关系进行联合调节。其本质是各国经济利益的协调。殖民主义时期,帝国主义对殖民地的统治和剥削是直接和暴力的。殖民体系瓦解后,随着发展中国家的独立和日益壮大,要求参与国家事务的呼声越来越高,参与国际事务的可能性也越来越大。但西方发达国家并不甘心放弃主导地位,转而采取间接和隐蔽的方式,依靠经济优势,通过建立并控制国际经济结构、垄断国际规则的制定权和决定权来加强对发展中国家的控制,维护本集团的利益。从二战后初期到20世纪70年代,国际经济协调基本上是在多边协议框架下的机构性协调,如以布雷顿森林体系为名的国际货币体系、以关贸总协定为主的国际贸易体系等。70年代布雷顿森林体系逐步解体后,除继续利用世界三大经济组织平台进行国际经济协调外,主要是在欧共体等区域经济组织中进行地区协调,还有就是在七国集团领导人会晤机制下的定期协调。这些国际经济协调机制,自然都是由西方发达国家来主导的,所以其作用也受到发展中国家的诸多质疑。2008年金融危机以来,二十国集团峰会逐步成为全球经济治理与协调的重要平台。其成员是在七国集团之外增加了一些新兴的发展中国家,金砖国家也都包括其中。这在一定程度上增加了新兴发展中国家在国际经济协调方面的话语权。

国际政治旧秩序是殖民帝国主义垄断和操纵着国际事务的国际政治格局,其实质就

是霸权主义和强权政治,维护少数国家或政治集团的霸权地位,实现对国际事务的垄断和控制。其表现形式就是以大欺小、恃强凌弱,无视国际法和国际关系准则,肆意践踏别国主权,粗暴干涉他国内政。虽然帝国主义殖民体系彻底崩溃,国际政治力量对比发生了深刻变化,国际格局的发展随着形势的变化也发生了重大改变,但是少数大国仍然控制和操纵着国际事务,实施霸权主义和强权政治的国际政治秩序并没有从根本上改变,有时还变本加厉、有增无减。只是手段更隐蔽,方式更具欺骗性而已。

总之,国际旧秩序是不公正、不合理的秩序。在这种秩序下,发达国家在经济上残酷地剥削和掠夺发展中国家,使发展中国家越发贫穷,造成南北差距不断扩大;在政治上垄断和控制国际事务,实行霸权主义和强权政治,导致南北关系更加紧张。不公正、不合理的国际旧秩序威胁着全球和平,阻碍着世界发展。因此,改革国际旧秩序,建立公正、合理的国际新秩序不仅是全世界人民的强烈要求,也是维护世界和平,促进国际社会共同发展的正确途径。

三、建立国际新秩序的不同构想

20世纪80年代末90年代初,随着东欧剧变、苏联解体,两极格局终结,这为改变国际政治经济旧秩序、建立国际新秩序提供了历史性机遇。建立国际新秩序不仅是国际形势发展的客观需要,而且具有现实可能性。由于国际新秩序的建立是与每个国家、民族的利益紧密相关的,各国都希望自己的利益在新的国际秩序中得到充分体现。因此,围绕建立一个怎样的国际新秩序的斗争尖锐而激烈,不同国家从各自的利益出发,提出了不同的构想。

(一)发展中国家的构想:平等、公平、合理、互利的国际新秩序

作为国际旧秩序的受害者,广大发展中国家最早提出建立国际新秩序主张,并为之进行了长期不懈的斗争。"国际经济新秩序"的概念在1973年召开的第四届不结盟国家和政府首脑会议上首次被提出,此后这一概念被正式使用。实际上,早在这之前,发展中国家就认识到造成世界贫富不均、南北差别加剧的原因是国际旧秩序,并开始为改变国际旧秩序进行了斗争。1955年亚非会议召开,参会各国就提出加强新兴国家之间的团结、建立和平合作国际关系的万隆会议十项原则。到20世纪60年代,不结盟运动和七十七国集团等组织都将斗争的矛头指向不公正、不合理的国际旧秩序,提出要建立新的、公正的国际经济秩序。经过发展中国家的长期斗争,1968年第二届联合国贸易与发展会议上通过了建立普惠制的决议。1973年,中东国家联合起来,将石油输出国组织作为平台,以石油为武器同发达国家进行斗争并取得了胜利;第二次世界大战后,拉丁美洲国家掀起捍卫200海里海洋权、反对超级大国海洋霸权主义的正义斗争等。这些斗争极大地鼓舞了发展中国家,使国际社会看到发展中国家的强大力量和在国际关系中发挥的重要作用。在此背景下,1974年4月,联合国大会第六届特别会议召开,通过了《建立新的国

际经济秩序宣言》和《建立新的国际经济秩序的行动纲领》两个重要文件,其目标就是要破除控制与反控制、剥削与反剥削的旧秩序,建立公正、平等、合理的国际新秩序。同年10月,第29届联合国大会通过了《各国经济权利和义务宪章》,不仅为发展中国家建立国际新秩序的斗争指明了方向,也表明建立国际新秩序已提上日程。进入80年代,发展中国家建立国际新秩序的斗争由经济领域进一步深入到政治领域,主张通过南北对话和加强南南合作来改善发展中国家的状况。

发展中国家建立国际经济新秩序的构想包括以下内容:第一,消除国际垄断资本的控制和剥削,改变以不合理的国际分工为基础的生产体系,打破发达国家在国际贸易和国际货币金融领域的垄断地位。第二,建立公平、合理、平等、互利的国际经济关系,发展各国民族经济,真正实现民族独立。第三,加强南南合作,促进发展中国家相互之间的经济技术合作,推动区域一体化,促使发展中国家经济发展。第四,积极推动南北对话,帮助发展中国家克服经济困难,促使国际经济新秩序的建立。

与此同时,为改变在国际政治生活中不平等、不公正的地位,发展中国家也提出了建立国际政治新秩序的要求,主要包括:反对霸权主义和强权政治,各国主权平等,独立自主地处理内外事务,反对外来干涉;改变发展中国家在国际上的无权地位,发展中国家享有平等地参与国际事务讨论和决策的权利;加强联合国在维护世界和平、促进共同发展中的作用;增加发展中国家在安理会常任理事国的席位等。

(二)中国的构想:以和平共处五项基本原则为基础的,公正、合理的国际新秩序

中国作为最大的发展中国家,和其他国家一样,历来主张改变不公正、不合理的国际旧秩序。20世纪七八十年代,中国领导人在各种场合就提出改变国际旧秩序,建立国际新秩序的观点和主张;20世纪90年代,中国政府正式将建立公正、合理的国际政治经济新秩序作为国家外交政策的重要组成部分。2002年11月,中国共产党第十六次全国代表大会报告明确提出"我们主张建立公正合理的国际政治经济新秩序",并从政治、经济、文化、安全四个方面阐述了基本观点:"政治上应相互尊重,共同协商,而不应把自己的意志强加于人;经济上应相互促进,共同发展,而不应造成贫富悬殊;文化上应相互借鉴,共同繁荣,而不应排斥其他民族的文化;安全上应相互信任,共同维护,树立互信、互利、平等和协作的新安全观,通过对话和合作解决争端,而不应诉诸武力或以武力相威胁。反对各种形式的霸权主义和强权政治。中国永远不称霸,永远不搞扩张。"

随着国际国内政治经济形势的发展,中国在实践中不断丰富和发展着国际新秩序理论。2007年10月,中国共产党第十七次全国代表大会报告对此作了进一步阐述:"政治上相互尊重、平等协商,共同推进国际关系民主化;经济上相互合作、优势互补,共同推动经济全球化朝着均衡、普惠、共赢方向发展;文化上相互借鉴、求同存异,尊重世界多样性,共同促进人类文明繁荣进步;安全上相互信任、加强合作,坚持用和平方式而不是战争手段解决国际争端,共同维护世界和平稳定;环保上相互帮助、协力推进,共同呵护人类赖以生存的地球家园。"2012年11月,中国共产党第十八次全国代表大会报告进一步深化了对国际新秩序的认识:"中国坚持在和平共处五项原则基础上全面发展同各国的友好合作。我们将改善和发展同发达国家关系,拓宽合作领域,妥善处理分歧,推动建立长期稳定健康发展的新型大国关系。我们将坚持与邻为善、以邻为伴,巩固睦邻友好,深化互利合作,努力使自身发展更好惠及周边国家。我们将加强同广大发展中国家的团结合作,共同维护发展中国家正当权益,支持扩大发展中国家在国际事务中的代表性和发言权,永远做发展中国家的可靠朋友和真诚伙伴。我们将积极参与多边事务,支持联合国、二十国集团、上海合作组织、金砖国家等发挥积极作用,推动国际秩序和国际体系朝着公正合理的方向发展。"

2017年10月,中国共产党第十九次全国代表大会报告突出强调了中国坚持和平发展道路,推动构建人类命运共同体:"中国人民的梦想同各国人民的梦想息息相通,实现中国梦离不开和平的国际环境和稳定的国际秩序。必须统筹国内国际两个大局,始终不渝走和平发展道路、奉行互利共赢的开放战略,坚持正确义利观,树立共同、综合、合作、可持续的新安全观,谋求开放创新、包容互惠的发展前景,促进和而不同、兼收并蓄的文明交流,构筑尊崇自然、绿色发展的生态体系,始终做世界和平的建设者、全球发展的贡献者、国际秩序的维护者。"这些论述丰富、发展了中国关于国际新秩序的理论和思想,深刻阐明了中国建立国际新秩序的目标。

中国对自己建立国际政治经济新秩序的主张进行了总结,并向世界进行了具体、完整的阐述。中国认为,建立国际政治经济新秩序,应该反映世界各国人民的普遍愿望和共同利益,应该体现历史发展和时代进步的要求。和平共处五项原则、《联合国宪章》的宗旨和原则以及其他公认的国际关系准则应成为国际政治经济新秩序的基础。具体来说,这一新秩序应坚持以下基本原则:第一,互相尊重主权和领土完整、互不侵犯、互不干涉内政。第二,坚持用和平方式处理国际争端。反对凭借军事优势动辄使用武力或以武力相威胁,要彻底摒弃冷战思维,树立以互信、互利、平等、协作为核心的新安全观,通过对话增进相互信任,通过合作促进共同安全。第三,世界各国主权平等。所有国家不论强弱、贫富都是国际社会平等的一员,都有平等参与世界事务的权利。各国的事情要由各国人民做主,国际上的事情要由各国平等协商,全球性的挑战要由各国合作应对。第四,尊重各国国情、求同存异。每个国家都有权独立自主地选择自己的社会制度与发展道路。世界本来就是丰富多彩的,不可能只有一种模式。各国社会制度和价值观念等方面的差异不应成为发展正常国家间关系的障碍,更不应成为干涉别国内政的理由。第五,互利合作、共同发展。各国之间,特别是发达国家和发展中国家之间应该相互合作,平等互利,共同发展。要改革旧的不合理的国际经济秩序,使之有利于维护世界各国特别是广大发展中国家的权益。中国愿同世界各国一道,为推动建立公正、合理的国际政治经济新秩序,创造一个持久和平和普遍繁荣的新世界而共同努力。

(三)美国的构想:美国领导下的"自由、民主"的国际新秩序

随着两极格局的终结,美国成为世界上唯一的超级大国,"建立国际新秩序"成为美国上下的热门话题。1990年9月1日,时任美国总统的乔治·布什就海湾危机对美国国会联席会议发表讲话时正式提出建立世界新秩序的主张。之后,美国各届政府都把建立国际新秩序作为重要战略目标,不断提出关于世界新秩序的各种构想和主张。这些构想和主张虽然侧重点有所不同,但其核心都是一样的,就是要建立一个美国领导下的"自由、民主"的国际新秩序。

美国关于国际新秩序的构想主要包括以下内容:

第一,国际新秩序应该由美国来领导,目标是要在全球实现美国统治下的和平。孤立主义和单边主义相生相伴,一体两面。在成为世界大国前,孤立主义是美国寻求自我保护和维护自身利益的一种重要思潮和行为方式。而当美国在二战后成为超级大国后,单边主义就成为美国寻求霸权外交政策的重要推手。二战后,美国一直谋求世界霸主地位,确立美国在世界上的绝对领导。但由于苏联的存在,其霸权主义一直受到挑战。苏联解体,冷战结束,无疑为美国领导世界,实现"美国世纪"提供了大好时机。"美国例外"论是美国单边主义思维定式的重要思想基础。许多美国精英阶层不仅认为美国与其他国家不同,而且认为美国要比其他国家更完美。随着苏联解体,美国成为冷战后唯一的超级大国,综合国力一直远超其他国家。基于这种实力,一向颇具优越感的美国也有意识地利用这种力量来维护其"领导地位"。因此,美国不仅不遗余力地在各种场合大肆宣扬在世界上"没有人能代替美国的领导地位""美国的领导是必不可少的"等,而且在行动上通过发动一系列军事行动予以充分证明。如海湾战争、科索沃战争、阿富汗战争、伊拉克战争、利比亚战争、叙利亚战争等,均由美国推动和参与。2014年5月28日,奥巴马总统在美国西点军校毕业典礼上发表演讲,强调在未来100年内,美国还要继续领导世界。特朗普总统则是处处强调"美国优先",甚至不惜以各种手段打压竞争对手,寻求继续保持美国在经济和科技领域的优势,来维持美国在全球的领导地位。

第二,将美国的政治经济制度和价值观作为样板向全世界推广。美国把自己誉为"自由的灯塔",一直把向全世界推广自己的价值观作为外交战略重点,极力扩展美国式的自由民主制度。尤其是美国自认为取得了对苏联的冷战胜利后,更进一步增强了这种优越感。美国倾向于动辄把自己的价值观念和制度标准作为衡量和评判他国的尺度。与此同时,其自由主义思想和居于"山巅之城"的自诩,促使美国产生一种使命感,并一味地按自己的想象和任性去缔造世界,往往并不太在意其他国家的想法与感受。美国老布什总统曾强调现在"可以按照我们的价值观和理想建立一种新的国际体系了",[1]"扩大民主社会和自由市场国家的家庭有利于美国所有的战略意义——从在国内促进繁荣到在国外遏制全球威胁,防止给我们的领土构成威胁"。[2] 克林顿总统上台后,明确将"全球民主化"作为美国全球战略的三大支柱之一。这表明美国决心以更大的力度和规模在全世

---

[1] 梅孜编译:《美国国家安全战略报告汇编》,北京:时事出版社,1996年,第188~189页。
[2] 梅孜编译:《美国国家安全战略报告汇编》,北京:时事出版社,1996年,第276页。

界输出美国的价值观念和政治经济模式。奥巴马总统上台后,希望改变小布什总统绕开联合国发动伊拉克战争给美国软硬实力所带来的不利影响,注重通过重塑美国价值观来巩固美国对世界的影响力与领导权。奥巴马在2015年国情咨文演说中曾特别强调,全球经济规则应由美国来主导制定,而不是中国。近年来,随着美国民粹主义和逆全球化思潮的抬头,商人总统特朗普应运而生,其当选后处处强调"美国优先",各项政策主张具有浓郁的反全球化、反建制的民粹主义色彩,也给美国继续在全球推广其政治经济制度和价值观带来一定的挑战与冲击。

第三,总体上注重与西方盟国的联盟,加强安全体系和联盟体系建设,对联合国等国际组织采取实用主义态度。苏联解体,当代国际局势正在发生深刻改变,世界政治力量对比消长也在发生巨大变化。美国也认识到当代社会任何一个国家想要独霸世界并非易事。为此,为保持主导地位,美国更加注重与大国的关系,一方面,加强西方联盟的协调,缓和美欧矛盾,与之共同分担责任和行使权利;另一方面,更加重视与其他大国、国际组织的合作,尽可能多地寻求各国和多边机构的帮助,发挥联合国的作用。同时又对联合国等国际组织采取实用主义态度。能用则用之,不用则弃之。冷战结束后,美国着力构建新的全球安全体系,加快改造北约,大力推进北约东扩,建立一个"统一、民主,并且在维护和平与繁荣方面与美合作的欧洲"。同时缓解美日矛盾,加强与日本的安保合作。1998年9月,美日制定了《美日防卫合作指导方针》,两国军事合作进入一个新阶段。随着奥巴马总统提出"亚太再平衡"战略,2015年《美日防卫合作指针》又进行了新一轮修改,扩大了美日同盟适用的地理范围,扩展了同盟内涵,强化了协作机制,提升了军事合作一体化程度。而且其针对中国的特性日益明显,难免将助推日本走向政治军事大国化的右倾化进程,为亚太地区局势埋下潜在的不稳定因素。

特朗普总统上台后,搭建起一个"鹰派"色彩浓厚的执政团队,极力推崇"美国优先",强调美国利益至上。在经贸领域,特朗普政府侧重于双边谈判,藐视多边贸易机制,动辄单边制裁,以退为进,妄图以此塑造有利于美国的国际经济新秩序。"美国优先"政策的实质,是将美国利益凌驾于其他国家的利益之上。这种典型的霸凌主义,与合作共赢的时代潮流相悖,也难免会冲击美国长久以来所主导的联盟体系。

(四)欧盟的构想:美、欧、日为主导的,以西方价值观为基础的国际新秩序

冷战结束直接影响着欧洲。西欧各国加快了经济政治一体化进程,立足并依靠欧洲联盟的整体力量,提高国际地位,意欲建立一个有利于自己的国际新秩序。关于建立国际新秩序,虽然欧盟各国的构想不尽相同,但各国的构想中包含有共同的主张。其共同主张主要包括:第一,尽快建立欧洲新秩序,并以此为基础建立以西方政治经济模式和社会制度为基础的世界新秩序。第二,积极主张世界的多极化。新秩序的领导权不应由美国独霸,统一的欧洲是世界新秩序的主要支柱,应同美国一起分享国际新秩序的领导权。第三,发挥联合国等重要国际组织的作用,通过多边合作和对话解决国际争端与矛盾。

(五)日本的构想:美、日、欧为主导的,以市场经济为基础,自由民主的国际新秩序

作为战败国,二战后,日本一直致力于谋求经济的快速发展。但随着经济大国地位的确立和巩固,日本意欲进一步谋求政治大国的地位。前首相小泉纯一郎在位时,日本就积极推进大国主义路线。现任首相安倍上台之后打着要让日本成为"正常国家"的旗号,修改《和平宪法》、发射间谍卫星、制造准航母等,发起对国际社会的挑战。因此,日本十分积极地参与建立世界新秩序的行动,希望凭借本国的经济优势提高在国际新秩序中的地位,改变二战以来对自己不利的政治局面。

日本关于建立国际新秩序的主张主要包括:第一,在确立安全的基础上,把"自由民主""资本主义式的市场经济"作为国际新秩序的目标。第二,以日、美、欧为主导建立国际新秩序,确立日本在该秩序中的国际大国地位,积极谋求成为联合国安理会常任理事国。第三,日本应把更多的经济和科技力量应用于建立国际新秩序。

总的来看,美、欧、日关于国际新秩序的构想虽然在国际新秩序主导权等方面存在分歧和不同,但实质是一样的,就是要建立一个以西方大国为主导,以西方政治经济模式、价值观为基础,维护西方大国利益的国际新秩序。

四、建立公正、合理国际新秩序的长期性和艰巨性

二战后,冷战结束,两极格局瓦解,雅尔塔体制终结,为建立国际新秩序提供了有利条件。战后世界经济一体化、政治多极化以及主权国家对多边外交的空前重视也推动国际新秩序的建立与发展。同时,改变不公正、不合理的国际政治经济旧秩序,建立符合世界上大多数国家和民族共同利益、促进世界和平与发展的国际新秩序顺应了历史发展潮流和趋势。这一切都极大地推进国际新秩序的建立朝着有利的方向发展。

但是,公正、合理的国际新秩序绝非短时间内就可以建成的,而是一个长期而艰巨的过程。首先,国际秩序本身是一项系统而复杂的工程,包含着不同层次、不同领域的多种因素。这些因素相互影响、相互作用,牵一发而动全身。如同国际旧秩序不是一朝一夕形成的一样,在新秩序建立过程中,无论是经济领域的改革,还是政治体制的变革,都是一个漫长而艰巨的过程。其次,现行的国际旧秩序也不会迅速退出历史舞台,作为旧秩序的受益者,如果不是迫不得已,西方发达国家是不会主动改变国际旧秩序的,相反它们还会极力维护旧的国际秩序。因此,长期以来,发展中国家和发达国家围绕建立什么样的国际新秩序的斗争一直尖锐而激烈。虽然当今时代,西方发达国家也积极要求并努力建立国际新秩序,但无论是美国,还是欧盟或日本都是从本国或本地区利益出发,都是以维护自己国家(或地区)以及西方大国集团的经济政治利益为目标。它们所要建立的国际新秩序与发展中国家截然不同,从本质上说是国际旧秩序的升级版,它们所谓的国际新秩序由西方大国主导的性质不仅不会改变,还会进一步加强。最后,建立什么样的国际秩序,归根结底是由国际社会各种力量的对比和实力决定的,而不是取决于各个国家的主观愿望。从现今国际社会看,虽然发展中国家在经济、政治、军事、综合国力等方面

均有较快的发展,综合国力不断增强,但与西方发达国家相比,仍处于劣势,而且在一个相当长时间内,这种状况都不会得到实质性改变,从而必然造成发展中国家在国际新秩序建设斗争中处于不利地位。

因此,我们必须充分认识改变国际旧秩序、建立公正合理新秩序的长期性和艰巨性。当前,广大发展中国家应在和平与发展的国际环境中抓住机会,充分利用一切有利因素,增强自己的综合国力,致力于加强南南合作,努力缩小南北差距,尽快改变在国际社会的弱势地位。尤其是近两年来,美国特朗普政府时时处处追求"美国优先"的新单边主义,已经严重冲击了二战以来美国所主导的国际秩序。全球力量正进行着新一轮重组。世界正处于百年未有之大变局。对此,中国应保持清醒和定力,对内仍要处理好改革、发展、稳定的关系,对外继续开放,坚持多边主义,拓展国际合作。一方面,寻求在各种多边框架下协商解决诸多全球性问题,抵制单边主义,参与全球治理。另一方面,通过构建人类命运共同体,倡导合作共赢,共享发展成果。为推动构建更加公正、合理的国际政治经济新秩序,提供中国方案,作出中国贡献。

虽然国际新秩序的建立是一个漫长而艰巨的过程,但在新的历史条件下,全世界热爱和平的人们团结协作,共同努力,坚持反对霸权主义和强权政治,就一定能够改变旧秩序,建立起一个公正、合理的国际新秩序。

思考题

1. 怎样理解当今时代主题转换的科学依据和重大意义?
2. 和平与发展的相互关系是怎样的?
3. 国际旧秩序有哪些特征?
4. 世界主要的国际行为主体关于建立国际新秩序的主张有何不同?
5. 如何看待世界处于百年未有之大变局?

第四章
战后发达资本主义国家的经济与政治

学习要点

- 战后发达资本主义国家经济迅速发展的原因:科学技术革命的巨大推动和促进作用;宏观干预和市场机制、宏观经济和微观经济的良性互动;经济多边合作的发展和利益相互协调的积极影响;长期稳定的国际环境和廉价的世界市场供应。
- 针对二战后出现的科技进步,社会化大生产不断发展,国际竞争日趋激烈,经济危机出现新特点等新情况,发达资本主义国家在不动摇资本主义私有制的前提下,对生产关系和经济结构进行调整。
- 发达资本主义国家战后社会发展呈现新的面貌和特点,政治运行平稳,经济增长迅速,科技进步惊人,社会矛盾缓和,在国际舞台上发挥着举足轻重的作用。
- 在国际事务中,以美国为代表,表现出西方中心主义、霸权主义和强权政治的特点。

第一节 发达资本主义国家的经济

二战以后,特别是 20 世纪 80 年代以来,数以万计的跨国公司编织成全球性的网络,各国经济都成了世界经济整体的组成部分。特别是发达资本主义国家的经济体制与主要经济政策趋于一致,在相当程度上推动了经济全球化大趋势的形成与发展。欧美发达资本主义国家进入稳定快速发展期,在迅速恢复战争创伤的基础上,开启了为期半个多世纪的新一轮经济发展,取得了令人瞩目的成就。

一、战后发达资本主义国家经济的较快发展

(一)发达资本主义国家经济发展的五个时期

1. 战后恢复时期(1945—1950 年)

战后初期,西欧国家和日本的经济极度困难,但是经过大力调整与重建,并且在美国的扶持下,经济迅速恢复。到 1950 年,整个西欧经济已完全恢复到战前水平。日本到 1955 年除对外贸易一项外,主要经济指标全面恢复或超过战前最高水平。与此同时,美国、加拿大等国也顺利将战时经济转轨为平时经济,并实现了较快增长。

2. 快速增长时期(1950—1973 年)

这一时期发达资本主义国家经济增长速度超过历史上曾经有过的水平。国内生产总值年均增长接近 5%,工业生产和对外贸易的增长更快,均创下历史最高纪录。劳动生产率大大提高,科学技术创新并得到广泛运用,产业结构上新台阶,经济保持较低的通货膨胀率、基本稳定的物价水平及较低的失业率,因此这一时期被称为资本主义发展史上的"黄金时期""大繁荣时期"。西方国家的资本主义由此进入发达阶段。

3. 滞胀时期(1973—1982 年)

这一时期的特点是生产停滞,国内生产总值的年均增长率不及 60 年代的一半,同时伴随着失业剧增、物价飞涨、工资下降,生产停滞与通货膨胀奇怪地结合起来,"滞胀"持续近十年之久。原因是:第一,长期奉行凯恩斯主义刺激经济的扩大财政支出政策,导致政府的赤字增加,通货膨胀抬头。第二,石油输出国组织大幅度提高石油价格,造成西方国家生产成本提高,物价全面上涨。第三,布雷顿森林体系瓦解,世界货币和金融体系不稳定。第四,科技革命对经济的推动转入低潮。值得注意的是,这一时期的经济"停滞"是一种"增长性衰退"。

4. 调整时期(1982—1989 年)

为了克服"滞胀",发达资本主义国家普遍以货币主义和供给经济学的理论为指导,

开始实行一套新的经济政策,通货膨胀得到一定抑制,经济低速增长,国内生产总值的年均增长率不超过2.9%。美、欧、日三足鼎立局面进一步确立。

5. 经济新发展阶段(1990年起至今)

90年代以来,发达资本主义国家进入新的转变时期,出现了一系列新现象和新特点。以信息技术为中心的高科技迅猛发展,科技革命出现新的高潮;产业结构变革和升级,劳动密集型产业和资本型产业越来越让位于知识密集型产业;经济增长方式高度集约化,生产率水平进一步提高,知识已成为占主导地位的生产要素。其中美国经济保持了持续120个月的增长势头,西欧经济发展较为平稳,日本经济持续低迷不振。特别是美国经济一枝独秀,出现了"三高三低"(经济增长率高、综合竞争力高、企业利润高,低通胀、低失业、低财赤)的经济繁荣。美国90年代经济年增长率为3.5%,大大超过欧盟和日本,尤其是与长达十年的日本经济衰退形成了强烈的反差。尽管"9·11"事件成为美国经济衰退的转折点,进入21世纪,发达资本主义国家又先后经历了次贷危机和欧债危机的打击,但以知识经济为标志的美国"新经济",对发达资本主义国家的经济发展产生了巨大的压力和推动力,并对世界经济的发展产生了广泛而深远的影响。

总的来看,发达资本主义国家经济在战后70年中,经历了曲折发展的过程,周期性波动仍然存在,但总体上实现了长足的发展。发达国家进一步保持了在生产和科技方面的领先水平,产业结构先进,社会高度现代化和向信息化迈进,经济力量在世界上占据优势地位。其原因主要是:科学技术革命的巨大推动和促进作用;宏观干预和市场机制、宏观经济和微观经济的良性互动;经济多边合作的发展和利益相互协调的积极影响;长期稳定的国际环境和廉价的世界市场供应等。

◎ 资料卡片

发达资本主义国家

主要包括美国、西欧诸国、日本、加拿大、澳大利亚、新西兰等。二战后,垄断资本主义得到进一步发展,私人垄断、国家垄断和国际垄断相互结合,交织并进,生产关系和上层建筑相应发生了诸多变化。发达资本主义国家的经济和科技水平、人均国民收入在世界上均名列前茅。但是,它们也存在许多突出的经济与政治问题。在外交上,美国凭借其强大的综合国力,长期推行霸权主义和强权政治,这是世界不得安宁的重要根源。

冷战时期,资本主义和社会主义形成各自不同的阵营,两大阵营相互对抗。由于资本主义国家大多数位于西半球,因此社会主义国家把它们统称为"西方国家",并且主要指那些在资本主义阵营里起重要作用的国家,它们基本上都属于当今发达国家。冷战结束以后,"西方国家"这种叫法一直沿用至今,用来泛指发达国家,即指生产力高度发达的资本主义国家,其主要标志是这些国家的生产高度社会化,在生产上广泛运用先进的科学技术,工农业生产水平和劳动生产率都较高。

(二)战后发达资本主义国家经济较快发展的特点

1. 生产力总体水平高

发达资本主义国家的劳动生产率和经济实力在世界经济中独占鳌头。从劳动生产率来看,战后发达资本主义国家的劳动生产率在科技进步的推动下呈上升趋势。1951—1975年,英国、美国、法国、联邦德国、日本的劳动生产率年均增长率依次分别为2.6%、3.2%、4.3%、4.4%和8.8%。从经济实力看,发达国家的表现总体趋强,其国内生产总值总量占全球国内生产总值总量由1980年的76.5%增长至1990年的84.1%,2000年以来持续保持在约80%的高位。总体来看,发达资本主义国家占有世界经济总量的4/5、国际贸易总量的3/4,以及90%以上的资本输出。

2. 产业结构先进

二战后70年来,受科技革命和生产力高度发展的影响,发达国家的产业结构也发生了重大变化。首先,第一产业(农业)、第二产业(制造业)在国民生产总值中的比重逐步下降,第三产业(服务业)的比重迅速提升。其次,以电子技术、新能源、新材料为中心的高新技术产业迅速崛起,发展最突出的是信息产业。美国是信息产业发展的龙头,其信息产业的产值占国民生产总值的40%,信息产业已成为美国经济的支柱产业。值得注意的是,近年来,发达国家的环保产业发展较快,环保产品在出口产品中所占比重逐渐增加,它不仅成为发达国家经济增长的一个新亮点,而且加大了发达国家经济可持续发展的分量。

3. 科学技术对经济增长的贡献大

目前,在发达资本主义国家,科学技术对经济增长的贡献率已达到70%以上。美国是高科技的主要发源地。二战后在科学研究的主要领域,美国一直保持世界领先地位。但由于"越战"等原因,美国相对忽视了高科技产业化和应用技术的开发,使得很多美国产品的国际竞争力下降。七八十年代一度落后于日本,这个差距突出反映在经济实力的消长上,20年间美国国民生产总值年均增长率为2.75%,而同期日本的年均增长率达4.5%。经过近20年在高科技研究与开发方面的大量投入以及进行产业结构调整,美国率先完成向信息和知识型经济的转型,1994年重新夺回全球竞争力排行榜上第一名的位置并保持至今。显然,发达国家总体经济实力和竞争力的消长变化,与科技革命息息相关。

4. 市场经济运行机制日臻成熟

战后几十年来,发达资本主义国家的市场经济获得广泛而深入的发展,国家对经济的宏观调控也不断调整和深化,市场经济的运行机制越来越成熟。

二、发达资本主义国家经济体制和社会政策的调整

针对二战后出现的科技进步、社会化大生产不断发展、国际竞争日趋激烈、经济危机出现新特点等新情况,发达资本主义国家在不动摇资本主义私有制的前提下,对生产关系和经济结构进行了调整。主要表现为:

(一)在经济政策上,力争宏观调控和市场经济的最佳结合

二战后,西方发达国家普遍建立起经济调节机制,纷纷采取了凯恩斯主义,加强政府对经济的干预。其主要措施有增加国有企业,利用财政手段干预经济,利用货币政策调控经济,实行充分就业,政府直接参与国民收入的再分配,并占据支配地位,制定各种经济社会发展计划来规范市场活动。国家干预一定程度上缓和了资本主义生产方式内部的矛盾,但是引起了信用和通货膨胀、财政赤字和生产萎缩、失业增多等问题。

20世纪70年代以后,西方国家转而采取现代货币学派和供应学派理论。该理论重视控制通货膨胀,强调货币政策和以财政预算支持货币政策,考虑效率原则甚于公平原则,强调私人企业的利润。改革措施主要有:国有企业重新私有化,推行以股权分散为特征的所谓"人民资本主义";紧缩货币,削减公共福利计划,推动社会福利向多元化、私人化和市场化方向发展;实行有利于富人和企业的税制改革;减少政府对企业的干预;制定严厉的工会法,打击工会活动,等等。上述措施对抑制通货膨胀和增强市场经济活力起到较为明显的作用,但是,它急剧扩大了社会贫富差距。

进入20世纪90年代,发达国家在宏观调控政策的运用上更加灵活,在理论上不拘一格,把凯恩斯主义、货币主义和供给学派等结合起来。这种二者兼有的政策,是探求政府控制和市场调节最佳结合点的政策与方式。它们都把减少财政支出、平衡预算收入、降低长期利率、抑制通货膨胀作为经济政策的重点。

(二)资本所有关系更加多样,经济结构不断变化

经济结构的变化反映了一个国家各部门和各种类型经济消长的状况。发达资本主义国家经济结构的变化主要表现为:第一,在私有制为主导的基础上,所有制形式更加多样。集团所有制、国有制、法人所有制、社团所有制以及资本家个人所有制等多种形式并存。所有制形式的调整提高了资本的社会化程度,国家企业和工人参股有很大发展。第二,大小企业并存,优势互补。小企业蓬勃兴起。在数量上,小企业占绝对优势,不过,大型企业的垄断地位一直在加强。二战后兼并浪潮一浪高过一浪。20世纪90年代以来,发达国家在新产业革命和经济全球化的推动下,企业改组与兼并掀起高潮。新特点:从国内兼并进一步向国际兼并发展;从工业领域的兼并进一步向银行金融领域的兼并发展;从"大鱼吃小鱼"的兼并模式进一步向"强强联合"甚至组建"经济恐龙"式的超大型企业集团发展。这股异常强劲的并购潮进一步加强了少数金融资本对世界经济的控制和对世界市场的垄断。

(三)经济关系调整的力度加大,竞争中有协调

经济关系的调整可以从微观、宏观和国际经济关系三个层面来考察。微观层面表现为企业内部劳资关系与生产地位不同的各类人员之间的关系。企业管理由单纯的监管到较为重视调动人的主观因素,培养职工对企业的"归属感"。宏观层面表现为国家与市场、与企业的关系,上面已有论述。国际经济关系主要指发达国家在各种国际经济活动中所形成的较为稳定的联系。战后,这种关系经历了以美国为中心到相对平等、加强协调的转变。当前,针对世界经济多元化的快速发展和竞争的激烈,国际经济协调的重点从以发达国家内部关系的调整为主,进一步扩展到对国际宏观经济的干预和国际调节。为了解决在经济政策调整过程中新产生的国际金融、贸易等问题,1975年西方七国首脑会议召开。此后,该会议成为主要资本主义国家政策协调的最高形式,80年代以后,西方七国首脑会议议题逐渐从经济问题扩展到其他领域,涉及安全、裁军、打击毒品贩卖、反恐怖主义活动等。经济关系的调整在区域经济中表现得更加充分,欧洲联合和一体化进程是最突出的例子。

(四)以社会福利的形式对国民收入进行再分配

发达国家的福利制度一般建立在四大支柱之上:一是混合经济,即私人垄断资本与国家垄断资本并存。二是充分就业,即把失业率控制在3%以下作为宏观经济的主要目标。三是国民收入再分配,主要指税收。四是社会保障,社会保障制度构成福利国家的核心内容。

发达国家普遍建立的福利制度有着深刻的政治和经济背景:首先,以苏联为代表的社会主义国家建立起的福利制度作为资本主义的对立物,对世界范围内福利的发展起到示范、压力和推动作用。其次,它是在广大下层群众和进步政党团体纷纷要求社会变革的形势下,发达资本主义国家力图缓和阶级矛盾与社会矛盾的产物。尤其是西欧各国社会民主党执掌政权,对福利国家的建立、发展起到重要的推动作用。再次,凯恩斯主义的经济政策与发展社会福利制度是相一致的。福利国家的理论和政策后来得到统治阶级的普遍接受和支持,关键在于各种福利措施的实行适应了资本主义社会发展的需要。

福利制度的作用:社会福利制度不仅是发达资本主义国家推行的一项基本社会政策,而且是一项重大的经济政策,其意义和影响十分深远。它使广大劳动群众,特别是社会上弱者的生活得到基本保证,并享有更为广泛的经济和社会权益,从而在较大程度上消除了极端贫困现象,并在一定程度上改善了社会分配的不均衡。在此基础上,社会福利制度缓解了社会矛盾,成为战后发达资本主义国家政治相对稳定、经济不断发展的一个重要因素。当然,福利国家不能从根本上消除由资本主义生产方式所决定的国民收入初次分配(即市场分配)中的两极分化,不能从根本上消除社会矛盾和阶级矛盾的潜在根源。正如马克思所指出的,通过工厂法改善工人的工作条件是可能的,但这只能产生边缘的效果。实现人类福利永久和现实的办法是全面改造社会制度,最终将国家福利或社会福利扩大为全人类的福利。

三、发达资本主义国家的主要经济模式

发达资本主义国家所进行的自我调节、改良和完善,虽然并没有触动资本主义统治的根基,但使国家垄断资本主义生产关系占据统治地位,建立起比较成熟的市场经济、市场体系,形成了四种主要经济模式。

(一)美国的宏观需求管理模式

这种模式也称"自由市场经济模式",更强调个人主义与市场竞争。主要特征是:第一,垄断经济占据主导地位。在美国,大多数工业部门,由为数相对较少的大企业支配。美国的十大财团资产的总和占全国资产的3/4以上。第二,法治管理网中的企业自主决策。美国绝大部分的生产、经营、销售和分配等活动,由企业自主决策,政府不对它们进行直接干预。企业只能、也必须在法律允许的范围内经营,而政府对企业的干预只能依法行事,政府的政策也只有在形成法律后才具有法律效力。第三,在市场机制发达基础上的宏观调控机制。现实生活中的美国经济体制已不是传统意义上的市场经济体制,而是包括国家干预的垄断主导型现代市场经济体制,只不过国家干预的程度时轻时重而已。

(二)日本的政府主导型模式

这种经济模式的突出特点是:以私人企业制度为基础;资源按市场经济原则进行配置;政府以强有力的产业政策对资源配置实行导向,以达到某种短期和长期的增长目标;政府干预部分大,经济计划性强,政府不仅通过产业政策有计划地发展经济,而且通过行政指导把企业的活动纳入国家经济目标的轨道。它又被人称为"符合日本特色的政府主导型市场经济模式",适合日本的生产力水平,在二战后追赶欧美经济的过程中发挥了巨大作用。

(三)德国的社会市场经济模式

该模式强调自由竞争是社会市场经济的基本特征,竞争是社会市场经济的核心和动力,通过提倡"健康的个人主义",建立市场价格机制,政府制定竞争"规则",充分发挥个人和企业的作用,从而使竞争公平地进行。国家干预是国家采取符合市场规律的手段,通过货币、信贷、财政、税收和外贸政策进行全面有效的总体调节,尽量避免直接的行政措施,避免波动和危机。通过建立统一的工会和业主联合会,利用保险、救济、补贴等社会保障手段来缓和由私有制及竞争造成的不公平,以避免社会矛盾激化。

(四)法国的指导性计划模式

这一模式的特点是在坚持竞争和市场机制的前提下,重视国家垄断资本主义的发展,在市场经济的基础上进行计划调节的管理体制。目前,在西方国家中,法国国营企业

在国民经济中的比重是比较大的。因此,在经济管理体制上,法国的政府调控能力也是比较强的。

从这四种经济模式的影响程度来看,不同时期人们的关注程度有异。从这些经济模式的实质、共性和发展趋势来看,无论哪种模式,其本质都是资本主义的市场经济。各种模式都以资本主义私有制为基础,强调自由贸易和自由竞争,都实行"混合经济",即政府干预与市场机制相结合,只是侧重点不同而已。

四、发达资本主义国家的现实困难和深层矛盾

(一)战后发达资本主义国家的现实困难

首先,经济周期停滞和经济危机始终是发达资本主义国家无法摆脱的痼疾。西方经济呈现明显的周期波动。虽然发达资本主义国家采取了各种反危机措施,但是都不能从根本上解决问题。其次,失业率居高不下。在西方发达国家所有的国内经济问题中,高失业率是最令各国政府头痛的。因科技进步带来产业结构调整等,失业因而成为一种结构性问题。再次,财政赤字和政府债务持续扩大。预算赤字居高不下是发达资本主义国家经济发展中的一个顽症。社会保障制度也给各国国民经济的发展造成沉重的负担。当然,在观察和分析资本主义发展时,我们应当始终坚持全面、客观和发展的观点。应当承认,战后发达资本主义国家反危机的能力确实有所提高,但是从其基本矛盾产生的那种自我破坏、自我限制和自我否定的消极属性却不可能根除。

(二)发达资本主义国家经济存在的深层矛盾

二战后发达资本主义国家经济存在的深层矛盾主要表现在:首先,国家垄断资本主义在克服市场经济弊端的同时,又带来阻碍社会生产力发展的新矛盾。这充分反映出政府不过是"理想的总资本家"。其次,科技革命在推动社会生产力大发展的同时又造成结构性失业,加速了社会分化。再次,资本主义经济在全球扩张中也造成各种矛盾的加剧。由于国际竞争条件越来越严峻,发达国家之间的经济矛盾、摩擦和冲突趋向激烈,这种状况使发达国家经济发展的稳定性受到削弱。发达国家与发展中国家的矛盾在经济全球化背景下更加突出,北富南贫的鸿沟加深。

从本质上看,发达资本主义国家遇到的根本问题,仍然是生产力与生产关系的矛盾。虽然这一矛盾可以通过对生产关系一次又一次的调整和变革来缓和,但是它终究不能超脱资本主义生产方式这个狭隘界限。因而资本主义的命运仍然如马克思所预言的那样,它在发展的同时,也在为根本改造这种制度创造种种物质条件和社会形式。

二战以后,发达资本主义国家政治发生了深刻变化,延缓和减弱了资本主义的社会危机,缓和了资本主义的阶级矛盾,资本主义取得了极大的发展。但这仍不能改变资本主义的实质,资本主义社会的基本矛盾依然存在。

第二节 发达资本主义国家的政治

伴随战后发达资本主义国家经济的迅速发展,其政治制度也经历了相应的调整和修正,以使之适应经济发展的新要求,并推动资本主义经济和社会不断向前发展。

一、发达资本主义国家的政治制度及其实质

(一)资产阶级民主制的主要原则和基本制度

政治体制是指国家政权的组织和管理形式,以及有关国家政治活动的制度。现代西方政治体制的典型形式是资产阶级民主制,它是各主要资本主义国家通行的政治模式。发达资本主义国家的政治体制在设置上各具特色,并在战后不断调整。但是总的来看,西方民主制度体现了共同的原则,主要包括:第一,保障公民的个人权利,实行少数服从多数并兼听少数人意见的原则。第二,主权在民原则,即国家的最高权力属于人民。第三,代议制原则。第四,分权制衡原则。第五,法制原则。

为贯彻这些原则,西方民主政治一般都实行以下几种基本制度:议会制度是民主的象征和资产阶级民主制的核心,选举制度是民主制度的基石。行政制度是民主制度的重要组成部分,是资产阶级统治的主要工具。司法制度为民主制度提供合法依据和法律保障。政党制度是西方民主政治的轴心,是资产阶级政治体制运转的基础和推动器。此外,利益集团作为政党制的补充也发挥着重要作用。

(二)主要资本主义国家政治体制的特色

英国是最早进行资产阶级革命和确立议会主权的国家之一,它以议会内阁制为核心,同时保留了君主立宪制的形式,因此其政体也可以称为"议会君主制"。英国议会由上院和下院组成,下院掌握实际的立法权,下院多数党领袖出任首相并负责组阁。二战后英国政坛一直由保守党和工党两大党轮流执掌。英国的君主立宪制,是历史上资产阶级和封建势力妥协的产物。但是其实质内容已发生重大变化,英王只是象征国家的"虚位元首",其一切政务活动完全服从于内阁的控制和安排。不过,英王仍是英国政治体制中不可缺少的重要组成部分。这种政体形式在欧洲大陆产生了较大影响,西欧还有多个国家也继续保留着君主立宪的形式,像瑞典等国的国王还具有较大的政治权力。

美国的政体是资产阶级民主制的另一种代表——实行总统制并贯彻分权与制衡原则。美国总统是国家元首、政府首脑和武装部队总司令,由经预选产生的选举人团正式投票选举而定,任期四年,可连任两届。总统在名义上向选民而不是国会负责,除非发生

违宪或渎职,否则国会不能迫使总统辞职,总统也无权解散议会。另外,宪法规定总统领导的行政机关与立法机关、司法机关分立,平等,互相制衡,不过,实际上总统是权力机构的核心。美国的政党格局属两党制,民主党和共和党交替当政。

法国的政治体制以多变和不稳定著称。1958年戴高乐建立第五共和国以后,法国开创了民主制的一种新模式——半总统半议会制。现在,法国总统由全体公民直接选举产生,拥有任免总理和组织政府、解散国民议会、举行公民投票和行使非常权力等四大权力,任期五年。与此同时,议会的权力与第四共和国时期(1946—1958年)相比被大大削弱,但仍具有受到种种限制的倒阁权(即不信任投票)。法国党派林立,往往需要采取多党联合的办法才能形成议会多数。

日本是以世袭天皇为象征的议会内阁制。日本政治体制中独具特色的是其政党制度。自1955年起,由自由党和民主党合并而成的保守派政党——自民党一直占议会多数党地位,独掌政权,而以社会党为代表的革新派政党则长期在野,这种现象被称为"55体制"。直到1993年,自民党分裂导致它下台,这一体制才被打破。

(三)西方资本主义国家民主政治的实质

尽管西方各国的政治体制有所不同,但其实质是相同的。第一,资产阶级共和国取代中世纪的专制统治,民权代替君权,分权代替集权,这无疑是历史的进步,是人类文明史上国家制度方面的重要创新。第二,资产阶级积累了丰富的管理国家的经验,这反映出它们的政治体制包含着相当丰富的政治管理技术。第三,资产阶级民主制具有很大的局限性和固有的内在矛盾。资产阶级革命虽然彻底消灭了封建的政治特权,倡导公民在政治上平等,但并没有摧毁经济领域的不平等关系,反而以私有财产为前提,资产阶级的力量全部取决于金钱。金钱政治成为西方民主制的基本特性。

二、战后发达资本主义国家政治的新变化

(一)社会阶级结构复杂化、多层次化

总体上看,发达国家中工人阶级和资产阶级两大阶级对立的基本格局未变,但是随着经济领域中生产方式、产业结构、劳动就业结构的变化和生产社会化、国际化的加深,各阶级内部的构成发生了较大变化,阶级内部明显分化成不同的阶层、利益群体和利益集团,另外,特别引人瞩目的是出现了规模庞大的中间阶层。

首先,工人阶级的队伍扩大,内部构成多元化。其次,资产阶级在社会中的比重下降,但百万富翁、亿万富翁有较大增加,同时资产阶级的成分复杂化,以高级管理人员出现的经理资本家异军突起,成为资本家阶级日益重要的组成部分,他们主要包括公司的董事长、董事、总经理以及主管技术和财务等方面的高级专业人员。最后,战后发达资本主义国家在阶级结构上最大的变化是新中间阶层的兴起和"中产阶级"的扩大。新中间

阶层是指随着新兴科技革命、产业革命和国家职能的变化而发展起来的技术—管理阶层，包括被雇佣的企业中层管理人员和工程技术人员、国家中级公务人员和自由职业者。从生产资料占有关系和收入来源方式，即社会本质属性上看，他们基本上属于无产阶级；但从生活水平、社会地位、控制和支配一定的生产管理和行政过程来看，他们接近于中等资产阶级。这个阶层对社会的稳定起着重要作用。

(二)阶级矛盾趋向缓和，各种社会运动不断发展

第二次世界大战结束迄今，总体来看，以工人为主体的阶级斗争呈缓和、下降趋势。自60年代以来，以批判资本主义异化为宗旨的各种社会运动却发展很快。60年代的学生运动，美国黑人反对种族歧视、要求社会权利平等的运动，反对性别歧视、要求妇女权利平等的女权运动，反对战争的和平运动，反对资本主义掠夺式生产、主张环境保护的绿色运动，反全球化运动等，都产生了巨大的社会影响。它们是反对资本主义制度弊端的新形式。

(三)行政权力膨胀成为普遍趋势

通常西方国家宪法都规定议会权力至上。但是，随着国家对社会全面干预的不断加强，立法权力机关越来越难以控制政府。很多情况下，行政首脑可以绕过议会发号施令，政府实际上已夺去议会的部分立法权。原因是：国家干预的范围不断扩大；专业化、技术化要求不断提高；立法越多，执法的任务就越重，从而又导致行政权扩大。

(四)利益集团与新闻媒体作为政党政治的补充作用增强

利益集团是以某种特定利益、政治主张、价值目标维系的人们所组成的集团。它集中代表、表达某种特殊群体人们的利益、要求，对议会和政府施加影响，使其制定出符合自己集团利益和要求的决策。它同政党的根本区别，就是不以夺取和掌握国家政权为根本目的。二战后，利益集团较之战前有了很大发展。成千上万的利益集团纷纷崛起，在国家内外决策中的作用越来越大，成为政府和议会背后左右决策活动最重要的社会力量之一。新闻媒体被称为"第四种权力"，在社会政治生活中日益发挥重要作用。二战后，随着电子技术及通信技术的发展，电视、传真机、电子计算机、通讯卫星和因特网深刻地改变了新闻媒体的面貌，新闻舆论已成为一种强大的民主因素。

(五)政治运行方式发生很大变化

二战后，选举政治、政党政治、集团政治对政治决策产生重大影响。表现在：第一，西方国家普遍加强对宪法、法律的制定和执行。第二，建立、健全普选制。第三，政党的组织方式和成员结构在普选制的影响下趋于开放。

三、发达资本主义国家面临的社会、政治问题

(一)民主的危机与民主的讽刺

西方民主政治在二战后得到进一步发展的同时,也面临着种种挑战,出现了所谓"民主的危机"与"民主的讽刺"。这一方面是指由于民主的实行强调平等和个人的权利,冲击了社会的共同目标,导致政府权威的削弱和统治能力的疲软;另一方面民主制度在运行过程中往往表现为对权力的独占,即国家独占、政府独占以及个别党派集团独占,导致民主蜕变为商业利益的附庸。其最典型的表现形式是过度追逐党派私利与金权政治的不断发展。

(二)种族歧视、种族矛盾与极端民族主义

这是发达资本主义国家最严重、最突出并最具普遍性的社会矛盾与社会问题。西方国家存在程度不同的种族主义、极端民族主义情绪。它与冷战结束后世界各种矛盾趋于表面化,民族主义和种族主义普遍抬头的动向是一致的。种族主义与极端民族主义无疑是极具煽动力的剧毒品,对国内社会的统一和谐与国际社会的和平安宁都会带来严重威胁。

(三)精神和信仰危机

个人主义与相对主义价值观念的过度膨胀和泛滥,是精神和信仰危机的重要根源。崇尚通过奋斗实现个人成功与幸福的价值取向在促进经济发展的同时,也因个人主义的过度膨胀而造成极大的负面影响。布热津斯基将西方社会的道德状况概括为"丰饶中的纵欲无度",站在保守主义的立场上深刻揭示了西方社会精神和信仰危机的状况及其原因。相对主义价值观拒斥理性,将人们引向虚无主义。一个极端的表现是脱离社会的邪教组织活动猖獗,以及贫富两极分化、贩毒吸毒、社会犯罪、人际关系的异化、老人问题、妇女问题、城市暴力问题、黑社会问题等。这些问题都是发达国家特殊社会环境的产物,都在不同程度上反映了社会的基本矛盾,并阻碍着社会的稳定与发展。

第三节 发达资本主义国家的外交战略和对外关系

大国政治在当今世界的各国交往中发挥着重要作用,对国际社会产生了重要影响。而对外战略和对外政策是国家行为主体之间相互关系的一种反映,构成了国际关系的重要组成部分。

一、发达资本主义国家的总体外交状况

(一)发达资本主义国家之间的外交关系

二战后发达资本主义国家间的相互关系大体经历三个阶段:第一阶段是战后初期至 60 年代,苏联的崛起和社会主义阵营的出现,发达资本主义国家结成以美国为中心的政治军事同盟关系。第二阶段是 60 年代至 80 年代控制与反控制斗争。随着经济实力的提升,西欧和日本开始谋求自身的独立自主地位。日美、欧美之间的经济矛盾日益尖锐,反对美国控制和建立平等伙伴关系的斗争在加剧。但联美抗苏是其关系的主流。第三阶段是 90 年代至今,伙伴与对手、竞争与合作关系并存。冷战结束以来,发达资本主义国家的关系处在调整阶段。苏联解体一定程度上动摇了它们之间同盟的基础,在构筑 21 世纪国际新秩序方面,美、日、欧之间存在很大分歧。尽管矛盾摩擦的一面有所发展,且表现得比较全面,但它们之间的共同利益还存在,相互依存下的合作是主流,竞争是支流。它们之间联合的基础还存在,就是:相同的社会政治制度和价值观;经济上根深蒂固的相互渗透和依赖;共同在全球推行"西化";共同消除地区动乱和热点。正因为它们之间有这样四个基础,它们之间的合作大于冲突,它们之间的分歧和摩擦也常常通过相互妥协加以调和。总体上看,到 21 世纪末,发达资本主义国家之间的关系将继续呈现既竞争又合作的双重关系,但同盟关系是主导方面,共同维护美、日、欧发达资本主义国家主导世界的国际秩序。

(二)发达资本主义国家与社会主义国家之间的外交关系

二战后以美国为代表的资本主义国家对社会主义国家推行了冷战遏制和"和平演变"战略。战后初期到 80 年代末,对社会主义国家主要推行冷战遏制战略。80 年代末以来,"和平演变"战略成为发达资本主义国家对社会主义国家的主要战略。其主要做法:利用各种宣传机器,并通过经济、外交、文化等方面的交流与活动,进行意识形态渗透;以经济援助和技术转让为诱饵,诱使社会主义国家在政治上多元化,经济上私有化;在社会主义国家内部培植、支持和收买反共、反社会主义的力量;以所谓的"自由、民主、人权"为借口,推行强权政治和人权外交,对社会主义国家进行政治干涉和经济制裁;拉拢和腐蚀社会主义国家的青年知识分子,努力培养"亲西方的下一代"。"和平演变"和反"和平演变"已成为资本主义和社会主义两种制度斗争的主要形式。

(三)发达资本主义国家与发展中国家之间的外交关系

二战后发达资本主义国家与发展中国家之间的关系分为两个阶段。冷战时期,广大的发展中国家是美国和苏联争夺的对象,它们在美苏两国的外交战略中地位较高。冷战结束后,发达资本主义国家将与发展中国家的关系改为有重点、多层次地发展。首先,富有经济活力的发展中国家成为发达国家注目的重点;其次,南北经济合作发展较快。发达国家注意组建各种包括发展中国家在内的区域性或跨区域性经济组织。这对加强南北对话、扩大南北合作有一定作用。影响发达资本主义国家与发展中国家关系的不利因素是,前者把防范的战略重点指向发展中国家。大规模杀伤性武器扩散、恐怖主义、文化冲突、环境保护问题成为发达资本主义国家向发展中国家发难的主要问题。对于敢于违抗的国家,西方国家联合起来进行各种制裁,甚至使用武力干预。政治上,西方国家大肆推进"民主改革",强迫发展中国家接受西方的社会经济模式和价值观。在国际事务上,实行"双重标准",动不动就以"人权"或其他借口干涉发展中国家的内政。在国际经济领域,则顽固地维护不平等的国际经济旧秩序。总体来看,发达资本主义国家与发展中国家之间的矛盾所涉及领域在扩大,有时斗争很尖锐,并将在很长一段时间内存在下去,而且不排除局部激化情况的出现。只有国际政治经济旧秩序得到根本改变,这种矛盾才会消除。

二、奉行单边主义的美国

(一)美国的经济与政治

相对于二战结束初期的辉煌,战后美国的政治和经济霸权经历了一个由盛而衰的过程。但苏联的自行解体,还是造就了如今美国在世界上的霸权地位。作为当今世界唯一的超级大国,美国的一举一动都关涉世界格局的走向。

1. 战后美国的经济发展

二战后美国经济经历了一个曲折起伏的发展过程,大体可以划分为五个阶段:

第一阶段(1945—1973年),战争结束后,经过恢复与改造,到20世纪五六十年代,经济持续发展,西部、南部呈现繁荣景象。这一时期美国经济持续发展的原因主要有:政府加强对经济的干预和调节,二战后新技术革命的推动,越南战争的刺激,世界上廉价原料和燃料的供应,等等。

第二阶段(1974—1982年),面对危机与"通胀",美国经济出现"滞胀"。以1973年的能源危机为导火线,1973年12月至1975年4月爆发了二战后空前严重的经济危机。接着,1979年4月至1982年底美国又爆发了比前一次更为严重的经济危机,经济全面陷入"滞胀"状态。美国经济出现"滞胀"的原因,无疑与美国在越战时期采取不恰当的宏观经济政策以及石油输出国组织的石油斗争有关,但根本原因还在于凯恩斯主义的失灵。

第三阶段(1983—1990年),经过调整,80年代中期以后,经济形势好转,经济低速增长,但债务负担沉重。里根采取了国家干预的新形式,即与紧缩的货币政策、放松的财政政策相配合的国家干预体系。这一时期美国经济低速增长的主要原因有:美国调整了经济政策,80年代科学技术的迅速发展和广泛应用,加强了国际经济合作和其他西方国家的政策协调,控制美元有秩序地贬值,增强美国商品在国际市场上的竞争力,国际上一些客观有利因素,如石油及其他原料价格的下跌。

第四阶段(1991—2001年),通过实施调整政策,90年代美国经济持续稳定发展,进入新经济时代。90年代为美国历史上最长的繁荣期,经济连续十年实现较强劲的增长,经济总量在世界的比重显著提高。据统计,美国占世界GDP的比重从1990年的24.2%上升到2001年的32.5%。推动美国90年代经济高速增长的因素主要有:高新技术的迅速开发和利用;经济全球化的影响;正确的货币政策和良好的投资环境。

第五阶段(2002年以来),处于十字路口的美国经济。事实上,90年代十年的繁荣期,美国经济已经出现一系列失衡现象:股市泡沫、投资过度、监管削弱、债务膨胀、逆差扩大、两极分化、垄断加强等。2001年的"9·11"事件,又从外部打击了美国经济,美国经济终于出现减速和衰退。目前,美国经济正处在十字路口,未来的发展尚处于不确定状态。

战后美国经济的发展具有一系列新特点:首先,50—60年代美国经济增长出现一个西方经济学家所称的"黄金时代"。美国的国民生产总值经过"黄金时代"的发展,从1961年的5233亿美元上升到1971年的10634亿美元。其次,战后美国经济发展的重心逐渐向西部和南部转移。再次,现代跨国公司在美国兴起并获得空前发展,这对美国乃至世界经济的发展起到重要影响。最后,战后美国经济危机的程度大大减弱。

纵观二战后美国经济发展历史,可以发现美国在世界上的经济地位呈相对下降趋势。随着西欧、日本经济的日渐强盛,发展中国家的崛起,战后初期美国经济的那种绝对优势已经不复存在,表现为:国内生产总值占世界的比重不断下降;国际贸易下降;金融实力减弱;由世界最大的债权国变成最大的债务国。但是我们也应该看到,美国经济地位是一种相对下降,而不是绝对的;支撑美国90年代经济振兴的因素基本上起短期作用,而促使美国经济地位相对下降的因素则是有长期影响的。美国经济表现为"强盛"与"衰弱"并存。可以预见,在今后相当长时间里,美国对世界经济仍具有决定性影响。

2. 战后美国的政治发展进程

美国是世界上实行"三权分立"和"相互制约、相互均衡"比较典型的资产阶级国家。自联邦宪法生效之后,美国就拥有一套较为持续一贯的政治传统和政治文化,而且确保了政治发展和制度演进中的稳定性,从而为美国的经济和社会发展创造了良好的政治环境。随着美国经济的发展,特别是美国由一般垄断资本主义过渡到国家垄断资本主义,社会、经济和政治问题更加复杂,于是"三权分立"的政治体制逐渐发生变形。表现在:

第一,美国总统权力的进一步扩大。美国总统既是国家元首又是政府首脑,也是军队的总司令。总统还享有立法创议权和对国会通过的法案行使否决的权限。继富兰克林·罗斯福之后,二战后美国总统在行政、立法、经济、军事、外交方面的权力和影响进一步扩大,俨然成为所谓的"帝王般总统"。这一状况一直持续到70年代,在越南问题和"水门事件"的影响下,美国国会通过了一些旨在限制总统权力的法案,对总统权力的扩张起到一定的限制作用,但并不能从根本上改变总统权力扩张的趋势。

第二，最高法院积极扩大行使司法审查权。美国最高法院的司法审查权，即宣布某项法令违宪而使之归于无效的权力，是三权分立、相互制衡政体的一个组成部分。最高法院积极行使司法审查权，使得其成为解决种族、民权、堕胎、立法机构席位重新分配、总统和国会的冲突等有关社会和政治重大问题的工具。由于战后国会与总统之间的矛盾日益尖锐，司法部门在保持三权分立中的作用越来越大，它不仅在解决总统与国会间争夺权力的纠纷中处于仲裁者地位，有时还变成事实上的立法机构。

第三，战后美国立法机构的改革。美国国会由参众两院组成。参议员由各州选民直接选出，每州2名，实行各州代表权平等原则。现有议员100名。当选参议员必须年满30岁，作为美国公民已满9年，当选时为选出州的居民。任期6年，每2年改选1/3，连选得连任。众议员数按各州人口比例分配，由直接选举产生，每州至少1名，人数固定为435名，必须年满25岁，作为美国公民已满7年，当选时为选出州的居民。任期2年，连选得连任。两院议员长期连任现象极为普遍。众议院和参议院有各种常设委员会，而这些委员会又再划分为各种小组委员会。委员会主席握有委员会的召集及决定议事日程等大权。1945年通过《立法机关改组法》的目的，就是要使委员会制度现代化和国会工作人员专业化。改组后参议院常设委员会的数目从35个减少到15个，众议院从48个减少到19个。同时，在常设委员会数目保持不变的情况下，小组委员会的数目则在增加。1970年通过的立法机构改组法，进一步增加了各委员会工作人员的编制，这些工作人员越来越专业化。有了这批专业化的工作人员，国会就可以根据事实客观研究审议各种提案，不受行政部门影响。1973年通过的众议院规则，加强了小组委员会的地位，削减了常设委员会主席的权力；同时改革了委员会主席的选举方式，放松了对资历的限制。

第四，联邦主义的发展和变化。美国政府分为联邦和州两级。政府内部设立行政、立法、司法三个平等、独立而又相互制约的部门，则称为权力的横向分立。战后，杜鲁门的"公平施政"、肯尼迪的"新边疆"和约翰逊的"伟大社会"实施的结果，大大加强了从罗斯福"新政"开始的合作联邦主义，联邦对地方社会经济生活的干预和管制空前扩大。联邦政府的集权到60年代中期以后发展到顶峰，而联邦过分集权所造成的弊病愈来愈明显。尼克松政府主要通过税收分享计划来实施新联邦主义的，即把联邦所得税的一部分直接交给各州，把新政以来联邦政府对各州的主要拨款方式——分类拨款，逐步改为整笔拨款，以加强州和地方政府在使用联邦援助经费上的自主权，削弱联邦政府对州和地方政府的干预与控制。

第五，美国政党的衰落和利益集团活动的盛行。大量迹象表明，美国的政党制度有走向衰落的趋势。这表现在以下几个方面：首先，越来越多的选民政治热情降低。其次，越来越多的选民脱离自己的政党，在选举活动中保持独立的立场。再次，政党对选举活动的控制削弱。最后，当选的总统与他同属一党的国会议员之间的联系越来越削弱。所有这些都表明，当代美国政党的作用在下降。与政党衰落的同时，各种利益集团的活动发展起来，很多利益集团组织了政治行动委员会。政党之间的政策界限进一步模糊，政治主张和政治立场日益趋同,人们在质疑两党制的同时,开始倾向于第三党和独立候选人。同时美国公众对政治机制信任度下降,青年人参与政治的热情锐减。

第六,大众传媒对美国政治的影响进一步上升,方式和手段更加多样化,尤其是互联网作为新的主流媒体,对美国政治的未来走向产生了极为深刻的影响。

总之,作为典型的资本主义国家,随着国内国际形势的不断变化,美国的政治制度在不断改变、完善。但其实质仍然是维护资产阶级利益,保护资本主义私有制不受侵犯。冷战结束后,美国是世界上唯一的超级大国,这一点毋庸置疑,在今后相当长时间里,美国经济、政治都将影响国际的政治、经济发展,将对国际形势的发展起着巨大作用。

(二)美国称霸世界的全球战略

第二次世界大战后,维护美国的霸权地位成为美国全球战略不变的目标,具体表现为:在遏制苏联的同时,向全世界推广美国的政治经济模式和价值观念。美国的全球战略大致可以分为以下四个阶段:

1. 战后初期到60年代末的全球扩张阶段

美国以强大的经济、军事力量为后盾,妄图称霸整个世界,其全球战略具有鲜明的进攻性、侵略性。从杜鲁门到肯尼迪、约翰逊基本一脉相承。

(1)杜鲁门时期(1945—1953年)。1945年4月杜鲁门上台以后,面对社会主义由一国发展到多国,以及被压迫民族解放运动逐步发展的形势,美国把苏联和社会主义国家视为美国独霸全球的最大障碍,因而很快修改了罗斯福设想的大国合作政策,制定了以反苏、反共为中心的遏制战略。其基本内容:第一,确立大西洋联盟政策,以欧洲为重点,同苏联全面对抗,实行"马歇尔计划",建立北大西洋公约组织,重新武装联邦德国,妄图在东欧复辟资本主义制度。第二,在东亚地区支持蒋介石政权打内战,新中国成立后,尤其在朝鲜战争爆发后,对新中国实行政治上的孤立、经济上的封锁和军事上的包围;扶植日本,缔结《日美安保条约》。第三,在亚非拉广大地区,通过签订《西半球防务条约》和建立"美洲国家组织"来巩固它在"后院"的统治,通过所谓"技术援助和开发落后地区"的"第四点计划"支持亲美独裁政权,推行新殖民主义,建立了大量的军事基地,充当镇压民族解放运动的"世界宪兵",妄图取代老牌殖民主义者在这些地区的统治。

(2)艾森豪威尔时期(1953—1961年)。朝鲜战争结束后,艾森豪威尔政府认识到直接军事对抗达不到迅速消灭社会主义国家的目的,于是调整了美国的全球战略。第一,提出对社会主义国家推行"解放战略",其核心就是力图用战争以外的一切手段,把社会主义国家"从共产党的统治下解放出来",纳入西方"自由世界"中。在军事上提出"大规模报复战略"和"战争边缘政策",对社会主义国家进行核讹诈和战争威胁。第二,在亚非拉地区,美国加紧全面扩张,针对东南亚和中东局势,先后提出"多米诺骨牌理论"和"艾森豪威尔主义",大肆镇压民族解放运动,加紧向印度支那、中东和拉美地区渗透。

(3)肯尼迪、约翰逊时期(1961—1969年)。进入60年代,由于苏联实力增加、西欧和日本等新的经济中心的出现以及第三世界力量的不断壮大,美国霸权地位受到挑战。因此,肯尼迪一上台就提出了"一手拿箭,一手拿橄榄枝"的"和平战略",其实质就是运用和平与战争的两手策略,在社会主义国家搞"和平演变",在亚非拉地区推行新殖民主义。其主要表现:第一,同苏联既对抗又对话。一方面,美国同苏联继续展开激烈的军备竞赛,在推行"灵活反应战略"的同时,大规模扩充核力量,并针对苏联和中国提出了"两个半战争战略",在柏林危机和古巴导弹危机期间与苏联激烈对抗;另一方面,在部分禁止核试验和防止核扩散问题上同苏联达成协议,企图维持核垄断地位,利用缓和的时机,对苏联、东欧进行渗透,促使社会主义国家"和平演变"。第二,在亚非拉地区,美国实施"恩威并用"的政策。一方面,通过带有附加条件的援助去控制这些国家和地区;另一方面,又对古巴进行武装颠覆,在巴拿马、多米尼加进行军事干涉,支持以色列进行侵略战争,在越南发动特种战争,约翰逊继任美国总统之后,又进一步扩大了越南战争,把战火烧到越南北方,把"特种战争"发展为"局部战争"。

2. 20世纪60年代末到70年代末的战略调整阶段

(1)尼克松与福特时期(1969—1976年)。为了保住美国的霸权地位,1969年上台的尼克松总统提出了一套新的对外战略,即"尼克松主义"。其内容涉及很多方面:第一,把建立同盟国的"伙伴关系"作为美国对外政策的基石,要求盟国在政策上协调一致,共同对付苏联;在经济上相互让步,帮助美国渡过难关;在军事上共同分担军费和防务责任。第二,以实力为后盾,以谈判为手段,通过谈判制约苏联,维护美苏之间的均势。第三,利用中国制约苏联,积极打开了对华关系的大门。第四,在第三世界缩短战线,加强重点。在亚洲实行有限收缩,实行"亚洲人打亚洲人"的新亚洲政策;在中东和波斯湾地区增强军事存在,阻止苏联渗透和扩张。第五,在军事上做好在世界上同时打赢"一个半战争"的准备。尼克松主义是美国霸权地位衰落的产物和表现,是美国统治集团为了继续保住美国在全球的霸权地位而采取的一种政策。其实质就是:通过适当收缩,减轻内外压力;通过缓和与苏联的关系,扭转战略上的被动;通过改善对华关系,加强对苏联的制约;通过牺牲盟友,以延缓自身的衰落;通过维持均势,确保美国的霸权地位。1974年,尼克松因"水门事件"而辞职,福特继任总统,其对外政策被称为"没有尼克松的尼克松政策",只是在其执政后期发生了一些变化,对苏政策趋于强硬。

(2)卡特时期(1977—1980年)。1977年卡特就任美国总统。卡特在执政前期仍奉行尼克松主义,后期提出了"世界秩序战略",把加强美国的思想意识对世界的影响、改善美国的战略地位、恢复美国对第三世界的政治号召力作为对外战略的出发点。主要内容包括:第一,"三边主义"战略,密切同西欧、日本的政治、经济和军事合作。第二,发展更为和谐的南北政治、经济关系,减少第三世界对美国的敌视,削弱苏联的影响。第三,同苏联实行全面的、真正的缓和,提出要摒除"对共产主义的过度恐惧"。第四,把美中关系作为美国"全球政治的一个中心环节",通过推进关系正常化进程,谋求同中国建立战略性合作关系。第五,在美国外交中第一次重视人权外交,加强全球对人权这一问题的关注,重振美国外交政策的道义内容。卡特外交实际上是尼克松主义的延续。

3. 20世纪80年代初到90年代初美国全球战略的新发展阶段

(1)里根时期(1981—1988年)。1981年里根在美国国内经济困难和国际地位下降的情况下就任美国总统。里根政府放弃了缓和与均势战略,提出并实施了"新遏制"战略。主要内容:第一,重振美国经济,大规模扩充军备,增强美国的经济、军事实力,打出了"重振国威"的旗号。第二,对苏联实行进攻性强硬措施,为了扭转在美苏争霸中的不利局面,美国通过强硬行动迫使苏联保持克制。第三,努力恢复美国在西方世界的领导地位,力图通过强有力的对外政策,使盟国服从于反苏的总战略。第四,不断加强美中关系,借助中国,抗衡苏联。第五,全方位推进"和平演变"战略和政策。第六,提出"星球大战计划",并加快研制实施。"新遏制"战略实质上仍是冷战、遏制。

(2)老布什时期(1989—1992年)。1989年乔治·布什就任总统后,美国政府对全球战略进行了重大调整。第一,针对苏联和东欧,美国提出了"超越遏制"战略。其基本内容是,在不放弃对苏联军事遏制的同时,加大对苏联和其他社会主义国家"和平演变"战略的实施和推行,即"打一场没有硝烟的世界战争"。美国抓住苏联、东欧、中国实行"改革"的时机,以经济援助为诱饵,采取政治、经济、文化和意识形态等多种手段,使东欧脱离苏联影响,促使苏联削减军事力量,同美国合作解决全球范围内的地区冲突,最终使苏联国内政治"多元化",使苏联、东欧、中国实行西方式的市场经济和私有化。"超越遏制"战略同美国二战后实行的遏制战略相比,具有目标更大、空间更广、手段更多的新特点。第二,推出"新大西洋主义",把北约、欧共体和欧安会三大机制作为建立欧洲新格局的基础。其实质是在重塑欧洲格局的过程中保持和加强美国在欧洲的领导地位,确保美国在欧洲的政治、军事和经济利益。第三,对中国,推行既维持美中关系基本框架,又诱压中国进行"和平变革"二者相结合的基本方针政策。第四,更加重视第三世界的动荡及其对美国的影响,并切实加强对付第三世界威胁的能力。海湾战争期间,布什提出要建立由美国领导的"世界新秩序",标志着美国企图利用战胜伊拉克的余威,把军事上的胜利转变为政治上的主动,务求把更多的第三世界国家纳入美国设计的总框架之中。第五,在军事上,继续推进"星球大战计划"。

4. 20世纪90年代初至今的冷战后全球战略阶段

(1)克林顿时期(1993—2000年)。冷战结束后,克林顿政府提出了美国外交政策的三项指导原则,即维护经济安全、军事安全和推进民主。1994年7月,确立了"参与和扩展"战略。主要内容:第一,坚持美国的"领导地位",这是美国外交战略的首要目标。第二,维护大国关系,首先是维护同欧盟、日本的伙伴关系,其次是建立和中国、俄罗斯的"建设性关系"。第三,促进国际经济、安全合作,解决美国面临的棘手问题。第四,推进"民主""人权",并在世界范围、包括社会主义国家和广大发展中国家推广。第五,推出并实行国家导弹防御计划和地区导弹防御计划。第六,加紧北约东扩。此时,美国的霸权主义有新的发展和暴露,这在1999年3月以美国为首的北约对南联盟发动长达78天的空中打击中表现得最为充分。美国企图控制巴尔干地区,控制欧洲,进而称霸世界。这理所当然地遭到中俄的反对、其他力量的制约和世界舆论的谴责。

(2)小布什时期(2001—2008年)。2001年,乔治·W.布什就任美国总统,开始实行强硬的外交政策,即"小布什主义"(也称"牛仔外交战略"),它由三大要素组成:一是先发制人,二是单边主义,三是政权更迭。目的是向全世界传播"美式民主",实现"美国统治下的世界和平"。

2001年"9·11"事件发生后,小布什政府更是把打击恐怖主义作为主要战略任务。2002年9月20日,布什正式向国会提交了《美国国家安全战略》,正式确立了"先发制人"的战略原则,并在全世界推行西方的民主价值观。2003年3月20日,在没有联合国授权的情况下出兵伊拉克,推翻了萨达姆政权,给伊拉克人民带来了深重灾难。这进一步暴露了美国强权政治、霸权主义的危害与实质。此后,以强硬、理想主义、单边主义和武力为特征的"现实主义"成为布什政府的主要外交思路。小布什对外奉行带有理想主义色彩的现实主义,这在其对外政策中表现很明显。例如,打击伊拉克起初的理由是伊拉克拥有大规模杀伤性武器,带有现实主义色彩,后来提出解放伊拉克人民则是典型的理想主义。对于东亚,布什推行典型的现实主义,采取了与中国合作、维持东亚稳定的策略。可以说良好的中美关系是小布什对外关系的最大亮点,应该说,小布什执政的八年是对克林顿八年人权外交的一种矫正,中美两国在小布什时期没有就人权问题发生大的纠纷。

(3)奥巴马时期(2009—2016年)。2009年奥巴马上台后,美国面临严峻的内外形势。为此,奥巴马在外交领域推出了"巧实力"战略,成为美国对外关系新的指导理念。所谓"巧实力"战略,是指通过实行新的外交政策,不仅能更有效地反击恐怖主义,而且能走得更远,通过灵巧地运用各种力量,在一个稳定的盟友、机构和框架中维护美国的利益。这一战略的提出切中时弊,为陷于伊拉克战争的美国提出了全新的解决方案,这一战略因而逐渐为美国朝野上下所接受。

◎ 资料卡片

"巧实力""硬实力""软实力"及三者的关系

美国著名学者约瑟夫·奈在接受记者采访时解释了"巧实力""硬实力""软实力"及三者的关系。他认为,一个国家的综合国力分为"硬实力"和"软实力",其中"硬实力"是指支配性实力,如基本资源、军事力量、经济力量、科技力量等;"软实力"是指精神性力量,如国家凝聚力、文化和意识形态方面的受认同程度等。通俗地说,"软实力"就是通过吸引而非强迫的途径得到你想要得到的东西的一种能力。而指导如何将"软实力"与"硬实力"结合的手段,便是"巧实力"。

2009年1月13日,获奥巴马提名出任国务卿的希拉里在国会参议院外交委员会就其提名举行的听证会上说,美国面临的现有安全威胁要求新一届政府必须诉诸"巧实力",动用一切可以动用的手段,包括外交、经济、军事、政治、法律和文化等领域的可行手段,团结一切可以团结的力量,巩固原有的联盟,形成新的联盟,以便打开美国外交的新局面。希拉里强调,"巧实力"外交对美国至关重要,是外交原则与务实的结合,内容有五个方面:更新合作手段、与持不同意见的人进行"有原则的"交往、突出"发展"问题、在冲突地区采取民事和军事行动相结合、充分发挥美国的经济实力和"榜样"力量。

"巧实力"外交战略的提出和实践,是美国在新形势下应对新挑战的策略。奥巴马上台时,美国面临严峻的国内外形势,从伊拉克战争和阿富汗战争的拖累,到恐怖组织和极端势力的威胁,再到大规模杀伤性武器的扩散;从能源危机、气候变化到传染病的蔓延;从金融海啸到全球贫困,奥巴马政府显然意识到,面对这些挑战,美国已无法以一己之力独立应对。在此形势下,"巧实力"成为备受推崇的美国外交新理念。

首先,奥巴马政府需要集中精力解决金融危机。和当初小布什上台时从克林顿那里接手一个欣欣向荣的美国不同,小布什留给继任者更多的是难题和危机。面对陷入泥潭的美国经济,奥巴马政府的头等大事就是尽快把美国带出危机,因此需要一个有利的国际环境来帮助美国渡过难关。

其次,美国需要重塑国际形象,改变单边与霸道的形象。小布什执政八年期间执行的是单边主义外交路线,结果使美国树敌不少:跨大西洋关系因美欧双方在反恐问题上龃龉不断而矛盾重重;与俄罗斯的关系因北约东扩、导弹防御计划、俄罗斯—格鲁吉亚战争而降至冷战结束以来的最低点;即便在美国的"后院",大力推行"美洲玻利瓦尔国家替代计划"的委内瑞拉总统查韦斯、玻利维亚总统莫拉莱斯、厄瓜多尔总统科雷亚组成的"安第斯铁三角"把"21世纪社会主义"搞得风生水起,将拉美的反美声浪推向高潮。为此,奥巴马必须从现实的角度出发,改变布什的"牛仔外交"作风,修复美国的国际形象,缓解世界对美国的敌对情绪。

最后,"巧实力"是针对美国力量的相对不足而提出的一个权宜之策。小布什政府自命不凡地认为,美国非常强大,可以为所欲为,其他国家别无选择,只能追随美国的脚步。事实表明,这样一个超级大国尽管可以轻而易举地颠覆阿富汗和伊拉克政权,却很难在短期内恢复它们的稳定与秩序,它们的国家构建难以凭借美国的意志迅速完成。再有,日益严峻的全球气候变化、传染性疾病、毒品贸易、大规模杀伤性武器的扩散、跨国恐怖主义等全球性问题,如果没有各国的多边合作,光靠美国的武力或者单边行动根本解决不了。而且金融危机已使美国元气大伤,它在许多方面有求于其他国家,不能再像以前一样颐指气使,因此其也认识到必须收缩战线和寻求合作。

奥巴马基本上摒弃了小布什政府的单边主义外交路线,奉行多边主义,主张对话而非对抗,即使是对手与敌人也不排除与之灵活接触,体现了"巧实力"的外交风格。在亚洲,国务卿希拉里刚上任就进行了"倾听之旅",在对华关系上,倡导"同舟共济";在中东政策上,奥巴马多次释放善意信息,表示愿以接触和对话方式解决争端;在对俄关系上,奥巴马也表示愿意以合作取代对抗,并希望与俄方重启停滞已久的谈判,商讨削减战略核武器事宜,宣布暂时搁置在波兰与捷克部署导弹防御系统的计划,缓和了与俄罗斯的紧张关系。奥巴马还大力呼吁削减核武库,倡导建立"没有核武器的世界",为其赢得了赞誉。奥巴马还主持召开了具有历史意义的联合国安理会会议——首次核不扩散与核裁军大会,通过了美国提出的"无核武世界"决议案,他也因大力倡导核裁军而赢得2009年诺贝尔和平奖。

总的说来,"巧实力"外交是奥巴马政府所作的策略性调整,主张在外交实践中综合运用硬实力和软实力。相对于小布什强硬的"价值观外交"和"单边主义"的蛮干,奥巴马外交新战略更提倡多边合作,立场更柔和、姿态更友好。但是,其真实意图是为重振美国经济营造良好的国际环境,修复美国的国际形象,进而捍卫美国在全球的利益,延长和保持美国的优势服务。同时,应当看到,"巧实力"仍是建立在美国强大的硬实力基础之上的,而通过"巧实力",又可以进一步提升美国的软实力,可谓一箭双雕。

(4)特朗普时期(2017年至今)。特朗普上任两年来,其全球战略思路已经比较清晰。

在安全领域,特朗普遵循了基辛格的建议,企图实质性缓和美俄关系,倒转冷战时期的"美中俄"战略大三角,形成"联俄抗中"的战略态势。问题在于:第一,美国内部反对力量使得特朗普整个任期内都看不到美俄关系缓和的可能性;第二,美欧俄之间存在一个悖论,即北约存在的基础就是对抗俄罗斯威胁,如果美俄安全关系缓和,则北约存在的根基将动摇,届时欧洲何以自处;第三,普京的要价,特朗普给不起,即承认克里米亚主权归属俄罗斯,并在叙利亚保留阿萨德政权的问题上让步,南美洲委内瑞拉的渗透,乌克兰东部地区问题等。所以,一个反向的"美中俄"战略大三角一定会深刻影响"美欧俄"三角关系。

在经贸领域,特朗普确实希望架空WTO,并组成一个"美国优先"原则下的"美欧日单一市场"。为实现这一目标,特朗普正在进行两类尝试:第一,虽然对于前总统奥巴马各种不屑,但特朗普明显正在恢复奥巴马时期的"TPP(核心是美日)"和"TTIP(核心是美欧)",在"欧日自贸区协定"达成之后,特朗普很快表态希望加入;第二,特朗普正在试图破坏既有的多边贸易框架,将核心盟友绑架到同美国的双边框架中来。因此,特朗普于2018年正式挑起中美贸易争端,此举本质上不过是"美国优先、重建国际新秩序"的一个战略层面。

从美国两年来的所作所为可以看出:首先,特朗普没有继续奥巴马的"亚洲再平衡"战略。其次,特朗普的战略原则是"美国优先",战术原则是单打独斗。再次,军事手段不是首选。因此,特朗普似乎并没有什么战略重点可言,如果说有,那就是首先把世界搞乱。正所谓"天下大乱,方能天下大治"。也就是说,特朗普的战略重点首先是放弃现有的国际秩序,然而重建"美国优先"的国际新秩序。这在他的就职演说中已经说得很明确。

总之,"美国优先",决定了特朗普要同时向全世界"开战",也包括向美国国内的精英派开战。弱化联盟、弱化意识形态之争和美国价值观,本身就是在放弃现有的国际政治秩序。废弃各种经贸协定,是在打破现有的经济秩序。目标就是建立一个"美国优先"的新秩序。振兴美国经济、强大美国军队是他的首要任务。逼各国为美国经济服务,才是他的战略重点。

◎ 资料卡片

2018年中美元首会晤

2018年12月1日,中国国家主席习近平应邀同美国总统特朗普在布宜诺斯艾利斯共进晚餐,举行会晤,两国元首在友好、坦诚的气氛中进行了两个半小时的深入交流,远远超出了预定时间。这次会晤达成了重要共识,为今后一个时期的中美关系指明了方向。中美两国元首一致同意,中美关系一定要搞好,也一定会搞好。双方同意推进以协调、合作、稳定为基调的中美关系。

双方就如何妥善解决存在的分歧和问题提出了一系列建设性方案。中方愿意根据国内市场和人民的需要扩大进口,包括从美国购买适销对路的商品,逐步缓解贸易不平衡问题。双方同意相互开放市场,在中国推进新一轮改革开放进程中使美方的合理关切得到逐步解决。双方工作团队将按照两国元首达成的原则共识,朝着取消所有加征关税的方向,加紧磋商,尽早达成互利双赢的具体协议。

两国元首积极评价双方经贸团队近期进行的积极有效的磋商。双方认为,健康稳定的中美经贸关系符合两国和全世界的共同利益。双方决定,停止升级关税等贸易限制措施,包括不再提高现有针对对方的关税税率,及不对其他商品出台新的加征关税措施。

两国元首同意,本着相互尊重、平等互利的精神,立即着手解决彼此关切问题。并指示双方经贸团队加紧磋商,达成协议,取消2018年以来加征的关税,推动双边经贸关系尽快回到正常轨道,实现"双赢"。

三、一体化进程中的欧洲

(一)战后欧洲的分裂

二战结束时,因受战争的沉重打击,欧洲国家遭到严重削弱,德国沦为战败国被分区占领,法国元气大伤,英国实力消耗极大,欧洲整体处于四分五裂、群龙无首的状态。而同时期美国的军事经济实力空前膨胀,成为资本主义世界头号强国。苏联壮大了自己的政治军事力量,成为世界上唯一能够与美国抗衡的国家。二战后初期,新独立的发展中国家还没有形成抗衡苏美的力量。

第二次世界大战后期,美国、英国、苏联三国先后举行了一系列首脑会议,主要有:德黑兰会议(1943年11月28日—12月1日)、雅尔塔会议(1945年2月4日—2月11日)和波茨坦会议(1945年7月18日—8月2日)。以上的首脑会议形成一系列影响战后世界秩序的公报、议定书、协定、声明和备忘录,从而构成了以《雅尔塔协定》为主体的国际关系体系,即雅尔塔体系。雅尔塔体系实质上是大国实力对比和互相妥协的产物,被打上大国强权政治的烙印。所以在雅尔塔体系的大框架下,世界两极格局形成,社会主义和资本主义两大阵营对抗,国际关系以美苏冷战为主线。

而欧洲则被一分为二,东西欧分别被苏联和美国控制。特别是原来统一的德国也被一分为二,即社会主义的民主德国和资本主义的联邦德国分别被苏美控制。与此同时,1949年成立的北大西洋公约组织和1955年成立的华沙条约组织标志着社会主义阵营和资本主义阵营对抗格局的形成。1946年丘吉尔发表"铁幕演说",揭开了冷战的序幕。1947年美国实行"马歇尔计划",帮助复兴西欧,从而控制西欧,遏制苏联,称霸世界。1949年美国组织军事集团,简称北约,签订《北大西洋公约》,加剧了冷战的程度。1955年苏联与东欧各国签订《华沙条约》,简称华约,在欧洲出现华约和北约两大军事政治集团对峙的局面。

(二)欧洲一体化进程

在欧洲纷争不断、四分五裂的历史上,统一曾是许多欧洲人的梦想,也是不少政治家和军事家的宏愿。企图统一欧洲的先驱层出不穷,但是统一的理想在现实中常常表现为一国对别国的征服,结果带给欧洲人的不是统一而是灾难。欧洲真正走上联合的道路,还是二战以后的事情。

1. 西欧的联合

1950年5月,法国外长罗贝尔·舒曼提出了建立欧洲煤钢共同市场的计划,即"舒曼计划"。1951年4月,法国、意大利、联邦德国、荷兰、比利时和卢森堡六国在巴黎正式签署了为期50年的《欧洲煤钢联营条约》。该条约于1952年7月生效,欧洲煤钢联营(或称欧洲煤钢共同体)正式成立。1957年3月,上述六国在罗马签订《欧洲经济共同体条约》和《欧洲原子能联营条约》,史称《罗马条约》。该条约于1958年1月1日生效,欧洲经济共同体和欧洲原子能共同体正式成立。1967年1月,上述六国决定将欧洲煤钢共同体、欧洲经济共同体和欧洲原子能共同体三个组织合并,建立统一的组织机构,欧洲共同体正式成立。

2. 欧洲共同体的发展

1973年1月,英国与爱尔兰、丹麦加入欧洲共同体,欧洲共同体由六国扩大到九国。1981年1月希腊加入欧洲共同体,1986年1月,西班牙和葡萄牙同时加入,使欧洲共同体成员扩大为12个国家。欧洲共同体在经济一体化方面取得了一系列重大成就:建立关税同盟;实施共同的农业政策;创立欧洲货币体系,建立欧洲统一市场。1987年12月,欧共体首脑会议通过了《欧洲一体化文件》,确定在1992年底之前实现内部统一大市场的目标。欧洲统一大市场的主要内容包括:逐步取消欧共体各国关税、贸易、金融等方面的限制,实现商品、资本、劳务、人员的自由流动。经过努力,1993年1月,欧洲统一大市场正式启动。

3. 欧洲联盟的诞生和发展

1991年12月9—10日,欧共体12国首脑在荷兰小镇马斯特里赫特讨论建立经济货币联盟和政治联盟的问题。会议通过了《欧洲联盟条约》即《马斯特里赫特条约》,决定建立欧洲联盟。《欧洲联盟条约》于1993年11月1日正式生效,主要包括以下三个方面内容:一是对欧共体条约进行修改,建立经济与货币联盟;二是将成员国之间在外交事务上的政治合作机制上升为共同外交和安全政策;三是建立成员国之间在司法和内政事务方面的合作机制。由于《欧洲联盟条约》使欧洲一体化在广度和深度上发生了质的飞跃,因而被视为自《罗马条约》签订以来欧共体一体化进程中的第二个重要文件和全新的里程碑。条约上述三个方面的主要内容,被称为欧洲联盟的三大支柱。从此,欧洲共同体正式易名为欧洲联盟,简称欧盟。

1995年1月1日,瑞典、芬兰、奥地利正式加入欧盟,欧盟成员由12国发展为15国;2004年5月1日,马耳他、塞浦路斯、波兰、匈牙利、捷克、斯洛伐克、斯洛文尼亚、爱沙尼亚、拉脱维亚、立陶宛等10个国家加入欧盟,其成员国发展到25个;2007年1月1日,罗马尼亚、保加利亚加入欧盟,欧盟成员国发展为27个。2012年,欧盟获得诺贝尔和平奖。2013年7月1日,克罗地亚正式成为欧盟第28个成员国。

2009年11月19日,欧盟27国领导人在布鲁塞尔召开特别峰会,选举比利时首相赫尔曼·范龙佩为首位欧洲理事会常任主席,英国的欧盟贸易委员凯瑟琳·阿什顿为欧盟外交和安全政策高级代表。欧洲理事会常任主席、欧盟外交和安全政策高级代表是按照2009年11月3日通过的《里斯本条约》设立的。根据职务特点和内容,这两个职务还被形象地称为"欧盟总统"和"欧盟外长"。2009年12月1日,《里斯本条约》正式生效。2010年6月17日,欧洲"2020战略"在欧盟峰会上通过,以期引领欧盟经济走出债务危机,增强竞争力。2010年7月8日,欧洲议会全体会议通过欧盟"外交署"筹组方案。7月26日,欧盟外交理事会会议正式通过有关"外交署"筹组及其架构、职能的决定,标志着这一新的外交机构正式开始组建。

欧盟的统一货币欧元(euro)也于1999年1月1日正式启用。由于英国、瑞典和丹麦决定暂不加入欧元区,所以目前使用欧元的国家为德国、法国、意大利、荷兰、比利时、卢森堡、爱尔兰、希腊、西班牙、葡萄牙、奥地利、芬兰、斯洛文尼亚、塞浦路斯、马耳他、斯洛伐克(2009年1月1日加入欧元区)、爱沙尼亚(2011年1月1日加入欧元区)、拉脱维亚(2014年1月1日加入欧元区)、立陶宛(2015年1月1日加入欧元区),它们被称为欧元区。目前欧元区共有19个成员国和超过3.3亿人口。

(三)欧洲联盟的对外政策

1. 20世纪50年代西欧国家追随美国反苏反共

西欧出于经济和军事上对美国的依赖,在外交上追随美国。在一系列重大国际事务,如对日和约的签订、台湾问题、朝鲜战争等上,完全站在美国一边。

2. 20世纪60—70年代欧共体寻求独立自主、联合自强

随着经济实力的加强以及国际形势的变化,西欧各国要求独立自主的外交倾向日益明朗,欧洲联合、法国戴高乐主义和联邦德国的"新东方政策"是最突出的表现。伴随着西欧经济一体化的发展,西欧政治一体化也提上日程,70年代初建立起欧洲"政治合作机制",寻求在国际舞台上"用一个声音说话",其国际影响不断扩大。联邦德国一方面是接受美国保护的忠实盟国,另一方面在东西方关系中也采取有个性的政策。勃兰特政府1969年提出了"新东方政策",在"与西方合作,与东方和解"的方针下,先后同苏联、波兰签订条约,承认彼此边界的现状。1972年11月8日,两个德国签订了《关于两国关系基础的条约》,两国彼此承认是主权国家并分别加入联合国。

总体上看,这一时期欧共体国家的外交特征表现在两个方面:一是在东西方关系中积极主张和推动美苏缓和、欧洲缓和。1973年7月至1975年8月举行的欧安会,经过35个国家(除阿尔巴尼亚以外所有欧洲国家,以及美国、加拿大)代表两年的谈判,达成了《欧洲安全与合作会议最后文件》(简称《赫尔辛基最后文件》)。东西欧缓和取得较大进展。二是在南北关系上开始采取有别于美国的较为积极的政策。70年代,欧共体提出了通过"对话与合作"同发展中国家建立"平等伙伴关系"的主张。其典型表现是1975年2月28日,欧共体同非洲、加勒比地区和太平洋地区46个发展中国家签订《洛美协定》,作为改善与发展中国家经济关系的重要步骤。同时,西欧国家在中东、南部非洲和中美洲等问题上,也违背美国的旨意,采取支持第三世界的立场。

3. 20世纪80年代中期以来欧共体(欧洲联盟)外交主动性不断加强

相对于经济联盟的建设,欧洲政治联盟的建设较为滞后,但仍取得一定进展。1997年欧盟15国签署的《阿姆斯特丹条约》,加强了欧盟委员会的权力,并决定设立共同外交与安全政策高级代表。1999年欧盟赫尔辛基首脑会议决定,在2003年底以前组建一支五六万人的欧洲快速反应部队。欧盟扩大,其扩展对象不仅包括尚未入盟的西欧国家,而且向原苏东国家东扩和向地中海周边南下。

欧盟作为一个整体,在外交政策上呈现出如下一些新的内容和特点:

第一,继续把与美国的关系放在首位,强调美欧关系是战略伙伴关系,谋求与美国联手处理冷战后欧洲和世界事务,维护西方整体利益,谋求建立欧、美、日共同主宰的国际新秩序。同时,在欧、美、日经贸摩擦中日益采取强硬立场。进入新世纪,面对美国咄咄逼人的单边主义,欧盟与美国拉开了一定的距离,2003年美国对伊拉克战争期间,法、德等国的态度充分体现了这一点。

第二,充分重视同俄罗斯发展关系,以经济援助引导俄罗斯走向西方民主化,与俄罗斯加强安全合作,谋求伙伴关系,反对俄罗斯在以前苏联、东欧的地区重建势力范围,同时在发展自身与前东欧国家关系时也力求稳妥,避免在欧洲出现新的对抗。

第三,注重加强与世界其他地区的经济关系和政治关系。尤其重视同亚太和北非地中海地区国家的经济交往与合作。欧盟在1994年制定了新的亚洲战略,从1996年起积极参加亚欧会议,以加强欧亚合作,并日益突出经济利益在西欧外交中的地位。

第四,无论是欧盟,还是欧洲大国德、法、英、意等都非常重视发展和中国的经济、政治关系。此外,欧盟还重视冷战后联合国在世界上的作用,支持联合国的维和行动。但西欧作为一个整体在外交上仍存在局限性。

(四)英国"脱欧"乱象与欧盟未来发展走势

1. 英国"脱欧"的时代背景

英国的欧盟之路经历了坎坷的历史。由于历史与地理原因,19世纪晚期以来,英国一直奉行对欧洲大陆事务不干预政策,被称为"光荣孤立"。"疑欧"的历史传统以及和欧洲大陆经济发展相异的模式使英国长期和欧洲大陆若即若离。二战后,随着欧共体发展的成效日益显著,也由于英国自身外交政策的调整,20世纪50年代末,英国加入欧洲一体化组织成为政府主导。于是,1960年,英国首次申请加入欧盟前身的欧洲经济共同体(EEC),遭法国总统戴高乐否决。1973年,英国首相希斯重启加入欧共体谈判,终成为成员国。1975年,英国首相威尔逊举行公投,决定英国继续留在欧共体。1984年,英国首相撒切尔夫人成功令欧共体同意英国预算贡献获得部分退款。1997年,英国首相布莱尔计划在1997年后加入使用欧洲单一货币——欧元,因遭到当时财政大臣戈登·布朗阻止而未成。自此,英国在欧盟中"特立独行"的路上越走越远。

在"疑欧"人士看来,欧盟未来的一些政策趋势可能损害到英国的利益。而欧债危机的蔓延,不仅使英国的"疑欧"之心快速发酵,也加快了"脱欧"的步伐。与此同时,欧盟其他国家的民众也对英国渐生不满,认为英国不仅否决欧元,不参加欧盟的危机救助方案,还反对一切金融监管政策,因此英国"脱欧"对欧盟的发展来说反而是好事。双方的相互信任已经降到历史低点。而英国作为非欧元区国家,可以发行自己独立的货币,有利于保持其出口竞争力,拥有自主的财政政策。但这使得英国很难真正参与欧洲大陆的事务处理。尤其是欧债危机的关键时期,由于各种利益分歧明显,"脱欧"的声音甚嚣尘上。

2. 英国举行"脱欧公投"与启动"脱欧"程序

"脱欧公投"投票于英国当地时间2016年6月23日上午7点开始。此次投票持续了15小时,最终的计票结果:支持"脱欧"选民票数17 176 006票,占总投票数52%;支持留欧选民票数15 952 444票,占总数48%。然而仅仅三天后的6月26日,由于不满"脱欧公投"结果,英国民众发起联署签名请愿,要求英国议会重新考虑这次公投的有效性,呼吁二次公投。此后英国民众多次请愿进行二次公投,均被政府驳回,议会正式进入"脱欧"准备阶段。

2017年2月1日晚,英国议会下议院投票通过政府提交的"脱欧"法案,授权首相特雷莎·梅启动"脱欧"程序。英国将在3月底之前触发《里斯本条约》第五十条,正式开启"脱欧"谈判。英国外交大臣鲍里斯·约翰逊表示,这是一次历史性投票,压倒性多数通过法案让英国的"脱欧"谈判迈向前进。2017年2月1日,经过两天辩论,英国议会下院于当日晚投票决定支持政府提交的"脱欧"法案,授权首相启动"脱欧"程序。2017年3月16日,英国女王伊丽莎白二世批准"脱欧"法案,授权英国首相特雷莎·梅正式启动"脱欧"程序。

2017—2018年,欧盟和英国举行了多轮"脱欧"谈判,但双方始终不能在"分手费"、公民权利和英国与爱尔兰边界等核心议题上取得实质性进展。同时,英国国内民众反对"脱欧"的呼声也越来越高涨。

2019年3月27日,英国议会下院投票表决,正式确认推迟原定于3月29日的"脱欧"。2019年4月10日,经过六个小时的讨论,欧盟各国达成一致意见,同意将"脱欧"日期延迟至2019年10月31日。

3. "脱欧"对英国的影响

英国退出欧盟,在短期内对英国无疑是有利的。英国可以立即省下每年需缴纳给欧盟财政的80亿英镑款项。支持英国脱离欧盟的人说,90%的英国经济与对欧盟的贸易无关,但仍然受欧盟规章的掣肘,摆脱欧盟将使英国许多中小企业不受欧盟规章制度的钳制,就业机会可能会因此增多。

但是从长远来看,失去欧盟成员国的资格,英国难以依托欧盟在欧洲和世界事务中发挥重要作用,其国际地位和影响将大打折扣。在贸易方面,英国与欧洲向来唇齿相依,有一半贸易额都来自欧洲其他国家。若脱离欧盟恐令英国与欧洲贸易关系受到影响,影响伦敦国际金融中心及资金避风港的地位,如果大量投资从英国撤出,经济前景或进一步转差。英国国内商界领袖,包括英国首富、维珍集团主席布兰森已发出警告,指出英国试图与欧盟重新谈判两者关系,可能构成不明朗前景,有损商界利益。另外,失去在布鲁塞尔、柏林和巴黎的影响力,英国将更加被美国冷落,并且在诸如环境、安全和贸易等众多跨国事务中被边缘化。美国和其他盟友想要英国留在欧盟内部,一旦离开欧盟,英国将有可能成为一个孤立的国家。

4. 英国"脱欧"对欧盟的影响

首先,欧盟内部不稳定性增加,欧盟在全球的影响力将被削弱。英国是欧洲最强的国家之一,是支撑欧盟的三根台柱子之一。从总人口来看,英国总人口6649万,占欧盟总人口的12.76%,仅次于德国和法国。从经济总量来看,英国GDP占欧盟的17.56%,仅次于德国。从对外贸易来看,英国对欧盟对外进口的贡献高达14.5%,对出口的贡献达11.6%,也仅次于德国。如果英国"脱欧",欧盟不仅是损失会员费那么简单,其国际地位和影响力均会受到影响。

其次,欧盟的自由贸易进程可能放缓,欧元存在下行压力。英国是欧盟与美国、日本之间贸易投资协定的坚定支持者,一旦英国"脱欧",欧盟自由贸易的进度也可能放缓。近几年来,欧盟暴露出债务危机、难民流入等诸多问题,内部分歧增加。这些都给增长乏力、通胀低迷的欧洲经济带来不确定性,欧元存在下行压力。

英国"脱欧公投"给欧盟敲响了警钟,这或许能令欧盟下定决心,进一步改革以解决自身存在的问题。英国《泰晤士报》指出,法国和德国似乎认为,采取新措施,加强外交政策和防务合作,以及进一步推动共同市场的深化,可以让全世界相信,欧洲计划仍有生命力。

四、谋求政治大国的日本

(一)战后日本的经济与政治

日本是国土面积较小的岛国,国内资源贫乏,能源和矿产资源等主要依赖国外进口。第二次世界大战中,日本经济又受到严重破坏,1950年其工业产值仅占资本主义世界的1.4%。但经过短暂的国民经济恢复时期,其国民生产总值和按人口平均计算的国民生产总值,于1952年和1955年分别恢复到战前水平。之后经济发展很快,国民生产总值的年均增长率在50年代达到22.8%,60年代达到11.1%,70年代为5.3%,这些都显著高于同时期美国与西欧各国的发展速度。1955—1973年是日本经济高速增长的时期。到60年代末,日本已成为除美国和苏联之外的世界第三经济大国。1979年其国民生产总值达9739亿美元,接近苏联10855亿美元的水平,而人均国民生产总值已大大高于苏联,为苏联的2.1倍。1980年底,日本黄金外汇储备为苏联的4.9倍。日本工业在世界工业生产总值中的比重从40年代的1.2%上升到80年代初的10%。与此同时,日本外贸的出口值增长也很快,成为仅次于美国和联邦德国的世界第三大贸易国。

二战后日本经济的高速发展既受制于帝国主义政治经济发展不平衡规律,也是在具体的、特定的国内外条件下出现的。从国际环境看,50年代中期到70年代中期是世界资本主义经济大发展时期,世界市场上的石油、工业原料和农产品产量激增,供应充足,且价格低廉,这为资源贫乏的日本提供了极为有利的原料条件;同时,战后新独立的国家和其他一些发展中国家为发展民族工业,迫切要从国际市场上购买各种机器设备,使日本的工业产品有了广阔的世界市场;日本利用其他资本主义发达国家无暇东顾之机,首先占领东南亚市场,并以此为基础不断扩大其世界市场。国际有利环境也表现在美国的扶植上。战后初期,美国大量的各种形式的"援助"和"贷款"成为日本发展经济的重要资金来源;由于朝鲜战争和印度支那战争的需要,对日本的军事订货骤增,这对日本经济的迅速恢复和发展也是一种极为重要的"滋养",通过发战争财,为日本经济发展积累了资金。国际有利环境还在于战后适逢第三次科技革命,日本的工业设备虽在战时受到破坏或已十分陈旧,但战后它积极引进欧美先进技术,迅速更新设备,从而可以更快地提高劳动生产率。

但是,日本经济能够顺利发展主要还取决于国内条件。第一,日本原有的经济基础较强,战前其经济发展速度就高于其他资本主义国家。第二,日本一贯重视人才开发,重视教育,以及较欧美国家工资低的优势,使其产品质量高、成本低,从而在国际市场上具有较强的竞争力。第三,日本发挥其地理环境和地理位置优势,尤其利用其岛国位置和太平洋沿岸的优良港湾,填海造陆,新建大型工厂,挖筑深水港,广建专业码头,使大型油轮、矿料专用船等能长驱直入,为以较低的运费从国外大量运入所需的原材料、燃料,输出工业制成品提供了条件,这对日本这个加工贸易型国家是至关重要的。第四,日本人民生活勤俭,储蓄率极高,这为国家经济发展积累了资金,也促进了本国的经济发展。第五,战后日本军费开支少(仅占其财政支出的不到1%),有利于集中人力、财力、物力发展经济。此外,战后初期,日本在政治、经济上进行了一些改革,政治局势比较稳定,历届政府对科学管理经济的重视,各项开发经济政策的实施以及公共设施的修建等,都有力地推动了日本经济的迅速发展。

2. 日本政治大国战略的提出与发展

随着日本经济的恢复和迅速崛起以及国际环境的变化,日本对外政策的自主性逐渐增强,并确立和不断推进政治大国的核心目标。80年代初以来,随着国家经济的高度发展和经济实力的不断提升,日本开始把谋求成为世界政治大国作为最根本、最重要的国家发展目标,提出了政治大国战略。为此,日本提出了实现政治大国战略的两大目标。

(1)立足亚太,争当亚太地区的政治大国。日本针对国际形势的急剧变化,从自身战略利益出发,对其外交政策作出重大调整。日本政府一再强调,亚太地区对它的和平与繁荣"具有生死攸关的重要性"。特别是进入90年代以来,日本新闻媒介大肆鼓噪"脱美入亚"和"脱欧入亚"。日本政府则明确提出"立足亚太是日本外交的基本方针",把亚太地区作为实现其政治大国目标的出发点和立足点。

日本的亚太外交措施主要有以下三个方面:

首先,以经济实力为后盾,大力开展经济外交。自80年代末期以来,日本政府开发援助的60%集中在亚太地区,日本海外直接投资的70%也集中在这一地区,日本对亚太地区的经济援助一直占其对外经济援助总额的62.5%以上。日本出口的60%以上,进口的55%以上,也是在亚太地区进行的,其几大主要贸易伙伴都集中在亚太地区。随着日本对亚洲国家经济援助的不断增加、日本与亚太地区双边经贸关系的加强,亚洲国家对日本的批评明显减少,不少国家对日本亚太合作的各种具体设想作出积极的反应。有的国家还明确表示欢迎日本在亚洲地区和世界上"发挥重要作用"。

其次,大力开展政治外交,积极参与亚太事务。近些年来,日本全面调整亚太战略,展开了全方位的外交攻势。在日美关系方面,改变90年代初期矛盾尖锐的局面,政治军事合作不断加强;日本和中国的关系在调整中继续发展;日本和俄罗斯的关系呈现不断改善与发展的态势;日本和东南亚国家的关系得到加强;日本在发展与韩国合作关系的同时,积极谋求改善同朝鲜的关系;日本以能源外交为龙头,同中亚国家的关系进入发展时期;日本同南亚国家的关系近年来也有很大发展。日本在积极参加亚太经济合作组织、东盟地区论坛等区域性组织的过程中,不时提出一些重大的政策主张,对这些组织的运作产生了一定影响。日本近几年还以东京为舞台,经常召开一些国际性和地区性政治安全合作与磋商会议,力图扩大日本的国际影响。

再次,加强亚太军事外交,扩大日本军事影响。日本在展开全方位政治外交的同时,十分重视亚太地区的军事外交。1992年6月,日本政府首次提出建立亚太地区安全对话机构的主张,强调建立亚太地区安全保障机制,是实现日本亚太战略的重要条件。20多年来,日本展开了同俄、中、韩的安全保障对话,全面展开了对俄、中、韩等国的军事外交。多次强调要在亚太地区通过军事外交,建立像东盟地区论坛那样的多边安全保障体制。

(2)大搞联合国外交,争当联合国安理会常任理事国。进入90年代以后,随着东欧的剧变和苏联的解体,俄罗斯取代苏联并继承了它在安理会中的常任理事国席位,世界形势发生了巨大的变化。这些变化使日本对它在联合国中的现有地位和作用更加不满,迫不及待地谋求在联合国中的常任理事国席位。按照日本的逻辑,作为经济大国的日本,没有联合国安理会常任理事国席位是不合理的。

为了早日成为联合国安理会常任理事国,日本的联合国外交主要采取了以下四项措施:一是多方拉票,积极竞选非常任理事国。日本认为,当选非常任理事国是走向常任理事国的第一步,因而一有机会,日本便积极竞选非常任理事国。至今日本是全世界当选非常任理事国次数最多的国家。二是利用各种场合和各种宣传媒介,为日本出任联合国安理会常任理事国大造舆论。早在1991年9月中山外相在第46届联合国大会上就代表日本政府提出成为安理会常任理事国的要求,并确立了"争取在5年内成为安理会常任理事国"的方针。20多年来一直努力争取加入安理会常任理事国,并一再声明"联合国需要改革,安理会有必要增加常任理事国成员,日本在政治、经济等各个领域正在发挥着适合当常任理事国的作用。日本若能成为常任理事国,将竭尽所能履行职责"。三是增加对联合国的财政贡献,积极参加联合国的维和行动。日本从20世纪80年代至2018年一直是联合国中仅次于美国的第二大财政负担国,承担着联合国普通预算的14.4%,并表示愿意提高到15%以上。此外,日本政府还为联合国的维和行动提供了大量援助,并积极参加联合国的维和行动。自1991年以来,日本先后向海湾地区、柬埔寨、莫桑比克、卢旺达和叙利亚的戈兰高地等地派出维和部队。日本政府决定今后将视联合国的需要,更多地参加维和行动。四是加强同联合国的人员合作,争取把持联合国的重要机构。日本很重视同联合国的人员合作。经社理事会是联合国中仅次于安理会的重要机构,日本几乎连续当选为该理事会的理事国;日本的明石康、小田滋和绪芳贞子分别担任着联合国副秘书长、国际法院法官、联合国难民事务署高级官员。可见,日本在联合国的影响不断扩大。尽管日本仍将面临许多阻力和困难,但其争当安理会常任理事国的努力不会松懈。与此同时,日本努力构筑日、美、中、俄、欧多极体制,力图使自己成为多极世界格局中的重要一极。

日本谋求政治大国地位有其深刻的历史和现实原因。日本谋求政治大国既是其国内政治、经济形势发展的必然结果,也是它对国际形势的变化、特别是美国对日政策的调整作出的适应性反应。随着日本经济实力的增强,追求相应的国际政治地位成为自然而然的诉求;就国际环境来看,美国等西方国家的支持,特别是美国对日本加强军备的鼓励和敦促,是促使日本终结经济中心主义和小国主义、走向政治大国和军事大国重要的外部条件和外部动因;日本国内以民族主义为核心的大国主义(也称"新民族主义")政治思潮和新保守主义政治势力的崛起,则成为日本政治大国战略的思想和社会基础。

就日本政治大国战略的进展来看,在雄厚的经济实力的支撑下,日本的政治大国战略已经取得很大成效。无论在实力上还是战略意图上,日本已经成为事实上的军事大国,日本军费占GDP的比例1%左右,在西方国家中最低,但由于其GDP规模大,军费的绝对数位于世界前列,日本军备的技术水平及其潜力也不可小视。日本参与国际事务的能力和国际影响力已经大大增强,成为安理会常任理事国之外的世界性大国。

(二)日本助推实现政治大国的外交策略

1. 二战后至20世纪50年代中期的"追随外交"阶段

二战后日本被美国占领,丧失外交权达六年半之久,故实行对美"一边倒"的追随外交路线。1952年4月28日,《旧金山和约》《日美安保条约》和《日美行政协定》同时生效,日本结束了占领时期。但日本是作为美国的一个并不平等的同盟国而恢复主权国家的地位并重返国际舞台的,其对外政策在很大程度上仍然是对美"一边倒"的追随外交。这一时期日本外交的目标是尽快重返国际社会,为此采取了以下措施:第一,全盘接受美国在日本进行的一系列改革政策。第二,配合美国的遏制战略,参加对社会主义国家的物资禁运,并且积极支持侵朝战争。第三,在1951年和1954年同美国签订了《日美安保条约》和《美日共同防御援助协定》,使驻日美军合法化。第四,对新中国采取敌对政策。日本政府和蒋介石集团于1952年4月28日签订了和约。同时,日本加入巴黎统筹委员会,参与对华封锁。第五,与有关国家就战争赔偿问题达成协议,积极谋求恢复同东南亚国家的贸易关系,为经济复兴创造条件。1952年,日本加入国际货币基金组织;1955年9月,参加了关贸总协定。1956年10月19日,日本同苏联签署了《日苏联合宣言》,实现了两国关系正常化。1956年12月18日,日本实现了加入联合国的目标。

2. 50年代中期至60年代的"经济外交"阶段

为了确保日本经济发展有稳定的资源,1957年,岸信介政府发表了战后首次外交蓝皮书,提出了"经济外交"的口号。"经济外交"是指日本在政治、军事上尚不能离开美国的情况下,以所谓"和平的经济力量"为主要手段向外发展,达到发展经济、培育国力的目的。日本经济外交的重点是在东南亚,主要手段是战争赔偿。通过经济外交,日本对东南亚的出口和投资不断扩大。日本还积极开拓美、欧市场。

3. 70年代的"多边自主外交"阶段

70年代初,若干重大国际事件使日本受到很大的震动。一是中美关系开始走向正常化;二是石油危机和美元危机的冲击;三是美国实行战略收缩,对亚洲政策有所调整。在这种情况下,日本田中角荣内阁改变了向美国"一边倒"的外交政策,采取了多边自主外交。基本内容是:第一,以日、美安全保障体制为基轴,谋求同美国建立"富有成果的伙伴关系"。第二,借助中国,抗衡苏联。日本"多边自主外交"的首要目标是恢复同中国的邦交。1972年9月,田中首相访问中国,双方签署了《中日联合声明》,两国恢复正常的外交关系。1978年8月,两国又签署了《中日和平友好条约》。在中苏之间,1974年三木内阁提出了"不偏不倚"的"等距离外交"。但是,由于北方领土问题长期悬而不决,日苏之间关系进展缓慢。第三,加强同第三世界国家的经济联系。70年代的石油危机暴露了日本经济的脆弱性,日本政府认识到发展同中东等第三世界国家关系的重要性,因而改变过去一味追随美国的中东政策的做法,制定了新中东政策,同阿拉伯国家进行对话,承认巴勒斯坦人民的民族权利。在东南亚,1976年福田首相提出了"福田主义"三原则,即保证"不做军事大国"、同东盟国家建立"心心相印"的信任关系、"为东南亚的和平与繁荣作出贡献"。日本还加强了同非洲国家的经贸关系。这一时期的外交是日本开展积极外交、向政治大国迈进的前奏。

4. 80年代以来"争做政治大国"阶段

20世纪80年代初以来,随着日本经济实力的增强,日本"大国意识"迅速抬头,各届政府都把改变"经济一流,政治三流"的现状,争做政治大国当作主要目标。1981年5月,铃木首相访问美国时宣布,日本正开始第三个新的起点,即要从被动的受益者成为积极的创造者。这个讲话被认为是日本"第三次远航"的标志。紧接着,中曾根内阁公开举起"要做政治大国"的旗帜。以后各届政府的相关提法虽有不同,但目标都是一致的。其基本战略框架是:第一,以日美同盟为轴心,加强美、欧、日关系,坚持"西方一员"的基本立场。第二,立足亚太,积极确立日本在亚太的主导作用。第三,以经济实力为后盾,积极扩大在国际社会尤其是在第三世界的影响。在经济发展战略上,变"贸易立国"为"科技立国"。第四,在综合安全保障的原则框架内,适度扩充军事力量,由"专守防卫"转向"攻势防卫"。第五,在外交上,从政治大国目标出发构筑日本对外关系。除继续同西方国家保持紧密关系外,对稳定和发展日中关系,以及同东盟国家的关系给予特别关注。虽然日苏关系由于北方领土问题等处于僵持状态,但日本亦不放弃对话。

(1) 90年代的"积极进取"外交。冷战结束后,日本开始全力推进"积极进取"外交,真正开始了大国化进程。1990年1月,日本首相海部俊树致函美国总统布什,提出建立世界新秩序蓝图,强调"必须以美、日、欧三极为主导来形成世界新秩序",进一步明确了日本跻身世界主导国家行列的目标。

日本所采取的重大措施和实现的进展如下:

第一,强化日美安全合作体制。1997年9月,日美两国政府正式批准了经过修改的《日美防卫合作指针》,把原来的防卫指针中"日本有事"的范围扩大到"日本周边有事",实际上是两国联手主导亚太地区安全格局的标志,并表明日本的安全防务从防卫型变成攻击型,日本在日美安全体制中的位置从受保护型变成参与型。1998年9月,日美决定联合开发和部署"战区导弹防御系统",并有多项发展和引进其他高技术武器的计划。

第二,采取多项立法措施,谋求成为军事大国。1992年,日本以参与联合国维持和平行动为名,制定了《国际和平合作法》,从法律上突破了自卫队向海外派兵的禁区。1999年5月,日本国会通过了《周边事态法》,为海外派兵制造新的法律依据,这也是冷战后日本确立"有事法制"进程中具有实际意义的第一步。所谓"有事法制",即日本在受到武力进攻和面临被攻击的危险时,能够进行有效应对的各种特别措施的规定。2001年10月,日本国会以反恐为名,通过了《反恐怖特别措施法案》《自卫队法修正案》和《海上保安厅法修正案》,突破了在海外派兵问题上地域的限制、自卫队所用武器的限制以及国会对政府的限制,在日本自卫队舰队为美军实施补给而再次远涉重洋方面,提供了法律依据。2003年6月,日本国会又通过了《武力攻击事态法案》《安全保障会议设置法修正案》和《自卫队法修正案》等"有事法制"的三法案,将可以"预测"的武力攻击事态列入应对范围,扩大了首相作为战争总指挥的权限,并增加民间人士必须配合自卫队行动的"国民对政府合作义务"条款,以及自卫队可强制征用土地等扩大自卫队权限的规定。通过建立应对紧急事态的"有事法制",日本的军事行动领域和武力使用范围不断扩大,宪法第九条对日本防务政治的限制被巧妙地摆脱,初步奠定了日本作为"普通国家"、军事大国的法律基础。同时,"有事法制"也标志对日本安全战略的重大调整,由于日本政府可以单方面作出日本面临攻击危险的"预测","有事"范围可能被无限扩大,这意味着日本甚至可以先发制人地使用武力,从而大大超越了长期以来的专守防卫原则。

第三,重视发展日中关系的同时,防范中国的倾向也在加强。冷战结束后,日本高度重视对华关系,双方进行了多次高层互访或会晤。1992年日本天皇访问中国。1998年11月25日至30日,中国国家主席江泽民应邀访问日本,中日发表关于建立致力于和平与发展的友好合作伙伴关系的联合宣言,其中,明确指出正视历史以及正确认识历史是发展中日关系的重要基础。但是,近年来,中日关系中也存在一些严重问题,包括日本对侵略战争反省的问题、台湾问题、钓鱼岛问题以及日方在"民主"、"人权"、军备、环境等问题上屡屡向中国施加压力,鼓吹"中国威胁论",等等。

第四,日俄关系打破僵局。冷战结束后,日俄领导人通过会晤,决定在政治、经济、金融、军事等领域开展全面合作,日俄双方在经济、安全合作方面取得一定进展,但在北方四岛领土问题上立场差距甚大,日俄关系仍难以在根本上实现突破。除了以上所述几个方面,亚太外交继续受到日本的高度重视。

(2)新世纪的小泉政治外交与安倍价值观外交。进入21世纪以来,从小泉纯一郎到安倍晋三,历届日本政府均延续了政治大国外交的理念,向实现日本政治大国的目标努力迈进。

2001年4月,奉行激进保守主义政策的小泉纯一郎当选首相,日本进入"小泉政治"时期。"小泉政治"的总体理念属于新保守主义范畴。在摆脱二战后体制、日美军事一体化、配合美军向海外派兵、走向政治与军事大国方面,小泉比以往任何首相都更急、更保守,走出了一条战后最激进的保守政治路线,因此"小泉政治"的外交路线是彻底的随美主义。二战后日本曾把"西方一员""亚洲一员""联合国中心主义"作为应当坚持的"外交三原则",小泉则将其改造为"对美协调"和"国际协调"两原则,实际执行的就是"追随美国"原则。"只要日美关系牢固,对亚洲关系等都会迎刃而解",这是小泉最喜爱的口头禅。在"脱亚入美""脱美入亚""入美入亚"三条道路中,小泉毫不犹豫地坚持"脱亚入美"

路线,其意在于通过"对美追随、对亚强硬"的两面主义来实现"挟美制亚"的目标。其结果是"对美追随"加深了日本对美的依附,"对亚强硬"使日本在东亚陷于孤立,尤其是参拜靖国神社,引起了东亚邻国的众怒,损毁了日本的国际形象。

2006年9月26日,安倍晋三当选第90任日本首相,一年后辞职;2012年12月26日再度出任内阁总理至今。这标志着日本告别"小泉政治"时代而进入"安倍新政"时期。安倍的基本政治理念是建设其心目中的"美丽的国家",实质上依然是传统政治大国战略的体现,其内政与外交政策体系都是围绕这一理念而构建起来的。安倍外交的总体架构,一是要强化"为了世界和亚洲的日美同盟",二是要加强"与亚洲的坚固联系",先后提出了"价值观外交"和"民主安全菱形"。究其原因,主要是与周边国家争岛,以致日本的周边外交处于僵局状态,而这种岛争乃是因日本不能正确认识二战历史所致,可谓是"作茧自缚"。当这种"茧"越来越紧时,日本就急欲寻求摆脱困境的出路,于是新上台的安倍就把目光最先瞄准美国,而重新加强日美同盟关系当是安倍摆脱这种困境的不二选择。

◎ 资料卡片

价值观外交

价值观外交:指按照意识形态和政治制度制定外交政策,以影响他国国民价值观为核心的外交手段。此为冷战时期盛行的处理国际政治的方法,尤其是帝国主义国家对社会主义国家进行的"和平演变"。柏林墙倒塌后仍有一些国家使用。2013年1月18日,日本首相安倍晋三与印度尼西亚总统苏西洛举行联合记者会,阐明了日本对东南亚外交新的五项原则。安倍表示要扩大民主和人权等普世价值观,推进"价值观外交"。针对中国在海上活动日趋频繁,安倍呼吁依照"法治"解决海洋争端,以牵制中国。

民主安全菱形:2013年初,安倍呼吁澳大利亚、印度、日本和美国的夏威夷共同组成"民主安全菱形"(democratic security diamond),与实力日渐增强的中国相抗衡,这是一个充满火药味的"远交近攻"的地缘政治组合,而这个"菱形"框架的核心是美日同盟,其防范与遏制的对象自然是中国。

2015年初,中东地区发生了两名日本人质被杀害事件,在日本引发了对政府有关中东政策的批评。然而,日本首相安倍晋三却不失时机地提出扩大自卫队活动范围,对日本的安保政策作出调整。而早在2014年7月,日本内阁便强行通过决议,解禁集体自卫权,实际上已经架空了《和平宪法》第九条。2015年2月4日,安倍在与自民党宪法修改推进总部长船田元会谈时,针对何时向国民提起修宪动议的问题,他们一致认为2016年夏季参议院选举后提起比较理想。这表现出安倍急于修改宪法的迫切心态,对于安倍来说,修宪显然是其政治夙愿。以安倍为首的日本保守派始终认为,日本宪法是美国人制定的,因此修改宪法还带有独立自主的象征性意义。日本修改宪法需要众参两院2/3的议席通过才能发起动议。目前在众议院,自民党和联合执政的公明党议席加起来还不到2/3,如果拉上一些如维新党之类的支持修宪的小党,可以勉强达到2/3,但在参议院中无论如何也凑不到2/3多数。

日本和平宪法是日本对国际社会的承诺,也是其他国家同日本发展友好关系的基础。日本提出对和平宪法修改,意味着其意图改变现行的战后体制,亚太地区原有的战略平衡将被打破,而各相关国家必将相应调整本国军事安全战略和政策。因此,日本修改和平宪法之举,充分暴露了以安倍为首的日本保守派按捺不住的军国主义野心。

总之,自20世纪80年代日本保守势力提出"战后政治总决算"的口号以来,成为政治大国一直是日本历届政府的政治梦想。日本作为一个经济大国,具有在国际上扮演政治大国的实力,但能不能发挥相应作用,则主要取决于日本自身的政治意识是否被国际社会认可。尤其是新世纪以来,小泉与安倍政府在外交问题上言行不一,一方面满世界推销"积极和平主义",另一方面又不顾国际国内反对,修改"武器出口三原则"、修改宪法解释以解禁行使集体自卫权;一方面表示"希望打开与中韩对话的渠道",另一方面又不断歪曲历史,伤害邻国感情,甚至借各种外交场合围堵中国。尽管日本抓住一切机会宣扬所谓的"民主自由价值观",鼓吹"中国威胁论",但损害的却是日本自身的国际形象。2019年5月1日,日本平成时代结束,开启令和时代。新一任天皇德仁在朝见仪式上首次发表讲话,深切期盼国民幸福、国家发展与世界和平。但如果日本不改正错误,其二战后70多年苦心经营的"和平国家"形象、与周边诸国的关系、现有的经济规模和软实力,恐怕会全部失去。

思考题

1. 二战后发达资本主义国家对经济体制和政策进行了哪些调整?
2. 如何正确认识当代资本主义国家政治的新变化?
3. 如何认识西方国家民主制度的实质?
4. 二战后美国的全球战略是怎样演变的?本质特征是什么?
5. 分析英国"脱欧"的利弊。

第五章
战后发展中国家的经济与政治

|学|习|要|点|

- 二战后民族解放运动汹涌澎湃,彻底摧毁了殖民统治体系。发展中国家获得独立后,大多数国家选择了资本主义发展道路,建立了多种多样的政治体制和政党制度。
- 发展中国家通过亚非会议、不结盟运动、七十七国集团联合起来,作为一支崭新的力量登上国际舞台。
- 发展中国家为发展民族经济,以经济独立巩固政治独立,探索和制定了经济发展战略。
- 发展中国家以和平、中立、不结盟为原则,不懈地进行反帝、反殖、反霸的斗争,维护了世界和平;进行南南合作,推动南北对话,为建立国际新秩序作出巨大的努力,在当今世界产生了广泛而深刻的影响。

第一节 发展中国家的崛起及其国际地位

在国际关系领域,发展中国家又被称为第三世界、民族独立国家、南方国家等。泛指在历史上受过殖民统治和剥削,经济相对落后的亚非拉国家和其他地区的广大发展中国家。目前,发展中国家占世界总人口的4/5,世界上土地面积的2/3,共有130多个国家和地区。这是二战后逐步形成和发展壮大起来的一支新兴力量,发展中国家的崛起,不仅根本改变了以欧洲为中心的国际政治格局,而且极大地促进了战后国际政治格局从两极向多极化方向发展。

一、发展中国家的崛起

(一)第三世界的形成与发展

1. 第三世界的概念

"第三世界"是1952年法国统计学家和经济学家阿尔弗雷德·索维在《三个世界,一个星球》的文章中首次提出。冷战时期,一些经济发展比较落后的国家为表示并不靠拢北约或华约任何一方,用"第三世界"一词界定自己。1973年9月不结盟国家在阿尔及尔通过的《政治宣言》中正式使用了"第三世界"这个概念。毛泽东在1974年2月22日同赞比亚共和国总统卡翁达谈话中曾提出:"我看美国、苏联是第一世界。中间派,日本、欧洲、澳大利亚、加拿大,是第二世界。""亚洲除了日本,都是第三世界。整个非洲是第三世界,拉丁美洲也是第三世界。"由于这个概念反映了二战后国际社会的实际情况,1955年亚非会议以后,这一概念逐渐被新兴的民族独立国家所接受,同年联合国也开始使用这一概念。

2. 战后亚非拉民族解放运动

在世界反法西斯战争胜利和社会主义运动迅速发展的鼓舞下,1945—1955年,一场反对殖民统治、争取民族独立的革命风暴首先在亚洲东部大规模兴起,继而席卷了整个亚洲,并带动了中东、非洲和拉丁美洲。在经历了亚洲风暴、非洲觉醒等浪潮后,发展中国家成为一支新的国际力量逐步登上世界经济与政治舞台。从二战后的民族解放运动来看,大致经历了四个发展阶段:

第一阶段:1945年第二次世界大战结束到20世纪50年代中期,即兴起时期。亚洲首先成为民族民主运动的中心,然后从东向西,逐渐扩展到西亚、北非。在东亚地区的民族解放运动中,最有影响的是1951年3月伊朗掀起的以争取石油国有化为中心内容的反帝运动。在这次运动的推动和鼓舞下,伊拉克、黎巴嫩、沙特阿拉伯等国也相继爆发了石油国有化运动,形成了50年代初期西亚地区石油斗争的第一次高潮。在拉丁美洲,

50年代初期各国各阶层人民纷纷投入到反帝斗争中,坚决推翻帝国主义的独裁统治。古巴、危地马拉、哥伦比亚、玻利维亚等国都爆发了武装斗争,一个新的反帝反独裁浪潮迅速席卷整个拉美。加勒比海地区13个国家相继宣布独立,加上原有的独立国家,亚非地区独立国家已经达到30个。

第二阶段:20世纪50年代中期到60年代末,即蓬勃发展时期。突出表现为非洲诸国掀起独立高潮,并主要以和平方式取得独立。20世纪50年代末,非洲仅有6个民族独立国家,到60年代,共有32个非洲国家获得独立。仅1960年一年,就有17个国家获得独立。因此,这一年被称为"非洲独立年"。

第三阶段:20世纪70年代至80年代末,即深入发展时期。主要表现为发展中国家斗争的重点从争取政治独立转向发展民族经济,用经济发展巩固政治独立;斗争的对象从反对美帝国主义转向反对两个超级大国的霸权主义,发展中国家成为反对两个超级大国霸权主义的主力军。在非洲,1990年最后一块殖民地纳米比亚宣告独立;在拉丁美洲,有10多个殖民地相继独立;在亚洲,印度支那三国人民的救国战争取得胜利,迫使美国于1973年从越南全部撤军,1975年,老挝和柬埔寨获得解放。

第四阶段:20世纪90年代至21世纪初期,即快速发展时期。主要表现为世界进入多极化发展时期,发展中国家加强了联系和相互之间的团结,成为重要的一极,在国际舞台上的地位与作用日益突出。二战后新独立的国家达90多个,加上战前独立的36个国家,目前,共有130多个国家和地区,在国际政治经济舞台上成为一支不可忽视的力量。发展中国家的快速发展,大大扩展了国际社会的行为主体,进一步打破了以欧洲为中心的国际政治格局,使世界政治成为真正意义上的世界政治,标志着人类社会的巨大进步。

(二)发展中国家崛起的三个里程碑

民族解放运动的兴起、发展和完成的过程,也是发展中国家崛起的过程。20世纪50年代亚非会议的召开、60年代不结盟运动的兴起和七十七国集团的建立是其崛起的三个里程碑。

◎ 资料卡片

发展中国家

这一概念是由七十七国集团1964年在第一届联合国贸易和发展会议上首次提出的,它泛指政治上已经独立、但经济上比较落后、人均国民生产总值比较低的国家。这些国家也被称为第三世界、南方国家、民族独立国家,这些概念同时被用于世界政治经济之中,只是侧重点不同。民族独立国家、第三世界偏重于政治方面,发展中国家、南方国家则带有经济色彩。全世界陆地面积1.41亿平方公里,发展中国家面积约1亿平方公里,占陆地面积的70%。发展中国家资源物产丰富,在农业方面,经济作物多种多样,咖啡、可可、大豆等在世界同类作物的总产量中占相当大比重。在能源方面,石油储量占全世界总储量的63.8%,产量占世界总产量的52%,天然气储量占世界总储量的46%,煤炭储量占全世界总储量的85%。发展中国家占世界人口的4/5,共有130多个国家和地区。

1. 万隆会议的召开

万隆会议的召开是第三世界崛起的第一个标志。发展中国家在民族独立和民族解放的斗争过程中深刻认识到,要获取和维持国家独立、民族发展,必须联合起来共同对抗帝国主义、殖民主义和霸权主义。1955年4月18日—4月24日,29个国家共340名代表参加的第一届亚非会议(又称万隆会议)在印度尼西亚首都万隆召开。由于参加国在社会制度和意识形态方面存在明显差异,再加上帝国主义的破坏,会上出现了尖锐复杂的斗争。中国代表周恩来针对大会的争论和少数代表的"噪音",发表了重要讲话,使"求同存异"成为大会的指导方针,为大会的成功召开奠定了基础。亚非会议谴责了殖民主义、种族主义。会议通过了《亚非会议最后公报》,公报肯定了亚非人民反对侵略战争和维护世界和平的共同愿望,在中国和平共处五项原则的基础上提出了尊重主权和领土完整、尊重《联合国宪章》、承认大小国家一律平等、不干涉内政、促进相互的利益和合作、尊重正义和国际义务等"万隆十项原则"。这些原则成为各国和平共处和友好合作的基础。

亚非会议是现代国际关系史上划时代的大事,它是第一次没有西方殖民主义者参加的国际会议,是亚非民族独立国家作为一支新兴力量登上国际舞台、联合起来发挥独立作用的一个起点。亚非会议增强了亚非民族独立国家的民族自信心,增进了彼此间的了解,鼓舞了全世界被压迫民族争取民族解放的斗志。沉重打击了帝国主义维持殖民统治的阴谋,向世界昭示:自由、独立、和平是不可抗拒的历史潮流。这次会议还产生了影响深远的"万隆精神",即各国人民为反帝反殖,争取和维护民族独立,要求友好、团结、合作和维护世界和平而进行共同奋斗的精神。有力地鼓舞和推动了亚非拉被压迫民族争取独立和解放的斗争,并为亚非拉国家和平相处、共同发展的友好合作关系指明了方向,为不结盟运动的兴起奠定了基础,成为第三世界崛起的一个重要里程碑。2005年,在印度尼西亚纪念万隆会议胜利召开50周年集会上,万隆精神又一次成为与会各国普遍传颂的主旋律。

2. 不结盟运动的兴起

不结盟运动的兴起是第三世界崛起的重要标志。不结盟运动的原则和宗旨是独立自主、不结盟、非集团化,其主要活动方式是召开不结盟国家和政府首脑会议。20世纪50年代中后期,由于两大阵营相对峙,美、苏两个超级大国为了扩大自己的力量和控制区域,竭力把所有国家拉向各自集团的一方。处于两大阵营之间的民族独立国家不甘心充当大国的附庸,为维护国家独立和主权,许多国家选择了中立和不结盟的外交政策。1956年7月,南斯拉夫总统铁托邀请埃及总统纳赛尔、印度总统尼赫鲁会晤,会谈后发表的联合声明中提出了不结盟主张。1961年6月,在埃及开罗召开了由20个国家发起的不结盟国家和政府首脑会议的筹备会议。会议拟订了加入不结盟运动的条件:一切参加国所执行的外交政策,应该是在和平共处和不结盟基础上的独立政策;应该积极支持被压迫民族的解放运动;不应使本国卷入大国的军事集团,并成为它的成员;不应同一个大国缔结双边条约,建立带有军事性质的联盟;不应向大国提供用于势力冲突的军事基地。

同年9月1日至6日,在南斯拉夫首都贝尔格莱德举行了第一届不结盟国家和政府首脑会议,参加会议的25个国家首脑和代表通过了《不结盟国家和政府首脑会议宣言》《关于战争的危险和呼吁和平的声明》,这次会议标志着不结盟运动的兴起。

不结盟运动自成立起,就奉行独立、自主和非集团的宗旨与原则,支持各国人民维护民族独立、捍卫国家主权以及发展民族经济和文化的斗争。不结盟运动的成立是发展中国家走向联合自强的新开端,在支持和巩固成员国民族独立和经济发展、维护成员国权益等方面发挥了重要作用,成为国际社会的重要力量。进入21世纪,世界格局发生了巨大变化,不结盟运动尝试对自身进行重新定义。在新形势下,不结盟运动着重强调维护世界和平与安全,推行平等、互不侵犯、多边主义等原则,并为来自不发达地区的成员国在国际谈判中争取权益。

不结盟运动不设总部,无常设机构,无成文章程。自1970年起,首脑会议会期制度化,每三年举行一次。不结盟运动各种会议均采取协商一致的原则。如有分歧,各成员国可采取书面形式向主席国正式提出保留意见,以示不受有关决议或文件的约束。不结盟运动现有120个成员国、17个观察员国和10个观察员组织(2004年5月19日,塞浦路斯退出不结盟运动;2006年5月,接纳其观察员国安提瓜和巴布达、多米尼加两国为新成员;2009年7月,阿根廷和世界和平理事会成为观察员)。它包括了近2/3的联合国会员国,绝大部分是亚洲、非洲和拉丁美洲的发展中国家,人口总和占世界人口的55%左右,在国际社会具有广泛的代表性。中国一贯重视与不结盟运动的关系,在国际事务中与不结盟运动保持着良好的合作,并于1992年9月正式成为不结盟运动的观察员国。

不结盟运动大大提高了中小国家的国际地位,为争取国际关系民主化作出了积极贡献,在反对集团政治、反对超级大国霸权主义、反对军备竞赛、缓和国际紧张局势、维护世界和平等方面发挥了巨大作用;同时,积极维护发展中国家的经济利益,为提高它们的经济地位作出了重要贡献。两极格局结束之后,不结盟运动面临严峻考验。为适应新形势的需要,不结盟运动在第十一、十二、十三届首脑会议上对其运动的方向和战略目标作出重大调整。不结盟运动仍然具有强大的生命力,是国际舞台上一支不可忽视的力量。

3. 七十七国集团的形成和发展

七十七国集团是发展中国家为维持自己的经济权益,加强经济合作以对抗西方大国的控制、剥削和掠夺而建立的一个国家集团。1963年第十八届联合国大会讨论召开关于贸易和发展问题会议时,75个发展中国家共同提出《联合宣言》。1964年3月联合国在日内瓦召开了第一届贸易和发展会议。在这次会议上,77个发展中国家为了能以"同一个声音"说话,组成了七十七国集团,并发表了《七十七国联合宣言》,七十七国集团成立并由此得名。宣言谴责了发达国家在国际贸易中掠夺和剥削发展中国家的行为,表达了改变旧的国际经济秩序的决心和建立一种"完全符合于加速发展需要的新的国际贸易体制"的愿望,强调它们将尽力为此而增加彼此之间的接触和磋商,协调立场,确定共同的目标和制定联合行动的计划。

七十七国集团的主要活动方式是在每一届联合国贸易和发展会议、工业发展组织会议召开之前，举行部长级会议，协调立场，研究对策，在联合国讨论贸易和发展问题时为维护发展中国家的利益作准备。1974年召开的联合国大会第六届特别会议，通过了七十七国集团起草的《建立新的国际经济秩序宣言》和《建立新的国际经济秩序的行动纲领》两个重要文件。七十七国集团的成立和发展动摇了超级大国主宰的国际经济旧秩序，该集团以联合国讲坛为权益斗争的舞台，利用联合起来的集团力量，积极维护发展中国家的民族独立和国家主权，发展民族经济，推动南南合作和南北对话，着力创建公正、合理的国际经济新秩序。自1991年开始，该组织与中国形成"七十七国集团的合作加中国的合作"模式。七十七国集团成立多年来，已成为发展中国家在国际经济组织中共同利益的代表。它在促进南南合作、推动南北对话、为维护自己的正当权益以及改变不合理的国际经济秩序方面作出了不懈的努力，并取得了可喜的成就，在联合国贸易和发展会议主持的谈判中达成了一系列对发展中国家有利的国际公约和协定。截至2017年1月，七十七国集团共有133个成员。

万隆会议、不结盟运动和七十七国集团，是第三世界崛起的三个里程碑，发展中国家完成了从局部到整体性合作的转变。第三世界的崛起，是20世纪最伟大的历史事件，对国际社会产生了极其广泛而深远的影响。虽然走过的道路曲折，但是前途仍然十分光明。现在，发展中国家在国际舞台上发挥着日益重要的作用。中国作为最大的发展中国家，愿意继续团结各国人民，为世界和平及新的国际秩序的建立作出自己的贡献。

◎ 资料卡片 ◎

二十四国集团和十五国集团

目前世界上影响较大的发展中国家的国际组织还有二十四国集团和十五国集团。二十四国集团是1971年七十七国集团利马会议时成立的，是世界银行和国际货币基金组织中的24个发展中国家组成的政府间组织，其主要任务是协调发展中国家在国际金融和货币领域的立场与政策，并在有关谈判中代表发展中国家的利益。十五国集团是由亚、非15个发展中国家1989年9月在第九次不结盟国家和政府首脑会议上建立的，是继不结盟运动和七十七国集团之后又一个跨洲际的发展中国家组织。其宗旨是致力于促进南南合作，又称南南磋商与合作首脑级集团。目前，中国都不是这两个集团的成员。

二、发展中国家在世界政治经济中的地位和作用

发展中国家的崛起，对二战后世界经济、政治和国际关系产生了重大影响，在一定程度影响了世界历史的发展进程。它们在国际事务中的影响力不断增大，是维护世界和平的重要支柱，是建立国际经济新秩序的主力军。主要表现在以下几个方面：

第一，促进世界向多极化方向发展。第二次世界大战结束时形成的雅尔塔体制，奠定了世界两极格局的基础。发展中国家的兴起和发展，引起世界经济政治结构和力量对

比的重大变化。20世纪60年代以后,为反对美苏两个超级大国的激烈争夺,维护世界和平,发展中国家以各种方式团结起来,与霸权主义进行了坚决的斗争,不断冲击着两极格局,促进了世界格局由两极向多极发展。

第二,反对霸权主义和强权政治,维护世界和平。发展中国家利用一切机会,采取许多具体措施和行动,把反对霸权主义、强权政治,反对战争,反对军备竞赛,主张和平共处,维护地区和世界和平写进会议公报或宣言中。它们支持美苏的核裁军谈判,支持欧洲和全世界人民反对在欧洲布置各种导弹的和平斗争;不参加任何大国的军事集团,不准在本国领土上建立外国军事基地,提倡建立和平区和无核区等,对推行霸权主义、强权政治的行径进行了坚决限制。这些都是世界和平得以长期维护的重要因素。

第三,深刻地改变着联合国的面貌。从20世纪60年代开始,大批新兴民族独立国家先后加入联合国,使发展中国家在联合国及其机构中的代表名额不断增加,对一些重大的国际问题,主持公道,伸张正义,通过联合国大会多数表决,作出较为符合实际的、反映世界大多数国家和人民愿望的决议。1971年第26届联合国大会以压倒多数票,恢复了中华人民共和国在联合国和安理会的合法席位就是例证。通过发展中国家的斗争,《联合国宪章》的某些条款得到修改,发展中国家的主权地位得到保障。在发展中国家的支持下,联合国在维护和平、推动裁军、促进发展,以及解决国际争端方面发挥着越来越重要的作用。

第四,在世界经济中的地位上升。二战后发达资本主义国家的经济能够获得巨大发展,离不开发展中国家丰富的资源、廉价的劳动力和广阔的市场。而且发展中国家本身的经济也有较大的发展,出现了一批新兴工业化国家和地区,为世界经济的发展作出了贡献。在经济全球化的今天,发展中国家经济衰退、金融危机等问题,也会影响和制约发达国家乃至整个世界经济的发展。要解决关系人类命运的全球性问题,如人口问题、粮食问题、能源问题、生态平衡问题、环境污染问题、难民问题、禁毒问题、艾滋病问题等,如果没有发展中国家的积极参与,是根本不可能的。总体上来看,发展中国家在世界经济中的地位和作用日益上升,它们的发展正在逐渐改变着世界经济的面貌。

第五,是推动建立国际经济新秩序的主要力量。发展中国家从登上世界舞台起,就提出了建立国际经济新秩序的主张,并在实践中不断加以补充和完善。它们运用自己的资源、市场优势,创造了石油战、资源战、海洋战等,为建立国际经济新秩序而斗争。促使联合国通过了《建立新的国际经济秩序宣言》和《建立新的国际经济秩序的行动纲领》,使发达国家开始重视改善南北关系。与欧共体签订了四个《洛美协定》,成功召开了多次"亚欧会议""非欧会议",加强了南南合作,为推动建立国际经济新秩序作出重要贡献。进入21世纪以后,发展中的大国和国家集团积极参与南北合作,构建有利于发展中国家的区域和跨区域的国际政治经济机制。

第二节 发展中国家的经济政治发展

发展中国家的经济发展,是在国际社会谋求打破旧的国际经济秩序和建立新的国际经济秩序过程中进行的,受多种因素的影响和制约。在国内,是在殖民主义者留下的低级的产业结构、二元制的经济结构、弱小的民族资本和严重对外依赖的畸形经济形态的基础上进行的;在国际上,是在已经形成有利于发达资本主义国家的国际经济旧秩序的世界经济环境中求得发展。在获得民族独立和解放后,发展中国家为发展民族经济、以经济独立巩固政治独立,探索和制定了经济发展战略,取得了一些成就。

一、发展中国家的经济

(一)发展中国家经济发展阶段

从第二次世界大战结束至今,发展中国家的经济发展经历了五个阶段:

第一阶段为准备阶段(1945—1955年)。此时新独立的发展中国家经济发展面临诸多困难,但由于采取了一些正确的战略、政策和措施,如收回经济主权、进行土地改革、采取初级产品出口战略等,为后来的经济发展作了必要的准备。

第二阶段为起飞阶段(1956—1965年)。由于发展中国家大多数实行了进口替代战略,少数国家开始实行出口导向战略,经济发展速度加快,年均国民生产总值增长率达5.1%。

第三阶段为高速增长阶段(1966—1980年)。发展中国家国内生产总值年均增长率达6%,高于历史上的任何时期,也高于发达国家同时期4.7%的增长率。其主要原因为:一些国家逐步从进口替代战略转向出口导向战略;石油输出国两次提高油价;发展中国家开始了争取建立国际新秩序的斗争等。在这一时期,发展中国家之间的经济差距逐渐拉大。

第四阶段为经济停滞阶段(1980—1993年)。整个20世纪80年代,发展中国家年均经济增长率仅为1.5%,被称为"失去的十年",与发达国家已经缩小的差距又开始拉大,外债大增。为了改变这种状况,发展中国家开始进行经济调整和经济改革。

第五阶段为经济调整和深化改革阶段(90年代以来)。进入20世纪90年代,发展中国家开始重新探索新的经济发展战略。东亚经济高速增长,非洲经济走出泥潭,改变了人口增长速度超过经济增长速度的奇怪现象,出现经济增长的好势头。经过二战后几十年的发展,发展中国家的经济发展规模和水平呈现五个不同层次:第一,新兴工业化国家和地区,如亚洲"四小龙";第二,中东石油生产和输出国;第三,一些中等收入且在加快发展的国家,如南非、摩洛哥、突尼斯、加蓬、智利、秘鲁、阿根廷、委内瑞拉、哥伦比亚等;第四,低收入但在加快发展的大国,如中国、印度、巴基斯坦、印度尼西亚等;第五,最不发达国家,2012年12月24日联合国统计的这类国家有49个,其中亚洲9个、非洲34个、大洋洲5个、中美洲1个。

(二)发展中国家经济发展战略

第二次世界大战后,发展中国家根据不同情况制定了不同的发展战略。主要发展战略有:初级产品出口战略、进口替代战略、出口导向发展战略、经济社会综合发展战略等。

1. 初级产品出口战略

这种战略是发展中国家利用自己拥有的某些独特的自然资源优势,来获得外汇收入和进口所需要的生产资料、消费品,进而为经济的起步和发展创造条件。初级产品出口战略是发展中国家长期受殖民统治,独立后又处在不利的国际劳动分工和不平等的国际经济关系中,不得已而采取的经济发展战略。实行这种战略,难以使发展中国家实现工业化和现代化,甚至难以保证它们的真正独立。因此,在实行这种战略的同时,必须逐步发展制造业和其他产业,为逐步放弃这种战略创造条件。

2. 进口替代战略

这是一种内向型发展战略,也是发展中国家工业化初期的必由之路。这种战略要求发展中国家尽可能依靠自己的劳动力、原材料和技术,生产本国市场所需要的产品。通过保护政策,发展满足本国市场所需要的制造业,以本国生产的工业制成品替代原来需要进口的工业制成品。实行这种战略,有利于单一经济结构的改造和经济的多元化,减少对外国工业品的依赖,增强经济发展的自主性。但是这种战略也有弊端:过度的保护政策,使发展中国家的进口替代工业缺乏活力,经济效益不佳;忽视国外市场的开拓,国际收支不平衡,外汇短缺,贸易状况恶化。一些拉美国家如巴西、墨西哥、阿根廷独立后就开始实行这种战略。20世纪60年代,亚洲"四小龙"的韩国、中国台湾、中国香港和新加坡就是在实行这一战略中发展起来的。

3. 出口导向发展战略

这是一种外向型发展战略。该战略以比较利益为原则,充分发挥本国自然资源、劳动力丰富且廉价的优势,借助国外资金和先进技术的力量,以国际市场为导向,大力发展出口工业,以工业制成品替代农矿初级产品的出口,争取在更大范围和更深程度上参与国际分工和国际竞争,推动产业结构升级和优化,加速工业化的实现。这种战略有利于发展中国家和地区发挥自己的优势,利用国外的资金和市场,增强国际竞争力;有利于资本、劳动力、商品等在国际范围内的自由流动;有利于统一市场的形成和与国际市场接轨,加快经济发展速度。出口导向战略也有其不足,因为它主要是着眼于出口、面向世界市场,所以容易使这些国家和地区增加对世界市场的依赖,引起通货膨胀和物价波动。有不少发展中国家和地区实行这一发展战略,如马来西亚、泰国、印度、墨西哥、阿根廷、科特迪瓦等。

4. 经济社会综合发展战略

该战略强调社会、文化、环境等多方面同时发展,特别是社会经济的综合治理和全面发展;强调发展农业,谋求工业和农业、城市和乡村的协调发展;强调政府宏观调控与市场调节相结合的经济机制;强调人民参与经济和政治体制改革,调动他们参加社会经济发展的积极性和创造性。该战略改变了过去发展战略中的一些观念,如简单地把发展归结为经济问题,而忽视社会、政治、文化、环境等方面影响发展的诸多因素;片面强调物质资本而忽视人力资源;片面追求工业发展而忽视农业发展;片面依赖政府干预而忽视市场调节等。经济社会综合发展战略的进一步探索与实施,有助于解决发展中国家经济社会发展中存在的共性问题。

(三)发展中国家经济发展的成就

20世纪50年代到70年代末,发展中国家的经济获得了较快发展,取得了突出成就。主要表现在:

1. 国民经济有了较快增长

经济增长速度,不仅大大快于独立以前,也快于发达国家。世界银行的统计资料显示,1955—1970年,发展中国家(不包括高收入的石油出口国)国民生产总值年均增长率为5.4%,而西方发达国家为4.7%。1970—1980年,发展中国家为5.3%,西方发达国家为3.2%。同期发展中国家人均国民生产总值年均增长率为3.1%,西方发达国家为2.4%。

2. 逐步改变了过去的畸形经济结构

殖民主义造成的经济结构单一、产品低劣,是独立之初发展中国家的基本经济特征之一。虽然目前农业在发展中国家国民经济中仍占很大比重,但现代工业的增长速度远远快于农业,经济结构发生了很大变化。在工业增长中,制造业的增长速度较快,高于西方工业国家。1963—1973年,发展中国家制造业年均增长率为8.1%,而工业国家为5.8%。1973—1980年,相应的数字为3.6%和1.6%。1960年发展中国家的农业、制造业、服务业分别占其国内生产总值的36.9%、15.6%和42.8%,到1990年,在中低收入国家的产业结构中,农业下降为17%,制造业上升为25%,服务业为47%。

3. 经济自主性不断增强

经过几十年的经济发展,许多发展中国家已经能够按照自己的意愿,制定本国经济发展战略和政策,调整国民经济结构,培育和完善国内市场,大力发展国家资本主义经济和私人经济,并对外国垄断公司进行监督和管理。过去那种"工业欧美,原料亚非拉"的传统国际分工格局已经发生改变。如印度目前已经掌握原子能、航天和电子工业等较先进的技术,除能向国外提供一般耐用消费品、钢铁产品和有色金属产品外,还能出口纺织机械、制糖机械和钢铁、化肥、石化、采矿、交通等方面的设备。

4. 在世界经济中的比重增加

随着民族经济的不断发展和经济自主性的增强,发展中国家在世界经济中的比重逐步加大。二战后初期,发展中国家在世界经济中的比重几乎为零,到1994年已达到20.1%。发展中国家的经济在世界经济领域的地位、作用有了明显增强。

5. 出现了一批新兴工业化国家和地区

20世纪60年代以来,亚洲的新加坡、韩国、中国台湾、中国香港、马来西亚、泰国,拉丁美洲的巴西、墨西哥、阿根廷等国家和地区经济发展迅速,特别是亚洲"四小龙"经济规模迅速扩大,不断调整经济结构,工业化、城市化和现代化日益增强,人民生活水平明显提高,以政府与企业协调为特色的经济发展模式表现出蓬勃生机和强劲动力。这些新兴工业化国家和地区已成为一支重要的经济力量。

(四)发展中国家经济发展面临的困难

发展中国家在经济发展中也遇到了一些困难和问题,尤其在进入20世纪80年代以后,所面临的困难更加严峻。主要表现在:

1. 债务问题

发展中国家在实现工业化进程中,需要大量资金来促进发展,而自己的内部积累又十分有限,因此,吸引外资和举借外债就成了获得资金的必然途径。许多发展中国家在20世纪五六十年代就已有相当数量的外债。到1980年发展中国家的债务从1970年的661.8亿美元猛增到4372.3亿美元。2002年发展中国家的债务已达2.2万亿美元。为了偿债,发展中国家需要支付大量资金,许多国家还债资金占了其出口收入的一半。此外,由于旧债利息居高不下,许多国家的债务越还越多,1980—1989年的10年间,发展中国家就支付了近5000亿美元长期债务的利息,沉重的债务导致发展中国家步履维艰。

2. 粮食危机

发展中国家大多数是农业国,农业在国民生产总值中一般占40%~50%,从事农业的劳动力占总劳动力的2/3。农业生产落后,加之产业政策的失误,导致农业生产发展缓慢,尤其是粮食生产增长不快;另外,人口增长率高于粮食增长率,导致粮食严重短缺。发展中国家中,除少数国家外,大多数靠吃进口粮。1980年,亚非拉地区粮食进口额分别是6300万吨、1500万吨和1000万吨,1998年分别上升为8900万吨、2800万吨和1100万吨。二战后以来,亚洲粮食进口数额年年上升,成为世界上进口粮食最多的地区。粮食问题最突出的是非洲。近年来,非洲人口增长率是3%,而粮食生产增长率仅为1.9%,整个非洲有1/5的粮食需要进口。

3. 人口问题

目前,世界人口以每年9000万人的速度增加,大约80%的人口居住在发展中国家。在整个80年代,世界人口平均增长率为1.7%,发展中国家则为2%。其中,非洲和中东、北非地区高达3.1%,南亚为2.2%,拉美和加勒比海地区为2.1%,只有东亚为1.6%,低于世界和发展中国家的平均水平。1990年发展中国家人口的大约82%都分布在低收入国家最集中的地区。截至2012年底,全球人口已超过70亿。其中发展中国家的人口约为58

亿,占全球人口的82%(其中亚洲约42亿,非洲约10亿,拉美约6亿)。全球有12.9亿人每天生活费不足1.25美元,处于"极度贫困"状态,大约9.25亿人营养不良,他们几乎都生活在发展中国家。据联合国估计,如果人口不加以控制,到2025年世界人口将达到85亿,其中新增人口中的90%在发展中国家。人口增长是制约经济发展的重要因素,它会使贫困问题更加严重。

4. 环境恶化问题

环境问题是关系人类生存与可持续发展的核心问题,环境恶化问题主要是指生态环境破坏和环境污染问题。生态环境破坏突出表现为发展中国家的森林减少和土壤沙漠化;环境污染主要表现为发展中国家的空气污染、水源污染、固体废物污染、噪声污染、酸雨污染等。而整个世界生存环境条件的恶化,对发展中国家的影响更为严重,因为它们没有能力采取措施进行地区性改善,发展中国家的人民成为世界环境恶化的最大受害者。

5. 技术、知识边缘化问题

与发达国家相比,发展中国家在信息、技术、知识方面处于明显劣势,大多数发展中国家长期处在信息贫困中,其成为制约发展中国家发展的一个关键因素。

6. 经济全球化对发展中国家经济的挑战

发展中国家在当前经济全球化进程和国际经济体系中处于不利地位。发达资本主义国家不仅是世界经济的领跑者,而且是目前不合理的经济全球化游戏规则的制定者,控制着世界银行、世界贸易组织、国际货币基金组织等国际经济组织,在全球生产、贸易、金融等领域处于主导地位。发达资本主义国家极力推动全球贸易自由化,要求其他国家开放国内市场,而对发展中国家的商品进口则设置种种关税和贸易壁垒,损害发展中国家利益。1999年世贸组织西雅图全球贸易自由化谈判失败,一个重要原因就是某些西方发达国家对广大发展中国家提出不合理要求。它们一方面拖延实施对第三世界国家相对有利的有关农业、纺织业等乌拉圭回合协议的实施;另一方面却要求将劳工标准、环境保护等对第三世界国家相对不利的问题纳入新一轮贸易谈判,从而导致会议失败。

(五)发展中国家经济体制改革与发展战略调整

上述种种困难和问题,以及世界经济改革浪潮的冲击,促使发展中国家于20世纪80年代中期进行了一系列经济政策调整和改革。

1. 产业结构的调整

第一,以强调发展工业为重点转向重视工业和农业相适应的发展,注意发展第三产业(服务业)、第四产业(科技、信息业),实现工业、农业、能源、交通、金融、服务等部门的均衡发展。第二,促进产业多样化,降低工业的比重,提高农业和服务业的比重,逐步改变产业结构单一和畸形发展的弊端。第三,加强能源、交通运输和其他基础设施的建设,以解决经济发展的瓶颈问题。第四,从劳动密集型产业向资本密集型、知识技术密集型产业转移,发展以电子等高科技产业为核心的技术和信息密集型产业,实现产业结构不断升级。

2. 宏观经济政策的调整

在过去的几十年中,多数发展中国家的宏观经济是采取国家干预为主的经济发展方式。但随着经济的发展,国家干预过多,管得过死,限制和制约了经济的发展。因此,在深化经济体制改革中,发展中国家逐渐减少了国家对经济的直接干预和控制,重视经济杠杆作用和加强市场调节,努力将国家调控与市场调节结合起来。采取的主要措施有:摒弃传统的价格形成原则,建立合理的价格调节机制;实施金融自由化政策,完善金融机制;减少财政赤字,增加国家财政收入;改革外贸体制,实施贸易自由化;改善投资环境,吸引外资。

3. 微观经济的改革

发展中国家在对宏观经济进行改革的同时,也对微观经济进行了改革,加强培育市场型经济基础,这为有效的宏观调控提供了有利条件。采取的措施主要有:对国有企业实行大规模私有化;对保留的国有企业进行深化改革;减少国家对私营企业和外资企业的限制。

4. 实行对外开放政策

从 20 世纪 80 年代开始,许多发展中国家改变过去的闭关自守状态,并突破意识形态和政治关系的限制,在政治、经济独立自主的基础上实行对外开放。在对外开放中,它们注重对外经济贸易关系的多元性和全方位性,以经济利益为重,发展同世界各国的经济贸易关系,并制定了吸引外资的优惠政策,颁布法令,保障外资利益,改善投资环境。

发展中国家进行了经济改革与调整,并取得了一些成效。其中东亚国家和地区建立了外向型市场经济体制和金融体制;拉美地区的一些国家初步完成了从国家干预的内向型发展模式向减少国家干预的外向型发展模式转变。经过十多年的改革,不少发展中国家独立自主进行经济发展的内部条件和外部条件大为改善。20 世纪 90 年代以来,发展中国家经济开始步入新的增长时期。主要表现是:第一,经济增长率有所提高,宏观经济趋于稳定,并继续向好的方向发展。第二,对外贸易发展迅速,产品出口和竞争力明显增强。发展中国家的对外贸易在世界贸易总额中的比重已由 1974 年的 11% 上升到 1996 年的 32%。第三,经济结构明显改善。90 年代初,发展中国家的制造业产值在国内生产总值中的比重,已从 1960 年的 15.6% 增至 25%,农业和采掘业产值从 36% 降至 29%。第四,人均收入有所提高。根据国际货币基金组织公布的数字,在1987—1996年的十年中,发展中国家的人均国内生产总值年均增长率超过发达国家的两倍,前者为 3.6%,后者为 1.6%。其中亚洲一些国家和地区同期年均增长率超过 6%。

二、发展中国家的政治

(一)发展中国家发展道路的选择

发展中国家在独立后选择了不同的政治发展道路,其政治制度也各不相同。从国体看,少数国家选择了社会主义制度,绝大多数国家选择了资本主义发展道路,极少数国家继续维持封建的、前资本主义的制度,发展道路呈现出多样性特点。

1. 大多数发展中国家选择资本主义体制的原因

首先,从国际环境看,第二次世界大战削弱了英、法等老牌殖民帝国,使它们无法再继续维持直接的殖民统治,但它们又不愿意完全丧失其长期享有的殖民利益,所以在政治上作出让步,允许发展中国家独立,但又极力让这些国家留在资本主义体系中。同时,欧美国家还给选择资本主义道路的发展中国家提供大量的经济援助,促使这些国家发展资本主义经济。社会主义后来遇到挫折,原有的社会主义模式的弊端日益暴露,社会主义的优越性没有充分显现,而科技革命推动了资本主义经济迅猛发展,这就促使绝大多数发展中国家选择了资本主义道路。其次,从国内条件看,在大多数发展中国家,民族资产阶级占有优势,无产阶级的力量比较薄弱。在民族解放运动中,领导权也大都掌握在民族资产阶级手中。独立后,民族资产阶级处于执政地位,必然选择走资本主义发展道路。发展中国家的生产力水平低下,落后的小农经济和封建经济大量存在,相比较而言,资本主义生产方式是先进的,是有潜力和广阔发展前景的。

2. 发展中国家资本主义的特点

发展中国家的资本主义,虽然受资本主义普遍规律的支配,但与西方正统的、原生的资本主义相比,有它独有的特点。

第一,资本主义生产关系与前资本主义生产关系混杂。发展中国家的资本主义,是在经济基础发育不全的基础上产生的资本主义。这种资本主义与封建经济关系、部落经济关系等前资本主义生产关系混杂在一起,形成极为复杂的经济结构。

第二,国家垄断性与官僚性交织。发展中国家的资本主义从一开始就实行国家垄断,由国家对经济生活进行控制、干预和调节。其目的是与外国垄断资本相抗争,以民族垄断资本反对帝国主义资本,通过国家政权来扶植民族私人资本的发展。国家垄断性决定了发展中国家的资本主义总要与国家政权相结合,具有较强的官僚性,发展中国家的私人垄断多与本国的当权集团有着密切联系,依仗权势,发展自己。在一些发展中国家,由于社会监督机制不健全,法制不完善,人民参政水平低下,极易产生任人唯亲、贪污腐败等现象。

第三,依附性与民族独立性共存。发展中国家对发达资本主义国家的依附产生于殖民统治时期。独立后的发展中国家缺乏资金和技术,为加快经济发展必须与西方国家发展经济关系,吸取它们的资金、技术和管理经验,因而无力摆脱对西方资本主义的依附。发展中国家的资本主义是在反帝、反殖的民族独立斗争中产生的,一开始就具有民族独立性。它对西方发达国家的依附性与其自身的民族独立性一直存在矛盾。发展中国家的资本主义就是在这种控制与反控制、剥削与反剥削、干涉经济独立与争取经济独立的斗争中发展起来的。

(二)发展中国家的政治制度

1. 发展中国家政治体制的类型

发展中国家政治体制主要有四种类型。

(1)西方式的共和制政体。这是发展中国家仿效或移植发达资本主义国家政体而建立的,可分为议会共和制政体与总统共和制政体。议会共和制是以议会为国家政治活动中心,政府对议会负责的一种政治制度。印度、土耳其、津巴布韦、多米尼加等国都实行这种政体。总统共和制是以总统为国家元首和政府首脑,总统掌握行政权力。实行这种政体的国家很多,如菲律宾、斯里兰卡、叙利亚、也门、阿根廷、玻利维亚、巴西、哥伦比亚、墨西哥、委内瑞拉、埃及、突尼斯、塞内加尔、科特迪瓦、喀麦隆、肯尼亚、赞比亚等。

(2)君主制政体。可分为君主专制政体与君主立宪政体。君主专制政体是以君主为国家元首的政权形式,其特点是国家最高权力由君主一人行使,君主拥有绝对的权力。沙特阿拉伯就是采用这种政体。君主立宪政体是既有君主又有议会,以君主为国家元首,但君主的权力受宪法不同程度限制的政权组织形式。又可分为二元君主制和议会君主制。二元君主制,君主为国家元首,议会为立法机构,内阁向君主或同时向议会负责。君主的权力虽受到宪法和议会的制约,但实权掌握在君主手中。尼泊尔、不丹、约旦、科威特、巴林、卡塔尔、摩洛哥等国实行的是这种政体。议会君主制,议会是国家的最高立法机关,内阁由议会产生,向议会负责,掌握国家的行政权。作为国家元首的君主只是国家的象征,实行这种政体的国家有泰国、马来西亚、西萨摩亚、毛里求斯、牙买加、斐济等国。

(3)军人政权。即军人控制国家立法、司法和行政大权的一种政治统治方式,军人独裁制是一种利弊共生的政治形式。在非常形势下,它曾起到稳定社会秩序、促进经济发展的作用,但其专制集权的性质是与社会进步、政治民主的历史潮流相违背的。因此,大多数军人政权在20世纪兴起的民主化浪潮中倒台。

(4)政教合一的神权制政体。政教合一是发展中国家为数不多的一种政治制度。指政权和教权合二为一、或政府首脑兼掌宗教大权、或宗教领袖兼掌政府权力。发展中国家中只有伊斯兰国家实行政教合一制,如沙特阿拉伯、伊朗。此外,还有党政合一政体。而部落酋长制政体则是一种由部落酋长议事的政体。

2. 发展中国家政治体制的特点

第一,政体的民族性。发展中国家多以民族主义为创设政体、建设国家的指导思想,民族主义已经成为民族国家巩固政治独立、发展民族经济、反对外来干涉和控制的思想基础。第二,政体的模仿性。发展中国家的政治体制具有明显的模仿性。多数发展中国家的政治体制受发达资本主义国家的影响,甚至照搬西方式政治体制。如一些拉美国家,就建立了与美国类似的政体;一些原英国殖民地国家独立后,则更多地采用英国的政体。第三,权力集中和失衡性。发展中国家的权力集中和失衡,主要表现在集权政体的大量存在和长期延续。大多数发展中国家都存在过或依然存在传统君主制政体、军人政体或一党专制政体等集权制政治统治。第四，政体的变动性。发展中国家政体的变动大致有两个方向：一是现代立宪代议制政权代替传统的专制政权；二是专制独裁政权取代现代民主政权，这两个方向互相交织。政体的频繁变动是发展中国家政体脆弱性的表现。

二战后几十年，发展中国家政治发展取得了一些成效。主要是在政治上摆脱了殖民地半殖民地时期被压迫被奴役的地位，获得了民族独立和解放，成为国际舞台上主权独立的民族国家；它们在不断探索与本国国情相适应的发展模式和道路；政治参与的民主化程度不断提高，集权体制逐步向民主体制发展；大多数发展中国家实行了比较正确的民族政策，并努力化解种族、部族、民族矛盾，和平稳定的发展环境正在形成；绝大多数国家政局稳定，保持着良好的政治环境，为社会经济的发展、世界和平与发展的维护作出了积极贡献。

（三）发展中国家的政党制度

发展中国家的政党名目繁多，派别复杂，按政党在国家政治生活中所起作用来划分，发展中国家现行政党制度可分为五种类型：第一，一党制。在一个国家中，按宪法规定，执政党是唯一合法的政党，其他政党则被禁止存在。20世纪以前，非洲国家实行一党制的情况比较普遍。第二，一党优势制。在一国内存在两个以上的政党，其中只有一个政党长期执政，垄断政权。如20世纪90年代以前的印度国大党、新加坡的人民行动党、墨西哥的革命制度党。第三，两党制。国内两个政党通过选举轮流执政，其他政党因力量薄弱无力与它们抗衡。如哥伦比亚的自由党和保守党、乌拉圭的红党和白党。第四，多党制。在国内众多政党中，没有一个政党能够通过选举单独执政，只能由政党联盟联合执政。实行多党制的国家有土耳其、智利、泰国和阿根廷等国。第五，无党制。国家在法律或传统上取缔政党，禁止政党活动。这是发展中国家特有的政治现象。如不丹、沙特阿拉伯和利比亚等国。就发展中国家政党制度整体而言，还远不成熟和完善。

（四）发展中国家的政治思潮

二战后发展中国家涌现出多种政治思潮，这些政治思潮在发展中国家乃至全世界都产生了一定影响，其中以民族主义、社会主义、伊斯兰复兴主义思潮影响较大。

1. 民族主义思潮

民族主义思潮是发展中国家最具影响力的政治思潮，资产阶级领导的民族民主运动，历来都以民族主义为自己的旗帜。具有重大影响的有亚洲的尼赫鲁主义和苏加诺主义、非洲的纳赛尔主义、拉丁美洲的庇隆"民众"或"正义"主义。其共同特点：第一，把反对帝国主义、维护民族独立作为理论核心。第二，反对封建主义，具有明显的资产阶级民主要求，希望建立一个民主、正义的自由社会。第三，主张建立民族独立国家，发展民族经济和文化,改变贫穷落后的面貌。第四,强调要加强反对帝国主义的各种政治力量的联合。

民族主义对世界政治的影响是双重的,民族主义的积极影响是推动了二战后民族解放运动的发展和促进了殖民体系的瓦解;为新兴民族独立国家巩固政治独立、发展民族经济、反对外来干涉和控制奠定了思想基础;泛民族主义在化解民族纷争、促进民族国家联合中起到了积极作用。民族主义的消极影响是在民族矛盾和领土争端中,民族主义容易发展为民族扩张主义和地区霸权主义,导致国家关系恶化、冲突频发,破坏地区和平与稳定,如印度与巴基斯坦在克什米尔问题上的争端;民族分离主义不仅对多民族国家的统一产生消极影响,而且为他国干涉提供了机会。

2. 社会主义思潮

发展中国家的社会主义思潮,曾是仅次于民族主义的第二大思潮。1955—1990年,先后有50多个民族独立国家的执政党宣称要搞社会主义,这些国家约占战后新独立国家总数的59%,80年代初,提出以社会主义为目标的民族主义政党约有100个。这些国家所选择的社会主义,不同于中国、朝鲜、越南、古巴等国共产党领导下的科学社会主义,而是非无产阶级领导下的社会主义。

发展中国家选择社会主义的思想文化和社会基础。第一,社会主义国家的建设成就,对亚非拉新独立的国家产生了不小的吸引力;第二,新独立国家过去长期遭受殖民主义的压迫和剥削,对与殖民主义结为一体的资本主义制度有着强烈的排斥心理;第三,新独立国家的阶级关系和阶级状况有利于选择社会主义,在这些国家,无产阶级和资产阶级既不成熟,也不强大,而小资产阶级、知识分子和军官在政治生活中则起着重要作用,这些人向往没有剥削、没有压迫的美好社会,所以他们容易接受社会主义。在经济、社会、文化落后的国家,人们容易产生对公有制、社会公正、社会平等的朴素追求。20世纪80年代,发展中国家的社会主义转入低潮,不少国家公开放弃了"社会主义"。出现这种变化不是偶然。因为某些发展中国家搞社会主义是从实用主义角度出发的,是为适应当时国际国内形势而实行的一种政策,是其建设国家的一种手段和方法,而不是一种坚定不移的指导原则和路线,更不是一种过渡到共产主义的制度。因此,随时都可能发生变化。它可能因政府的更迭而更迭,因领导人的变化而变化。

发展中国家的社会主义思潮有多种类型,诸如民主社会主义、阿拉伯社会主义、非洲社会主义、亚洲的佛教社会主义、拉美的基督教社会主义、军事社会主义、合作社会主义等。这些思潮与马克思倡导的科学社会主义有着本质区别,实质上是亚非拉资产阶级民族主义在特定历史条件下的变形。苏东剧变对亚非拉绝大多数的社会主义思潮产生了巨大冲击,但社会主义在中国、越南、老挝、朝鲜等国发挥着主导作用,这些国家通过深刻反思,正在进一步探索科学社会主义理论与本国实践相结合的道路。

3. 伊斯兰复兴主义思潮

20世纪70年代以来,在以中东为中心的西亚和非洲地区出现了复兴伊斯兰教运动,并以1979年伊朗的伊斯兰革命为高潮,至今仍在发展。目前,世界上有50多个伊斯兰国家,这些国家有的把伊斯兰教作为最高信仰,有的以伊斯兰教为国名,如巴基斯坦伊斯兰共和国、伊朗伊斯兰共和国等。近年来,穆斯林人数急剧增加,20世纪70年代全世界穆斯林仅有5亿人,80年代达8亿人,90年代初达到10亿人。伊斯兰复兴运动的另一个重要表现是伊斯兰激进主义盛行。伊斯兰教内部存在各种派别,其中有代表性的是伊斯兰现代主义和伊斯兰激进主义。前者影响较小,主要在埃及等国家,主张改革伊斯兰教。后者影响深远,中东大部分国家受这一思潮支配,特别是在政教合一的沙特阿拉伯和伊朗,以及大力推行伊斯兰化的巴基斯坦、利比亚、苏丹等国,这一思潮主张回到早期伊斯兰教去,一切都以《古兰经》的正文和圣训为依据,即所谓"凭经立教",反对异端。

冷战结束后,伊斯兰复兴运动又有新的发展,伊斯兰国家正从各方面加强合作。政治上,加强协调行动,力求在涉及穆斯林国家利益的新老热点地区发挥作用。经济上,创建和扩大经济合作组织,正向"伊斯兰经济一体化方向"发展。1991年12月,伊斯兰会议组织明确提出,要建立一体化和伊斯兰共同市场。文化上,加强伊斯兰统一大家庭的联系。苏联解体后,中亚五国加入伊斯兰世界,无疑更促进了伊斯兰复兴运动的发展。

(五)发展中国家的共同特征

虽然发展中国家之间在历史、文化、制度以及经济发展水平等方面差异很大,但这些国家却拥有某些共同特征。这些特征包括:

1. 人民生活水平很低

在发展中国家,生活水平低表现在如下几个方面:首先,这些国家的人均生活水平很低。其次,作为人口大多数的穷人与少数富人生活水平的鸿沟也较发达国家大。最后,大多数穷人的生活十分贫困。

2. 生产率水平比较低

受人力资源素质、资本存量、技术和管理水平等条件的限制,发展中国家的生产率水平比较低。2002年,发展中国家的劳动生产率仅为发达国家的1/23。

3. 人口高速增长和沉重的赡养负担

发展中国家人口出生率一般远高于发达国家的出生率,同时由于卫生条件的改善和传染病的控制,两类国家在死亡率上的差距在缩小,这便造成发展中国家人口的快速增长。人口快速增长的一个结果是在发展中国家,儿童占总人口的比率较高,因此,从业劳动力抚养的儿童和老人数量也多,这就造成发展中国家的赡养负担。

4. 高水平的失业和低度就业

发展中国家劳动力中相当一部分未得其用。劳动力利用不充分有两种表现形式:一种是公开失业,指有劳动力和劳动意愿的人们得不到工作机会;另一种是低度就业或不充分就业,指劳动者形式上虽然就业,但得到的工作时间比他们能够工作的时间少,或指劳动者虽然在形式上得到充分就业的工作时间,但他们的劳动生产率却非常低。

5. 对农业生产的严重依赖

从生产结构看,低收入国家(中国和印度除外)农业在 GDP 中所占份额要远远高于发达国家;从就业结构看,农业劳动力的比重在发展中国家达 50%～70%;从城市化水平看,低收入、中等收入国家和地区的城市人口占总人口比例要远低于高收入国家和地区。

6. 在国际关系中处于劣势地位

发达国家与发展中国家在国际关系上是不平等的。发达国家控制着国际贸易的类型,决定着国际关系的规则和形势。而在大多数发展中国家,由于发展水平低,国内储蓄不足,经济建设只能靠出口初级产品取得外汇。同时,发展中国家也需要引进必要的技术、外援和外资,而这些资源的国际转移条件也是由发达国家控制的。因此,发展中国家在经济上受发达国家支配,依附于发达国家。

(六)发展中国家政治发展面临的问题

1. 国内政局不稳

冷战时期,军事政变频繁是发展中国家政局不稳的主要表现。据统计,从 1960 年到 1976 年,亚非拉地区约有 30 个国家发生了 40 次成功的军事政变。在拉美地区,除墨西哥外,几乎所有国家都发生过军事政变。而非洲则被认为创造了各大陆军人治国的世界纪录。据统计,在 1957 年至 1997 年的 40 年中,由内部冲突导致非洲国家政府"非宪"更迭共 78 次,88 位国家元首和政府首脑被推翻。冷战后,政局动荡表现为由民主化运动中进步与反动、革命与保守两股政治势力复杂的政治较量所带来的政治动荡。海地、菲律宾、巴拿马、阿根廷等国在经历文官政府与军事政变反复较量后,才走向稳定。在非洲,某些国家的民主化运动只不过是用新的集权代替旧的专制,另一些国家因民主化引发的社会骚乱和内战至今还未平息。

2. 民族问题

冷战时期,影响发展中国家政治经济发展的民族问题,主要是西方国家推行殖民主义与发展中国家民族独立的矛盾冲突。冷战后,被两极格局遏制的泛民族主义和国家内部各民族的矛盾问题突显出来,有的还发展成民族冲突甚至民族战争,其负面影响尤为突出。从欧亚大陆新月形边缘地带土耳其经海湾国家伊拉克、伊朗,沿印度、巴基斯坦一直到斯里兰卡、不丹、缅甸等,在这条漫长的地带,民族问题一直是影响相关国家政治稳定的重要因素。其中有整个阿拉伯民族与犹太民族为争夺生存权而进行的斗争,有存在于土耳其、叙利亚、伊朗、伊拉克等国的库尔德民族问题,有印度和巴基斯坦在克什米尔问题上的冲突,有斯里兰卡泰米尔人图谋独立而进行的反政府武装斗争。2002 年 12 月,泰米尔猛虎组织与政府达成协议,结束了长达 18 年的内战,暂时缓解了斯里兰卡的民族矛盾。但巴以冲突、印巴冲突、库尔德问题至今没能彻底解决。

在非洲绝大多数国家,民族问题则表现为极端复杂的部族矛盾和部族冲突。如 1991—1992 年索马里部族冲突升级为全面内战,1994—1995 年在卢旺达爆发的胡图族和图西族之间的大规模种族大屠杀。在肯尼亚、多哥、刚果(布)、刚果(金)、塞内加尔等国都曾发生部族之间的对抗和冲突。由民族问题产生和引发的民族冲突与民族战争,严重影响了这些国家的政治稳定和经济发展,影响了国家间正常关系的发展乃至世界的和平与安宁。

3. 宗教冲突

发展中国家的宗教形形色色、教派林立,不同宗教、不同教派间的矛盾,使宗教冲突难以避免。由于发展中国家是多民族国家,宗教冲突与民族冲突常常交织在一起,因而更加难以解决。两伊战争、阿以冲突国际化,宗教矛盾都在其中起作用。印度是发展中国家中宗教冲突频繁发生的国家,其中影响最大的宗教冲突是1984年因印军攻占阿姆利则金庙而引发的锡克教与印度教的大冲突、大仇杀,并导致英迪拉·甘地被信奉锡克教的卫兵刺杀身亡。1992年12月6日,数千名印度教徒摧毁了位于印度北方邦阿约迪亚的巴布里清真寺,导致一场全国性的暴力冲突,使一度趋于缓和的印度政局又出现动荡,这场冲突造成了巨大的生命和财产损失,同时引起了伊斯兰国家的抗议。

此外,发展中国家政治上还存在许多问题,诸如民主化进程尚未完成、法制化任务相当艰巨、政党制度难题颇多、领土和边界冲突此起彼伏等问题需要逐步解决。

发展中国家的政治发展出现艰难曲折的原因。外部原因是由于殖民地和半殖民地的历史,许多国家独立后所采取的国体和政体深受原殖民主义国家的影响,未必适合本国国情;冷战时期,发展中国家是两个超级大国争夺的对象,它们把发展中国家的政治纳入自己的战略轨道,制约了发展中国家政治的正常发展;冷战后东欧剧变、苏联解体,苏联、东欧地区的民主化浪潮对发展中国家造成严重冲击,再加上西方国家极力宣扬其民主价值观,鼓吹多党制,对发展中国家的政治发展影响深远。内部原因是不少发展中国家独立后选择了资本主义发展道路,实行资本主义政治制度,与其原来的传统势力存在尖锐矛盾;绝大多数发展中国家都是多民族国家,加上有关国家的政府在民族政策上的失误引起民族冲突;发展中国家多宗教、多种族、多教派共存,教义、教规乃至教徒的生活方式、习俗不同,易引发矛盾和冲突。

第三节 发展中国家的对外政策与对外关系

发展中国家的对外政策与对外关系具有复杂性和多样性的特点。所谓复杂性,是指发展中国家由于其所面临的国际局势纷繁复杂,因此不得不随时间、空间,以及国内外形势的变化进行针对性的外交举措,以维护民族独立和国家尊严。同时发展中国家之间存在多种多样的历史遗留问题,如领土争端、民族矛盾、宗教矛盾等,相关国家之间的关系既有共同对抗大国侵凌的一面,又有冲突争夺的一面,有时还会恶化为局部战争,因此发展中国家间的关系显得复杂多变。所谓多样性,是指发展中国家之间的政治制度、经济发展水平和文化传统存在较大差异。为维护各自的国家利益,对外政策和对外关系呈现出多样性。发展中国家对外政策的重点是建立国际政治经济新秩序,它们联合起来进行反帝、反殖、反霸、反对种族主义的斗争,取得了积极成果。

一、和平、中立和不结盟的对外政策

发展中国家整体的对外政策和对外关系的基本原则、立场是一致的。它们普遍奉行"和平、中立和不结盟"的对外政策,又称独立自主政策。其本质在于维护和巩固民族独立、国家主权。其基本内容:第一,反帝、反殖、反霸,维护民族独立,巩固政治独立的成果,发展民族经济;第二,支持第三世界人民的民族民主解放运动,反对各种形式的种族歧视和种族隔离,承认一切种族平等,承认国家不论大小一律平等;第三,积极参加和支持不结盟运动,不参加任何大国军事集团;第四,遵守和平共处五项原则,并以此处理国际关系;第五,遵守《联合国宪章》,主张和平解决一切国际争端,不得使用武力或以武力相威胁;第六,加强发展中国家的团结,实行南南合作,并扩大对话与合作的渠道,采取对各国都有利的方式解决全球的经济、社会、人口和环境问题;第七,发展中国家对外政策的重点,是依据和平共处五项原则建立国际政治经济新秩序,为世界和平与发展而努力。

二、发展中国家对外政策的共同点

发展中国家因共同的历史背景、共同的现实任务,在对外政策上有着众多共同点。这主要表现在发展中国家以和平、中立和不结盟为基本原则,为巩固民族独立和维护国家主权,积极反对霸权主义、殖民主义、帝国主义,维护世界和平;为促进本国经济发展和人民生活水平提高,增强综合国力,极力打破国际经济旧秩序,推动建立国际经济新秩序。

(一)巩固民族独立,反帝、反殖、反霸,维护世界和平

发展中国家尽管民族传统、文化习惯、政治体制、经济力量等方面存在差异,但发展中国家被奴役、被剥削的共同历史,使它们深刻体会到殖民主义的恶劣本性。为摆脱殖民统治,获取自由和独立,发展中国家人民前赴后继,浴血奋斗,才赢得国家独立,因而深刻体会到战争的残酷,和平的珍贵。因此,二战后,维护民族独立和国家主权完整,保卫世界和平,为发展中国家所大力拥护和支持,并且它们还为之作出了不懈努力。在对外政策方面,广大发展中国家积极反殖、反帝、反霸、反种族主义;支持各国人民的民族解放斗争;承认大小国家一律平等;不参加任何大国军事集团;主张和平解决一切国际争端;不得使用武力或以武力相威胁。

(二)共同合力构建国际经济新秩序

广大亚非拉国家在政治独立后,都面临发展民族经济的重要任务。无数的斗争实践使它们充分认识到,要发展本民族经济,不能只局限于依赖本国经济结构的调整和本国

生产力的发展，还取决于对国际经济旧秩序的改造和建立国际经济新秩序。要达到这一目的，发展中国家必须团结起来，统一斗争策略和行动，加强经济合作，共同反对发达国家的控制、剥削和掠夺。1964年成立的七十七国集团是发展中国家在国际经济斗争中走上联合斗争道路的标志。从此，发展中国家斗争的目标更加明确，即要求改变不合理的国际经济秩序，争取建立新的国际经济秩序。1973年石油输出国组织开展的石油斗争取得了重大胜利。针对国际经济旧秩序提出鲜明的战略性变革主张，1974年4月，联合国在七十七国集团的倡议和推动下，通过了《建立新的国际经济秩序宣言》和《建立新的国际经济秩序的行动纲领》，终于使得"关贸总协定"不公平不合理的原有体制实现了局部的改进。

三、发展南南合作

发展中国家之间的关系即南南关系，发展中国家之间的团结合作也称为南南合作。共同的历史遭遇和发展经济的共同任务是发展中国家团结合作的基础，发展中国家团结合作构成了南南关系的主流。南南合作起始于政治领域，发展于经济领域，这种合作是建立在平等、自愿、互助、互利基础上的，具有互相支援的性质，是发展中国家经济关系的重要体现，也是建立国际经济新秩序的重要内容。

(一)南南合作的历程

南南合作经历了以下几个阶段：

1. 起步阶段(二战后至20世纪60年代)

1955年亚非会议揭开了南南合作的序幕，但这个时期的南南合作规模不大，形式比较单一。20世纪60年代不结盟运动的兴起和七十七国集团的建立，标志着整体性南南合作的开始。在此推动下，区域性经济和贸易组织蓬勃兴起，使南南合作有了很大发展。此阶段各种形式的南南合作组织纷纷建立，南南合作的成果主要表现在政治领域。如石油输出国组织、安第斯条约集团、东南亚国家联盟等相继成立。这时的南南合作维护了国家的独立，打击了帝国主义和殖民主义。

2. 扩大影响阶段(20世纪70年代)

进入70年代，南南合作有了迅速发展。已经建立起各种南南合作组织的发展中国家，迫切需要有自己的纲领和行动计划，为此，它们开始探讨并提出了联合斗争的纲领和策略。确立了南南合作的奋斗目标——建立国际经济新秩序，明确了南南合作的基本方针——集体自力更生。为此，第一次提出"集体自力更生"的概念，并在联合国特别会议上通过了《建立新的国际经济秩序宣言》和《建立新的国际经济秩序的行动纲领》等重要文件。这一时期，合作领域不断扩大，合作组织迅速发展。

3. 向区域一体化发展阶段(20世纪80年代以来)

80年代以来，发展中国家经济面临严重困境，南北对话陷入僵局，南方国家更加重视南南合作。1982年和1983年先后在新德里和北京召开了南南合作会议，1986年第八届不结盟国家和政府首脑会议上成立了南方委员会。这一系列重要会议都强调要进一步加强发展中国家之间密切而有效的经济合作,同时提出了一系列合作方案和具体措施。这一时期,南南合作开始由一些地区性经济合作组织向跨地区、全球性合作方向发展。

(二)南南合作的主要形式

南南合作的具体形式主要有:

1. 区域性合作组织

发展中国家已建立起40多个区域性、半区域性经济合作组织,如东南亚国家联盟(简称"东盟")、海湾合作委员会、南方共同市场等。参加各种区域性组织的国家相互减免关税,实行商品自由流通,对外统一关税和共同市场,实行共同的税收管理,协调成员国在财政、工业、农业、运输等方面的政策。发展中国家还先后成立了单项经济合作、原料生产国和出口国组织30多个,这些组织在反对国际垄断资本操纵、控制原料市场的斗争中显示了力量。

2. 贸易合作

发展中国家的一些区域合作组织在本区域内部和区域之间采取相互减免关税等措施,促进贸易发展。七十七国集团在建立发展中国家全球贸易优惠制、建立发展中国家间贸易组织和建立发展中国家多国销售企业等三个方面进行了合作。

3. 货币金融合作

各经济共同体建立了为经济服务的金融机构,通过金融方面的互相帮助,解决发展资金问题。如加勒比开发银行、安第斯开发协会、西非国家中央银行等,这些机构主要是向其成员国提供贷款和援助。阿拉伯国家和一些货币金融组织还向发展中国家提供低息或优惠贷款,其特点是利息低、周期长,且不附加任何政治条件和经济条件。

4. 技术和劳务合作

发展中国家间加强了在科学技术方面的交流和合作,开展了相互转让技术、出售专利、技术咨询和培训、交换科学技术情报等工作,特别是在农业、卫生方面的技术和劳务合作成效显著。发展中国家间还通过合资经营、提供技术服务和劳务等,发展互利的技术合作。

(三)南南合作的新特点

20世纪90年代以来,南南合作表现出如下特点:

1. 区域集团化趋势加强

在亚洲,东南亚国家联盟继续发展壮大。东盟自1967年建立以来,取得了令人瞩目的成就。90年代以来,东盟已从6国扩大到10国,并邀请中日韩三国作为观察员参加,标志着东盟建立面向21世纪的"东南亚联盟10国共同体"取得了重大进展。东盟各国加强了在经济、政治、安全以及文化等领域的合作关系,2003年建成了自由贸易区。

在非洲,为促进非洲社会经济的发展和非洲经济一体化,1991年非洲51国在非洲统一组织第27届首脑会议上,签署了该组织制定的《建立非洲经济共同体条约》。1995年,该条约付诸实施,非洲一体化起步。2001年3月,建立了非洲联盟,这是新形势下非洲联合自强发展的必然产物。南部非洲发展共同体1992年由10国发展为12国;1994年非洲不同地区的国家相继建立了中部非洲国家经济共同体和货币共同体、东南非共同体、西非经济共同体和南部非洲发展共同体,拟订《关于非洲经济共同体与地区经济组织之间关系的议定书》草案。

在拉美,1991年,阿根廷、巴西、巴拉圭、乌拉圭建立了南锥体共同市场。几年来,四国多次举行会议,加快宏观经济调整步伐,求同存异,消除分歧,协调政策研究,从而为南锥体共同市场的正常运转创造了条件。1995年,南锥体共同市场正式启动,成为仅次于欧盟、北美自由贸易区和亚太经合组织的第四大区域性经济集团。

2. 合作内容的多样化和合作伙伴的多元化

发展中国家的合作内容既有经济、政治方面的,也有社会、文化方面的,还有一些全球性问题。如东南亚的缅甸、泰国和拉美的委内瑞拉、哥伦比亚等国在联合打击走私、贩毒方面,进行了卓有成效的合作。1991年在北京举行的发展中国家环境与发展部长级会议,是发展中国家在环境和发展领域加强合作的里程碑事件。南南合作不仅在南方国家之间进行,也扩展到与发达国家的区域集团进行合作。

3. 不结盟运动的重点从政治转向经济,走向务实

冷战后,作为南南合作载体的不结盟运动和七十七国集团面临严峻的挑战。冷战后,不结盟运动被置于历史发展的十字路口,一度出现思想混乱,拉美大国阿根廷退出不结盟运动的情况。七十七国集团在维护发展中国家经济利益方面的作用也有所减弱,无论是不结盟运动还是七十七国集团在处理重大国际政治和经济问题上都缺乏权威性与主导性。但是,不结盟运动所倡导的基本原则和宗旨,如独立、自主和非集团化的原则;坚决反对帝国主义、新老殖民主义、霸权主义;捍卫民族主权以及发展民族经济、民族文化;主张国际关系民主化和建立国际政治经济新秩序,仍合乎时代潮流,反映了发展中国家的利益和主张,仍然具有强大的生命力和重大的现实意义。七十七国集团在联合中协调行动,为建立国际经济新秩序而斗争,仍然是发展中国家长期而艰巨的任务。

不结盟国家和政府首脑会议于1992年、1995年、1998年和2003年分别召开了第十、十一、十二、十三次会议,这些会议反复认真地讨论了不结盟运动的命运,批判了"取消论""无用论",达成了不结盟运动不仅有存在的必要,而且要在国际事务中发挥更大作用的共识。同时,面对现实对不结盟运动提出的严峻挑战,在坚持不结盟运动基本原则和宗旨的基础上调整了战略重点,确立了今后前进的方向。首先,将运动的重心转移到经济领域,把"帮助发展中世界摆脱贫困、愚昧和落后"作为今后的主要任务,并提出了一些具体的行动措施。其次,继续坚持不结盟运动的原则和宗旨,反对霸权主义,反对大国干涉内政,为建立和平与发展的国际新秩序而斗争,使不结盟运动成为一支反对战争、维护世界和平的生力军。2003年2月,第十三届不结盟国家和政府首脑会议专门就当前的全球热点问题——伊拉克危机、巴勒斯坦问题和朝鲜核问题表明态度。这次会议还吸收了新成员,使其成员国达到116个。

不结盟运动还与七十七国集团共同确立了冷战后的具体目标,即在经济发展问题上,反对将多数发展中国家排斥在世界经济主要决策之外,要求实现国际经济关系的民主化;在世界和平与安全问题上,强调通过和平协商解决种族、宗教、政治和社会争端,特别是历史性争端;在裁军问题上,主张全面、无歧视地实现裁军;在联合国改革问题上,强调发挥联合国的作用,特别要重视贸发会议和工业发展组织在推动发展中国家经济发展和合作方面的作用;在人权问题上,反对将人权作为政治施压的工具,强调各国人民生存权和发展权的重要性;在建立国际新秩序问题上,提出建立以和平、公正、平等、民主和完全尊重国际法准则为基础的,无缺陷、无担忧,能兼容并蓄的世界新秩序。为适应新形势的需要,七十七国集团不仅与不结盟运动共同制定了上述目标,还调整了自己的斗争策略。其内容是,把实施同发达国家建立"相互依存"关系的灵活政策,与加快全球化趋势下的南南合作进程结合起来,以促进南北对话取得更有效的成果。2000年4月,在七十七国集团主持下,举行了首次发展中国家首脑会议,就如何应对21世纪经济全球化对发展中国家的挑战进行商讨。

(四)中国推动南南合作深入发展

2018年中非合作论坛峰会于9月初在北京顺利召开。北京峰会为中非合作的进一步深化奠定了基础,也为南南合作,尤其是中非间南南合作的发展提供了新思路。中国共产党的十八大以来,中国不断推动南南深入合作,特别是在话语倡导和实践层面作出了很大努力与贡献。

1. 在国际层面,创新制度建设,力推南南合作话语权不断加强

在贸易保护主义和逆全球化浪潮兴起的压力下,中国在发展壮大自身的同时,不断努力促进南南合作深化发展,特别是在制度层面不断创新,为南南合作注入新的内涵和动力,也大大促进包括中国在内的发展中国家的国际影响力和话语权不断增强。一是倡议和成立新的机构,为发展中国家的发展融资提供新的经济动力源泉和基础。比如倡导和设立亚洲基础设施投资银行、金砖国家新开发银行、出资设立丝路基金、南南合作援助基金等。二是以"一带一路"为引擎,推动构建人类命运共同体。借助双边和区域发展计划,助力发展中国家在经济、政治、社会和文化等领域共商、共建、共享,并突出强调政治上不干预、尊重国家需求导向基础上的互惠互利等原则,为全球包容性发展提供公共知识和公共产品,提供中国方案、贡献中国力量。

2. 在国家层面,不断深化政府机构改革,助力南南合作进一步发展

2018年初,国家国际发展合作署的成立,标志着中国在国际发展事务的顶层设计上又上了新的台阶,意味着中国将一改以往对外援助项目碎片化、管理条块化等特点,进一步加强中国在对外援助和国际发展合作方面的整体设计、规划、协调与管理。南南合作作为中国对外援助和国际发展合作中的重要组成部分,在国家国际发展合作署的领导下,无论从政策、规划层面,还是在管理和资源配置等方面,将更加整合、完善。

3. 在研究层面,大力支持南南合作智库建设

在中国政府的引导和支持下,近几年,国内的国际发展尤其是南南合作研究智库发展迅速,如北京大学南南合作与发展学院(2016年)、中国农业大学的中国南南农业合作学院与"一带一路"农业合作学院(2017年)等的成立,其中,部分研究智库还参与了"一带一路"南南合作农业教育科技创新联盟和南方智库联盟,通过与其他北方和南方国家的研究机构、人员进行交流,以及与参与南北国家的智库人员和学者进行对话等方式,共同深入探讨南南合作的内容及其新的内涵和特点,以及南南合作的监测和评估的独特性等。

4. 在社会层面,鼓励社会组织和企业走出去,参与南南合作

过去40年里,中国与其他发展中国家之间开展南南合作,不仅是政府间在基础设施、公共卫生、教育、农业和环境等领域执行合作大型项目,还通过金融政策等方式支持和鼓励国内的社会组织、私营部门和企业走出去。中国向非洲等发展中国家和地区流动的人口越来越多,这些流动人口中不仅包括企业的高层管理人员、IT、矿业或农业等领域的高级技术专家,还有技术员、工人和个体投资者等,工作领域分布在基础设施、教育、矿业、农业、公共卫生、高新技术等多元范围,他们通过自己的行动在构建新型南南国家间关系方面发挥着重要作用。

当前,南南合作的强劲发展正在重塑国际发展领域的南北国家之间、南南国家之间在政治、经济和文化等领域的国际关系,也在重塑国际发展的大格局。中国作为世界第二大经济体,不仅要求自身通过减贫等路径对实现2030年可持续发展目标贡献力量,而且通过制度、政策、管理等层面不断创新的方式,引领中国在各个层面不断促进南南合作在国际发展的话语和实践层面发挥作用,从而进一步推进人类命运共同体的构建和未来可持续发展目标的实现。

(五)南南合作的重大意义

1. 促进了发展中国家的经济发展

南方国家利用各自的差异优势,在平等互利的基础上进行合作互补,促进了各自的经济发展。同时,南南合作使发展中国家逐渐摆脱对发达国家的单方面依附。发达国家因为其技术优势和市场优势,以及在国际经济生活中的强势地位,借助各种手段,压低发展中国家的出口产品价格,高价向发展中国家出口,转嫁通货膨胀和经济危机。南南合作使发展中国家不再单一依附于发达国家的市场和技术,可以公平地开拓发展中国家间的市场,相互引进先进的技术、设备,促进了南南合作的深入发展。

发展中国家在经济上的密切合作,必然会促进它们在政治、外交上保持一致,这对于反对霸权主义、强权政治和维护世界和平将产生重要作用。

2. 提高了在南北关系中的地位

南方国家通过各领域的密切合作，促进各国在政治、外交上保持一致，使它们作为一个整体在国际舞台上发挥更有力的作用，在促进发展中国家经济发展、增强它们实力的同时，也提高了它们在南北关系中的地位，对建立国际经济新秩序具有很大的推动作用，对反对霸权主义、强权政治，维护世界和平产生了重大影响。

今后，越来越多的发展中国家将会更加清楚地认识到南南合作的重要性，并且随着国际政治格局向多极化方向发展以及经济全球化浪潮的出现，南南合作会有更加广阔的前景。但也必须充分看到，南南合作的道路并不平坦，主要原因是发展中国家数量众多，经济政治发展不平衡。随着全球化的不断推进，发展中国家内部的分化现象加剧，经济差距拉大的现象将会日益突出。再加上宗教、领土、民族等矛盾的存在，南南合作还存在许多障碍。总的来看，发展中国家之间本着求同存异的原则，团结合作是可以进一步发展和加强的。

四、改善南北关系

(一)南北关系的发展

南北关系泛指发展中国家与发达国家之间的关系，它是 20 世纪 80 年代产生、与东西关系相对应的一个地理政治概念。因为发展中国家大多数位于南半球，发达国家大多数位于北半球，故称南北关系。南北关系是发展中国家与发达国家各种关系的综合，而政治关系和经济关系则是南北关系的两条主线。南北之间实力不等、利益不同，在它们的关系中既存在对立和斗争的一面，也存在依存与合作的一面。南北双方应当求同存异，扩大合作，加强对话，避免对抗，为共同解决和平与发展问题作出贡献。

南北关系是从历史上帝国主义国家和殖民主义国家与殖民地、半殖民地国家和附属国之间的关系演变而来。在冷战时期，南北关系主要表现为国际经济领域的对抗与对话，国际政治领域的控制与反控制、干涉与反干涉的斗争。由于东西关系威胁着世界和平，和平问题成为世界政治的头等大事，南北关系的政治问题处于次要地位。

冷战时期，南北关系的发展大致经历了三个阶段：

第一阶段，1945 年至 20 世纪 60 年代初，发展中国家进行了反对帝国主义、殖民主义的民族解放运动，建立了民族独立国家；独立后，与发达资本主义国家进行了争取经济独立、巩固政治独立的斗争。

第二阶段，20 世纪 60 年代初至 70 年代末，发展中国家以不结盟运动和七十七国集团为载体，开展了建立国际经济新秩序的斗争。发展中国家通过世界贸发会议，就国际经贸领域的重大问题与发达国家进行谈判，同时着手为建立国际经济新秩序制定共同的斗争纲领和指导原则。1974 年 4 月，在中东产油国"石油斗争"取得胜利和其他各种原料生产输出国组织相继开展"原料斗争"的背景下，联合国大会召开第 29 届会议，通过了

《各国经济权利和义务宪章》,迫使发达国家在全球范围内开展南北对话,发展中国家掌握了南北斗争的主动权。1974年12月,19个发展中国家和8个发达国家举行了首次国际经济合作会议,1977年又举行了第二次会议,1979年第34届联合国大会通过了138号决议,确定了全球谈判的原则。

第三阶段,20世纪80年代,南北矛盾主要体现为建立国际经济新秩序的斗争。由于发展中国家经济状况日益恶化,它们之间团结合作的趋势相对减弱。而发达国家在经济危机打击下加强了内部的经济协调,并实行贸易保护主义,致使南北差距急剧扩大。发展中国家在南北斗争中处于不利地位,由攻势转为守势,南北谈判陷入僵局。为打破僵局,1981年10月在墨西哥坎昆召开了22个国家参加的南北会议,坎昆会议就恢复南北谈判和改善南北关系进行了广泛的讨论和磋商,但由于美国对南北关系持消极态度,并力图推翻联合国138号决议,致使南北对话未能取得进展。整个80年代,南北关系一直处于僵局状态。但是,发展中国家仍然围绕初级产品价格问题、债务问题、资金技术问题与发达国家进行了艰难的谈判和斗争。

冷战时期,南北关系主要表现为国际经济领域的对抗与对话,国际政治领域的控制与反控制、干涉与反干涉的斗争。因此,南北关系不仅是发展中国家与发达国家之间的经济关系问题,而且包括发展中国家与发达国家之间的政治关系。

(二)南北关系的新变化

20世纪90年代以来,随着两极格局的终结,南北关系发生了重大变化,主要表现在:

1. 南北矛盾在政治领域的表现日益突出

在西强东弱的形势下,发达国家将人权、安全和军控的重点由苏联和东欧国家转向发展中国家,使南北在政治领域的矛盾突显出来。发达国家将人权问题的矛头转向发展中国家,人权问题逐渐成为南北关系中的主要问题,发达国家以人权、人道为借口干涉发展中国家的内政。美国强调人权是其对外政策的基石。欧盟则提出应该诱导、促进发展中国家的人权。法国提出"人道主义干涉无国界",要求《联合国宪章》放弃不干涉内政的原则。它们把"人权""民主化""多党制""市场经济"作为提供经济援助的政治条件,诱使发展中国家向西方靠拢,以西方的价值观来改造发展中国家。凡达不到它们要求的发展中国家,它们就会停止经济援助,甚至是实行经济制裁和封锁。它们还利用大众传媒,宣传西方的人权观念、意识形态,进行文化渗透。为解决所谓的"人权问题",它们不惜动用武力,直接干涉一些发展中国家内政。例如,1989年12月,美国就以巴拿马诺列加政府实行独裁统治,违背人权为借口,出兵推翻了巴拿马的合法政府。1999年3月24日,以美国为首的北约打着"人权高于主权"的旗号,对南联盟发动了大规模空袭。更为严重的是,它们不顾《联合国宪章》、国际法的基本准则,悍然用导弹袭击中国驻南联盟使馆,造成人员重大伤亡和馆舍严重毁坏,这是对中国主权的野蛮侵犯。它们所谓的"人权""人道""民主"只不过是推行霸权主义、强权政治、新干涉主义的一个借口。2003年3月18日,美国不顾中、法、俄等安理会常任理事国的反对,公然绕开联合国发动了推翻萨达姆的伊拉克战争等。

2. 发达国家把发展中国家作为安全和军控的重点

在安全和军控问题上,美国已把安全战略的重点转向发展中国家。美国 1992 年度《国防报告》提出以"全球威慑,应急反应"为核心的新防务战略,主张把安全战略的重点从对付苏联,准备打一场世界大战转向对付发展中国家和地区的局部战争,并准备打击对美国重大利益进行挑战的国家和力量。发达国家认为,核、生、化等大规模毁灭性武器和导弹技术在发展中国家的扩散,是其安全利益的最大威胁。美国把防止核武器及其他军事技术的扩散置于其安全和对外政策的优先地位。为此,专门成立了一个"反扩散中心",加强情报活动。这个中心利用各种先进手段,对 24 个发展中国家和 72 种以上的武器技术进行严密监视和跟踪,重点防范朝鲜、伊拉克、伊朗、利比亚等国的秘密核武器及导弹试制活动。

3. 南北经济差距日益扩大

冷战结束后 20 多年,由于中国、印度、巴西等发展中大国经济有较大发展,从整体经济规模看,南北差距有所缩小,但并未发生质的变化。如果从科技发展水平来考察南北关系,其差距更大。穷国愈穷,富国愈富的现象仍在继续,世界上"最不发达国家"由 1989 年的 42 个增至 2012 年的 49 个,占发展中国家的近 1/3。虽然世界贫困人口由 1990 年的 18 亿下降至 2008 年的 12.9 亿,但 2008 年的全球金融危机,又导致贫困人口特别是发展中国家的贫困人口呈现急剧增长趋势。

南方债务负担有增无减。债务问题已成为南北关系中的一个重大问题。1988 年南方国家外债总额为 13750 亿美元,2002 年增至 22000 亿美元。南方国家的债务已对国际金融市场产生强烈冲击,严重威胁着债权国——北方国家的经济利益。因此,20 世纪 90 年代以来,北方国家和一些国际金融机构相继采取措施,缓解债务危机。西方七国首脑会议从 1988 年 6 月的多伦多会议到 2000 年 7 月的冲绳会议,曾多次讨论南方国家的债务问题。在 1999 年的科隆会议上,七国同意为世界最穷的国家免除债务 700 亿美元,但迟迟不见落实。2005 年 7 月 8 日,八国领导人同意是年 6 月八国财长会议达成的一项协议,决定免除 18 个重债贫困国(其中 14 个在非洲)所欠国际金融机构的全部 400 亿美元债务。这项有史以来全球最大规模的债务减免计划受到相关国家的欢迎,但一些援助机构认为,发达国家为消除世界贫困、疾病和饥饿所作的努力还远远不够。

南北经济"数字鸿沟"加大。发展中国家由于高科技、信息的落后,信息设施的匮乏、信息消费的昂贵,在信息资源获取上处于落后地位,掌握和拥有的信息资源份额越来越少,成为"信息贫国"。而发达国家由于具有信息技术优势,在信息资源获取上处于领先地位,并掌握和拥有越来越多的信息资源,成为"信息富国"。这种信息富有者和信息贫困者之间的落差被称为"数字鸿沟"。我国国家统计局对世界 28 个主要国家(包括发达国家和发展中国家)和地区信息能力测算结果显示,美、日、澳三国信息能力指数在 65 以上,属于信息能力最强的国家。亚洲一些发展中国家信息能力指数在10以下(如斯里兰卡8.19、巴基斯坦5.28),这些国家的信息能力还不足美国的13%,属于信息能力最弱的国家。在互联网方面,这种鸿沟更明显。占世界总人口1/5的最发达国家的上网人数占互联网总用户的93%,占世界总人口1/5的最贫穷国家的上网人数占互联网总用户的0.2%。从网络人均使用率看,美国、加拿大是发展中国家的100~200倍。

4. 南北对话与合作关系的加强

南北相互依存是客观存在的,南方国家只有经过斗争才能求得与北方国家的合作,南北只有合作才能求得共同发展。在亚太地区,美国提出了"新太平洋共同体"的构想,并于1993年倡议召开了西雅图亚太经济合作组织非正式首脑会议,随后形成了一年召开一次会议的固定模式;日本则以亚洲为战略依托,加紧对亚洲市场的开发;西欧大国竞相与亚洲国家发展经贸和政治关系,欧盟与亚洲国家从1996年开始至2012年先后举行了九次亚欧首脑会议,共同探讨建立21世纪亚欧新型伙伴关系问题、双方合作与发展问题。

在中东,美国通过1991年的海湾战争,取得了在中东地区的主导权,在中东和平进程中扮演了举足轻重的角色。1993年签订了《奥斯陆协议》,1994年建立了巴基斯坦自治政府。1995年11月,欧盟提出建立欧盟—地中海伙伴关系的创意,启动了"巴塞罗那进程",决定在三个领域(政治与安全、经济与金融、社会与文化)和两个层次(多边和双边)与地中海东岸、南岸的阿拉伯国家建立伙伴关系,并于2010年建成欧盟—地中海自由贸易区。在非洲,1997年6月,克林顿宣布了一项促进非洲国家对美国出口和促进美国对非洲的私人投资计划,宣布1783种产品可以免税进入美国。在非加太地区,2000年3月23日,15个欧盟成员国与该地区77个国家在贝宁的科托努正式签署了新的贸易和援助协定——《科托努协定》,从而结束了实施25年之久的《洛美协定》。新协定有效期为20年。在拉美,1998年4月,美洲34国(除古巴外)在智利首都圣地亚哥举行了第二届首脑会议,宣布正式启动建立美洲自由贸易区的谈判,承诺在2005年前逐步取消关税,最终建立从阿拉斯加到火地岛的全球最大的自由贸易区。

5. 南北对话从经济领域扩大到社会领域,日益向多层次、多方位和更广泛的领域发展

过去南北对话主要围绕涉及发展中国家经济发展部署的有关问题,如资金问题、初级产品价格问题、贸易不平衡问题、市场进入问题、援助问题等展开。这些对话主要是发展中国家要求发达国家提供优惠或补贴,而发达国家先看到的往往是自己眼前利益的损失,因此双方的谈判容易陷入僵局。现在对话的重点转到生态环境、恐怖活动、毒品贩卖、难民迁徙等这些全人类共同问题,利害与共,休戚相关,这就增加了南北对话中的合作因素。具体表现在:

第一,构建了国家、区域和跨区域的对话合作机制。在国家层面,有中美、中欧双边战略对话机制,还有印美双边战略对话机制等;在区域层面,有东盟"10+3"机制和东亚峰会机制,还有北美自由贸易区;在跨区域层面,有亚太经济合作组织峰会的固定模式、亚欧会议、美国—撒哈拉以南非洲贸易与经济合作论坛、欧非首脑会议、欧盟与非加太国家在《科托努协定》框架下的合作、欧盟—地中海伙伴关系计划等,还有美洲国家首脑会议、援助非洲东京国际会议机制和欧拉会议机制等。

第二,八国框架下南北对话机制的形成与发展。21世纪初,南北关系最引人注目的变化是,一年一度的以西方大国协调为特点的八国首脑会议增加了与发展中国家对话的安排。2003年法国埃维昂峰会,八国首脑不仅邀请了中国、印度等11个发展中国家的领导人与会议事,还举行了首次南北领导人非正式对话会议。此后,2005—2010年进行了六次南北领导人间的非正式对话。对话内容包括非洲的发展问题、全球气候变化问题、全球能源问题等。最重要的成就是八国集团取消了18个重债穷国的400亿美元债务(2005年),以及表示向非洲提供600亿美元的援助资金(2007年)。

第三,二十国集团机制为全球南北关系的发展和国际机制的变革提供了新的平台。2008年全球金融危机促使2009年二十国集团第三次首脑会议峰会的召开,并在峰会发表的"领导人声明"中宣布其为永久性的全球经济主要协调和合作机制。至2012年6月,二十国集团已召开七次峰会。该机制的建立不仅表明发展中国家在世界经济中地位的上升和作用的增强,而且预示国际机制将出现新的调整和变革。

南北关系的变化说明,随着经济全球化的发展,发展中国家和发达国家都需要借助彼此来发展经济和保障安全。欧盟的扩大,美洲自由贸易区的成立,亚太经济合作组织等一些南北合作组织的成立,都表明南北关系相互依赖的不断加深。冷战后,发展中国家的经济发展受发达国家的影响有所减弱,而发达国家对发展中国家的依赖却明显增强。

区域内部或集团内部的南北关系也在加强,北美自由贸易区、欧洲自由贸易区、亚太自由贸易区三大经济板块,每一个板块中既有发达国家,也有发展中国家,全球性的南北关系将变成区域内部或集团内部的南北关系,这标志着南北关系的发展进入了一个新阶段。

20世纪90年代以来,发达国家经济陷入衰退,但发展中国家的经济却在快速增长。这是因为发展中国家的内部需求在增加,发展中国家之间的出口在增长。发展中国家的经济快速发展变成发达国家经济复苏的主要动力,正日趋成为世界经济增长的一个独立来源。当然,尽管南北相互依赖加深,发展中国家的国际地位有所提高,但是,当前发达国家在世界经济中的主导和支配地位不会改变,不公正、不合理的国际经济旧秩序在短期内不会改变;发展中国家中的单一原料出口国仍将遭受初级产品价格下跌、制成品价格上涨的双重损失;新兴工业国家和地区也因西方贸易保护主义而继续受到危害。

 思考题

1. 发展中国家经济发展取得了哪些成就?面临的困难和问题是什么?
2. 发展中国家政治发展的主要问题是什么?
3. 简析冷战后南北关系的新特点。

第六章
战后社会主义国家的经济与政治

|学|习|要|点|

- 社会主义国家的出现是 20 世纪世界历史上最为波澜壮阔的运动。十月革命胜利,建立起世界上第一个社会主义国家,实现了社会主义由理论、运动到制度的跨越。
- 第二次世界大战后,社会主义运动掀起高潮。东欧一系列国家模仿苏联模式建立起社会主义制度;亚洲、拉美等一些社会主义国家相继建立。
- 社会主义国家经济、政治和对外关系的发展,对反对霸权主义,维护世界和平起到了十分重要的作用。
- 20 世纪 90 年代,东欧剧变、苏联解体使世界社会主义运动陷入低谷。以中国为代表的社会主义国家通过改革,逐渐恢复生机与活力,使世界社会主义运动迎来新的发展机遇。
- 作为世界上建立时间最早、国力曾经最强、影响曾经最大的社会主义国家,苏联解体说明社会主义发展的长期性、艰巨性、复杂性、曲折性。

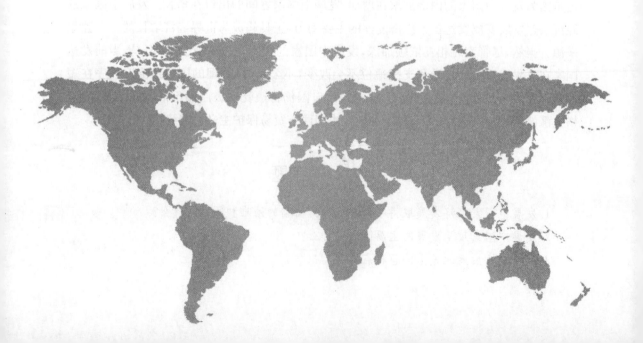

第一节 战后社会主义国家的发展壮大

第二次世界大战是社会主义国家由一国到多国、由弱到强的分水岭。在此后的几十年,资本主义国家和社会主义国家在冷战中相互交织,曲折发展,社会主义国家经历了从模仿苏联模式到自主改革的发展道路。

一、战后社会主义从一国到多国的发展

1917年11月7日(俄历10月25日)俄国爆发十月革命,在以列宁为首的布尔什维克党的领导下,推翻了资产阶级临时政府,取得了十月社会主义革命的伟大胜利,建立了世界上第一个社会主义国家——俄罗斯苏维埃联邦社会主义共和国。共和国成立后,经过三年艰苦的国内战争,粉碎了14个帝国主义国家的武装干涉和地主资本家的武装叛乱,保卫了苏维埃政权。1922年10月6日,在俄共(布)中央全会上,列宁提出的成立新国家的建议得到通过。1922年12月20日,俄罗斯、白俄罗斯、乌克兰和外高加索等苏维埃社会主义共和国合并,成立了苏联。1922年12月30日晚,苏维埃社会主义共和国联盟首次苏维埃代表大会在莫斯科召开。大会通过了苏联成立宣言。大会通过的联盟条约规定,联盟苏维埃代表大会为国家最高权力机关,联盟人民委员会为执行机关。条约还特别规定,每个加盟共和国都保留有自由退出联盟的权利。苏联成立以后,经过20多年社会主义建设的探索,基本上形成了经济上高度集中、政治上高度集权的苏联社会主义模式,又称斯大林模式。

1939年9月,第二次世界大战爆发。战争前夕,苏德签订了《苏德互不侵犯条约》,苏联维持了暂时的和平。1941年6月22日,纳粹德国单方面撕毁条约,对苏联发动突然袭击,苏德战争爆发。自此,在斯大林领导下,苏联开始了抗击德国法西斯的卫国战争。1945年5月,德国投降,苏联赢得了卫国战争的胜利。第二次世界大战以后,社会主义获得蓬勃发展。在苏联支持下,欧洲东部相继出现了波兰、保加利亚、阿尔巴尼亚、罗马尼亚、捷克斯洛伐克、匈牙利、南斯拉夫和德意志民主共和国等八个社会主义国家,总面积120多万平方公里,总人口约1.5亿。这些国家在苏联的支持和援助下,取得了反法西斯战争的胜利,走上了社会主义道路,并且模仿苏联模式,建立起高度集中的经济政治体制。苏联模式在这些国家的推广,产生了积极作用,它帮助没有社会主义建设经验的国家,在短时期内建立起社会主义基本制度。但是由于各国历史文化传统和经济社会发展水平的差异,机械照搬苏联模式也产生了消极影响。后来,东欧社会主义国家多次出现的危机都与苏联模式有很大关系。

在亚洲,朝鲜、越南、中国、老挝先后建立起社会主义国家。特别是1949年中华人民

共和国的成立,使得中国成为继苏联之后又一个社会主义大国。新中国的诞生,大大改变了世界政治力量的对比。1945年,越南爆发了"八月革命",胡志明宣布成立越南民主共和国,1976年改名为越南社会主义共和国。在朝鲜半岛,朝鲜民主主义人民共和国于1948年9月9日成立。1975年12月2日,老挝宣布废除君主制,成立老挝人民民主共和国。

在拉丁美洲,1959年卡斯特罗领导的古巴革命取得成功,随后开始了社会主义改造。1961年,古巴政府宣布古巴属于社会主义国家。至此,连同苏联和蒙古,世界上建立了15个社会主义国家。

二战后,社会主义运动的迅速发展具有十分重大的历史意义。社会主义国家的人口总数约占世界总人口的1/3,陆地面积约占世界的1/4。社会主义国家的存在,成为国际社会一支不容忽视的和平力量,改变了二战后国际力量的对比,改变了世界政治经济格局,使社会主义实践达到亚、欧、拉美三大洲,形成同资本主义体系相抗衡的社会主义体系,壮大了人类进步事业的力量。

各社会主义国家的建立方式是不同的,这也对世界社会主义发展产生了不同影响。在东欧社会主义国家建立与发展过程中,苏联与东欧的关系始终占有特殊地位。二战后初期,东欧国家大多数是多党并存,社会民主党的影响很大,共产党并不占优势,两党后来合并为统一的工人阶级政党,这给东欧国家以后的发展留下隐患;亚洲社会主义国家建立在独立自主的基础上,注重开创具有本国特色的社会主义,经过几十年的艰苦探索,为社会主义实践形式的多样化开拓了新路。

二、社会主义国家的经济与政治

由于社会主义制度都是在经济文化比较落后的国家建立起来的,所以在社会主义建设道路上,各国面临着更加艰巨的经济政治任务。革命胜利后,各国首先面临的是建立人民民主政权和进行社会主义改造两大任务。欧亚各国在共产党领导下,相继建立了工人阶级和劳动人民的政权。其中,南斯拉夫、阿尔巴尼亚和中国等,在共产党领导下,广泛发动群众,自获得解放后便建立了共产党领导的人民民主政权;而共产党力量较薄弱的国家,如波兰、保加利亚、匈牙利、捷克斯洛伐克和罗马尼亚等国,在解放后一段时间内,建立的是包括资产阶级政党在内的联合政府。冷战期间,在苏联的支持下,这些国家的共产党清除了其他政党,确立了共产党的执政地位。在巩固社会主义政权的同时,各国按照苏联模式进行了社会主义改造,在工业上实行了国有化政策,在农业上进行土地改革并实行集体化,建立了社会主义公有制。

二战前,苏联经过新经济政策时期,重建了被战争破坏的政治秩序,经济逐渐得到恢复。从1928年开始,苏联终止新经济政策,实行"斯大林模式"。通过农业集体化、国家工业化——实际上是重工业化和军事工业化,实行严格的高度集中的计划经济管理,有计划地建设社会主义。1936年,苏联宣布已经建成社会主义。一方面,苏联的重工业高速发展。到1938年,制造业产值增加了7.5倍,达到欧洲第一位,其他一些工业发展指标也赶上或接近西方发达国家。另一方面,苏联经济开始暴露出片面发展的弊端,表现为农业和轻工业严重落后,国民经济综合平衡失调。到战争结束时,工业生产的许多指标降到30年代初期水平,农业总产量比二战前减少40%。

二战以后,随着东欧社会主义国家的建立,苏联获得了广阔的外部空间。战争提高了斯大林的权威地位,进一步强化了斯大林模式,苏联国民经济进入恢复与和平发展时期。在苏联共产党领导下,苏联人民迅速医治战争创伤,恢复国民经济,大大增强了苏联的综合国力。1946年,苏联国民经济基本上步入和平建设轨道,到1948年,苏联的工业产值超过二战前最高年代的水平,到1950年,农业得到恢复,总产值是1940年的99%,到1950年初,苏联第四个五年计划提前完成。据统计,苏联1950年的工业总产值比1940年增长73%。[1] 但由于农产品价格"剪刀差"的存在,农民生产积极性被抑制,再加上1946年全国出现的特大旱灾,农业恢复和发展遇到困难。

◎ 资料卡片

苏联五年计划

苏联五年计划是斯大林时期为了迅速发展经济而制定的全国性经济计划。从1928年起至1991年苏联解体,苏联共实行了十三个五年计划。每一个五年计划大都确定了发展的重点。如1928—1932年的第一个五年计划是实现农业集体化,1933—1937年的第二个五年计划是发展重工业,这两个五年计划都提前完成。1938年开始的第三个五年计划是集中发展军事工业,1941年因战争的爆发而中断。苏联第四个五年计划主要围绕医治战争创伤,恢复国民经济而制定。

东欧社会主义国家都采取了苏联高度集中的经济政治管理模式,实行指令性计划制度。这种高度集中的经济体制的主要特征是:第一,在所有制结构上,实行单一的生产资料公有制。国家所有制是社会主义所有制的基本形式,集体农庄合作社所有制是劳动者的集体所有制。第二,在经济管理上,实行高度集中的计划管理体制,完全靠行政手段管理经济,视指令性计划为一切经济活动的目标和准则。在微观经济活动方面,实行国家直接经营企业。第三,在分配体制上,全部实行单一的按劳分配原则。第四,在经济发展战略上,强调优先发展重工业,特别是国防工业,忽视农业,压缩轻工业,形成重、轻、农的发展序列。

但社会主义国家的经济模式并不是铁板一块。1950年,南斯拉夫宣布走向工人自治,否决中央高度集权的管理体制,首先打破苏联经济模式。南斯拉夫实行计划调节和市场调节相结合,对企业下放权力。到70年代,南斯拉夫又开始以企业自治计划为基

---

[1] 参见卢之超、王正泉主编:《斯大林与社会主义——世界第一个社会主义模式剖析》,北京:社会科学文献出版社,2002年,第82页。

础,实行计划协调,进入"自治社会计划"阶段。到60年代,东欧各国因实行的苏联经济模式经过快速发展而出现僵化,开始掀起一轮改革的热潮。各国逐渐由社会主义计划经济向有计划的商品经济方向转变。1968年,匈牙利实行经济全面改革,提出以计划为主体,以市场为补充,逐渐实行国家调节与企业自我调节相结合的社会主义经济制度。80年代以后,随着社会主义国家改革的不断深入,在所有制上,由完全的生产资料公有制向以公有制为主体、多种所有制长期共存转变,探索公有制的多种实现形式;在分配制度上,由单一的按劳分配向以按劳分配为主体、多种分配方式并存转变;在经济管理体制上,由集中的计划经济体制向市场取向的经济体制转变。

社会主义国家的基本政治制度以劳动人民政权和人民民主为基本特征。20世纪80年代以前,社会主义国家的基本特征是:共产党是政权的领导核心,普遍实行代表制政治制度,有的称苏维埃制,有的称人民代表大会制,有的又称代表团制,其中心内容是一切权力属于人民。国家权力机关和由它产生的国家行政机关、司法检察机关,由人民选举产生,向人民负责,代表人民组织管理经济、政治和社会生活。在社会主义国家中,除苏联和阿尔巴尼亚只有一个政党外,大多数国家都有民主党派和社会团体,它们与共产党同时存在,并建立了广泛的统一阵线组织。在国家的结构形式上,苏联、南斯拉夫、捷克斯洛伐克实行联邦制,其他都是单一制国家。

但各国模仿苏联政治模式建立起高度集权的政治制度,呈现出很大的弊端,主要表现为:第一,在领导体制上,党对国家实行统一领导,党政不分,以党代政和政企不分、以政代企的现象严重。同时,权力过分集中于党的上级机关和少数人手里。第二,在干部制度上,实行领导职务终身制和干部委任制。干部的选用调迁完全取决于上级意志。第三,民主和法制不健全,党内和人民的民主权利得不到保障。尽管建立了必要的民主法律制度,但过分强调国家的专政职能,忽视社会主义民主和法制建设。缺乏有效的监督和制约机制,特别缺乏人民群众自下而上的监督。

社会主义国家经过艰苦努力,积极探索,取得了举世瞩目的伟大成就。到20世纪80年代,原来经济基础较落后的社会主义国家,工业总产量已占世界的2/5,国民收入已占世界的1/3。有些社会主义国家的经济发展水平已达到或接近发达国家或中等发达国家水平。社会主义国家所取得的突出成就表现在以下几个方面:第一,经济实力不断增强,在世界经济中的地位不断上升,与资本主义国家的经济差距逐步缩小。第二,教育科技文化事业发展迅速,人口素质普遍提高。社会主义国家大力发展教育、科技和文化事业,造就了一大批科学技术人才,人民的科学文化水平稳步提高。社会主义国家注重培养良好的社会主义道德,在几代人中进行了共产主义理想、信念和道德教育,使社会道德风尚、人民的精神风貌发生深刻变化。第三,人民生活水平不断提高。社会主义各国人民在健康状况、营养水平、平均寿命、成人识字率等标准方面,基本接近或达到、有的甚至超过中等收入国家平均水平。

三、社会主义国家的对外政策和对外关系

二战以后,为了扼杀社会主义运动,资本主义国家组成资本主义集团,对各社会主义国家实行"冷战"。社会主义国家为了冲破资本主义国家的遏制和封锁,持续自身的发展和维护世界和平,组成以苏联为首的社会主义阵营。在对外政策上,各国步调一致,致力于维护社会主义国家的利益,维护世界和平。60年代以后,由于中国和苏联关系的恶化,社会主义阵营实质上出现分裂,但在形式上却一直延续到苏联解体。几十年来,社会主义国家的对外关系错综复杂,主要表现为社会主义国家与发达资本主义国家的关系、与发展中国家的关系、社会主义国家之间的关系。

(一)社会主义国家与发达资本主义国家的关系

二战结束到1947年初,社会主义国家与发达资本主义国家的关系从合作走向对抗。二战结束以后,斯大林对外战略的最初设想是在一个相当长时间内与西方特别是美国合作,并通过建立和维持势力范围来保证苏联的安全,通过与西方的经济和贸易往来保证苏联的发展。苏联通过战争和雅尔塔体系维护其获得的政治权益,建立起一条从芬兰经波罗的海三国到东欧,从近东经蒙古、中国东北和朝鲜半岛北部到日本北方四岛的"防护链",实现了苏联长期以来追求的建立广阔的环苏联安全缓冲带这一战略目标,而这一目标的实现正是苏联与西方盟国建立合作和协调关系的结果。因此,二战后,斯大林首先需要延续业已形成的合作关系,与西方资本主义国家和平共处,以最小的代价保证苏联的既得利益。

但在如何安排二战后世界新秩序方面,苏联与西方大国的立场观点大相径庭。双方都把对方视作竞争对手,在行动上都竭力遏制和损伤对方,力图增强自己在国际事务中的影响,按照各自的价值观念和思维模式改造世界,从而导致分歧和冲突逐渐升级。为了维护在东欧的势力范围,确保苏联南部的安全,为苏联南下地中海和向印度洋发展提供条件,苏联对土耳其提出领土要求,试图把土耳其划入势力范围,同时控制伊朗,支持伊朗的革命运动。这一外交行为使西方国家共同感受到苏联的威胁,促成西方国家调整对苏政策并走向联合,结成反苏联盟。面对美国对苏政策的变化,1946年9月,苏联驻美大使诺维科夫提交了苏共的美国外交政策分析的长篇报告,指出二战后美国谋求世界霸权的意图,一定程度上促使斯大林对美政策作出调整。面对西方的步步紧逼,苏联政府分别与保加利亚等六个东欧国家签订了双边贸易协定,即所谓的"莫洛托夫计划",与西方抗衡,同时成立了共产党和工人党情报局这一机构,协调各社会主义国家的统一行动。随着美苏在欧洲对抗的加剧,苏联核武器试验的成功,中国及亚洲民族解放运动的胜利进展,斯大林对发达资本主义国家的对外政策逐渐变得具有进攻性和挑战性,并奠定了其后40余年对发达资本主义政策的主色调。

60年代以后,社会主义国家与发达资本主义国家的关系从对抗逐渐走向缓和。赫鲁

晓夫上台执政以后,在谋求与西欧国家改善关系的同时,把对外战略转向同美国的谈判和争夺上。这时东西方关系呈现的总态势:互不信任而又礼尚往来,相互提防而又略显和气。

赫鲁晓夫为了打破西方的经济封锁,提振苏联经济,与美国开展"和平竞赛"。1956年初,苏联政府向美国提出了缔结苏美友好合作条约,遭到拒绝。为了与美国合作主宰世界,赫鲁晓夫转而推行首脑外交,缓和与美国等西方国家的关系,以期在维护世界和平方面担负起特别重大的责任。苏联政府提议在纽约和莫斯科分别举行展览会,以增进了解,拉近与美国的关系。出于对双方战略的考虑,1959年9月,赫鲁晓夫应邀访问美国,与美国总统艾森豪威尔在马里兰州的戴维营举行了三天的非正式"友好会谈",两国就裁军问题和柏林问题进行磋商。9月27日,双方发表《苏美联合公报》,开启了通过协商对话决定国际事务、保持世界和平与稳定的先河,暂时缓和了苏美关系。同时,苏联进一步主动出击,缓和与欧洲国家的关系,通过向英前首相丘吉尔85岁生日发贺电表达和解愿望;邀请意大利总统吉格隆基访问莫斯科,加强两国联系;1960年3月,赫鲁晓夫又访问法国,引起欧洲各国的关注。尽管如此,苏联与西方资本主义国家的关系依然以对抗为主。双方在军事对峙中寻求平衡,在相互对抗中谋求和解,1961年爆发的柏林危机和1962年的古巴导弹危机都是充分的证明。

在勃列日涅夫执政时期,苏联国家实力大大增强,国内也处于比较稳定的时期。与之相反,美国为"越战"所累,经济陷入滞胀,实力相对减弱。苏联继续倡导缓和论调,在保持与西方缓和的前提下,加速发展自己,但呈现的仍然是主动对抗的政策基调。此间,苏美两国首脑接触频繁,确定了"美苏相互关系的准则"。勃列日涅夫主张用"经济缓和"与"军事缓和"来"补充政治缓和"。通过"经济缓和"把缓和物质化,从西方获得了大量的贷款,引进了许多先进的技术和设备。据统计,苏联同西方国家的贸易额由1970年的46亿卢布增至1980年的316亿卢布,1964—1970年从西方获得长期贷款仅为38亿美元,1971—1980年猛增至300多亿美元。① 通过"军事缓和"与美国谈判,签订裁军条约,谋求在世界上与美国平等的地位,实现东西方的战略平衡目的。勃列日涅夫通过"缓和"战略大大改善了同西方世界的关系,加强了同西欧的关系。

戈尔巴乔夫上台以后,放弃了"资本主义总危机"理论和帝国主义就是战争的理论,提出要重新认识资本主义问题。戈尔巴乔夫提出全球缓和战略,其核心是苏美关系的缓和,意在缓和国际紧张局势,为苏联国内改革和发展争取良好的外部环境。戈尔巴乔夫"缓和"的具体方式是承认全人类价值观的优先地位,以控制和削减核武器为突破口,缓和与西方大国的关系。1985年11月,美苏首脑在日内瓦谈判,与美国达成削减核武器的协议,在此后的华盛顿美苏首脑会晤上,签订了核裁军协议——《销毁全部中程导弹条约》。在国际局势得到缓和的基础上,戈尔巴乔夫甘作美国的小伙伴,进一步寄希望于美

---

① 参见陈之骅:《勃列日涅夫时期的苏联》,北京:中国社会科学出版社,1998年,第284页。

国等西方国家支持苏联国内的改革。在德国统一、东欧剧变等问题上作出重大让步,以求获得西方的经济援助。但苏联在实施全球缓和战略中逐渐迷失了方向。最初,戈尔巴乔夫是在保留苏联超级大国地位的基础上同西方搞缓和的,后来却发展到同西方无条件缓和,甚至不顾苏联的国家利益和尊严,过度依赖西方,甚至允许美国插手其国内改革计划,从而搬起石头砸了自己的脚。

(二)社会主义国家之间的关系

二战后,在苏联的帮助下,为了巩固战争的胜利成果,维护世界和平,反对帝国主义的战争政策,东欧各社会主义国家加强了国家间的团结与合作。苏联十分重视同东欧各国的关系,积极帮助东欧人民民主国家进行民主改革,向东欧国家提供大量的农产品、石油、机器和设备,帮助其度过经济困难,同东欧国家缔结了一系列政治、经济、军事条约,在欧洲形成社会主义阵营。苏联对亚洲的越南、朝鲜、中国的革命以及人民民主国家建立、经济恢复给予很大帮助。

为了进一步加强社会主义国家间的联合,苏联和东欧国家筹划建立新的国际组织,统一领导社会主义运动。苏联从安全战略利益、协调各国共产党的需要和处理双边关系出发,筹划建立一个协商机构,统一协调各国关系,但为了与西方和平相处,避免西方国家对苏联产生输出社会主义革命的猜忌,这一设想一直没有付诸实施。1947年,美国抛出"马歇尔计划",对东欧国家产生了巨大的吸引力,东欧国家也乐意接受美国贷款。由于历史和政治上的原因,东欧地区人民,特别是波兰、匈牙利和罗马尼亚人民,对苏联有着明显的不信任和敌对情绪。波兰和捷克斯洛伐克不仅实行亲西方的外交,还决定参加西方的援助计划。在严峻的形势下,苏联决定加强和扩大与各国共产党的组织联系。1947年9月,欧洲共产党和工人党情报局建立,确立了由苏联直接指挥各国共产党,共同对抗以美国为首的帝国主义集团的战略。为了对抗西方资本主义的军事威胁,实行共同防御,1955年5月,又成立了华沙条约组织。

苏联在帮助社会主义国家的同时,也展现了其大国沙文主义的一面。在强调社会主义"一致性"的前提下,对社会主义国家进行政治、经济和军事控制,干涉其他社会主义国家的内政外交。1947年爆发的苏南冲突,1956年出兵匈牙利、干涉匈牙利内政,1969年中苏边境冲突等,都是苏联强硬干涉社会主义国家的行径,给发展社会主义国家之间的关系造成障碍。

综观社会主义国家之间的关系,主要表现为:一方面,苏联的对外政策具有积极维护世界社会主义和世界工人阶级利益,限制和打击帝国主义侵略政策的成分,客观上为人类和平、进步,为社会主义事业的发展作出了一定贡献。另一方面,苏联的对外政策带有严重的霸权主义。苏联未能处理好不同社会制度之间的关系,在处理与其他社会主义国家关系上也有重大失误。

(三)社会主义国家与发展中国家的关系

社会主义的蓬勃发展,对争取民族独立、获得民族解放的亚非拉国家产生了巨大的吸引力。50年代,在各国争取民族运动中,一些国家谋求走社会主义道路,以苏联为首的社会主义国家同这些国家的独立、民族运动相互照应,相互合作与支持,竭尽所能地提供经济和军事援助。1955年以后的10年间,苏联同印度、阿富汗、印度尼西亚、柬埔寨、缅甸、叙利亚、黎巴嫩、伊朗、埃及、阿根廷、乌拉圭等国签订经济贸易协定,促进了这些国家经济的发展。

50年代中期,在东南亚,苏联首先支持最早奉行和平中立政策的民族主义国家——缅甸与印尼。苏联以外交访问、签订贸易协定等加强了与缅甸的关系。增加对印度尼西亚的军事和经济援助。60—70年代,支持印度支那战争以及这些国家的抗美斗争。70年代,苏联继续加强同东南亚国家的贸易往来,贸易额逐年上升,同东南亚国家的贸易使苏联取得了大批战略原料。但苏联对这些国家的援助,也有在东南亚军事扩张的意图,同时助长了越南的地区霸权主义。在苏联的支持下,1978年底,社会主义国家的越南入侵柬埔寨。

在非洲大陆反帝、反殖浪潮中,出于与美国争夺势力范围,苏联积极支持这些国家的民族解放运动,主要在国际外交和经济上给予埃及、阿尔及利亚、加纳、几内亚和马里等北非和西非的几个国家以支持。在勃列日涅夫时期,苏联与非洲国家广泛接触,几乎同所有已独立的非洲国家建立了正式的外交关系或双边关系。但苏联不仅给非洲国家提供大量的军事援助,而且直接向非洲国家派遣了大量军事人员,使得苏联在非洲的活动带有军事扩张的色彩。70年代中期,苏联悍然对安哥拉进行军事干预,将上万名的古巴雇佣军空运到安哥拉,此后不断将古巴雇佣军派往几个非洲国家,介入当地的争端。苏联的霸权主义也一度遭到非洲国家的反对,非洲国家普遍出现离苏倾向并与美国增加了接触。

新中国积极发展与发展中国家的关系,仅在1956—1965年的10年间,已经与17个非洲民族国家建立了外交关系,与这些国家之间密切交往、互相支持。中国积极支持非洲国家争取和维护民族独立的斗争。从1967年开始,中国政府提供9.88亿元人民币的无息贷款,共发运各种设备材料近100万吨,先后派遣工程技术人员近5万人次,修筑了东起坦桑尼亚首都达累斯萨拉姆,西至赞比亚的新卡比里姆博希,全长1860公里的铁路。2013年9月和10月,中国国家主席习近平分别提出建设"新丝绸之路经济带"和"21世纪海上丝绸之路"的合作倡议(简称"一带一路"),秉承与沿岸国家共商、共享、共建原则,使中国与发展中国家的合作范围不断扩大,合作领域更为广阔。截至2019年3月底,中国已经同129个国家、29个国际组织签署了173份合作文件,共建国家由亚欧地区延伸到非洲、拉美、南太平洋等区域。

◎ 资料卡片

"一带一路"

"一带一路"(The Belt and Road,缩写 B&R)是"丝绸之路经济带"和"21 世纪海上丝绸之路"的简称。依靠中国与有关国家既有的双边、多边机制,借助既有的、行之有效的区域合作平台,借用古代丝绸之路的历史符号,高举和平发展的旗帜,积极发展与沿线国家的经济合作伙伴关系,共同打造政治互信、经济融合、文化包容的利益共同体、命运共同体和责任共同体。

(四)社会主义国家对 20 世纪人类进步的贡献

社会主义制度在 20 世纪有高歌猛进,有艰难曲折。社会主义制度在并不太长的时间内对人类进步与世界和平作出了巨大贡献。

第一,社会主义制度的建立结束了资本主义一统天下的历史,开创了人类历史由资本主义向社会主义过渡的新纪元。社会主义制度的出现,并从一国迅速发展到多国,确立了"一个地球、两种制度"的历史格局。社会主义制度的诞生,也开创了人类历史由资本主义向社会主义过渡的新时代。

第二,社会主义制度的建立和社会主义国家的发展,为人类社会最终消灭剥削制度作了初步尝试,提供了宝贵经验。

第三,社会主义国家经济政治的发展和社会的全面进步,极大地推动了世界经济政治的发展和人类社会的繁荣进步。在社会主义制度下,由于消灭了阶级剥削和阶级对立,作为最基本生产力的劳动者从根本上获得解放;社会主义制度在各个方面不断完善和发展,也为社会生产力的发展创造了社会条件。社会主义国家的发展极大地促进了世界经济的繁荣与进步。

第四,社会主义是制止侵略战争、维护世界和平的重要力量。第二次世界大战结束至今的半个多世纪里,之所以没有发生新的世界大战,社会主义国家的存在和发展、第三世界的兴起和壮大是决定性因素。社会主义国家奉行独立自主的和平外交政策,推动建立公正、合理的国际政治经济新秩序,主张国际关系民主化和发展模式多样化,反对各种形式的霸权主义和强权政治,始终是维护世界和平与稳定的重要力量。

第五,社会主义国家的建立和发展对国际政治产生了深远影响,极大地推动了世界范围内被压迫民族的民族民主运动的发展,对二战后民族解放运动的兴起和彻底摧毁帝国主义的殖民体系起到了促进和推动作用。

第二节 社会主义国家的改革与探索

各社会主义国家在模仿苏联模式的同时,都在寻求一条适合自身发展的道路。随着苏联模式弊端的显现,改革的要求更加急迫。20世纪80年代以后,大规模的经济政治改革在各国展开,但由于长期积累的体制性问题积重难返、改革的失误,以及西方国家和平演变的干扰,最终酿成了东欧剧变和苏联解体的惨剧。

一、苏联社会主义模式

苏联社会主义模式是在苏联发展过程中,在人们对社会主义建设理论和实践经验认识不成熟的情况下,在特定的经济社会环境和历史环境下,形成的一种社会主义经济政治模式。由于它是在第一个社会主义国家——苏联实践的基础上形成的,所以又被称为"苏联模式"。

(一)苏联社会主义模式的形成

苏联社会主义模式的形成经历了很长时期的探索。十月革命,布尔什维克党夺取政权以后,首先遇到的是政权建设问题。由于社会主义是一个崭新的事物,没有现成的方案可资借鉴,只能在摸索中前进。在苏联社会主义建设道路上,经过战时共产主义、新经济政策时期的过渡,30年代苏联社会主义模式得以形成。

战时共产主义时期。在1918年夏至1921年春,苏俄在国内采取了军事管制的办法,对粮食进行垄断。采用配给制,对居民消费品实行定量供应,布尔什维克党认为它是共产主义的措施,再加上受取消市场和货币关系等传统共产主义观念的影响,这一切就变成所谓的"军事共产主义"。苏俄军事共产主义的一项基本措施是余粮收集制。把农民几乎全部的粮食收集起来,再进行统一分配,任何私自出卖粮食、甚至储藏粮食的做法都被认为是投机倒把,要遭到严厉惩罚。战时共产主义政策的实行,保证了苏维埃政权取得国内战争和反抗外国武装干涉的胜利,但这种做法也引起了农民的强烈不满,出现了农民反对苏维埃的起义,威胁到苏维埃政权的稳定。政治和经济危机促使列宁重新思考发展道路问题。

新经济政策时期。在危机面前,列宁决定向农民让步,1921年3月,苏俄开始实行粮食税,从战时共产主义转向新经济政策。在社会主义建设中,运用市场机制,让商品、货币发挥正常作用,使农民缴纳粮食税以后,可以自主在市场上出售自己的粮食。在实施新经济政策过程中,尽管遇到一些困难,但经过及时的政策调整,经济建设取得巨大成就,工农业生产逐渐得到恢复。由于从战时共产主义时期开始,苏联在政治上实行高度集中,并逐渐走向高度集权化,这也决定了新经济政策的命运。新经济政策弥补了社会主义建设中物质准备的不足,提供了在落后国家发展经济和缓和社会矛盾的有效手段。

1924年1月,列宁因病逝世。西方帝国主义为了遏制苏联革命对本国的影响,对苏联虎视眈眈,希望一举歼灭而后快;1929年资本主义经济危机爆发,各国试图对外转嫁危机,以摆脱国内的困难;1933年德国法西斯势力上台,走上对外扩张的道路,英法等国采取"绥靖"政策,试图把祸水引向苏联。在严峻的形势下,苏共领导层内围绕苏联一国能否建成社会主义、如何走社会主义道路等问题展开了持久的争论。到20年代末,斯大林击败了托洛茨基、布哈林等政治上的"反对派",掌握了苏联最高权力。这时,新经济政策也走到社会主义发展的十字路口。斯大林认为,列宁采取的新经济政策是走向社会主义的过渡政策,是资本主义的残余,在经济好转的时候理应废除。于是,在斯大林领导下,以加快实现工业化和农业集体化为目标,大力进行社会主义建设并逐渐形成了高度集中的计划经济和集权制,苏联社会主义模式得以形成。由于这一模式与斯大林关系密切,故又被称为"斯大林模式"。

(二)苏联社会主义模式的基本特征

斯大林模式包括经济和政治模式,具有鲜明的特点。经济上,实行高度集中的计划经济体制。在农村,实行农业全盘集体化。强制农民加入集体农庄,建立农业公社,让农民交出土地、农具和牲畜,取消自由安排生产、自由支配产品,集体农庄一度达到24万个,制定集体农庄章程,由农庄主席统一安排劳动任务;实行消灭富农政策,以达到在农村消灭私有化的目的。建立国营农场,实行机械化作业,以提高工作效率。走重工业和军事工业化道路。集中全国的人力、物力,轻视轻工业,让整个农业生产为重工业服务,为重工业提供资金和原材料。苏联工业化是通过发展国民经济的五年计划来完成的。从苏共第十六次党代会通过第一个五年计划开始,到二战期间,苏联共制定了三个五年计划,显示了中央计划经济的巨大威力,"五年计划"使得苏联缩小了同西方资本主义国家间的经济差距,取得了引人注目的成果。

实行单一的公有制,分为两种形式:国家所有制和合作社—集体农庄所有制,其他个体经济不仅数量少,而且没有取得合法地位;高度集中的部门管理体制,按专业划分中央工业管理部门,实行集中管理;指令性计划体制,由中央计划管理机构编制各种计划,自上而下指挥生产、组织分配、规划居民消费。实行行政命令体制,运用行政命令管理全国的经济生活,舍弃经济手段,排斥市场,仅部分保留经济杠杆的作用。推行赶超西方的发展模式,把经济发展速度作为最重要的指标。

政治上,高度集权。由苏共统一领导,制定宪法。宪法规定,最高苏维埃是最高国家权力机关,并产生行政、司法和监察机关,三者权力分工、相互制约。但在实施过程中,实行的是中央高度集权和个人高度集权,具体表现为党政不分、以党代政;用任命制代替选举制,由党政阶层掌控权力;权力高度集中于中央政治局甚至斯大林个人手中;政治局和书记处的权力不受监督,最后等于斯大林个人专权。民族关系上,在民族平等和民族自决基础上,建立民族联盟,民族联盟以俄罗斯族为主体,中央支持各少数民族的发展,实行民族自治,各民族自治实体在中央政权管理之下。

(三)苏联社会主义模式的扩展

二战以后,苏联模式扩展到欧亚新成立的社会主义国家,这些国家由于社会主义经验的欠缺和苏联模式的输入，基本上模仿苏联模式建立起高度集中的社会主义经济政治体制。当时，苏联模式被认为是社会主义的既定模式。

在东欧，各国接受苏联模式，经历了从民族革命到社会主义革命的历程。东欧国家的共产党和广大人民在革命斗争中得到苏联的广泛支持，与苏联结成了亲密关系，最终战胜了德国法西斯，又在苏联的支持下推翻了本国的各种反动势力，取得了民族国家的独立，实行土地改革，继而实行无产阶级专政。各国共产党在苏联的帮助下，把资产阶级政党和其他反对派赶出政府，实行共产党一党执政，从人民民主国家转变为社会主义国家。在经济上，实行生产资料国有化，在农村进行社会主义改造，建立集体所有制。就斗争方式来看，各国共产党的斗争又有所区别。南斯拉夫、阿尔巴尼亚和保加利亚通过人民战争和武装起义的方式，战胜法西斯德国和本国资产阶级，取得民主革命和社会主义革命的胜利，建立了无产阶级专政的国家。捷克、匈牙利、罗马尼亚和波兰在取得民族革命胜利以后，以和平的方式实现向社会主义制度的转变。1948年，苏南冲突爆发以后，南斯拉夫被开除出共产党情报局，各国也相继开展了清除"铁托主义分子"的运动，各国一大批党和国家的领导人被清除。各国亲苏派掌握政权，按照苏联模式制定国民经济发展计划；优先发展重工业和军事工业；用行政命令和暴风骤雨的方式，在农村开展集体化运动，模仿苏联宪法制定了各国宪法。苏联模式在东欧各社会主义国家得以确立。

苏联模式在东欧的扩展，也给东欧各国带来了一系列问题。各国按照苏联模式建立起社会主义体制，集中全国的人力、物力，在短时间内扩展社会主义建设，医治战争创伤、恢复国民经济、建立社会主义的经济基础。但由于各国国情不同，苏联模式在这些国家也出现水土不服的情况。在经济领域，由于片面发展重工业，出现了国民经济比例失调、生产效率和经济效益低的问题；过度的行政命令，使企业和职工积极性得不到发挥。在短时期经济高速发展以后，各国相继出现经济发展停滞的状况，国民经济发展出现困难。在政治领域，由于权力过分集中，造成官僚主义严重，个人特权盛行，这些严重破坏了社会主义民主和法治建设，引起广大群众的不满。有些国家甚至出现了激烈的反抗和斗争，进而出现反对苏联模式的状况。如1953年的捷克比尔森事件和东柏林事件、1956年的波兹南事件和匈牙利事件、1958年的捷克斯洛伐克事件和匈牙利改革等。与苏联模式的僵化、经济停滞、人们生活水平的下降相比，资本主义国家则通过调整经济政策，在新的科学技术革命的推动下，出现生产力快速发展，经济快速增长。诸种因素推动社会主义国家开始对苏联模式进行改革尝试。

二、社会主义国家的改革

社会主义国家的改革经历了复杂而漫长的过程。最早走上改革道路的是南斯拉夫。二战以后，南斯拉夫多方面的做法与苏联的要求不相符合，斯大林对南斯拉夫没有完全按照苏联模式开展社会主义建设更是不能容忍。1948年6月，苏联操纵共产党情报局开除南斯拉夫，断绝了与南斯拉夫的一切往来。苏联还策划了多次针对南共领导人铁托的暗杀活动。南斯拉夫面对苏联和共产党情报局的重重压力,加之在走苏联模式的道路上,不断加速工业化和集体化建设,尽管在数量上取得很大成绩,但却出现生产力水平下降,农业生产和城市需求供应困难的状态。南斯拉夫开始进行摆脱苏联模式、走自己道路的改革。1950年6月,南斯拉夫颁布了"工人自治法",创立了工人自治委员会的新型管理形式。南斯拉夫的改革极大地促进了经济的发展,1953—1963年,南斯拉夫经济增长的速度达到世界最高水平,国民收入增长了一倍,工业生产率平均增长13.8%。1958年,南斯拉夫人均收入增长水平已经跃居东欧国家前列。南斯拉夫改革是社会主义国家中冲破苏联模式、建立具有民族特色社会主义模式的率先尝试,为社会主义从单一模式向多样化发展开辟了道路。

苏联模式僵化和弊端的出现,促使包括苏联在内的各社会主义国家相继进行了改革。从20世纪50年代到80年代,社会主义国家先后经历了三次程度不同的改革浪潮。

第一次浪潮是50年代中期到60年代初。在苏联,1953年斯大林逝世后,由斯大林个人权威建立的政治经济秩序逐渐崩塌,一系列社会问题和弊端逐渐暴露,出现经济停滞、冤假错案翻案抬头、各共和国的离心倾向、工业的畸形发展造成人民生活困难等情况。苏共中央开始在经济政治领域进行改革,试图摆脱斯大林建立起来的政治经济和思想文化的个人专权制,建立中央集体领导体制。为适应苏联社会发展的要求,赫鲁晓夫在政治、经济、对外关系等方面,对苏联原有体制进行了一系列改革。在政治上,从批判斯大林个人迷信入手,改革权力过分集中的党政领导体制,强调民主集中制和集体领导原则,更新干部制度;强调发扬社会主义民主,充分发挥苏维埃的作用;加强社会主义法制,平反冤假错案等;在经济上,主要是调整农业政策,减少国家对农业生产的干预,扩大集体农庄的生产自主权,减少中央指令性计划指标,扩大地方和企业在计划、财务及物资分配方面的权限等。赫鲁晓夫十分重视农业改革,农业改革取得了一些成效,农作物产量得到一定程度的提高。1958年,粮食收获量达到8.6亿普特,与1953年相比,超出71%;肉类生产也有所提高,比1953年增长了33%。① 1959年,苏联制定了七年经济发展计划,在工农业产值方面,制定了快速发展的目标,但由于脱离农业实际,又缺乏配套措施,片面追求高速度,一些地方急功近利,出现了浮夸现象。特别是赫鲁晓夫不顾苏联气候和土壤实际,效仿美国的做法,在苏联推广玉米种植,最终导致国营农场和农庄严重歉收。总体上看,赫鲁晓夫改革过于轻率,只揭开了盖子,实质上没有取得大的突破。

1955年,苏南逐渐和解,双方签订了《贝尔格莱德宣言》,正式承认南斯拉夫对社会主义道路的自主选择。1956年,赫鲁晓夫批判斯大林个人崇拜,并要求东欧各国共产党对自己的政策进行检查。受这些因素的影响,波兰、匈牙利、保加利亚、捷克斯洛伐克、民主德国等东欧国家开始反思模仿苏联模式过度加速工业化、轻视农业发展的错误,提出针

---

① 参见[苏]罗·亚·麦德维杰夫:《功过各半——赫鲁晓夫传》,长春:时代文艺出版社,2002年,第168页。

对苏联模式的改革。这一时期的主要做法是反对个人崇拜,广大民众要求对过往的经济、政治政策进行调整。波兰、匈牙利等国对政府进行改组,着手进行经济体制改革。改革尽管冲击了苏联以往的一些僵化观念和传统体制,但由于缺乏必要的理论和组织准备,且传统模式的影响根深蒂固,总体而言,改革成效不大。

第二次浪潮是60年代中期到70年代中期。苏联和东欧国家开始的新一轮改革尝试,不同程度地触及体制问题。赫鲁晓夫下台以后,勃列日涅夫当政,他吸取赫鲁晓夫的教训,一方面采取稳定的措施,以稳定出现的社会混乱局面;另一方面继续改革措施,延续了前一时期改革的惯性。在保持政局稳定的前提下,由柯西金主持,进行局部改革,采取先试验后推广的做法,推行新经济体制。主要内容包括改革工业管理结构,实行新指标体系,扩大企业自主权,提高经济杠杆的作用,加强对企业、集体和个人的经济刺激。改革取得的成效比较明显。1966—1970年,苏联国民经济每年递增7.7%,工业劳动生产率每年递增5.7%,大大超过第七个五年计划6.5%和4.7%的增长率。工业企业的赢利率也从1965年的13%增长到21.5%。[①] 尽管新经济体制对传统体制作了较大变革,但并没有从根本上突破传统体制的基本框架,加之遭遇各种阻力,70年代以后,改革逐渐陷于停滞。

这一时期改革变动比较大的东欧国家是捷克斯洛伐克和匈牙利。捷克斯洛伐克改革几经反复,以悲剧收场。1964年10月,捷共中央发布了《关于完善国民经济体制计划管理的原则草案》,提出进行经济体制改革,但一直没有付诸行动,1966年改革夭折。以杜布切克为首的捷共继续探索,制定《捷共行动纲领》,试图摆脱苏联模式,走"具有人道面貌的社会主义"改革道路,但遭到苏联的反对。1968年8月20日夜,苏联与部分华约成员国一起,入侵捷克斯洛伐克,"布拉格之春"因此夭折。改革比较成功的国家是匈牙利。1956年匈牙利事件后,匈牙利从改革价格入手,探索把中央计划控制与市场机制有机结合。以卡达尔为首的匈牙利政府,经过长时期酝酿和对经济体制的理论探讨,1966年5月,发布了《关于经济体制改革的决定》,对改革作出总体部署。从1968年1月开始,全面启动经济体制的改革实践,在此后的20多年时间里,逐步建立起计划和市场相结合、一主多元的所有制结构,形成了独具特色的社会主义市场经济模式。

第三次浪潮是70年代末期到80年代末期。这次改革在广度和深度上都超过以往,苏联、中国、东欧社会主义国家都进行了改革尝试。从70年代末期开始,多数社会主义国家的经济进一步下滑,甚至出现程度不同的危机,各国都意识到改革是社会主义国家生存和发展的唯一道路。勃列日涅夫后期,苏联尽管提出了经济实现集约化转轨,但基本上没有采取实质性措施,社会发展处于停滞状态。在经济发展停滞的背后,隐藏着政治危机,主要表现在党的领导集团严重老化,工作效率低,严重官僚化,贪污腐败日益增长,信仰危机加深。中国开展"文化大革命"运动。10年间,生产力遭到严重破坏,国民经

---

① 参见《苏联社会主义经济史》,第7卷,北京:东方出版社,1980年,第189~190页。

济比例严重失调,国民收入损失达 5000 亿元。① 国家政权严重削弱,公检法机关被"砸烂",民主法治建设停滞不前,社会秩序陷入混乱。东欧社会主义国家居民生活水平呈下降趋势。波兰经济出现负增长,民主德国、保加利亚和罗马尼亚出现深度危机,南斯拉夫和匈牙利陷入滞涨。

经济、政治危机促使社会主义国家再次掀起了改革的高潮。中国结束"文化大革命",开始拨乱反正,于 1978 年召开中国共产党十一届三中全会,开始了中国特色社会主义道路的探索。从 80 年代初,在党的最高领导权力交替过程中,苏联也逐渐加大了改革力度。1985 年 3 月,戈尔巴乔夫上台后,面对内外危机,着手进行经济政治领域的全面改革。在苏联改革影响下,东欧多数国家先是企图解决经济体制问题,特别是计划与市场的关系问题。

在各社会主义国家改革过程中,出现了两种不同的改革路线,产生了两种截然不同的结果。苏联、东欧国家的改革,在新旧体制转轨过程中,由于没有把握好改革的方向,没有坚持社会主义改革的基本原则,试图照搬西方社会民主党的民主政治理论和经济政策措施来解决新旧交替、矛盾交织的问题,不仅没能推进本国的改革,反而使社会主义改革出现逆转,丧失了几十年社会主义改革和建设的成果。中国的改革在邓小平理论指导下,坚持"一个中心、两个基本点"的基本路线,以建设中国特色社会主义为目标,从农村到城市、从经济领域到政治领域全面稳妥地推进改革,开创了中国特色社会主义道路。

三、苏联解体和东欧剧变

苏联解体、东欧剧变是社会主义国家改革进程中发生的重大挫折。

(一)苏联解体

在戈尔巴乔夫执政的六年零九个月时期,苏联经历了改革、演变到解体的过程。苏联的改革和演变大体经历了前期和后期两个阶段。1985 年 3 月,戈尔巴乔夫上台执政,以年轻有为的改革者形象得到国人的广泛认可。他提出"加速战略"和根本改革社会主义经济体制,在整个苏联掀起改革的旋风。1985 年苏共"四月全会"正式启动,改革开始,戈尔巴乔夫试图追求经济发展的"高速度",改革传统体制的弊病。但由于没有考虑苏联轻重工业严重失衡的实际,仓促进行改革,不仅没有减轻苏联经济困难,反而雪上加霜,造成更加严重的困难。到 1987 年底,苏联的经济体制改革未见成效。

在戈尔巴乔夫"新思维"的指导下,苏联的改革背离了社会主义方向。在经济改革还没有起色的情况下,戈尔巴乔夫又急于启动政治改革。戈尔巴乔夫认为,经济改革的阻力主要来自于政治体制的束缚。从 1987 年 1 月开始,戈尔巴乔夫鼓吹把民主化放到改革的首位,突出强调改革的"新思维",抹杀阶级斗争,消除民主化和公开性的政治界限,

---

① 参见席宣、金春明:《"文化大革命"简史》,北京:中共党史出版社,2004 年,第 349 页。

全盘否定苏联社会主义历史。这一时期,尽管戈尔巴乔夫仍然坚持完善社会主义,在社会主义框架下进行改革,坚持共产党的领导,但已经出现偏离社会主义的苗头。

从1988年6月苏共第十九次党代会开始,改革的路线和方向发生了根本性转变。随着经济指标的下滑,广大群众对改革支持度不断降低,政治生态恶化,激进派势力乘势而上。在种种压力下,苏共提出要从根本上改革苏联僵化的政治体制,削弱党的权力,把党的领导转化为苏维埃领导,把"人道的民主的社会主义"作为改革的目标。这一时期,非正式团体纷纷出现,民族分裂主义迅速崛起。1989年5月,在苏联第一次人民代表大会选举中,一批"激进派"代表进入最高权力机关。这些人士组织大规模的集会和示威活动,要求在宪法中取消党的领导,在地方夺取政权。在巨大的压力下,苏共被迫承认多党制。

1990年3月,苏联第三次人民代表大会决定取消宪法第六条中关于"苏联共产党是苏联社会的领导力量和指导力量,是苏联社会政治制度以及国家和社会组织的核心"的条款,从法律上取消了苏共的领导地位。会议还决定在苏联最高权力机关设立总统职位,同月,戈尔巴乔夫当选为苏联第一任总统。7月,苏共二十八大召开,通过了《走向人道的民主的社会主义》的纲领性声明和新党章,正式把建设"人道的、民主的社会主义"作为苏共的指导思想和行动纲领,即在政治上实行议会制、总统制和多党制,改变共产党的性质,取消共产党的领导;在经济上实行生产资料非国有化和私有化,实行完全自由的市场经济,取消占主导地位的社会主义公有制;在意识形态领域实行多元化,放弃马克思列宁主义的指导地位。随着"人道的、民主的社会主义"在实践中全面推行,苏联社会陷入全面危机。1991年3月17日,苏联举行全民公决,76.4%的人赞成保留苏联。4月23日,戈尔巴乔夫与九个加盟共和国领导人发表了"9+1"联合声明,决定签订新联盟条约,承认各独立国家的主权,改国名为"主权共和国联盟"。为阻止新联盟条约的签署,维护苏联的存在,8月19日清晨,苏联副总统亚纳耶夫、总理帕夫洛夫等八人组成"国家紧急状态委员会",宣布终止戈尔巴乔夫的总统职务,实行紧急状态,但很快宣告失败。"8·19"事件是苏联各种政治力量的最后一次大搏斗,其结果加速了苏联解体。事件之后,苏联国内政局急剧恶化。8月23日,叶利钦下令禁止俄共活动。24日,戈尔巴乔夫辞去苏共中央总书记职务,并要求苏共中央自行解散。与此同时,苏联也迅速走向解体。12月,苏联原15个加盟共和国除俄罗斯外均宣布独立。12月8日,俄罗斯、白俄罗斯和乌克兰3国领导人就苏联的前途问题在明斯克会晤,签署了《独立国家联合体协议》,宣布3国已组成"独立国家联合体"。12月21日,除波罗的海3国和格鲁吉亚外的11个加盟共和国领导人在哈萨克斯坦的阿拉木图举行会议,通过《阿拉木图宣言》,正式宣告建立"独立国家联合体",并宣布苏联已停止存在。12月25日,戈尔巴乔夫宣布辞去苏联总统职务;26日,苏联最高苏维埃举行最后一次会议,确认苏联解体和独联体成立。至此,存在69年的苏维埃社会主义共和国联盟走到了终点。

(二)东欧剧变

20世纪80年代末,在国际大气候、国内小气候的相互作用和巨大冲击下,东欧社会主义国家发生了二战后40多年来空前激烈的社会动荡和急剧变化。东欧国家受苏联"人道的、民主的社会主义"思想的鼓励和推动,决定实行政治多元化和经济市场化,将改革引向歧途,结果导致政局失控。1989年夏秋之际,以波兰统一工人党大选败北、组阁受挫,团结工会上台执政为序幕,东欧出现了雪崩式的"多米诺骨牌效应"。1989年是大塌方的一年,波兰、匈牙利、民主德国、捷克斯洛伐克、保加利亚、罗马尼亚六国相继发生剧变,前后仅用了104天的时间。此后,剧变又波及南斯拉夫和阿尔巴尼亚。

东欧剧变的国家

东欧国家在向资本主义演化过程中,出现了三种不同的方式:一是执政党领导层内讧和分裂,党的力量严重削弱,在反对派的进攻下失去政权,匈牙利、南斯拉夫属于这种情况。就南斯拉夫而言,由于斯洛文尼亚、克罗地亚、波黑、马其顿相继宣布独立,南斯拉夫社会主义联邦共和国1992年宣告解体。南共联盟的解体,致使南斯拉夫陷入民族分裂、国家一分为五和战乱不休的境地。二是执政党迫于内外反动派和国际敌对势力的强大压力,步步退让,最终被赶下台,波兰、民主德国、捷克斯洛伐克和阿尔巴尼亚属于这一类型。其中,民主德国1990年10月3日以加入联邦德国的形式实现国家的和平统一。捷克斯洛伐克1993年1月一分为二,成立捷克和斯洛伐克两个国家。三是执政党领袖思想僵化,独断专行,激起民众强烈不满,最终导致武装冲突,军队倒戈,政权更迭。如罗马尼亚齐奥塞斯库政权在东欧剧变中被推翻,反对派救国阵线委员会接管了国家的一切权力。东欧国家的反对派夺取政权后无一例外地实行了向资本主义制度的转轨,东欧40多年的社会主义建设成果由此丧失。

(三)苏联解体和东欧剧变的原因与教训

苏联解体和东欧剧变是20世纪令世界震惊的重大事件,对国际关系和世界各国的发展产生了深远影响。首先,苏东剧变是国际共产主义运动的严重挫折,世界社会主义运动因而转入低潮。其次,苏东剧变导致两极格局终结,世界进入格局转换时期。再次,它深刻地改变了欧洲的格局和政治经济形势,同时也影响了发达国家之间的关系和其他国家关系的调整。

1. 苏联解体和东欧剧变的原因

苏东剧变的发生并不是偶然,而是各种因素错综复杂、相互作用,最终形成总的合力的结果。主要原因有以下几个方面:首先,苏东剧变的直接原因是国内民主社会主义思潮泛滥,党的主要领导人推行错误的改革路线、纲领,即所谓的"人道的、民主的社会主义",把国家引上资本主义道路。80年代中后期,戈尔巴乔夫全面否定了苏联社会主义制度及其成就,用"人道的、民主的社会主义"取代科学社会主义,主张"公开性、民主化、社会主义多元化",实际上纵容敌对势力兴起、积聚,并公开、合法地进行反共反社会主义的活动,向西方资本主义制度靠拢,改革逐渐偏离社会主义方向,把苏联引入歧途。这些错误路线和政策、错误理论和做法,加剧了苏联社会业已存在的政治、经济和民族矛盾,最终导致苏联解体。

戈尔巴乔夫"人道的、民主的社会主义"在东欧剧变过程中起了催化和促进作用。苏联对东欧国家松绑,为东欧剧变创造了重要的外部条件。在"新思维"影响下,东欧党内社会民主主义思潮泛滥,各国共产党迅速改组、分裂和蜕变,东欧各种政治矛盾和社会矛盾日趋激化。东欧发生动乱后,戈尔巴乔夫又采取纵容和支持反对派的做法,大大加速了东欧演变的进程。苏联、东欧国家改革的失败是错误的改革观和错误的思想指导的必然结果。

其次,苏东剧变的深层原因是由于体制上的弊端和政策上的失误长期得不到纠正累积起来所致。主要表现是:第一,经济发展后劲不足乃至停滞倒退,社会生产力和人民生活水平提高缓慢甚至下降。经济没有搞好,人民生活水平长期上不去,动摇了社会主义的基础和政权根基。苏联和东欧国家长期推行高度集中的计划经济体制,排斥市场的作用,无视价值规律,使经济发展缺少活力;实行重、轻、农为顺序的经济发展战略,片面发展重工业和军事工业,长期忽视农业和轻工业的发展,国民经济比例严重失调,人民生活用品匮乏;忽视科学技术对经济增长的决定性作用,采取粗放型经营方式,盲目追求高积累、高投入、高速度,生产效益和科技成果利用率低,经济发展后劲不足。日益严重的经济困难引起人民群众对社会主义制度的怀疑、失望和不满。第二,政治上执政党集权过度,民主制度不健全,法制不完备,缺乏强有力的监督机制,官僚主义严重,腐败之风盛行,党员干部日益脱离群众,失去人民群众的拥护和信任。第三,南斯拉夫、苏联等国的民族关系和民族矛盾本来就比较复杂,它们没有妥善处理和解决民族问题,反而让其显现和激化,并成为导致国家动乱、分裂和演变的重要原因。第四,思想意识上的形而上学、教条主义、封建主义,以及大党大国主义、民族利己主义等长期积累下来的问题和矛盾,是导致苏东剧变的深层历史原因。

再次,苏东剧变的重要原因是西方势力推行的"和平演变"战略,加速了苏联、东欧国家社会主义制度的瓦解。二战以后,东西方两大阵营形成,在军事对峙之外,西方国家在民主、自由、人权的旗号下,从政治、经济、文化等领域对社会主义国家进行干涉。进入20世纪80年代,西方国家利用苏联、东欧国家普遍出现的体制僵化、经济困难情况,以贷款、贸易、科技和意识形态渗透等各种手段诱压东欧国家,促使它们向西方靠拢。1983年,西方把诺贝尔和平奖授予经常领导波兰工人罢工的团结工会领袖瓦文萨,并且给予团结工会大量的资金支持。80年代末,西方国家更是直接插手苏联、东欧的内部事务,不遗余力地支持和援助这些国家的反对派,加速对苏东国家的"和平演变"。1989年5月,布什提出"超越遏制"战略,积极同苏联发展关系,加强美苏合作,促使苏联逐步实现"自由化",把苏联拉进"国际大家庭"。西方国家推行的"和平演变"战略,在促使苏联解体的过程中起了不可低估的作用。

2. 苏联解体和东欧剧变的教训

苏联和东欧社会主义国家经过由弱到强、由盛到衰直至崩溃的过程,为世界社会主义运动积累了丰富的经验,也留下了沉痛的教训。认真研究和汲取苏东剧变的历史教训,对于我们进一步把握社会主义社会的本质属性和发展规律,丰富和发展科学社会主义理论,推动社会主义健康发展具有重要意义。

一是要善于把马克思主义基本原理与本国实际、时代特征相结合,长期教条地对待马克思主义必然自食恶果。苏东国家机械地固守马克思主义的词句,不能根据实践和时代的变化推进理论创新,长期实行僵化的经济政治体制和运行机制,导致整个社会发展丧失动力。即便在不同时期有所调整,也是局限于修修补补,头痛医头,脚痛医脚,没有从根本上革除这种体制的弊端。在改革遭遇困难、阻碍时无力排除,又转而彻底背离马克思主义,全面否定社会主义,而求助于资本主义。

二是要加强党的自身建设,密切联系群众,党失去广大群众的拥护就会垮台。只有加强党的建设,改善党的领导,才能获得广大群众的支持和信任,才能保证国家沿着社会主义道路发展。在社会主义建设初期,各国共产党严于律己,广大人民群众与共产党水乳交融、血肉相连,使革命和建设不断走向胜利。但由于执政时期,各国共产党内长期缺乏监督,党的领导人蜕化变质,丧失共产主义理想信念,各级组织大搞官僚主义、贪污腐败、脱离群众搞特权,失去群众的信任,随着这种怀疑和不满的积累,人民群众同党和政府的感情由亲到疏、由热到冷,最终发展到离心离德的地步。

三是要建立制度化的监督制约机制。在苏联存在的69年时间里,绝大部分时间都是高度集权,领导人的权力处于无人监管也无法监管的状态。随着斯大林个人集权的发展,他逐步缩小了中央监察委员会和地方监察委员会的职权范围,使之从一个与中央委员会平行的机构变成中央委员会的下属机构,完全丧失监督职权,这就使苏共干部手中的权力行使完全失去监督。绝对的权力产生绝对的腐败。到勃列日涅夫时期,苏共的腐败已经非常严重:腐败已经由大多是"个案"发展到"窝案";由小数额发展到大数额;由级别较低的官员发展到部长、州委书记、中央委员、政治局委员甚至勃列日涅夫的家族成员。到戈尔巴乔夫时期,苏联腐败尤其是特权阶层的腐败越发不可收拾。

第三节 正确认识社会主义的历史进程

东欧剧变、苏联解体,使世界各国的马克思主义者和社会主义者开始重新审视和思考社会主义理论,坚定的共产党人重新振作起来,探索世界社会主义复兴的新道路。中国、古巴、朝鲜、越南、老挝等国继续坚持社会主义发展方向,坚持独立自主地探索具有民族特色的社会主义发展模式,它们汲取苏东改革的经验教训,开始探索适合自己国家的社会主义道路。当今世界社会主义国家的改革实践,使世界社会主义运动在面临巨大压力和挑战时,焕发出勃勃生机。

一、中国特色社会主义进入新时代

20世纪80年代末90年代初,东欧剧变、苏联解体也在中国社会引起震动。苏联解体,国际社会充满着"共产主义失败了"的声音。1992年春天,邓小平南方之行,发表了重要讲话。他指出,计划多一点还是市场多一点,不是社会主义与资本主义的本质区别。计划经济不等于社会主义,资本主义也有计划;市场经济不等于资本主义,社会主义也有市场。计划和市场都是经济手段。

以邓小平同志为代表的中国共产党从价值观念上不断突破与创新,提出"三个有利于"的判断标准,根本上突破了姓"社"姓"资"的传统价值标准。对社会主义本质作出言简意赅的科学概括,提出"社会主义的本质,是解放生产力,发展生产力,消灭剥削,消除两极分化,最终达到共同富裕"。[①] 突破了社会主义本质是单一国家所有制的僵化公式,突破了片面追求"一大二公三纯"的社会主义僵化观念。邓小平南方讲话后,中国经济改革的步伐进一步加快。1993年,党的十四届三中全会作出了《关于建立社会主义市场经济体制若干问题的决定》,第一次明确了社会主义市场经济体制的基本框架。此后,中国市场化改革向深层次、全方位迅速展开。

在40多年的改革开放中,中国坚持以马克思主义为指导,坚持社会主义发展方向,大力发展社会主义民主政治,大力发展社会主义市场经济,多方位发展外交关系,各项工作取得了巨大成就:国民经济迅速发展,综合国力不断增强,社会不断进步,人们生活日

[①] 邓小平:《邓小平文选》,第3卷,北京:人民出版社,1993年,第373页。

益改善,国际地位显著提高。2010年,中国国民生产总值(GDP)首次超过日本,成为世界第二大经济体。党的十八大以来,以习近平同志为核心的党中央提出中华民族伟大复兴的"中国梦",努力实现"两个一百年"的奋斗目标。不断深化改革,调整经济结构,民生得到改善,人民获得感、幸福感明显增强。对外开放深入发展,开展"一带一路"建设,对全球经济发展的影响力、国际话语权大幅提升。

2018年,国内生产总值达到90万亿元,对世界经济增长的贡献率占到1/3。在中国共产党的十九大上,习近平对中国特色社会主义发展的历史方位作出了新时代的重大判断,这也意味着中国经济开启了迈向高质量发展的新时代。

二、其他社会主义国家的新探索

古巴经历了从模仿苏联模式到走自主道路的转变。从1961年开始,古巴领导人卡斯特罗模仿苏联体制,着手进行社会主义改造。1975年,古巴加入经济互助委员会,主要与社会主义国家开展外贸活动。长期以来,古巴与苏联、东欧等社会主义国家的贸易额占到其对外贸易额的85%。东欧剧变、苏联解体使古巴失去了蔗糖等产品的主要出口市场,也失去了粮食、石油、原材料、日用品和外部资金的来源。自1990年始,古巴形势急剧恶化,经济濒临崩溃边缘;各类物资严重短缺,人们生活必需品供应紧张。美国在东欧、苏联得手以后,立即把"和平演变"作为主要手段指向古巴。在此生死存亡的关键时期,一方面,古巴政府宣布国家生活转入"和平时期特殊阶段",号召全国人民团结起来过苦日子,以实际行动捍卫国家独立和民族尊严,捍卫社会主义;另一方面,古巴共产党开始改革,提出"自力更生""从零开始",大办农业,优先发展粮食生产;发展旅游业,吸引游客,扩大医药生产,出口赚取外汇,扩大传统产品的生产和出口。经过几年努力,古巴逐步从困境中走出来,经济连年增长,创造了社会主义发展的奇迹。

从1993年起,古巴提出走古巴特色的社会主义道路,进行完善社会主义改革。以1994年为转折点,古巴经济开始恢复性增长。采取的主要改革措施:打破单一公有制,鼓励个体经营,建立私人企业和个体企业,着力发展个体经济。到1996年上半年,个体劳动者从原有的4.6万人增加到20多万人。调整农业结构,改革农业经营机制,实行国营农场生产资料有偿转让。1994年5月启动的财政体制改革、1997年5月启动的金融体制改革,都获得很大的成功。对外开放,大力吸引外资,鼓励建立合资企业,除防务、教育和卫生保健之外的所有经济部门一律向外资开放。到2001年底,古巴已经同163个国家建立了经济合作关系。2010年,古巴进一步加大改革力度,以市场为导向的经济体制改革已经展开。到2015年,古巴宏观经济保持稳定,财政和外汇收入增加,外贸持续增长,近十年间,古巴国内生产总值平均增幅为4.8%,国家步入经济稳定发展、人民生活水平不断提高的轨道。2015年7月,美国和古巴恢复外交关系。与美国关系的正常化,大大拓展了古巴的国际发展空间。2019年,是古巴革命胜利60周年。60年来,古巴顶住美国的政治经济压力,走出一条独立、自主道路,并获得国际社会越来越多的支持。

朝鲜经济在20世纪80年代以前经历过长期增长,但在80年代末90年代初转向微弱增长乃至出现长期衰退。在1990—2010年的20年时间里,有12年处于萎缩状态。针对苏联解体后国际安全局势迅速恶化和国内经济的衰退,从1995年起,朝鲜提出了一切以军事工作为先,一切以军事工作为重的"先军政治",经济严重向重工业倾斜,忽视了民生。在朝鲜,粮食缺口很大,面临的主要问题是解决粮食短缺问题,这迫使朝鲜取消了50年代以来实行的全民配给制,仅保留对部分人口的配给制。2002年,朝鲜明确取消覆盖全民的配给制,并提出创建集市,但是2005年朝鲜又下令取消市场开放措施,恢复配给制。再加上通货膨胀严重影响居民生活,财政危机造成国家投入不足,能源危机逼停了经济动力。

自2013年以来,为了摆脱贫困,维持稳定,朝鲜新的领导人金正恩开始重视民生,并对"先军政治"国策作出调整。他提出发展核武器和发展经济的双轨发展规划,在继续保持军事工业优先的情况下,开始了经济体制改革。

2013年5月,朝鲜引进了市场化模式,颁布《经济开发区法》,计划在各道设立经济开发区,实现对外贸易多元化和多样化。2016年,在朝鲜劳动党第七次全国代表大会上,朝鲜最高领导人金正恩提出要切实落实"2016—2020年国家经济发展五年规划战略",试图使朝鲜经济改革上升到更高阶段。2018年,朝韩两国领导人会谈,提出要实现"和平、繁荣、统一"的目标,要实现半岛无核化;朝鲜还宣布今后的发展要将重心转向经济,进一步提高人民生活水平。

越南从1986年开始提出经济改革,但没有什么起色。苏联解体,预示着模仿苏联模式的失败,越南的改革由此正式大步向前。1991年以后,越南总书记阮文灵明确提出在坚持社会主义制度的前提下,开展经济改革,并尝试政治改革。在工业领域,越南把国有企业推向市场,按照市场机制优胜劣汰;放开价格,由计划调节转变为市场调节。在金融领域,允许国有、股份和合营等多种形式的银行并存,并采取比较灵活的汇率政策。在农业领域,鼓励农业经营形式多样化,发展"庄园经济",在土地国有的基础上,以市场为导向,采取私人承包经营。2001年,越共九大确定建立社会主义市场经济体制。2006年,越共召开十大会议,提出要不断加强党的自身建设、加大反腐力度、解决民生问题等举措,增强凝聚力,维护社会政治稳定。会议认为越南已初步形成革新、社会主义社会和走社会主义道路的理论体系。2001—2007年,越南通过改革,经济出现腾飞,国民生产总值增长率保持较高水平,在6%~9%浮动,居东盟国家之首。2008年,过热的经济造成经济通胀,楼市下跌,越南经济出现困难。政府号召全国人民共渡难关,仍然维持了6.23%的增长率。

在改革中,越南注重学习中国的经验,坚持对内改革,对外开放,取得了良好的改革成果。2009年以后,越南政府继续开展一系列刺激经济的政策。2018年越南经济增长率创2008年以来新高,增速达7.08%,宏观经济形势总体稳定,私人消费稳定增长,经济结构继续朝着积极方向转移,通胀率创多年来新低,投资商对越南营商环境的信心日益增加,加工制造、市场服务等重要产业维持高速增长。

老挝经济传统上以农业为主,工业基础薄弱。1988年起,老挝政府推行革新开放,调整经济结构,即农林业、工业和服务业相结合,优先发展农林业;取消高度集中的经济管理体制,转入经营核算制,实行多种所有制形式并存的经济政策,逐步完善市场经济机制,努力把自然和半自然经济转为商品经济;对外实行开放,颁布外资法,改善投资环境;扩大对外经济关系,争取引进更多的资金、先进技术和管理方式。通过改革,老挝经济出现了快速增长,1991—1996年国民经济年均增长7%。1997年以后,在经济受亚洲金融危机的严重冲击下,老挝政府采取加强宏观调控、整顿金融秩序、扩大农业生产等措施,基本保持了社会安定和经济稳定。在2001—2005年第五个五年计划期间,稳步发展经济,扩大对外开放,致力于消除贫困,使老挝经济迈上了一个新台阶。老挝"八大"制定了未来经济社会发展计划,提出到2020年老挝将走出世界最不发达国家行列这一奋斗目标。

近几年,老挝政府采取不断完善市场经济机制和管理制度,注重发展与越南、中国等的经贸往来,鼓励资源转化,盘活国有资产和大力发展金融市场等措施,2017年经济增长6.9%,2018年经济继续保持增长。持续的改革推动了老挝社会主义市场经济健康快速发展。

三、正确认识社会主义发展的历史进程

正确认识社会主义事业的艰巨性、曲折性,不能因为世界社会主义运动遭受巨大挫折而得出马克思主义"大失败"、社会主义"历史终结"的结论。

(一)社会主义发展是曲折性与前进性的统一

东欧剧变、苏联解体,使世界社会主义运动遭受巨大挫折。西方敌对势力断言:这标志着马克思主义的"大失败",社会主义的"历史终结"。

任何新生事物的发展和壮大都不会一帆风顺,总是在曲折中前进的。古今中外,概莫能外。社会主义的发展也是如此。社会主义制度是与旧的社会制度、传统腐朽观念的决裂,必然受到被剥夺的"剥夺者"以及敌对势力疯狂的反抗、破坏,必然受到习惯势力、传统观念顽强的进攻和侵袭;社会主义制度是对资本主义整个社会制度、价值观念的彻底否定,必然受到敌对势力的仇恨和围攻,它们企图通过有硝烟的和"没有硝烟"的战争,最终"在世界上彻底消灭共产主义制度"。但是,社会主义制度是人类历史上最先进的社会制度,正如恩格斯所说:社会主义"最后的胜利依然是确定无疑的,但是迂回曲折的道路,暂时的和局部的误入迷途(虽然这也是难免的),将会比以前多了……我们决不会因此丧失勇气"。[①] 也就是说,社会主义事业遭受挫折和失败是在所难免的。

苏东剧变是政治、经济、文化、民族、外交等多种因素综合作用的结果。长期以来,东欧、苏联奉行的社会主义模式是以高度集中的计划经济体制为主框架的教条主义模式。

---

① 参见《马克思恩格斯书信选集》,北京:人民出版社,1962年,第403页。

这种教条主义模式逐渐趋于"僵化"状态,阻碍了社会主义的发展。理论上的教条主义和专制主义所造成的恶果,又使苏联一些主要领导人在改革中放弃原则,离开马克思主义、社会主义搞改革,最终导致政权丧失。

20世纪社会主义运动波澜壮阔的历史,充分证明社会主义的发展道路是曲折的。在社会主义运动中,我们要把科学社会主义和各国社会主义运动的实际结合起来,只有坚持社会主义、进行社会主义改革和创新,才能在实践中坚持和发展科学社会主义理论,探索符合本国实际的社会主义发展道路。

(二)正确认识社会发展总规律,社会主义代替资本主义是历史的总趋势

从当代世界经济、科技发展和物质文化生活水平来看,发达资本主义国家比发展中的社会主义国家要高得多,但这并不能说明社会主义不如资本主义,不能否定社会主义代替资本主义的总趋势。

把社会主义同资本主义进行优劣比较的根本标准,不能只看经济、科技发展和物质文化生活水平。当代资本主义国家尽管采取措施,获得了暂时发展,但资本主义赖以生存的基础——私有制没有变,资本主义最基础性的关系——资本统治与剥削雇佣劳动的关系没有变,资本主义生产的实质——剩余价值生产没有变。因此,资本主义仍然摆脱不了灭亡,最终被社会主义代替的历史命运。社会主义是一种消灭人剥削人和消除贫富两极分化的崭新的社会制度,是一种解放和发展生产力的崭新的社会经济机制,具有资本主义无法比拟的优越性。苏联曾经创造了很高的社会劳动生产率,取得了为资本主义世界震惊的辉煌成就。中国社会主义在短短几十年时间里,就使经济发展、科技进步、生活水平以及精神面貌、思想观念发生如此大的变化,不能不说是社会主义巨大威力和强大生命力的生动体现。

今天,社会主义仍在探索中继续发展。苏东剧变后,世界各国共产党普遍开展了思想理论上的反思和探索,在吸取苏东剧变教训的基础上,各国共产党进一步从本国实际出发,开始朝着健康的方向发展。中国特色社会主义进入了新时代,越南、古巴、朝鲜、老挝等社会主义国家坚持探索符合本国国情的社会主义发展道路;非执政的共产党努力探索复兴社会主义的道路。苏东地区的共产党有的恢复活动,并成为重要的政治力量。

尽管世界社会主义运动处于低潮的历史现象暂时不会改变,世界社会主义运动的挫折,也表明人们关于社会主义理论和实践的认识还远不成熟。吸取这一挫折的经验教训,必然使马克思主义在理论和实践的结合上有一个新的突破和发展。

 思考题

1. 如何认识苏联模式?
2. 东欧剧变、苏联解体的原因和经验教训是什么?
3. 如何认识社会主义发展的历史进程?

第七章
转型国家的经济与政治

学习要点

- 转型国家经济改革主要是改造以公有制为基础的计划经济,建立以私有制为基础的市场经济。其基本内容包括经济的自由化、私有化和稳定化。
- 转型国家政治改革主要是建立以多党制、三权分立和自由选举为特征的西方民主政治体制。
- 转型国家的外交战略,东欧国家力求回归欧洲,俄罗斯力求彰显大国影响,确立大国地位。

第一节　经济制度的转型

转型国家,又称之为转轨国家,是指苏联解体后形成的国家和东欧国家,这是冷战结束、苏联解体的产物。1998年,转轨国家占世界人口总数的7%,占世界GNP的约2%。苏联成员国及前东欧国家,以前是计划经济,如今都发展市场经济,这些国家陆续放弃社会主义制度,走上资本主义发展道路,转变了发展轨迹,遂得此名。

转型国家经济改革主要是从以公有制为基础的高度集中的计划经济向以私有制为基础的资本主义市场经济转型。经济转型的内容可以归纳为三个方面:通过私有化改造所有制结构,转换基本经济制度;通过自由化废除计划经济体制,建立市场经济体制,实行经济运行机制的转型;改变政府调控宏观经济的方法和手段,调整经济政策,通过财政和货币紧缩政策,稳定宏观经济。

一、经济制度转型概述

(一)转型国家

转型国家在政治上,从过去的以一党执政和党政融合为特征的集权制政治模式向以多党制、三权分立和自由选举为特征的西方式民主政治体制过渡;在经济上,从以公有制为基础的高度集中的计划经济向以私有制为基础的资本主义市场经济转轨;在对外关系上,也进行了全面深刻的政策调整。本章涉及的转型国家共有28个。苏东剧变后,这一地区的国家都走上了制度转轨的道路,明显改变了世界的政治版图。

◎ 资料卡片

东　欧

东欧是一个特定的政治地理概念。指的是二战后在欧洲建立的8个社会主义国家,即南斯拉夫、捷克斯洛伐克、波兰、匈牙利、保加利亚、罗马尼亚、阿尔巴尼亚、民主德国。1990年10月民主德国并入联邦德国,此后,南斯拉夫一分为五,捷克斯洛伐克一分为二,剧变后的东欧共有13个主权国家。

(二)经济转型

转型国家的经济转型并不单是指经济体制和运行机制由计划体制向市场经济体制的过渡,而是指从原有的以公有制为基础的计划经济向以私有制为基础的市场经济的转变,既包括经济体制和运行机制的变化,也包括对所有制基础的根本改造。其经济转型有两种方式：一种是激进的"休克疗法"转型方式，以俄罗斯、波兰为代表；另一种是渐进的转型方式，以匈牙利为代表。

◎ 资料卡片

休克疗法

"休克疗法"(shock therapy)是一个医学术语，20世纪80年代中期以后开始被用来称谓一整套激进的稳定宏观经济、治理通货膨胀的经济改革方案和试图一步到位的经济转型方式。它是由美国青年经济学家杰弗里·萨克斯发明的，20世纪80年代中期开始在南美一些国家实行并取得成功。苏东剧变后，在西方国际金融组织的举荐下，波兰率先采用了这种激进的改革方式，其他大多数东欧国家也都陆续试用这种激进方式。苏联解体后，俄罗斯等国也接受了"休克疗法"。在东欧、中亚国家，"休克疗法"十分迅速而彻底地摧毁了原有的社会主义经济制度，使这些国家向资本主义制度的演变难以逆转。

经济转型的基本内容包括经济的自由化、私有化和稳定化，通过"三化"完成对经济制度的改造。自由化就是废除过去国家对经济的计划管理，使经济市场化。自由化主要包括价格自由化、企业经营自由化、对外经济活动自由化和外汇自由化。私有化就是把原有的以公有制为主体的所有制结构改造成以私有制为主体的混合所有制结构。稳定化就是针对当时普遍存在的生产下降、通货膨胀加剧的混乱局面，通过采取严厉的财政金融紧缩政策来维持宏观经济的相对稳定。私有化和自由化是经济转型的核心内容，稳定化是必要条件。

二、独联体国家的经济转型

苏联解体之后，独联体国家经历了一个较为漫长而痛苦的社会政治经济转型阶段。独联体国家在20世纪90年代基本上完成了由高度集中的计划经济向市场经济的转型。在经济转型过程中，俄罗斯等国家采取激进的"休克疗法"，而乌克兰等国采用渐进的方式。不论是采取"休克疗法"的国家还是采取渐进方式的国家，就其经济转轨的内容来说基本相同，都体现在改造所有制、建立市场机制、实现宏观经济的稳定、实行对外开放政策等方面，本质上都是从公有制向私有制转变，从计划经济体制向市场经济体制转变。

（一）独联体国家的私有化

乌克兰、白俄罗斯和中亚五国（即哈萨克斯坦、塔吉克斯坦、吉尔吉斯斯坦、土库曼斯坦和乌兹别克斯坦）的私有化在1992年前后就已开始，外高加索地区的三国（即格鲁吉亚、阿塞拜疆和亚美尼亚）虽受战乱影响，但从1994年起陆续开始推行私有化。私有化，就是使国有企业非国有化和私营化，其目的是使企业独立经营，面向市场竞争，为建立市场经济奠定基础。这些国家中，除国民经济的要害部门和有战略意义的部门外，其他部门一律实行私有。独联体国家的私有化有小私有化和大私有化之分。"小私有化"是指对小型国有企业进行出售或拍卖;"大私有化"是指将国有大中型企业改造成股份公司或集团,变更其所有权。独联体国家的私有化在主要方面是相同的,在方式方法上均采取有偿出售和无偿分配相结合的方式。在私有化进程上都先立法后实施,先从小私有化做起,再进行大私有化,分阶段推进。在私有化进程中都把吸引外资与私有化结合起来,即允许并鼓励外国资本参与本国的私有化进程。在中亚国家中,农业领域的私有化一般早于大工业的私有化。这些国家的小私有化相对来说比较顺利。乌克兰、白俄罗斯和中亚五国的小私有化在90年代中期基本完成,外高加索地区的格鲁吉亚、阿塞拜疆和亚美尼亚的小私有化在90年代基本结束。但这些国家的大私有化进展并不顺利,在90年代末各国仍参差不齐,有的国家在21世纪初尚在艰难进行之中。

(二)独联体国家的价格体制转轨

独联体国家由计划经济向市场经济转轨,一个很重要的问题就是突破原有的价格体制。由于历史和现实的经济联系,独联体国家价格体制的转轨,受到俄罗斯的很大影响,采取了大幅度放开价格的措施。俄罗斯在1992年1月和3月两次大幅度放开价格,1993年底基本完成价格体制的转轨。受俄罗斯急速放开价格的影响,独联体其他国家也纷纷仓促放开了商品价格。由于独联体国家是在商品短缺的条件下放开价格的,因此都经历了严重的通货膨胀和人民生活水平急剧下降的阵痛,付出了高昂的代价。乌克兰在1993年全年通货膨胀率高达10260%,整个90年代陷入持久的经济危机状态。白俄罗斯在独立后的五年内经济连年下降,1992—1995年国内生产总值分别下降9.8%、9.5%、13.6%和10%。1992—1995年,中亚各国的国内生产总值(除采取渐进改革的土库曼斯坦外)均大幅度下降。1995年与1990年相比,塔吉克斯坦下降60%,哈萨克斯坦下降50.2%,吉尔吉斯斯坦下降49.2%,乌兹别克斯坦下降18.9%。外高加索的亚美尼亚从20世纪80年代末期经济就已陷入危机状态,1992年通货膨胀率达1200%,1993年则上升到10000%,人民处于半饥饿状态。阿塞拜疆1992—1995年经济持续恶化,国内生产总值分别下降28.2%、23.1%、21.9%和12%,通货膨胀率最高时达1700%。与此同时,居民实际收入直线下降,到1994年6月,职工月平均工资约为0.82美元。格鲁吉亚1988年就开始出现经济衰退,1993年国内生产总值只相当于1989年的11.8%。经过剧烈阵痛之后,这些国家基本建立起自由价格机制,价格关系基本理顺,市场竞争也基本形成。伴随着私有化和价格体制的转型,独联体国家也进行了金融、财税、外贸体制的转型,市场经济体制基本形成。

(三)独联体国家的经济发展

随着经济体制转型任务的基本完成和改革的深化,独联体国家的经济在90年代后期步入稳定发展阶段。1997年之后,独联体各国经济明显好转,大多数国家实现经济增长。白俄罗斯、阿塞拜疆、塔吉克斯坦、吉尔吉斯斯坦、土库曼斯坦、乌兹别克斯坦等国经济在1998年止跌回升,国内生产总值的增长率分别为8.3%、10%、5.3%、2.1%、7%、4.3%。哈萨克斯坦和乌克兰分别在1999年和2000年实现了经济增长。进入21世纪以来,独联体多数国家得到发展,有的国家依靠能源出口保持高速增长,如哈萨克斯坦、土库曼斯坦、塔吉克斯坦2005年经济增长率分别是9.2%、20.7%、6.7%。

三、东欧国家的经济转型

东欧国家从1989年开始向以私有制为基础的市场经济转变,实行生产资料私有化,提高企业经营效率;放开物价,依靠市场调节商品供求;实行紧缩货币政策,抑制通货膨胀;稳定经济;削减财政补贴,减少财政赤字,防止债务危机;取消对外贸易限制,实行货币自由兑换。以达到管住货币,放开价格,最大限度减少政府的干预,尽快实现经济自由化的目的。从经济转型采取的方式来看,匈牙利由于宏观经济相对稳定,通货膨胀不是很严重,处于可控水平,政府的财政赤字不是很高,并没有出现债务危机,因此,匈牙利没有采用无偿分配国有资产的私有化方式,而是直接向国内外投资者出售国有企业的渐进方式。而其他东欧国家由于通货膨胀严重,经济形势严峻等,都采取了一步到位的激进式的"休克疗法",在整个转型过程中,因新旧经济体制的转变造成经济生活混乱,东欧国家的经济都出现了大的动荡,都经历了由混乱、调整到上升的痛苦过程,并且其转型方式也都进行了调整。

在转型的最初几年,即1989—1993年,东欧国家遭遇了物价飞涨、经济衰退、工人失业和人民生活水平下降的灾难性后果。各国经济的下降幅度是人类历史上和平时期从未有过的。经过几年的经济滑坡与发展失衡,东欧各国的宏观经济在新的市场经济机制基础上开始走向稳定,国民经济的各项指标明显回升。

东欧国家国内生产总值与上年比值(%)

国家	1990年	1991年	1992年	1993年	1994年	1995年
波 兰	-11.6	-7.6	1.5	3.8	5	6.5
匈牙利	-3.9	-11.9	-5.0	-1.0	2.9	2.0
捷 克	-1.2	-14.2	-7.1	0	2.6	5.2
斯洛伐克	-2.5	-14.5	-7.0	-11.9	2.9	6.0
保加利亚	-9.1	-11.7	-7.7	-4.0	-15.4	2.5
罗马尼亚	-8.2	-3.7	-15.4	1.0	2.5	-4.5
斯洛文尼亚	-4.7	-9.3	-6.0	1.3	5.0	5.0

(资料来源:转引自张康琴:《前苏东地区经济转轨现状及新动向》,载《世界经济》,1996年第12期。)

同时,一种具有东欧特色的市场经济正在形成。第一,以私有制经济为主体的多种所有制形式并存。自经济转轨以来,这些国家对原有私有制关系进行改造,除国民经济要害部门与具有战略意义的部门(如铁路、航空、邮电、军工、矿业等)外,其他部门都实行了私有化。其中,零售商业、餐饮服务业实行了小私有化,大中型国有或市政府所有企业实行了大私有化。经过三年左右的时间,小私有化基本顺利实现。大私有化进展情况,各国参差不齐,并各有特色。私有化的结果是私营经济在整个国民经济中的比重加大。世界银行《1996年世界发展报告》记载,1995年东欧国家的私有企业在国民生产总值中的比重,最高的捷克为69%,最低的保加利亚、罗马尼亚为37%。国有资产在社会总资产中的比重在30%~50%,私有企业产值在国民生产总值中的比重在60%~80%。由于社会分配的不平等,导致社会财富贫富悬殊严重,资本主义私有制下两极分化日益扩大。

第二,市场调节与国家干预相结合的市场经济体系已经形成。转轨初期,否定国家干预经济的自由主义市场经济观点极其盛行,各国都力图使国家"退出"经济生活,实行价格自由化,减少国家对价格的补贴,由市场来定价,政府放弃对价格和经营活动的行政干预。随着经济形势的恶化,国家的经济职能和在转轨时期的作用问题重新受到重视。目前,由于国情和改革步骤不同,各国政府干预经济的力度不一样,干预经济的手段、方法也与过去不同,并且普遍加快了规范各种经济关系、调节市场行为的法制建设步伐,市场经济体系已经形成。

第三,在社会分配上兼顾效率和社会公正原则。转型初期,这些国家实行经济自由化,断然取消各种补贴和国家对价格、就业等的调控。事实证明,这种走极端的观念和政策给国家、社会和相当多居民带来严重影响。越来越多的人认识到,市场经济一方面能起到合理配置资源的积极作用,另一方面其配置资源的功利性、滞后性也会危害社会。因此,在实施的过程中,必须通过国家宏观调控,才能够兼顾效率和公正原则。东欧国家通过建立社会保障制度和各种福利制度,逐步完善了市场经济条件下的社会分配制度,扭转了转轨初期各种社会矛盾尖锐的局面。

随着资本主义市场经济体系的确立和完善,东欧国家的经济开始呈现稳步发展的趋势。经济发展较好的波兰、匈牙利、捷克等国家已恢复到剧变前的最高水平,但是与西欧发达国家相比,差距仍是巨大的,据欧洲复兴开发银行估计,按照目前的经济增长速度,东欧国家大约要用35年的时间才能赶上欧盟的平均水平。东欧国家经济发展中仍存在一些问题:如市场机制不健全,导致经济运转不畅;产业结构调整尚未完成,经济发展缺乏支柱产业和高新技术产业的强力支持而后劲不足;私有化进程中造成的大中型工业企业所有制混乱问题没有彻底解决,企业效率低下,缺乏竞争力;因实行自由主义市场经济使政府对经济的宏观调控力度下降而出现的经济混乱,是东欧国家经济发展过程中的不确定因素,对东欧国家经济的稳定发展造成不良影响。

四、经济转型的结果

(一)私有化经济体制的基本建立

经过20多年的大力推进,东欧、中亚国家的经济体制转型基本完成,主要表现为:第一,大规模的私有化运动已基本结束,初步形成以生产资料私有制为主体的混合所有制结构。第二,市场经济体系初步建成,已建立起由市场定价的自由价格机制,价格关系基本理顺,市场竞争也已初步形成。第三,企业的全部经营活动都由市场调节,政府不再进行行政干预。第四,财政和金融体制发生重大变化。建立起以增值税为主的税收体制,税收已成为体现国家财政政策的重要经济杠杆。金融领域,建立起以中央银行和商业银行二级银行为主体、多种金融机构并存的多元化金融机构体系,金融市场初步形成,资金市场也从无到有。第五,对外经济贸易体制改变过去的高度集权的国家垄断制,实现对外贸易的自由化。对外经济关系在"西向化"的同时,也面向世界全面开放,目前,各国正日益融入世界经济体系。经过20多年的努力,转型国家的经济转轨取得了显著成效。在所有制方面,私有制的主体地位业已确立。这些国家中,除国民经济的要害部门和有战略意义的部门外,其他部门一律实行私有化。到1998年,捷克、匈牙利、波兰等大多数东欧国家的私营经济在国民生产总值中的比重都在60%～80%。在经济体制方面,市场体制已经初步建立。企业取得市场主体地位,按照市场的要求组织生产,80%～90%产品的价格由市场决定,市场机制在资源配置中起基础性作用。

(二)经济体制转型的代价

在经济体制转型中各国都付出了惨重的代价,出现了严重的经济危机。主要表现为:第一,生产大幅度下降。俄罗斯从1992年到1996年,国内生产总值分别下降19%、12%、15%、4%和6%,5年累计下降56%。下降幅度大大超过苏联卫国战争时期(国民生产总值下降25%)和美国1929—1933年的大危机时期(国民生产总值下降30%),使俄罗斯经济倒退了将近20年,至今没有恢复到剧变前水平。即使是经济转轨最为顺利的波兰、捷克和匈牙利三国也都出现了生产的严重衰退。在1990—1991年的两年时间里,波兰国内生产总值共下降20%。在1990—1993年的四年时间里,匈牙利国内生产总值共下降22%。在1990—1993年的四年时间里,捷克的国内生产总值共下降22.7%。

第二,通货膨胀恶性发展。据统计,1991—1996年俄罗斯的物价上涨了6188倍。俄罗斯通货膨胀率1992年为2500%,1993年为1000%,1994年为300%,1995年为131%,1996年才下降至21.8%。波兰1990年物价上涨586%,匈牙利上涨277%。

第三,居民生活水平下降,失业急剧增加,社会两极分化严重。经济下滑、物价飞涨和失业猛增必然导致居民生活水平的下降,贫困阶层范围扩大。按收入低于平均工资45%为贫困线的划分标准统计,在转型初期的经济危机中,波兰有1/3的人生活在贫困线以下,保加利亚为62.7%,俄罗斯为70%。与此同时,转型过程中经济法规的不健全导致贪污腐败盛行,出现许多经济暴发户,社会两极分化严重。

第四,对外贸易恶化,外债负担加重。各国在实现外贸自由化的同时,把对外经济联系的重点转向西方,但由于其产品国际竞争力差,很难进入国际市场,造成对外贸易萎缩,外贸逆差扩大,外债大增。1991年波兰和匈牙利的外债分别占其当年国内生产总值的67.3%和71.7%。俄罗斯对外贸易1991—1993年分别下降37.1%、23%和12%。

1994年开始出现增长,虽然增幅达10.8%,但外贸总额仅为762亿美元。

经济转型之所以付出如此巨大的代价,主要原因:一是激进的改革方案不符合国情。原有的计划经济体制被废除后,新的市场经济体制不可能马上建立健全,出现体制上的真空,造成经济混乱。二是"经互会"的瓦解和苏联的解体,使各国原有的经济联系遭到破坏。三是各国政治制度转轨与经济转型同时进行,政局动荡多变,加大了经济改革的难度。

第二节 政治制度的转轨

东欧、中亚国家政治制度的转轨是从一党执政和党政融合为特征的传统政治模式向以多党制、三权分立和自由选举为特征的西方式民主政治体制过渡。

一、政治制度转轨概述

在经济转型的同时,东欧、中亚国家的政治制度转轨也在进行。大多数国家在政治制度转轨的初期都经历了激烈的斗争、甚至暴力流血,付出社会动荡的高昂代价。从目前情况看,西方的政治制度在这些国家已基本建立起来。其具体表现:主权在民的原则得到大体落实,公民参与国家、社会公共事务管理的权力明显增加;多党并存、相互竞争的政党格局初步形成;三权分立的政权结构得到确立并正常运转;法律体系也得到一定程度的健全,法律对社会生活的规范力度增大。

东欧、中亚国家经过20多年的政治制度转轨,已初步确立了以多党制、三权分立和自由选举等原则为基础的西方民主政治制度,基本上形成了两种类型的政治体制:一种是总统制,一种是议会制。独联体各国大都选择了总统制,东欧国家则建立了议会制。

二、独联体国家的政治制度转轨与特点

独联体是一种非常松散的国家之间的联合形式,其协调机构由国家元首理事会和政府首脑理事会组成。国家元首理事会是独联体的最高机构,由各成员国的国家元首组成,每年开会不少于两次,有权决定关于独联体的共同利益及相互关系的原则性问题。政府首脑理事会由各国政府总理或部长会议主席组成,负责协调各国间共同的社会经济问题。上述协调机构可以举行联席会议,白俄罗斯首都明斯克被定为独联体协调机构所在地。

(一)独立之初的政局动荡

独联体国家长期受苏联统治,苏联留给独联体国家的政治"遗产"是多方面的,其中在内政方面影响比较突出的有两个方面:一是长期高度集权的统治所累积的各种矛盾进一步释放出来;二是在苏联转向过程中,从西方搬来的总统制、三权分立、议会民主、多党

制和自由选举等原则已扎下根来。这两方面因素的相互作用,使得独联体国家在政局动荡的过程中实行了政治转轨。许多国家多次更迭政府,政局一直不稳。

如乌克兰自1991年独立以来,总统、政府和议会之间一直存在较大的政策分歧和矛盾斗争,导致总理频繁更换,政府不稳。一些国家因各种矛盾激化,一度爆发内战,中亚的塔吉克斯坦和外高加索的格鲁吉亚、阿塞拜疆都是如此。塔吉克斯坦在独立前后,以伊斯兰原教旨主义为主的反对派反对塔吉克斯坦共产党政权,双方发生了多次大的政治较量和冲突事件。从1992年3月开始,反对政府和支持政府的两派从对抗发展到武装冲突,塔吉克斯坦陷入内战泥潭。拉赫莫诺夫上台后,采取强硬政策,使国内政局在1994年基本得到控制。后在联合国与俄罗斯等国际力量的调停下,冲突双方于1997年6月在莫斯科签署了《关于在塔吉克斯坦建立和平和民族和睦总协定》,塔吉克斯坦的局势基本稳定下来。格鲁吉亚的民族主义势力十分强大,在1991年4月就宣布独立,并实现多党政治、议会民主。在此过程中,以加姆萨胡尔季阿为首的激进派掌权后,很快就发生分裂并发展为武装冲突。与此同时,民族矛盾爆发,南奥塞梯、阿布哈兹等地均发生武装冲突,格鲁吉亚政局一片混乱。1992年底谢瓦尔德纳泽上台后,采取了各种措施稳定政局,1993年以后局势趋向缓和。阿塞拜疆在独立后,因受"纳卡地区"冲突等因素的影响,政局极为动荡,致使两位总统在短暂任职后相继下台。1993年6月第三任总统阿利耶夫上台后,采取谈判解决"纳卡地区"冲突、改善同俄罗斯及独联体各国的关系等措施,1995年以后阿塞拜疆的局势才得以稳定下来。

◎资料卡片

纳戈尔诺—卡拉巴赫

纳戈尔诺—卡拉巴赫简称"纳卡地区",阿塞拜疆西南部的一个自治州,同亚美尼亚接壤,面积4400平方公里,人口18万,其中亚美尼亚族人占绝大多数。历史上阿亚两族就"纳卡地区"归属素有争议。1991年"纳卡地区"宣布独立,成立"纳戈尔诺—卡拉巴赫共和国"。1992年,阿塞拜疆和亚美尼亚因"纳卡地区"归属问题爆发武装冲突。国际社会普遍认为该地区是阿塞拜疆的土地,对此亚美尼亚没有正式承认,只是表示支持其独立。但是由于其地理位置的重要性,近年来土耳其、美国、法国、俄罗斯等多个国家纷纷介入。目前,该地区实际上处于独立状态,但未被任何联合国会员国承认,仅被阿布哈兹、南奥塞梯、德左三个联合国非会员国承认。"纳卡地区"的军队也控制着阿塞拜疆西南部的许多土地。"纳卡地区"问题不仅直接导致亚美尼亚和阿塞拜疆的敌对关系,还使亚美尼亚与土耳其关系无法正常化。俄罗斯和欧洲部分国家出于宗教信仰,比较偏向亚美尼亚,而伊斯兰国家则支持阿塞拜疆。亚美尼亚自1991年独立以来一直没有和土耳其建立正常的外交关系。在"纳卡地区"问题上,土耳其一直站在阿塞拜疆一边,并因此于1993年关闭了与亚美尼亚的边界。

(二)西方式政治制度的建立

1. 独联体国家西方式的政治制度

(1)制定新宪法,贯彻主权在民原则。独联体国家独立后纷纷制定新宪法,许多国家的宪法明文规定：社会和国家生活的重大问题要提交全民讨论，实行全民公决；总统、议员或人民代表均由本国公民直接选举产生。独联体国家独立以来都已进行多次总统和议会直接选举，许多国家还进行过全民公决，公民参与国家、社会公共事务管理的权力明显加强。

(2) 多党政治初步形成。独联体国家的政党制度发生了很大变化，即从原来的一党制演变为多党制。剧变初期，各国政党政治发展十分混乱，涌现出许多政党。例如，乌克兰有198个政党注册登记，其中影响较大的政党有5个；哈萨克斯坦有上百个政党和组织，吉尔吉斯斯坦议会中有13个不同派别的政党和组织。现在大多数国家都制定和颁布了政党法，使政党活动走上了法制化轨道。

(3) 三权分立的政权结构得到确立并正常运转。独联体国家的宪法规定，国家政体实行三权分立，由议会、总统、法院分别履行国家的立法权、行政权和司法权。此外，独联体国家的法律体系也逐渐健全，各种政治力量的相互斗争也被纳入法制化轨道，法律对社会生活的规范力度加大。

2. 独联体国家政治制度的特点

(1) 总统过于集权。中亚国家总统的权力既高于过去党的第一书记，也高于一般西方国家的总统。中亚各国的宪法规定，总统是国家元首和武装力量的最高统帅，领导政府工作，集党政军大权于一身。总统有权解散议会，议会却很难弹劾总统。土库曼斯坦和乌兹别克斯坦的总统几乎掌握全权，以致出现个人独裁和个人崇拜倾向。相比之下，议会的权力十分有限。

(2) 许多国家的多党制不完善。政党在国家政治生活中作用有限，多党制成了民主生活的点缀。例如，在乌兹别克斯坦的议会中，政党几乎都是总统政策的支持者，第一届议会中的三个政党如此，1999年12月通过选举进入议会的五个政党也是如此，实际上不存在反对派。即便是在哈萨克斯坦和吉尔吉斯斯坦的议会中存在反对党，但反对党占有的议席很少，影响很小。

(3) 国家权力主体民族化倾向严重。中亚各国政权机关的重要岗位都由主体民族占据。议会为主体民族所主导，即使像哈萨克斯坦、吉尔吉斯斯坦这样非主体民族占人口比重很大的国家也不例外。如在吉尔吉斯斯坦议会中，吉尔吉斯人拥有80%左右的席位。在行政部门，各国的外交、财政等部门基本为主体民族的干部所占据，非主体民族的干部则主要集中在工农业及相关的生产部门。中亚国家这种总统集权制的形成是由其国情决定的，这也说明其政治体制的转型将是一个漫长的过程。

三、东欧国家的政治制度转轨与现状

东欧剧变后，东欧国家的政治体制由原来的一党制转变为多党议会民主制。多党政治正在走向制度化、法律化；议会已成为国家政治的中心；立法、行政和司法三权分立，并相互制衡。随着东欧各国对宪法、政党法、选举法等法律的重新制定或进一步修改、完善，东欧各国的多党议会民主制基本确立，政治体制转轨基本完成。

(一)东欧国家政治制度转轨的特点

由于历史和现实的原因,东欧国家的政治制度存在明显的差异,捷克、波兰、匈牙利、斯洛文尼亚已经走上正常的议会民主制道路,基本上达到西方式的民主标准。保加利亚、马其顿、克罗地亚、罗马尼亚等国也向西方式民主的道路迈出了实质性步伐,取得积极进展,而阿尔巴尼亚、波黑、塞尔维亚和黑山等国政党林立、政治混乱、政局不稳、民族矛盾尖锐,多党议会民主制的确立和完善尚需时日。

从东欧国家政治制度转轨的特点看,大多数国家是在和平方式下进行政治制度转轨的,政治制度转轨快于经济转型。各国普遍经历了从混乱到有序的过程,以左右两翼为主体的两大政党轮流执政的政治局面已经形成。主张民族独立、自决的民族主义倾向普遍加强,并强烈主张回归欧洲,融入欧洲。东欧各国原来的共产党以主张社会民主主义的社会民主党面目出现,成为左翼政党,而原来的反对派组织、剧变后产生的各种右翼组织、主张自由市场经济的新自由派人士、基督教和天主教民主人士,以及形形色色的其他右翼党派,成为右翼政党。

剧变初期各国政党制度尚未建立,政党活动混乱无序,导致政党如雨后春笋般出现又骤然消失,政党本身的不稳定,使选民的忠诚度大打折扣,因此出现了所谓的"政党真空",这是各国政坛变化频繁的重要原因之一,像捷克、波兰、匈牙利,几乎每届选举产生的政府都不可能执政到任期届满。例如,波兰在十年中更换了九届政府十位总理;匈牙利也是一年换一个总理;1992 年选出的捷克领导人很快被撵下台,与哈韦尔总统合作得很好的政党在后来的大选中没有获得一个席位。现在大多数国家都制定和颁布了政党法,使政党活动走上法制化轨道。俄罗斯的政党政治发展状况不如东欧国家,在 2001 年 7 月颁布的《俄罗斯联邦政党法》的推动下,许多政党和组织重新组合,使俄罗斯的政党格局发生了重大变化。现在已经初步形成以左、中、右三大派政治力量为主的政党格局。"统一俄罗斯党"目前是俄罗斯议会的第一大党,被称为"政权党"。中亚各国和外高加索各国的多党制,在国家政治生活中的作用和影响很有限。

(二)东欧地区的社会政治思潮

东欧地区的社会政治思潮呈现多元化局面,其中影响较大的有西方的三种思潮:第一,西方自由主义思潮。它们以全面接受西方文化历史的价值观、彻底否定社会主义为主要特征。奉行西方自由主义思潮的各国政党,属于政治生活中的右翼。剧变之初,它们因其鲜明的资本主义民主思想而大行其道,但在执政后由于经济转型过程中的失误,导致各国经济状况恶化,人民生活水平急剧下降而丧失民心,影响力也普遍下降。

第二,民族主义思潮。经济转型后,各国经济状况普遍恶化,人民生活水平急剧下降,以及对西方式民主的失落,各国民众产生了强烈的民族主义和爱国主义思想,这种思潮随着政治多元化的发展而广泛传播。它强调文化的个性,认为所有民族都有独特的、不可替代的生活方式。因其有广泛的社会基础,所以许多政党打出民族主义的口号吸引选民,甚至出现了极端民族主义。

第三,社会民主主义思潮。这一思潮是西方社会党思想在东欧的翻版,它以集体主义为出发点,重视社会集体福利和公共领域,强调国家在社会生活中的积极作用,同时主张意识形态的多元化、多党制和市场经济。这一思潮的影响在不断扩大,它成为由原来的工人党或共产党演变而来的左翼政党的主要思想。

上述三种社会思潮在东欧国家的兴起与发展,反映了东欧国家内部转型时期社会政治的发展变化,同时,与之相伴随的各种政治力量的发展,也决定了东欧国家的政治发展。从这一地区的社会政治思潮来看,马克思主义理论已不再是指导和主导思想,社会思潮呈现出多元化局面。

第三节　外交政策的演变

冷战的结束极大地改变了东欧、中亚地区的战略地位和地缘政治特征。同时,随着东欧、中亚国家在社会制度和意识形态方面同西方对立的消失,各国的外交关系和外交政策发生了重大变化。剧变之初,各国都曾一度奉行向西方"一边倒"的外交政策,以获取西方的经济援助和政治支持。但很快,单纯跟随西方的政策被证明是行不通的,各国转而实施各有侧重的务实的全方位外交政策。

一、独联体国家对外政策的重大调整

为维护国家的主权利益,独联体国家的对外关系都进行了重大调整。从独联体国家的外交政策取向来看,其对外关系基本上朝着两个方向发展。

(一)加强独联体的凝聚力

由于独联体各成员国在苏联时期形成的经济上的互相依赖关系,它们在制定对外政策时,必须以发展独联体内部关系为出发点。各国的自然资源、产业布局不均衡,有的国家资源丰富,但工业基础薄弱;有的国家工业发达,但资源匮乏,又缺乏外贸运输条件;有的国家人多地少,有的国家地广人稀。因此,建立一个能够出售产品、提供原材料的共同市场是较佳的选择。再加上各成员国存在相近的战略利益,对独联体的维护,是最符合各成员国战略和安全利益的选择。独联体各成员国在对外政策上都积极推动独联体的一体化进程。

1993年9月,在莫斯科举行的第十三次独联体国家元首和政府首脑理事会上,各国首脑草签了《经济联盟条约》,推动独联体向一体化迈进。1994年4月10日,独联体各国首脑分别达成并签署了《独联体自由贸易区协定》《成立独联体经济联盟跨国经济委员会的协定》《独联体国家一体化进程基本方向的备忘录》等重要文件。1995年2月,独联体首脑会议又通过了《集体安全条约参加国集体安全构想》,1996年4月,《1996—1997年独联体一体化进程的远景规划》得以通过。1997年3月独联体国家首脑会议上,通过了《独联体国家经济一体化发展构想》《1997年独联体国家一体化发展的基本措施》等文件。2000年6月,独联体通过了《独联体至2005年的发展行动计划》,提出在2005年建立自由贸易区是经济一体化的首要任务。与此同时,在独联体内部,小规模的一体化也正在进行。1996年3月,俄、白、哈、吉四国总统签署《加强经济和人文领域一体化条约》。4月,俄罗斯与白俄罗斯签署《建立共同体条约》,1997年4月,俄、白两国又签署了《俄罗斯与白俄罗斯联盟条约》等,这是以若干国家间的一体化带动整个独联体一体化的发展。所有这一切都表明独联体的一体化进程在不断加强。

(二)发展全方位的外交

在加强独联体一体化进程的同时,一些国家从本国利益出发,也重视与独联体以外的国家发展外交关系。1997年5月,乌克兰和北约签订了《乌克兰与北约特殊关系宪章》。1998年6月,乌克兰正式向欧洲联盟提出要建立"乌克兰与欧盟一体化战略"。1999年4月,在北约成立50周年的华盛顿首脑会议上,格鲁吉亚、乌克兰、乌兹别克斯坦、阿塞拜疆和摩尔多瓦建立了"古阿姆"联盟(古阿姆是俄语国别名称首拼字母ГУАМ音译)。中亚国家地处欧亚结合部,战略资源——石油和天然气丰富,是大国东进西出、南下北上的必经之地,再加上这里是基督教、伊斯兰教和东亚儒家文化三种不同价值观念的交界地,具有极其重要的战略地位,中亚国家依靠其在地缘政治和战略上的重要地位,发展同俄罗斯、美国、中国、欧洲联盟等的关系,以提升它们在世界舞台上的分量。"9·11"事件后,中亚国家同意美国在其领土上驻军,即是其务实外交的重要表现。独联体成员国的对外关系,经过20多年的调整和发展,正在走向务实和多元化。

二、东欧各国对外政策的变化

随着东欧各国经济和政治制度的转轨,其对外政策也发生了重大变化。由原来以东方社会主义国家为主的对外关系,调整为以西方发达资本主义国家为主,积极发展同西方国家的政治、经济和军事关系,以期通过参与欧洲一体化进程达到回归欧洲,使国家富强、人民生活富裕的目的。而要达到这一目的,最重要的就是参加欧盟和北约,这是东欧各国共同的外交走向。

(一)加入欧盟

东欧国家在转型之初就提出了加入欧盟的要求。1992年12月,欧共体爱丁堡首脑会议明确表示允许东欧国家加入欧共体。1999年科索沃危机爆发之前,欧盟采取的是让候选国分批入盟的东扩战略,欧盟先后与东欧国家签署联系国协定,制定入盟标准和实行了先期准备战略。1991年底,波兰、捷克、斯洛伐克、匈牙利与欧共体签署了《欧洲协定》,1994年协定生效,它们成为欧共体的联系国。1993年2月、3月,罗马尼亚、保加利亚也成为欧共体的联系国。5月,欧盟发表了《同中东欧国家发展更紧密的关系》的报告,表明接受中东欧国家加入欧盟的基本立场。1997年7月,欧盟委员会发表了《2000年议程》,依据哥本哈根标准认定波兰、匈牙利、捷克、斯洛文尼亚、爱沙尼亚、塞浦路斯六国为第一批入盟候选国。而保加利亚、拉脱维亚、立陶宛、罗马尼亚和斯洛伐克五国被列为参加第二批入盟谈判的国家。根据1999年10月欧盟委员会发表的评估报告,保加利亚、罗马尼亚、立陶宛和拉脱维亚接近入盟标准,斯洛伐克在民主改革方面也有重大进展,同年12月,赫尔辛基首脑会议决定邀请这五国进行入盟谈判。至此,12个东欧国家中有10个开始进行加入欧盟的谈判。2003年4月,欧盟15个成员国在雅典同即将入盟的10个候选国签署了入盟条约,在分别完成各自的国内立法审批程序后,波兰、匈牙利、捷克、爱沙尼亚、拉脱维亚、立陶宛、斯洛文尼亚、斯洛伐克、马耳他和塞浦路斯10国从2004年5月1日正式成为欧盟成员国。

(二)加入北约

冷战结束后,东欧国家加快进入北约的步伐,目的是寻求这个全球最大的军事组织的安全保护,从而解决国家安全保障问题。1999年3月,波兰、捷克、匈牙利三国加入北约。同年4月,北约华盛顿首脑会议制定了"加入行动计划",决定继续吸收东欧国家加入北约,2002年11月,北约决定邀请拉脱维亚、爱沙尼亚、立陶宛、斯洛伐克、保加利亚、罗马尼亚和斯洛文尼亚七个国家加入北约。2004年3月上述7国成为北约组织的正式成员国,从而使北约成员国扩大到26个国家。

尽管东欧国家在对外政策上实行"西向"战略,力图尽快回归欧洲,但是加入欧盟和北约对这些国家而言,有利也有弊。加入欧盟初期,进口增长高于出口,会加剧贸易赤字;失业率会进一步提高;入盟后如不能取得全权成员地位,将成为二等成员国。加入北约后,并不能完全解决其自身安全问题,如果不能很好地处理与俄罗斯的关系,它们很可能再次成为欧洲分裂的分界线,又将面临处在与俄罗斯对抗的前沿阵地。因此,东欧国家必须解决好与西欧、俄罗斯的关系,以求得微妙的平衡来发展自己。

第四节 俄罗斯的经济政治

1991年12月苏联解体,俄罗斯联邦继承了苏联在国际法中的主体地位,成为国际社会中一个独立的主权国家。其面积1707.54万平方公里(占原苏联领土面积的76%),人口1.4亿,继承了原苏联60%以上的经济和70%以上的军事力量。

◎ 资料卡片

俄罗斯

俄罗斯继承了苏联的主体部分,是仅次于美国的世界第二军事大国,拥有强大的军事实力和强大的核武器库。俄罗斯的工业、科技基础雄厚,部门全,航空航天、核工业具有世界先进水平,俄罗斯的武器销售份额占全球军售的24%(美国占世界的30%)。俄罗斯有着丰富的自然资源,拥有世界上面积最大的农业用土地,达2.3亿公顷,森林覆盖面积占其领土的2/5以上,水力资源充沛,淡水资源居世界之冠。地下矿产50余种,煤炭、石油、天然气、油页岩石储量分别占世界总储量的23.3%、40%、45%和50%。俄罗斯是教育大国,高等教育的水平居世界领先地位;每1000人(15岁以上)中接受高等教育以上的有158人,中等职业教育271人,普通中等教育302人。

一、俄罗斯的经济转型

(一)叶利钦时期的俄罗斯经济

1."休克疗法"及其后果

1991年6月,叶利钦当选为俄罗斯总统(1991年6月12日—1999年12月31日)后,经济由以公有制为基础的社会主义计划经济体制,向以私有制为基础的资本主义市场经济体制转变。在西方的支持下,叶利钦选择了激进的改革方式"休克疗法"。采取的措施有:价格自由化,即一次性全面放开价格;实行紧缩的财政货币政策;实行大规模私有化;实行对外经济贸易自由化。

1991年10月,叶利钦在俄罗斯第五次人代会上提出了激进的改革方案。1991年12月颁布总统令,决定将50%的建材工业、批发商业和公共饮食业,60%的食品工业、批发商业和零售商业,70%的轻工业、建筑业、汽车运输业实行私有化。同时颁布解散集体农庄和国营农庄的法令,1991年12月发布了放开价格的297号总统令。从1992年1月2日起,俄罗斯境内所有企业和其他法人所生产的生产资料、消费资料、精神产品,以及提供的劳务、工程价格与收费标准除特殊情况外一律放开。1992年3月以后又进一步放开重要消费品价格,放开能源产品价格,1993年底基本完成价格体制改革。1992年10月向每个公民发放面值1万卢布的私有化证券,意在让公民用私有化证券购买企业股票,参与私有化进程。私有化证券可以用来购买国有资产,也可以转让、出售。俄罗斯政府在推进私有化和放开价格的同时,实行了外汇自由化,并取消国家外贸垄断制度,各企业均可自由从事对外经济贸易活动。在急速推进私有化和经济自由化的同时,为稳定宏观经济,实行了紧缩的财政政策和货币政策。即压缩基本建设和集中投资,减少国家对价格和亏损企业的补贴,削减政府开支;抽紧银根,严格货币发行和信贷投资,将中央银行向商业银行贷款的利率由2%提高到9%。

"休克疗法"的后果：一方面，迅速打破了原有的计划经济体制，一定程度上避免了双重体制并存所产生的诸多问题，激进的经济转轨使俄罗斯很快搭建起市场经济的框架。据俄罗斯政府统计，1993年底，俄罗斯基本形成市场价格体系，私有化也基本完成。1994年6月底，叶利钦宣布，俄罗斯70%的工业企业实行了私有化改造，4000万人成了股东，100多万人成了小企业主。到1995年，有70%的国营企业实现了私有化，产值占国民生产总值的约50%。到90年代中期，市场经济在俄罗斯经济中开始发挥作用，其制度已初步建成，政府对经济的干预已经大大减弱。

另一方面，"休克疗法"也使俄罗斯付出了惨重的代价。第一，经济进一步滑坡，各项经济指标大幅度下降。1992年俄罗斯国民生产水平下降了20%。1993年与1992年相比，工业总产值下降16.2%，农业总产值下降4%，国民总产值下降17%，国民收入下降13%。第二，通货膨胀失控，财政赤字更加严重。1992年底与1991年底相比，商品批发价格上涨了31倍，零售商品价格则提高了15倍，而食品价格竟然比1989年增加了80~130倍。1992年通货膨胀率达875%，财政赤字达9500亿卢布。1993年通货膨胀率则高达900%。第三，国有资产大量流失，居民生活水平急剧下降。在私有化过程中大量国有资产流失，养肥了一批新贵。而每个俄罗斯公民得到的面值1万卢布的私有化证券只相当于32美元，人民生活水平随之下降。1993年人均每月最低消费约需1.6万卢布，全俄约有1/3的居民在此水平线之下生活，甚至9%的人无力购买必需的食品。失业人口70余万，其中32%的人得不到任何补助。第四，进出口额大幅下降，外汇储备趋于枯竭。1992年俄罗斯对外贸易总额比1991年下降23%，1993年又继续下降12%，造成外汇严重短缺和沉重的债务负担。1993年底，俄罗斯宣布放弃"休克疗法"。

2. 经济政策的调整

1994年1月，切尔诺梅尔金(1992—1998年期间担任俄罗斯总理，2001—2009年任俄罗斯驻乌克兰大使)重组政府后，在继续推进经济体制转轨的同时，对经济政策作了调整。

(1)证券私有化转变为现金私有化，并放慢私有化进程。鉴于证券私有化出现许多问题，切尔诺梅尔金政府规定原有私有化证券的有效期到1994年6月30日终止。1994年7月1日俄罗斯启动现金私有化，即按照一定的价格进行产权交易、重组，也就是从以无偿转让为主过渡到以一定价格出售，目的是注重经济效益和刺激生产投资。1996年明显放慢了私有化进程，从1997年起停止大规模私有化，转为有选择、个别地实行私有化，并按照新的《国有资产私有化和市政资产私有化基本法》进行。现金私有化的一个重要后果是使原国有资产以极低廉的成本集中到少数人手中。

(2)加强了国家宏观调控。一方面，调整信贷税收政策。1994年以后采取适度放松银根的政策，逐步调整税种和税率，减轻企业负担，鼓励投资。另一方面，整顿经济和金融秩序。如加强对物价、税收、外汇以及战略原料、能源出口的监督，加强对国有资产的监管，制定一系列经济法规，严厉打击经济犯罪等。

(3)加强居民的社会保障。政府着手解决居民存款贬值和拖欠工资的问题,适当降低个人所得税,增加社会保障拨款,提高退休金和工资,提高农产品的收购价格以保障农民的利益等,防止人民生活水平进一步下滑。

(4)积极调整外经贸政策。一方面,对外资实行优惠政策,鼓励外国资本直接投资。另一方面,与全方位外交政策相适应,积极拓展对外经济联系。如申请加入世贸组织和亚太经合组织,开拓与独联体的经济合作空间等。

随着上述政策的实施,俄罗斯的市场经济体制已基本确立,1997年俄罗斯经济终于摆脱多年的负增长,开始走出谷底,国内生产总值增长1.2%,工业生产总值增长3.2%,零售贸易额增长3.9%,通胀率为11%,居民收入增长2.5%。

俄罗斯在经济转轨过程中付出了高昂的代价,出现了经济恶化、物价飞涨、工人失业和人民生活水平下降等灾难性后果。俄罗斯1992—1996年国内生产总值减少了41.5%,工业生产下降52.5%,基本建设投资下降75%。五年造成的损失超过了卫国战争五年的损失。按联合国制定的购买力评价方法计算的俄罗斯国内生产总值1996年为5853亿美元,是美国的8.6%。与1990年相比,俄罗斯国内生产总值与美国的差距扩大了将近一倍(1990年占美国的16.4%)。社会两极分化严重,40%的财富掌握在7%的俄罗斯富人手中,近40%的居民沦为最贫困阶层。俄罗斯的经济实力已从转轨前的世界第五位和欧洲第三位,降到目前世界第十位和欧洲第六位,竞争力排在世界第46位,国内生产不仅落后于发达国家,而且落后于有些发展中国家,成为一个中等发达国家。

3. 俄罗斯经济衰退的原因

20多年来,俄罗斯经济一直在衰退和危机中徘徊。虽然1997年俄罗斯经济停止负增长,但远未稳定。俄罗斯1998年发生了金融危机,至今仍然受各种经济发展问题的困扰,造成这种状况的主要原因。

第一,照搬西方经济模式,西方模式不适合俄罗斯国情。1996年俄、美两国著名经济学家共同研讨了俄罗斯经济问题。他们认识到,经济改革失误的根本原因是改革方案不符合俄罗斯国情。

第二,"休克疗法"的具体措施违反经济转轨规律。它在商品短缺的条件下一次性全面放开价格,在生产下降的条件下实行财政货币紧缩政策,在缺乏原始资本的条件下推行大规模私有化,在外汇枯竭的条件下放开汇率,这一切都犯了经济学大忌。否认从计划经济向市场经济转化的长期性,把经济转轨的希望建立在依赖大量外援的基础上。

第三,苏联解体带来了原有经济关系的断裂。俄罗斯是在统一国家急速解体的情况下进行体制转型的,俄罗斯与原苏联各加盟共和国之间有着非常紧密的联系,计划经济体制下的产业布局有很强的互补性。而苏联解体使统一的经济联合体破裂,造成俄罗斯一些经济领域的空缺,使得经济转型变得非常艰难。

第四,俄罗斯国内的政治斗争干扰了经济发展。俄罗斯国内党派林立,各派政治力量围绕权利分配问题明争暗斗,各种利益集团凭借其强大的经济力量,频频向政府施加压力,导致国家动荡、政治混乱、人心离散。议会和总统之间的权力之争,引发了1993年10月的流血事件。因此,国家的经济政策很难推行下去,经济长期处于危机之中。

(二)普京时期的经济改革与发展

1999年12月31日,叶利钦突然宣布辞职,并提名由总理普京出任俄联邦代总统。2000年3月26日,俄罗斯总统大选如期进行,普京在第一轮投票中就以超过50%的得票率成功当选俄第三届总统,并于5月7日正式宣誓就职,时年48岁。年富力强的普京上任后,面对俄罗斯复杂动荡的政局和繁多棘手的社会政治经济问题,以强有力的手腕进行了大刀阔斧的改革。以"强国富民"为口号,提出把经济增长作为各项经济工作核心的战略思想。

1. 调整改革的目标,以建立"有秩序的市场经济"为目标

探索符合俄罗斯国情的经济改革道路和经济发展模式,强调所有制方面实行混合制(国有经济、股份制经济、私营经济、个体经济和外商投资经济共存的混合经济结构),保持国家有限干预,确保市场秩序,为市场经济有效运作创造条件,同时重视社会公平与社会保障。这一理念成为普京经济改革的指导思想。

2. 深化改革,加强国家对经济的调控

第一,大力整顿经济秩序。一方面,拆除部门、地区间的种种壁垒,建立国家统一的经济空间。另一方面,扭转经济交易实物化倾向,扩大市场的现金交易,采取各种措施返回被转移到国外的资金,打击各种经济犯罪,向违法乱纪的寡头宣战,力争形成较好的经济环境,为各类所有制企业创造平等的竞争条件。第二,进行税制改革。通过了《俄罗斯联邦税法典》,简化税种、降低税率。将税种从200多种减为28种,同时降低主要税种的税率,如将企业利润税从35%降至30%,将增值税由20%降为15%,将个人所得税由累计税率改为13%的统一所得税率。加强税收征管,严格财政纪律。第三,完善金融体制,实行稳健的货币政策。保持卢布汇率稳定,降低通货膨胀率。继续完善两级银行体制,维护中央银行的独立,推进其转变职能。改革商业银行体制,推进商业银行重组并建立新的银行体系,即建立一个以国家控股为核心的新银行体系。发展各种证券市场,完善融资渠道。

3. 调整产业结构,加快农业特别是高新技术产业的发展

普京十分重视农业,提出实行把国家扶持、国家调控同农村及土地所有制改革相结合的政策。在普京的推动下,2001年10月颁布了统一的《俄罗斯联邦土地法典》,为土地制度的变革和土地市场化提供了法律保障。同时加大国家对农业的投入。为改变俄罗斯经济增长严重依赖能源生产和出口的局面,普京在第二任期时强调要增加加工产品出口。为此,普京在2005年要求政府扩大投资规模,力争2~3年建立起一批科技园区和新型工业生产基地。2005年下半年,俄政府宣布由政府投资引导在全国逐步建立起若干经济特区和科技园区。还通过2006年预算向航空、生物、计算机、信息等产业增加投资,同时增加对教育、医疗、住房、农业等四大领域的投资。2005年11月,普京任命原总统办公厅主任梅德韦杰夫为政府第一副总理,专门负责这四大领域的改革。

4. 加强同世界经济的联系,逐步实现世界经济的一体化

普京政府积极申请加入世贸组织,争取尽快加入国际经济活动的调节体系;在坚持独立自主的同时,努力通过首脑外交等各种外交活动,争取国际组织、外国政府和企业增加对俄罗斯的投资;积极支持企业和公司的对外经济活动,成立联邦出口支持署,为俄罗斯生产厂家的出口合同提供担保。

在普京的治理下,俄罗斯的经济明显好转。2000年、2001年经济增长率分别是9%和5%。2001年农业形势明显好转,粮食产量破苏联时期的纪录,成为世界粮食出口大国。2003年国内生产总值达到4652亿美元,同比增长17.3%,工业产值增长7.3%。2004年国内生产总值增长7.1%,居民实际收入增长8.4%。2005年国内生产总值增长6.4%,居民实际收入提高9.1%。与此同时,俄罗斯的进出口增长迅速,黄金外汇储备急剧增加。2003年俄外贸总额首次突破2000亿美元,达到2092亿美元,黄金外汇储备达到720多亿美元。俄罗斯一改动荡不安的社会局面,经济持续增长,政局日趋稳定,俄罗斯开始了一个新的时代。

(三)"梅—普组合"新时期社会经济稳定发展

2008年5月7日,梅德韦杰夫宣誓就任俄罗斯联邦新一届总统,普京任总理。"梅—普组合"的出现,标志着俄罗斯进入一个经济社会稳定发展的新时期。梅德韦杰夫重申他将推行普京任内制定的治国策略,继续巩固俄罗斯在国际舞台上的地位。

1. 增强经济的竞争性,提高经济活力

这是梅德韦杰夫政府的重要政策取向。体现在利用现有的能源、原材料等国际竞争优势,巩固俄罗斯增长的资本基础,并把相应的外汇收入投入可以增强国家实力的基础领域,包括教育、人力资本培育、科学技术研究、结构改造、设备投资和社会保障体系。

2. 减少政府对经济的干预

进一步扩展市场主体的自由度,经济决策自主权将进一步转移到个体手中。在不同产业实行不同的市场结构政策。由梅德韦杰夫在多种场合阐述的政策主张可知,俄罗斯的垄断性市场结构也将发生变化。在能源、原材料和其他战略部门,特别是参与国际竞争的战略部门(高新技术、飞机制造、军事工业),市场结构继续以寡头垄断为主。在制造业领域,为了阻止外国战略机构垄断俄罗斯国内市场,继续实行普京时期的投资并购限制政策。同时,俄罗斯政府鼓励组建自己的具有国际竞争力的战略企业,并鼓励中小企业在区域范围和产业范围内积极参与竞争,提高市场竞争度。

(四)俄罗斯经济政策的新走向

第三次当选总统的普京将立足于新型工业化道路,通过产业政策主导经济发展,大型国有企业与金融机构仍将成为关键性力量,国家垄断资本主义政策将延续,国有制将长期存在于自然垄断、军事工业与原材料产业。同时,普京也试图通过减少管制和私有化来降低风险。再工业化定位、消除财政赤字的压力、欧美债务危机的警示、中产阶级的快速崛起,决定了普京政府的民粹主义色彩不得不有所淡化,政策重点主要围绕培育人力资本与发展高科技产业展开。

普京的经济方针是发展新型经济,推进经济现代化,其主要特征包括:部门多元化;高科技和知识密集型产业在国内生产总值(GDP)中占有较高比重;高生产率和低能耗;技术不断更新;中小企业活跃等。由于出口和投资下降、居民消费增速放缓等原因,俄罗斯GDP增速从2012年的3.7%下降到2013年的1.8%。乌克兰危机爆发后,在西方经济制裁、国际油价下跌、卢布汇率暴跌等因素的综合作用下,俄罗斯经济陷入衰退。俄罗斯经济现代化进程遭受挫折,经济政策的优先方向被迫从发展新型经济转向恢复宏观经济形势的稳定。2017年俄罗斯经济出现复苏,但是增长率仅为1.5%。鉴于经济增长潜力几乎用尽,俄罗斯经济发展部预计2018年俄罗斯GDP增幅为2.5%。普京政府实现了稳定宏观经济形势的目标。

俄罗斯经济面临一系列挑战,其中多为具有长期性、深层次影响的问题:其一,经济增长方式问题,包括劳动生产率低、能耗高、能源利用效率低、技术设备陈旧老化等。俄罗斯必须提高生产率,降低能耗,更新技术设备,才能提高其产品的国际竞争力。其二,经济发展模式问题,即俄罗斯能源原材料出口型经济模式。多年来,俄罗斯一直想建立多元化的创新型经济模式,发展一些有国际竞争力的高科技产业和知识密集型产业,但是成效不彰。其三,经济结构问题,主要表现为三次产业比例失衡。并且工业内部结构也不平衡,重工业产值占比大,轻工业产值占比小,工业能源化、原材料化问题严重。产业结构失衡导致俄罗斯国民收入、固定资产投资结构和对外贸易商品结构失衡,成为其经济可持续发展的主要威胁。针对这一问题,俄罗斯政府确定了再工业化政策,其目标是建立有竞争力的、稳定的、结构平衡的工业体系,但是实施效果甚微。其四,由于俄罗斯与西方对抗加剧,西方对俄制裁不仅长期化,而且越来越严厉,因此俄罗斯金融、能源、军工等企业在西方市场难以获取融资和先进技术,俄欧贸易额与制裁之前相比大幅下降。

2018年3月,普京以76.69%的得票率赢得俄罗斯总统选举,2018年5月7日,普京再次踏着红地毯进入克里姆林宫,开始他的第四个总统任期。在总统就职典礼上,普京提出从2018年到2024年这六年间俄罗斯经济发展的重要战略目标。发展经济是普京总统第四任期最重要的任务,鉴于当前俄罗斯的经济形势和外部环境,普京政府既需要把经济增长作为新任期宏观经济政策的主要目标,又需要着眼长远,为俄罗斯经济模式革新创造条件。为此普京政府提出发展创新型经济,促进经济长期增长的政策。

(1)全力促进经济增长。普京在2018年度国情咨文中指出,政府要改善民众福祉,并且要在21世纪20年代中期,使俄罗斯进入世界经济前五强,人均GDP增幅达到50%。俄罗斯只有以超过世界经济平均水平的增速才能实现这些目标,因此,达此增速是新政府工作的主要方向。为了保证经济稳定增长,俄罗斯将扩大投资,把投资占GDP的比重提高到27%,并通过减税和下调利率,刺激企业投资的积极性;提高居民实际收入,以刺激消费;扩大出口。2018年5月,普京在宣誓就职当天就签署《2024年前俄罗斯发展的国家目标和战略任务》总统令,提出使俄罗斯在2024年前跻身于世界经济前五强,在保持宏观经济稳定的情况下确保俄罗斯经济增速超过世界水平等目标。在2018年世界经济和俄罗斯经济都将延续低增长的形势下,鉴于诸多经济问题仍然存在,普京政府实现高于世界经济平均增速的目标有一定难度,为此必须发掘更多的经济增长点。

(2)发展创新型经济。为了改变俄罗斯经济结构,摆脱国家对原料出口的依赖,提高国际竞争力,普京表示将从以下几方面推动创新型经济的发展。首先,在新技术、管理和人员基础上提高劳动生产率,使基础行业大中型企业的劳动生产率年增速高于5%。其次,扩大对技术设备的投资,以实现工业现代化。再次,发展小企业,使它们对GDP的贡献率接近40%。最后,发展非能源产品,包括机械设备、农产品、服务业等的出口。在这方面,俄罗斯面临投资不足、企业缺乏创新积极性、企业创新能力有待提高等问题,但这是俄罗斯经济转型升级的必由之路,普京政府决心推进这项工作。

(3)兴建基础设施。普京表示,今后6年有必要大量增加公路建设经费,将拨款11万亿卢布。提增经俄罗斯铁路的集装箱过境运输规模至目前的近4倍,力争使俄罗斯成为欧亚大陆集装箱运输的"世界领先者"之一。改造港口基础设施,继续提高俄罗斯港口总吞吐量。扩大北方海航道的货运量,使之成为具有国际竞争力的交通干线,并借此带动俄罗斯北极地区和远东地区的发展。扩建俄罗斯各地区机场网络,争取6年后半数地区之间实现直飞。此外,俄罗斯还要更新国家电力系统,扩大互联网覆盖面。除国家投资以外,俄罗斯正在研究吸引社会资本和外国投资参与其基础设施建设。

(4)推进再工业化。普京早就认识到,俄罗斯必须发展制造业与加工工业,才能实现民族工业的复兴和现代化。俄罗斯将在保持能源和军事工业传统优势的同时,巩固原子能和航天部门在国际市场上的技术优势,优先发展制药、高科技化学、复合材料、航空、信息技术、纳米技术,在这些领域逐步打造国际领先的制造业。同时,普京政府还要继续实施进口替代政策,提高俄罗斯自产自给的能力。

(5)发展国际经贸合作。普京政府将尽量维持与欧盟、美国现有的经济联系,但为避免在经济上被西方孤立和边缘化,将更积极地参与全球化进程和亚太地区经济一体化,在"大欧亚"地区构建多层次的经济伙伴关系。在西方国家不断延长对俄经济制裁的情况下,俄罗斯将对外经济合作的重点转向亚太国家,努力扩大与该地区国家的贸易和投资合作。俄罗斯将与欧亚经济联盟的其他成员国一道,致力于建立统一的电力市场和油气市场。

二、俄罗斯政治体制变化

(一)叶利钦时期的政治状况

1. 俄罗斯政治体制转轨的过程

以1993年10月为界,分为两个阶段:第一阶段(1990年—1993年9月)主要是政治体制转轨。在此期间,俄罗斯从苏联时期的一党执政、议行合一为特征的传统的社会主义政治制度,转变为以总统制、多党政治、议会民主、三权分立、自由选举等为特征的资本主义议会民主政治制度。其主要标志是"民主派"夺取政权,共产党失去执政地位,社会主义制度被摧毁,国家性质发生根本变化。

俄罗斯独立之初,各种社会矛盾不断激化,国内政局动荡不安。一是群众的街头抗争、流血冲突不断。突出的有:1992年2月在苏联建军64周年之际,群众涌上街头呼吁军队出面拯救国家;同年6月,在庆祝俄罗斯第一个独立节时,数万主张恢复苏联的群众包围议会大厦并在议会大厦外搭起帐篷坚持抗争;1993年5月1日,参加庆祝五一国际劳动节的大规模游行群众与警察发生流血冲突等。二是民族矛盾凸现出来。在俄罗斯的许多民族要求更多的自治权,有的民族甚至干脆要求独立,分离出去。鉴于苏联解体的教训,1992年1月俄罗斯最高苏维埃作出决定,所有的自治共和国和自治州一律升格为共和国,并赋予它们制定宪法和建立各自的立法机构的权利。即便如此,车臣—印古什等共和国仍然拒绝在联邦政府与各共和国之间的《联邦条约》上签字,终于在1994年爆发了车臣战争。三是政权体制不顺,领导层内部政争不断,斗争激烈。由于俄罗斯1991年建立的总统制很不完善,总统与议会之间的职权划分很不明确,加之总统叶利钦、副总统鲁茨科伊和最高苏维埃主席哈斯布拉托夫之间因在经济改革、外交政策等一系列问题上存在严重分歧,相互之间斗争异常激烈,本来就很复杂的俄罗斯政坛被搅得不得安宁,以至于1993年10月叶利钦派出重兵进攻"白宫",以武力驱散议会。经过1992—1993年总统同议会之间的激烈斗争,俄罗斯1993年12月12日以全民公决的方式通过一部新宪法,确立了新的政治体制——总统集权制。

第二阶段(1993年10月—1999年12月)主要是"总统集权制"形成、确立和运行阶段。1993年宪法规定,"俄罗斯是共和制的民主联邦法制国家",俄罗斯联邦的国家权力由总统、联邦会议(联邦委员会和国家杜马)、联邦政府和法院共同行使。这部宪法一方面以国家根本大法的形式对已经实行的资本主义政治制度予以确定;另一方面遵循"分权与制衡"原则确立了以总统集权制为核心的三权分立的国家权力体制,确立了"总统集权制"这种极具俄罗斯特色的权力体制。

(1)联邦总统。总统由公民直接选举产生,一届任期4年,同一人担任总统不得超过两届。宪法规定,俄罗斯联邦总统是国家元首,是俄罗斯联邦宪法、公民权利与自由的保障;总统按《俄罗斯联邦宪法》和联邦法律决定国家的对内、对外政策;总统任命联邦政府总理、副总理和各部部长,主持联邦政府会议;总统是国家武装力量最高统帅并领导国家安全会议;总统有权解散议会。

(2)联邦会议。根据宪法,俄罗斯联邦会议是立法机关,它由联邦委员会(上院)和国家杜马(下院)两院组成。联邦委员会设178个议席,由89个联邦主体各派两名代表组成。其主要职能是对国家杜马提出的法案进行复审,批准联邦主体边界变更、总统关于战争状态和紧急状态的命令,决定境外驻军、总统选举及弹劾、中央与地方关系问题等。国家杜马是俄罗斯的立法机构,所有法案必须先由国家杜马审理。国家杜马对总统提名的政府总理有确认权;有权对政府提出不信任案;有权提出弹劾总统的指控。国家杜马有450个议席,一半由全国225个选区各选一名代表产生,另一半席位由在选举中得票率超过5%的政党按得票多少分配。国家杜马议员每届任期4年。国家杜马下设国际事务委员会、安全委员会、国防委员会、立法委员会、经济政策委员会、民族事务委员会等20多个委员会。

(3)联邦政府。宪法规定,联邦政府是俄罗斯联邦的执行权力机构,由联邦政府总理、副总理和联邦部长组成。具体职权为:制定并向国家杜马提出联邦预算并保证其执行;实行统一的社会经济政策;管理联邦财产;实施保障国家防御、国家安全和贯彻俄罗斯联邦对外政策的措施;实施保障法制、公民的权利与自由、保护财产和社会秩序及同犯罪现象作斗争的措施等。

(4)司法权。宪法规定,司法权由宪法法院、最高法院(及各级法院)、最高仲裁法院(及各级仲裁法院)、检察院(总检察长及各级检察长)行使。其中宪法法院有权对联邦的法律、总统和政府及议会制定的法规、联邦机关和地方机关制定的法规是否符合宪法作出裁决;有权对联邦国家权力机关之间、联邦机关与地方机关之间有关职权范围的争端作出裁决等。

俄罗斯的立法、行政、司法三权是很不均衡的。总统决定内外政策,有权直接任命政府,有权提出法案和签署总统令,有权决定国家杜马选举和解散国家杜马,拥有否决权和决定全民公决权等,可以说,总统集内政、外交、行政、立法大权于一身。而议会的权力却十分有限,除讨论和通过联邦法律之外,并没有多少实质性权力,即使是立法权也受到总统否决权的很大限制。虽然议会可以罢免总统,但罢免的"门槛"很高而且程序十分复杂,要罢免总统很难。由于总统有权解散议会,议会要监督政府也很难。

2. 政党政治的发展

政党制度的转型和政党政治的发展是俄罗斯政治转型的重要组成部分。俄罗斯由一党制到多党制的转型在苏联时期就已经开始。在戈尔巴乔夫推行"公开性"和"民主化"过程中,苏联就出现了各种各样的"非正式组织",据报道,"非正式组织"在1987年12月已达3万多个,1989年2月发展到6万多个。这些"非正式组织"都是独立的政治实体,多数是共产党的"异己"。1990年3月,苏联第三次人民代表大会通过了对苏联宪法第六条的修正案,宣布"公民有权组织政党",从法律上取消了苏联共产党的领导地位,承认了多党制原则,极大地刺激了政党的发展,也使得国家进入多党政治的无序时期。

俄罗斯独立初期更是如此。从1991年12月底苏联解体到1993年底颁布新宪法之前,出现了500多个形形色色的政党,甚至被人讥讽为"啤酒香蕉皆成党"。在1993年12月举行的第一届国家杜马选举中,只有"俄罗斯选择"、重建后的俄罗斯共产党、自由民主党等8个党跨过5%选票的"门槛"进入议会。第一届国家杜马选举之后,俄罗斯的政治斗争主要在有影响的政党之间展开,政党斗争的重心也逐渐从街头转向议会。如,在第一届国家杜马选举中,政治角逐主要是在以"俄罗斯选择"为首的右翼和以俄罗斯共产党为代表的左翼之间展开。在1995年的第二届国家杜马选举时,则主要是在"我们的家园——俄罗斯"和俄罗斯共产党之间进行。在俄罗斯多党制确立和正常运行的过程中,政党政治的法律规范也逐步确立。1995年4月,国家杜马通过了《俄罗斯联邦社会联合组织法》,对实施多党制的宪法原则作了具体规定。按照这一法律,在政党法颁布之前,只要有三个以上年满18岁的俄罗斯联邦公民倡议,便可以成立包括政党在内的社会联合组织,政党政治的法制化有所增强,1996年大选后"政党热"逐渐降温。政党政治的形成对俄罗斯的国家政治生活产生了一定影响,它在调节议会和行政矛盾关系的时候会起到制约和平衡作用,在对内、对外政策的制定和实施过程中也会发挥弹性价值的作用。

(二)普京时期的政治改革

普京上任后,对俄罗斯的政治体制进行了根本性改革,并采取有力措施,维护了国家的统一和稳定。

1. 改革联邦制,加强总统和联邦中央的权威

俄罗斯全国有89个联邦主体,这89个联邦主体分为21个共和国、6个边疆区、49个州、2个直辖市、1个自治州和10个自治专区。根据俄罗斯宪法,在保证国家领土、国家政权体制统一的基础上,联邦中央国家权力机关和联邦主体国家权力机关在宪法规定的职权范围内行使各自职权,各联邦主体有权依据宪法和联邦法律独立地确定自己的国家权力机关体系。宪法给予各共和国和地方较多的自主权、较大的独立性。

2. 精简政府机构

在理顺联邦中央和联邦主体关系的同时,普京还推动公务制度改革,精简政府机构。2001年8月,普京签署命令成立公务制度改革委员会,推动公务制度改革,要求建立权限分配、运作高效的完整的国家公务体系。2004年3月,普京下令将俄罗斯政府原有的30个部缩减为17个。

3. 推动政党制度建设,加强总统权力的政党基础

普京执政初期,为了巩固地位、稳定政局,奉行广泛团结各派政治力量的方针,争取国家杜马第一大党——俄罗斯共产党的支持,频繁地与一些反对党接触,注意将各派政治力量和各个政党的意见吸收到自己的治国纲领中,获得包括俄罗斯共产党在内的一些政党的支持。与此同时,普京加快了俄罗斯政党政治的法制化进程。在普京的推动下,2001年6月,经过反复修改的《俄罗斯联邦政党法》在国家杜马通过,并获得联邦委员会

的批准,普京签署并正式颁布。政党法对政党的成立、登记和撤销,党员的人数和地区组织的数量,政党的宗旨和活动形式,政党的权利和义务等,都作了详细规定。俄罗斯的政党政治被纳入法制化轨道。在普京政策的影响下,受到普京支持的"团结党"等中派力量不断发展。2001年4月,国家杜马中的"团结党""祖国—全俄罗斯""人民党""俄罗斯地区"等党派决定成立跨党团的协调委员会,并着手建立统一的政党,最终形成后来的政权党——"统一俄罗斯党"。此后,"统一俄罗斯党"迅速壮大,在2003年12月的杜马选举中,成为杜马中的第一大党。俄罗斯政党生态的变化,大大加强了普京的权力基础,也为普京各项政治经济改革的顺利推进创造了良好的条件。

4. 打击寡头势力

寡头势力膨胀,左右政局是叶利钦时期的一大祸害。普京运用法律手段对严重违法的寡头进行打击。金融传媒大亨列别佐夫斯基和古辛斯基、石油大亨霍多尔科夫斯基等纷纷落马,寡头势力受到重创。把寡头们的活动限制在经济领域,按照法定规则从事经济活动,使寡头势力干预政局的状况得以改观。

5. 严厉打击民族分离主义势力,巩固国家的统一

普京上任后,对车臣叛乱分子的叛乱活动和恐怖主义袭击了以坚决打击。他多次强硬地表示,绝不同分裂势力进行任何谈判。他下令对车臣境内残存的武装叛乱分子进行全面清剿。车臣自2004年选举总统后,在2005年11月又举行议会选举。在这次车臣议会选举中,"统一俄罗斯党"获得压倒性胜利,成为车臣议会的第一大党,为车臣的综合治理创造了良好的政治条件。与此同时,俄罗斯加大对车臣的财政投入,帮助车臣人民恢复生产,加强城市和农村建设,取得了明显成效。这些措施增加了普通百姓的安全感,增进了人民对解决车臣问题的信心,维护了俄罗斯的领土完整和统一。

(三)梅德韦杰夫的政治改革措施

2008年5月俄罗斯的政治生活随着梅德韦杰夫的执政进入一个新的阶段,梅德韦杰夫提出了对政治体制进行改革的一系列措施。

1. 强化总统权力,进一步稳定政权

梅德韦杰夫提出,俄罗斯目前面临实施国家长期发展计划、过渡到新经济、应对国际金融危机、军队现代化、管理庞大国家等一系列重大任务,需要加强民主制度和保持稳定。而保持稳定的具体措施就是延长总统任期和国家杜马职权期限。第一,扩大联邦会议的宪法权力,赋予国家杜马对执行权力机关的监督职能,制定宪法条款,要求政府每年向杜马汇报工作并回答质询。第二,延长总统任期和国家杜马职权期限分别至6年和5年。延长总统任期无疑是强化总统权力。普京执政8年,俄罗斯精英内部实现整合,对俄罗斯发展道路及政权形式达成一定共识,即俄罗斯需要一个适合自身特点的、能够服务于国家经济社会发展、有利于国家长治久安的政治体制,需要一个足以保障俄罗斯发展的稳定局面。延长总统任期还可以进一步加强国家杜马的可控性,同时为普京本人的政治

选择留有余地。

2. 打击腐败,为发展保驾

梅德韦杰夫指出官僚体系导致腐败,遏制创新经济和民主制度的发展,梅德韦杰夫将反腐败作为就任总统以后的首要任务。2008年5月,俄罗斯设立反腐败委员会。2008年7月,梅德韦杰夫签署"反腐败国家计划",并将相关法案提交国家杜马通过。梅德韦杰夫"反腐败国家计划"包括四个部分:一是反腐败立法;二是以反腐败为目的完善国家管理;三是法律干部的培训和法律教育;四是实施反腐败计划第一批措施。

3. 新的"俄罗斯思想"

梅德韦杰夫对俄罗斯意识形态问题作了详细阐述,主要内容是公正、自由、人的生命、福祉与尊严、家庭传统、爱与忠诚、爱国主义等。他认为,这些是俄罗斯的价值道德基准。

4. 一党独大的"民主政治"模式

梅德韦杰夫的政治改革表明,俄罗斯自1993年以来的政治过渡期宣告结束,随着立法程序的完成,将形成一种俄罗斯式的"民主政治"模式。其主要特征是,"政权党"一党独大,但实行外部治理;"政权党"虽然缺乏明确的意识形态,但却对"领袖"忠诚、支持政府选择的发展道路;在政治决策过程中,"政权党"处于次要地位。

因此,梅德韦杰夫政治改革举措的宗旨就是求稳定促发展。政治稳定在俄罗斯具有特殊意义,俄罗斯政治权力高度集中且封闭运行,维持精英内部的共识是政治稳定的首要和先决条件。

(四)新时期普京的新政(2012年5月至今)

1. 普京总统第三任期的政治体制改革(2012年5月至2018年4月)

2012年5月普京上任后,开启了新时期的新政,俄罗斯实施了一系列政治体制改革。

(1)修改政党法,简化政党注册手续。新法律于2012年4月生效,激发了俄罗斯社会新的政治热情,短短几个月时间,就有数百个政党筹委会提出申请。截至12月中旬,包括新政党法出台前合法登记的7个政党,合法登记的政党达到48个。

(2)制定国家杜马直接选举州长的法律。4月25日俄罗斯国家杜马通过直接选举州长的法律。凡年满30岁的俄罗斯公民有权竞选州长,候选人既可由党派提名,也可以独立候选人的身份参选。法律还规定,如果地方行政长官有腐败行为或涉及其他利益冲突,总统有权将其免职。

(3)放宽政党参加选举条件,降低总统候选人门槛。非议会政党推选总统候选人所要征集的支持者签名从200万减少到10万。新政治改革在形式上更加开放,新成立的小党成长前景还很模糊,基本上不可能成为影响俄罗斯政治格局的力量。俄罗斯现有地方政权主要控制在"统一俄罗斯党"手中,大规模州长任期届满在2015年之后,新法律为候选人遴选环节设置了总统和地方议会两层过滤程序。加上地方居民的参政热情不高,直选地方官不会产生让当局担心的变数。

(4) 加大力度整控有影响力的公共政治空间,力求避免产生破坏性影响。一是2012年6月9日生效的《关于聚会、集会、示威、游行及围坐法修正案》。该法案规范申请举办公共集会的程序规则,要求确定活动场所、线路、安全措施,并细化了违法行为及其罚则。该法案的及时出台,让6月12日反对派举行的第二次"百万人集会"以和平方式静悄悄收场。二是7月11日国家杜马通过《互联网黑名单法》。法律规定,传播对儿童有害内容的网站、网页的网址和域名将被列入黑名单,其他如鼓动战争或制造民族纠纷的内容也将被列入黑名单。三是修订《非营利组织法》。建立专门的"外国代理人"非营利组织名录,该类组织需要定期通报和公布其财务活动报告。

"可控民主"是对普京统治下俄罗斯民主制度的基本描述。普京本人在2005年总统国情咨文中强调,"作为一个主权国家,俄罗斯能够也将自主地决定民主道路上的一切时间期限,以及推进民主的条件",必须使"民主价值观与国家利益相结合",俄罗斯的民主制度从此被打上"主权民主"的烙印。"主权民主"概念的提出反映了面对西方的指责和压力,俄罗斯国家意识的提升,主权民主依然是可控民主。2012年普京第三任总统首年对俄罗斯公共政治空间的整肃是其民主理念的延续。

2. 普京总统第四任期的政治改革目标(2018年5月至今)

2018年5月普京开启了俄罗斯第四次总统的征程。普京执政基础牢固,拥有很高的民意支持率,"统一俄罗斯党"一党独大,在俄罗斯议会占据多数席位,可以凭一党之力通过普京政府想要施行的法律。但是,普京在新的任期仍然面临一些国内社会政治问题。首先,俄罗斯民众对国家经济形势和自身生活水平并不满意。2014年以来,受西方制裁、国际能源价格下跌等因素影响,俄罗斯陷入经济衰退,2017年虽然有所回升,但不稳定。与此相关,俄罗斯居民实际可支配收入和消费水平连年下降,生活在贫困线以下的人口增加到2000万人。"克里米亚共识"能够在短期内保持对普京的高支持率,但是无法长期掩盖经济和民生问题。其次,俄罗斯反对派指责的普京政府以全面控制取代政治竞争的问题没有得到解决。2011—2012年俄罗斯的抗议运动反映了反对派对政治垄断的不满,"梅普组合"随后采取简化政党注册手续、实行州长直接选举等改革举措,在一定程度上促进了政治竞争。最后,"颜色革命"(Color Revolution)风险依然存在。西方不断延长对俄罗斯的经济制裁动机之一,就是指望引起俄民众对当局的不满,降低普京政府的民意支持率,甚至激起"颜色革命",从内部更迭普京政权。自2017年以来,美国越来越将制裁直指俄罗斯精英阶层,意在通过制裁与克里姆林宫合作的寡头,使俄罗斯金融和工业精英分裂,进而动摇普京政权的根基。由上述可见,出于对内增强政治体制竞争性和对外防止"颜色革命"输入等考虑,普京政府既有维稳的压力,又有改革的动力,因而将在维持政治稳定与推进政治改革的均衡区间内有所作为。

(1) 政治维稳为主,适度推行改革。

第一,维持政治稳定。普京在2018年度国情咨文中指出,包括政治在内的各个领域的稳定,对俄罗斯至关重要,因为它幅员辽阔,民族众多,拥有复杂的联邦制、多样的文化和艰难的历史记忆。在总统第四任期,普京将继续维护俄罗斯宪政体制和政治体系,巩固国家的权威,确保中央对地方的强有力领导;支持"统一俄罗斯党"的发展,使之继续发挥议会中支持政府的稳定多数派的作用;保持对社会一定的控制,在西方制裁并在俄制造政治分裂的形势下,严防"颜色革命"。

第二,进行适当的政治改革,以促进政治竞争。《俄罗斯联邦政党法》修改后,虽然简化了政党注册手续,使政党数量大量增加,但其中绝大多数政党没有活动能力。在2016年选举中,能够跨过5%门槛线进入国家杜马的仍然是"统一俄罗斯党"、俄罗斯共产党、俄罗斯自由民主党、"公正俄罗斯党"四个政党,俄罗斯政治体制仍缺乏竞争力。2018年总统选举结束后国家议程中的优先任务之一,就是使俄罗斯政治体制更加开放,更有代表性。普京将进行适当的政治改革,包括:完善多党制,使之更有竞争性和代表性;提升政党在国家政治生活中的作用,以提高民众对政党的信任度和对政治的参与度;实施行政改革,提高行政机关工作效率,等等。

(2)完成政治精英更新换代,保持精英阶层的稳定和团结。2016年以来,普京总统先后将一批年轻的专家型政治家任命为总统办公厅主任、州长、总统驻联邦区全权代表,关于俄罗斯政治精英代际更替问题的讨论由此而兴。2018年5月和6月,普京分别重组俄罗斯政府和总统办公厅,虽然有年轻的技术官僚进入高官队伍,但长期与普京共事的政治精英仍然占据最重要职位,普京政权保持很高的稳定性。未来,普京仍将面对俄罗斯政治精英代际更替的任务,同时还需要维系精英团队的稳定。在普京执政团队中,围绕增加或削减军费预算的博弈还会继续,围绕俄罗斯究竟应当发展工业,还是应当发展市场和调整货币政策的辩论也不会停止。对于这些分歧和争论,普京不但要作出裁判,而且要进行协调。普京还将对美国制裁在俄罗斯精英中所造成的裂痕甚至矛盾采取措施。在第四任期的后半段,普京将物色和培养自己的接班人,为未来的政权交接作准备。

(3)持续改善民生。这是新任期普京政府内政的优先方向。普京在2018年度国情咨文中强调,俄罗斯发展的关键因素是民众的福利、家庭的富足。为此,俄罗斯政府将提高居民收入,增加退休金,提高民众生活水平,改善医疗、教育和其他公共服务,提高居民寿命。政府致力于减贫,争取在未来6年内将贫困率降低一半,即减少到1000万人。

三、俄罗斯的外交政策及对外关系

随着国内外形势的变化,俄罗斯的外交政策经历了五个阶段。

(一)实行向西方"一边倒"的政策(1990年6月—1992年12月)

这个时期,俄罗斯的外交政策很明确,就是融入西方,成为西方的一员,认为西方的制度能够帮助俄罗斯解决诸如经济困难、民族矛盾等问题。1992年1月至2月,叶利钦出访英、美、加、法四国时,呼吁西方大国与俄罗斯建立"伙伴"和"盟友"关系。为此,俄罗斯采取了一些迎合西方特别是美国的措施。如1992年1月,叶利钦公开宣布,俄罗斯的战略导弹不再瞄准美国;1993年1月,俄美两国总统签署"第二阶段削减进攻性战略核武器条约",俄同意大幅度削减其占优势的陆基多弹头洲际导弹;从东欧和波罗的海三国撤军等。在俄罗斯的频频示好下,俄美两国关系迅速升温,签署了《俄美伙伴和友好关系宪章》,并于1994年宣布俄美双方进入"成熟的战略伙伴关系的新阶段",要在全球范围内建立"战略伙伴关系"。与此同时,积极发展与西欧国家、欧盟的关系,以达到回归欧洲、融入欧洲之目的。1994年6月,俄罗斯与欧盟之间达成具有重大意义的《伙伴关系与合作协议》,双方之间的对话与合作开始走向制度化。

谋求西方提供直接援助和投资,帮助俄罗斯经济融入世界经济体系。1992年4月,西方七国集团宣布年内向俄罗斯提供240亿美元的财政援助;1993年4月,克林顿不仅宣布了一项16亿美元的援俄计划,还宣布支持俄罗斯加入关贸总协定,建议国际货币基金组织和世界银行放宽对俄罗斯贷款的限制等。

实行世界范围内的收缩政策,减少或撤销对原来盟友和第三世界国家的支援。把独联体国家当作包袱,同东欧国家的关系也一度疏远。俄罗斯大大减少了对印度的援助,对印贸易额从1991年的35亿美元,迅速降为1992年的约8亿美元,经济、技术和军事合作也急剧减少。俄先后取消了对朝鲜的各种援助,并要求俄朝贸易按世界市场价格以硬通货结算,俄朝关系恶化。

然而,俄罗斯向西方"一边倒"的政策并没有达到预期目的。一方面,西方所承诺的援助不仅多数附有苛刻条件,而且真正得到的援助并没有多少。另一方面,西方并没有真正把俄罗斯看成"自家人",不仅不给俄罗斯相应的政治伙伴地位,还趁俄衰落之机向俄的传统势力范围渗透,继续对俄罗斯进行防范、削弱和限制,1993年西方酝酿北约东扩就是一个明证。

(二)实行"双头鹰"式的全方位外交政策(1993年1月—1999年12月)

1993年初,开始调整对外政策。叶利钦提出,俄罗斯"应像它国旗上的双头鹰那样,一头看西方,一头看东方",转向"双头鹰"式外交。1993年4月,俄政府出台《俄外交政策构想的基本原则》,提出要维护俄罗斯的国家利益和大国地位,推行"全方位"的外交政策。1994年和1995年,叶利钦发表的总统国情咨文进一步明确"恢复强大的俄罗斯"的外交战略原则和全方位外交战略方针。随着对外战略方针的变化,俄罗斯除继续争取稳定地发展同美国的关系,加强与欧盟之间的政治对话和经济合作之外,开始采取一系列引人注目的外交活动和政策。1996年1月,叶利钦任命普里马科夫为外长后,"多极世界论"逐渐成为俄罗斯外交的指导思想,俄外交政策的独立性、全方位性更为突出。在外交实践上:第一,进一步推动独联体的一体化进程。第二,更加强调同西方国家建立"平等的伙伴关系"。在与美国、北约抗争的同时,重点发展与西欧国家、欧盟的关系,经济上加大合作力度。1996年3月,俄罗斯加入欧洲委员会。欧盟也决定同俄罗斯建立牢固的伙伴关系,欧盟各国外长批准了一项旨在加强俄欧关系的行动计划。俄罗斯领导频频访问法国和德国,谋求与法德建立特殊伙伴关系、建立"大欧洲"。第三,积极与亚洲的中国、印度、东盟国家、日本发展政治对话和经济联系。1996年4月,与中国正式建立"战略协作伙伴关系",中、俄、哈、吉、塔五国在上海签署了《关于在边境地区加强军事领域信任的协定》,五国又在莫斯科签署了《关于在边境地区相互裁减军事力量的协定》。1997年,叶利钦总统与江泽民主席签署了《关于世界多极化和建立国际新秩序的联合声明》。两国还建立了国家元首互访机制、总理定期互访机制,成立了政府间合作委员会等。俄罗斯大力发展同印度的友好关系,积极帮助印度军队实现现代化,双方通过频繁的高层互访,到90年代末逐步建立起新型伙伴关系。俄罗斯还努力改善同日本的关系,把领土争端暂时搁置,致力于经济乃至军事领域的合作。1997年11月,俄罗斯加入亚太经合组织。俄罗斯加强同东盟国家的联系,把东盟视为多极世界中的一极,开展同东盟的全面对话。

(三)普京的务实外交(2000年5月—2008年4月)

普京上任后,继续实行以国家利益为基础的全方位外交政策,其特点:

1. 突出强国意识和大国地位,把捍卫大国地位作为外交的主要方针

重视独联体的一体化进程。由于美式民主的强劲渗透,"颜色革命"在独联体国家迅速发展,为了加强俄罗斯在独联体的中心和主导地位,普京调整对独联体国家的外交政策,出台了《俄罗斯联邦国家安全构想》和《俄罗斯联邦外交政策构想》等文件,确定俄罗斯外交的基本任务是实现国家利益,对外战略的总体目标是建立多极世界,确保大国地位。2004年10月,普京提出其第二任期外交思路时说:"俄罗斯应当抓住一切机遇,参与建立符合我国安全和社会经济发展利益的公正的国际秩序。"提出的外交布局为:独联体是重中之重,欧洲和美国是首要,亚太一些周边大国是关键,东欧、中东、非洲和拉美不可忽视。在国际事务中坚持独立的立场,发挥自身的作用;最大限度地维护俄罗斯的国家利益,提升俄罗斯的大国地位。俄罗斯是独联体的中心和主导力量,俄罗斯通过推动独联体一体化进程来确保这一传统势力范围,并抵制西方大国对这一地区的渗透及其所造成的离心倾向,从而确立俄罗斯在独联体的主导地位,并以独联体为依托增加俄罗斯在国际事务中与西方相抗衡的砝码。

◎ 资料卡片

颜色革命

"颜色革命"是近几年来国际政治中出现的一个新名词,它专指亲西方特别是亲美国的政治派别,以某种花卉或物品颜色为代表,利用大选机会夺取政权的政权变更行动。多数国际问题专家给"颜色革命"下的定义是:美欧国家通过慈善机构、基金会等非政府组织,对独联体国家进行渗透,培育"政治精英",扶持"反对派",支持民众以"街头革命"方式夺权,建立亲美疏俄的政权。如格鲁吉亚反对党的夺权行动被称为"玫瑰革命",是因为反对党领袖萨卡什维利在冲入议会大厦时,手中高举玫瑰花。乌克兰反对党的行动被称为"橙色革命",其支持者以橙色为标志。在吉尔吉斯斯坦政局变动中,反对派来自不同的城市,却用同一个手势——握拳表达意愿,所握拳形似郁金香花,因此被称为"郁金香革命"。

2. 以俄国家利益为基础与美国打交道

2002年5月,俄美签署了《俄美关于削减进攻性战略力量条约》和《俄美新型战略伙伴关系联合宣言》,以及关于中东问题、反恐合作等多项声明。2004年5月,俄罗斯与美国等北约19个成员国在意大利罗马签署了成立北约—俄罗斯理事会的《罗马宣言》,标志着"二十国机制"的正式成立和生效,俄罗斯与北约建立起新型的安全合作关系。2005年2月,俄罗斯总统普京与美国总统布什在斯洛伐克首都布拉迪斯拉发举行正式会晤,俄美在反恐、核安全、俄加入世界贸易组织等具体问题上达成共识。2005年5月,布什出席了俄罗斯纪念卫国战争胜利60周年庆祝大会。俄美关系存在一系列矛盾和问题:美国对俄罗斯的国内政策多有指责,认为俄民主进程倒退;美国和西方国家在乌克兰、中亚和外高加索地区催生"颜色革命";美加快驻欧洲美军的部署调整和北约东扩的步伐等。这些矛盾和问题直接冲击了俄罗斯的国家利益,俄罗斯进行了有力的反制。

3. 积极推动多边外交

首先,积极发展与欧盟、欧洲国家的关系。普京称发展与欧洲国家的关系是俄外交"传统的优先方面"。他遍访了欧洲主要国家,俄欧之间在各个领域的关系都有所发展。2002年6月的俄欧首脑会议提出启动俄欧一体化进程,将俄罗斯融入欧洲经济体系。2003年5月,俄欧首次讨论建立欧洲共同经济区。俄欧之间还加强了能源合作。两者之间的贸易额不断增加,欧盟已经成为俄罗斯的最大贸易伙伴,欧盟也是俄罗斯的最大外来投资者。在政治安全领域,俄欧之间在欧盟东扩、建立统一大欧洲、北约东扩、军备控制、核不扩散、地区冲突等一系列问题上展开了多层次、全方位的沟通与对话,两者之间的共识进一步增多,协调与合作进一步加强。2004年11月,俄欧首脑会议决定建立俄欧战略伙伴关系。

其次,发展与亚洲主要国家的友好关系。2001年6月,中、俄、哈、吉、塔、乌六国元首在上海签署了《上海合作组织成立宣言》,是中俄关系发展的一项重要成果。7月,两国元首在莫斯科又签署了《中俄睦邻友好合作条约》。2004年10月,普京访华签署了《〈中俄睦邻友好合作条约〉2005—2008年实施纲要》,规划了两国关系进一步发展的方向。2005年5月,中国国家主席胡锦涛赴俄罗斯出席在莫斯科举行的俄罗斯纪念卫国战争胜利60周年庆典,6月底7月初,胡锦涛对俄罗斯进行国事访问,两国签署了《中俄关于21世纪国际秩序的联合声明》和《中俄联合公报》。2006年是中国的"俄罗斯年",普京再次访华,两国签署了一系列合作文件,将俄中关系推向新的高潮。重视发展与印度的关系。2000年10月,普京访问印度,俄印双方签署了《俄印战略伙伴关系宣言》,决定将两国关系提升为战略伙伴关系,标志着两国进入一个新的发展阶段。普京加强与日本的对话和协调。2005年2月普京访问日本,俄日关系进入一个新的发展时期。普京调整了对朝鲜半岛的政策,对韩朝实行平衡外交。俄朝两国签署了《俄朝友好睦邻合作条约》,传统的友好关系得到一定程度恢复。俄韩关系继续发展。俄罗斯还提出开通朝鲜半岛南北铁路与西伯利亚铁路线相连接,以及输送西伯利亚石油、天然气到朝鲜半岛的计划。俄罗斯参加并推动了解决朝鲜核问题的"六方会谈"。普京加强与东盟的对话和合作。2005年11月中旬,普京参加东盟与俄"10+1"会晤并应邀以观察员身份参加首次东亚峰会。

再次,俄罗斯还加强了与中东地区国家的关系,积极参与中东和平进程,斡旋伊朗核危机,发挥自己的作用。俄罗斯以国际组织为舞台的多边外交也很活跃。俄罗斯不仅支持和推动联合国改革,主张联合国发挥更大的作用,还参加了亚太经合组织及其活动,积极参与亚太地区的经济交流与合作。近年来更积极利用"上海合作组织""独联体集体安全条约组织""欧亚经济共同体"等组织,增进经济和安全合作。俄罗斯还积极参与八国集团活动,争取"完全平等"的地位。2006年,首次担任八国集团主席国,主办八国集团峰会,邀请了中国、印度、巴西等发展中国家领导人进行对话,讨论能源等俄认定的重要国际问题,提升了俄罗斯的国际影响。

同时,俄罗斯吸取以往向西方"一边倒"的经验教训,不再把发展经济、振兴国家、打击恐怖主义、维护国家安全的法宝都押在西方国家身上。普京在同布什会晤前曾指出,莫斯科不仅在西方,也在东方建立新的多边合作机制。他特别强调上海合作组织对俄发展经济、打击恐怖主义的重要性和发展俄中战略协作伙伴关系的重要性。

(四)"梅普"政府的外交政策(2008年5月—2012年4月)

1. 不惜一切代价维护国家核心利益

梅德韦杰夫出任俄总统后,继承普京执政后期对美国及西方强有力反制的战略,不断向世界发出强烈信号。俄将坚持公开、可预见和务实的对外政策,全力确保国家安全,捍卫和加强主权及领土完整,不断提高俄的国际威望,为国家现代化创造有利的外部环境。

2. 从战略退缩走向积极防御

冷战后,俄对西方一直采取全面的战略退缩政策,把与西方建立联盟伙伴关系作为优先方向。严酷的现实迫使俄重新审视对西方的政策,针对美国在东欧部署导弹防御系统,俄开始策划在白俄罗斯部署轰炸机和导弹。2008年,俄实现了俄独立以来首次恢复北极海域巡逻的突破。2008年9月,俄在欧洲方向的波罗的海、太平洋和加勒比海地区举行了将美第七舰队作为模拟打击对象的军事演习。

(五)普京外交政策的新变化(2012年5月至今)

1. 普京外交政策的特点

(1)突出和强调"软实力"的作用。"软实力"首次正式成为俄罗斯的外交理念。新时期俄最重要的外交政策文件——新版《俄罗斯联邦对外政策构想》第一次引入"软实力"的概念,并对其在俄罗斯外交中的重要作用给予特别关注。普京在2013年2月11日接见俄罗斯外交部荣获国家勋章的工作人员和新任命的高级外交官时强调指出,世界在发生变化,保护国家利益的手段也在变化,"古典式外交正在走进过去,需要更加积极地利用'软实力'和以超前视野开展外交工作,加强俄罗斯的地位,积极提升俄罗斯的国际形象,并善于和谐地融入全球信息潮流中去"。"软实力"成为当今国际政治不可分割的组成部分,俄罗斯要积极塑造与其文化、教育、科学、体育影响力和公民社会发展水平相适应的国际形象。大力宣传俄罗斯的发展模式,并极力证明其相比于西方世界的优越性。

(2)强调独联体的外交战略优先地位,着力构建欧亚联盟。长期以来,俄罗斯一直把独联体视为自己的后院与势力范围,对独联体的外交一直是其外交的优先方向。普京构建欧亚联盟的举措正在稳步推进且已取得若干成效:从2012年1月1日起,俄罗斯、白俄罗斯与哈萨克斯坦三国"统一经济空间"一体化方案正式启动,这是欧亚经济联盟的先声;作为关税联盟和"统一经济空间"的常设机构,欧亚经济委员会已于2012年2月1日开始运作。

(3)坚决捍卫国家民族利益,支持克里米亚并入俄罗斯,对此普京的态度十分强硬。克里米亚历史上就和俄罗斯有着千丝万缕的联系,加之黑海舰队的存在,克里米亚成为俄、乌两国的火药桶。近几年克里米亚政局动荡,俄罗斯一直密切关注着其局势的发展。2014年3月,克里米亚议会宣布脱离乌克兰独立,但未获得乌克兰承认。2014年3月16日,克里米亚举行全民公投,选票结果表明,96.77%参加投票的选民赞成克里米亚加入俄罗斯联邦。2014年3月18日,俄罗斯总统普京与克里米亚、塞瓦斯托波尔市领导人签署了克里米亚成为俄罗斯一部分的条约。2014年3月20日,俄罗斯批准克里米亚加入俄罗斯联邦的条约。2014年3月29日晚,克里米亚将时间拨快两小时,正式改用莫斯科时间。这是继科索沃独立以后欧洲版图的最大改变。俄方行动之迅速超出预期,导致俄罗斯与西方陷入冷战后前所未见的危机。

◎ 资料卡片

克里米亚

克里米亚是黑海北部海岸的一个半岛,毗邻近东地区两大洲的咽喉,历来是兵家必争之地。

历史上,克里米亚曾先后被不同的民族占领。1783年并入俄罗斯帝国。1918年,克里米亚归属苏维埃俄国。1954年5月,为纪念乌克兰与俄罗斯合并30周年,苏联最高苏维埃主席团下令将克里米亚州划归乌克兰。克里米亚半岛位于乌克兰南部,像一个菱形的锥子一样直插进黑海,战略地位极其重要。因此,俄罗斯乃至苏联时代的黑海舰队,即驻扎于克里米亚半岛西南角的塞瓦斯托波尔。苏联解体时,俄、乌两国为了黑海舰队的归属闹得不可开交。虽然最终达成协议,但关于塞瓦斯托波尔问题依然没有得到很好的解决。俄罗斯想长期租用此地作为黑海舰队基地,但乌克兰并不愿意。根据1997年俄乌签署的租赁协议,2017年5月之前,俄黑海舰队必须撤离。

(4)俄罗斯仍把对欧美的外交作为其外交战略的重点。在对欧美政策上,新版《俄罗斯联邦对外政策构想》依然将与西方国家的关系置于优先位置。在俄外交政策的先后次序中,与西方国家的关系和以前一样仍排在前面。排在第一序列的是独联体国家,其次是西方国家,然后才是亚洲方向的合作。

(5)走向亚太特别是全面巩固和发展中俄战略协作伙伴关系。21世纪是亚太世纪,地缘政治与世界经济发展的重心将逐步转向亚太地区,在欧盟、欧元区国家问题成堆以及美国经济持续衰退的背景下,亚太地区国家的巨大资源与经济发展活力更加引人注目。因而,面向亚太、走向亚太,就成为普京新任期俄罗斯外交战略的不二选择。"融入亚太"战略成为普京第三任总统任期俄罗斯对外政策新的路线图,而俄罗斯转向亚太、融入亚太、实施亚太战略的核心点,自然是要巩固和发展中俄全面战略协作伙伴关系。

2. 普京总统第四任期外交政策的新变化

(1)谋求与西方关系正常化,继续"转向东方"。捍卫俄罗斯的安全和发展利益,维护其大国地位,一直是普京外交的主要目标。在普京总统第四任期,俄罗斯在维护自身利益的基础上,争取在乌克兰和叙利亚问题上缓和与西方的矛盾,以改善与西方的关系,同时继续发展与东方国家的合作。

第一,争取改善俄美关系。普京总统签署的《俄罗斯联邦国家安全战略》和《俄罗斯联邦对外政策构想》等官方文件表明,俄罗斯愿意与美国开展建设性合作。2018年初以来,俄美两国在制裁和反制裁、相互大规模驱逐外交官、叙利亚等诸多问题上的矛盾加剧,表明俄美对抗升级,甚至有可能在叙利亚和乌克兰发生直接的武装冲突。在2018年度国情咨文中,普京表示希望同美国进行对话与合作。但俄美关系的现实与俄罗斯对美政策目标严重脱节,一方面,俄美关系在除核裁军之外的所有领域都呈恶化态势,并且两国在反导系统部署和《中导条约》有关问题上的矛盾正在侵蚀双方核裁军合作的基础。另一方面,两国在反恐和经济领域的合作十分有限,不足以抑制相互关系恶化。

第二,促进与欧盟政治对话和经贸关系的恢复。俄罗斯对欧外交的战略任务是建立共同的经济和人文空间。普京在2018年度国情咨文中下调对欧政策目标,改为开展正常而有建设性的合作。俄罗斯将发展与欧盟及其成员国的政治交往,以促成俄欧高层对话、欧盟放松制裁。一方面,阻碍俄欧关系正常化的因素包括:乌克兰危机调解没有进展;俄欧在叙利亚问题上矛盾加剧;原俄罗斯间谍斯克里帕尔中毒事件导致俄罗斯与英国及欧盟外交冲突;欧盟内部主张延长对俄制裁的声音一直占据主导地位;美国对俄制裁日益严厉;俄罗斯与法国、德国、英国等欧洲主要国家的关系日益疏远,等等。另一方面,美国宣布退出伊朗核问题协议、对欧盟进口钢铝产品征收高额关税等因素,促使德国总理和法国总统在2018年5月相继访问俄罗斯,俄与德、法两国开展合作,将对俄欧关系产生积极的影响。

第三,维护俄罗斯在独联体地区的传统影响。西方制裁和乌克兰危机导致独联体国家对俄罗斯的离心倾向加剧,前者削弱了俄罗斯整合独联体国家的能力,后者加重了这些国家的恐俄心理。乌克兰加入欧盟自贸区并宣布将退出独联体,格鲁吉亚、摩尔多瓦同欧盟签署联系国协定,哈萨克斯坦进行字母改革,白俄罗斯要改国名为白罗斯,亚美尼亚发生"天鹅绒革命",这些事态表明俄罗斯对独联体地区的外交正面临前所未有的困境。普京政府将通过发展双边和多边(欧亚经济联盟、集体安全条约组织、独联体)层面、各个领域的合作,加强俄罗斯与其他独联体国家的关系。俄罗斯将重点推进欧亚经济联盟一体化,近期目标是建立共同的油气市场。普京政府探索新思路,比如在冲突地区接触线附近部署联合国维和部队等,以促进乌克兰危机调解进程。

第四,继续推行"转向东方"政策。俄罗斯将参与亚太地区一体化,借此推进西伯利亚和远东开发。普京政府将发展俄印特惠战略伙伴关系和俄越全面战略伙伴关系,拓展俄日互利合作,加强与东盟的战略伙伴关系。在俄罗斯的推动下,欧亚经济联盟已经与伊朗签署建立自由贸易区临时协议,并与印度及东盟进行自贸区谈判。普京政府致力于构建"大欧亚伙伴关系",由于俄罗斯与西方对抗长期化,俄罗斯可能意在以此打造"非西方世界"。

第五,推行积极的以叙利亚为中心的中东政策。普京政府将致力于固化俄罗斯对叙利亚军事干预所取得的成果,主要包括保留其在叙军事基地,支持叙利亚亲俄政权,维护俄罗斯作为叙利亚危机调解主导国之一的地位等。同时,俄罗斯将缓和与美国在叙利亚的斗争,争取与美国开展合作以促进俄美总体关系的改善。普京政府继续发展俄罗斯、伊朗、土耳其三边协作及与其他中东国家的关系,扩大俄罗斯在该地区的影响。

(2)深化"中俄全面战略协作伙伴关系"。2017年中俄贸易额在俄罗斯对外贸易总额中的占比已增至14.8%,中国连续7年保持俄罗斯最大贸易伙伴国地位,并是俄罗斯主要投资来源国之一。2015年,中俄东线天然气管道全线开工建设。2016年和2017年,俄罗斯都是中国最大的原油供应国。中俄军事技术合作取得突破性发展,两国先后签署S—400"凯旋"防空导弹系统和苏—35战斗机供应合同。中国与俄罗斯在从朝鲜核问题到东北亚地区战略平衡,再到全球治理的广泛国际事务方面,进行了富有成效的合作。中俄两国启动"一带一路"建设与欧亚经济联盟建设对接合作,推动区域经济一体化。

2017年召开的中共十九大和2018年举行的俄罗斯总统选举,分别开启了中国和俄罗斯发展的新时代,也把中俄关系引向新时代。中共十九大确定了新时代中国特色大国外交的总目标,即"两个构建":推动构建新型国际关系,推动构建人类命运共同体。不断发展中俄全面战略协作和睦邻友好关系,是实施新时代中国外交政策的重要组成部分。在总统第四任期,普京面临领导国家"实现突破性发展",巩固俄罗斯大国地位的战略任务。在外交上,由于在中近期内俄罗斯仍将遭受西方的经济制裁和政治军事遏制,发展"中俄全面战略协作伙伴关系"仍将是未来6年普京政府的优先任务。作为世界第二大经济体,中国是俄罗斯实现经济复兴的重大外部机遇;作为政治大国,中国是俄罗斯抵制西方遏制的最重要战略协作伙伴。新时代将是中俄关系深化发展的机遇期,普京政府将继续推进与中国的全面战略协作伙伴关系,重点发展以下四个优先方向的合作:

第一,加强政治交流与合作。发展中俄政治关系,既能促进双方在其他领域的合作,又可弱化西方对俄罗斯的政治孤立。普京政府将继续在维护主权、安全和发展等核心利益上与中国合作。保持密切的高层交往,发挥两国政府间各种对话机制的沟通作用。加强两国立法机关的对话与合作,增进双方地方和民间的交流与友好。

第二,深化经济合作。这将是普京新任期对华政策最重要的任务。在西方对俄制裁长期化的形势下,发展与亚太国家,特别是与中国的经贸合作,对俄罗斯来说极为重要。普京政府将促进中俄贸易平稳增长,改善贸易结构;扩大投资合作,落实大型联合项目;推进金融合作,为两国经济技术合作提供资金融通保障;发展在石油和天然气领域的上下游合作,拓展在煤炭、电力和核能方面的合作,以巩固中俄能源战略伙伴关系;推动实施交通和基础设施项目,进一步改善两国间货物运输条件;发展在农业、工业、科技、航空、航天等领域的合作。

第三,加强外交协作。当前俄罗斯面临诸多外交难题,发展与中国在国际事务中的合作,有助于俄罗斯平抑外部压力,维护自身利益。对普京政府来说,迫切的外交任务是避免俄美两国在乌克兰和叙利亚发生武装冲突,降低俄罗斯与北约在东欧前沿的军事对峙程度,促使美欧放松直至取消对俄制裁。其他外交问题还包括应对美国的欧洲反导系统、重新整合独联体、参与解决朝鲜核导问题。中俄在许多国际问题上都有一致或相似的立场,这有利于双方开展合作。但是,两国在一些问题上也有分歧,对国际问题的关注更侧重于各自周边,因而需要加强沟通,存小异而求大同。

第四,拓展人文合作。普京政府将扩大与中国的教育合作,为两国各领域合作培养高层次专业人才。俄罗斯继续与中国共同举办文化节、艺术节、国家年等大型文化活动,支持两国文化中心积极开展活动。俄罗斯将积极发展同中国在旅游、科学、卫生、体育等领域的交流与合作。中俄两国将共同推动"两个构建",为世界多极化、全球和平与发展作出积极的贡献。两国将在已经签署的《中华人民共和国与欧亚经济联盟经贸合作协定》的基础上,推动"一带一盟"对接合作的发展,构建欧亚经济伙伴关系,促进地区一体化进程;将继续推动上海合作组织框架下的安全、经济与人文等领域合作,促进区域稳定与发展;将继续深化在政治、经济、能源、金融、外交、安全、人文等领域的双边合作,巩固中俄睦邻友好与战略协作关系的物质和社会基础。

思考题

1. 怎样正确看待东欧独联体成员国的经济政治转型?
2. 俄罗斯经济政治发展的前景如何?
3. 怎样评价东欧国家"回归欧洲"的潮流?
4. 如何看待俄罗斯的对外政策调整?

第八章
和平发展的中国

学习要点

- 从新中国成立到20世纪70年代,中国外交政策先后经历了"一边倒""两条线""一条线、一大片"三个时期,重点发展与社会主义国家、发展中国家的外交关系。
- 改革开放以来,中国共产党在国内进行历史性改革的同时,科学研判国际形势,认为和平与发展是当今世界的两大主题。
- 在外交领域,坚持独立自主原则,反对霸权主义、强权政治,坚持和平共处五项原则,谋求建立国际政治经济新秩序,中国对外关系进入全面发展新阶段。
- 十八大以来,以习近平为总书记的中央领导集体提出了"亲、诚、惠、容"的外交新理念,在新型"义利观"的指导下,开展"中国梦"外交,有力地推动了大国关系、周边国家关系的健康发展,中国的国际地位和国际影响力显著提升。

第一节　中国对外关系的发展与外交政策的调整

新中国建立以后,中国一直奉行独立自主的和平外交政策,但在不同的历史时期,中国外交也在积极利用国际关系,寻求更加有利于中国和世界和平的最好态势与结果,既表现出坚定的原则性,又表现出高度的灵活性。

一、中国对外关系的发展

(一)"一边倒"时期(新中国建立至 20 世纪 50 年代中期)

新中国成立前后,毛泽东、周恩来等根据当时的国际形势以及中国的状况、所处国际地位,提出了一系列外交政策、方针,为新中国的外交奠定了基础。1949 年 6 月 30 日,毛泽东在《论人民民主专政》中明确宣布,"必须一边倒",倒向以苏联为首的社会主义一边。他深刻指出:"一边倒,是孙中山的 40 年经验和共产党的 28 年经验教给我们的,深知欲达到胜利和巩固胜利,必须一边倒。回顾这 40 年和 28 年的经验,中国人不是倒向帝国主义一边,就是倒向社会主义一边,绝无例外。骑墙是不行的,第三条道路是没有的。""站在社会主义一边""另起炉灶""打扫干净屋子再请客"构成了新中国外交政策的指导方针。1949 年 9 月,中国人民政治协商会议第一次全体会议通过了《中国人民政治协商会议共同纲领》,将毛泽东等提出的外交方针以法律的形式固定下来,成为新中国外交政策的基石。根据这一方针,新中国成立后,中央人民政府坚决废除一切不平等条约,取消了帝国主义在华的一切特权,有计划、有步骤地处理了外国人在华兴办的企业、文教、卫生、救济等机构,一举铲除了百余年来帝国主义在华的特权和势力,巩固了新中国的独立与自主,并且为新中国在平等互利基础上同各国建立外交关系开辟了道路。

基于各社会主义国家对新中国的热情支持,新中国很快就同它们建立了外交关系。苏联是第一个承认新中国并互派大使的国家(1949 年 10 月 2 日)。继苏联之后,保加利亚(1949 年 10 月 4 日)、罗马尼亚(1949 年 10 月 5 日)、匈牙利(1949 年 10 月 6 日)、朝鲜民主主义人民共和国(1949 年 10 月 6 日)、捷克斯洛伐克(1949 年 10 月 6 日)、波兰(1949 年 10 月 7 日)、蒙古(1949 年 10 月 16 日)、阿尔巴尼亚(1949 年 11 月 23 日)和越南民主共和国(1950 年 1 月 18 日)、德意志民主共和国(1950 年 10 月 25 日)等也相继承认新中国并互派大使。在此基础上,新中国与社会主义国家在各方面的交往、合作迅速发展。1949 年 12 月 16 日至 1950 年 2 月 17 日,毛泽东率领代表团首次出访苏联,并于 1950 年 2 月 14 日缔结了《中苏友好同盟互助条约》。随后,中国也同其他社会主义国家签订了友好合作条约。中国还同社会主义国家普遍签订了贸易协定、科技合作协定和文化合作协定。其间中国先后同印度(1950 年 4 月 1 日)、瑞典(1950 年 5 月 9 日)、丹麦(1950 年 5 月 11

日)、瑞士(1950年9月14日)、芬兰(1950年10月28日)、巴基斯坦(1951年5月21日)、挪威(1954年10月5日)、阿富汗(1955年1月21日)、尼泊尔(1955年8月1日)、埃及(1956年5月30日)、叙利亚(1956年8月1日)、也门(1956年9月24日)建立了大使级外交关系,同英国、荷兰建立了代办级外交关系。

在此期间,中国取得了抗美援朝战争的胜利,打击了美国在台湾问题上的倒行逆施,支持越南人民的抗法斗争,提出并倡导和平共处五项原则,成功地参加了亚非会议。这些外交实践,不仅巩固了新生政权,也使新中国初步走向世界。从新中国成立到50年代中期,先后有20多个国家同中国建立了外交关系,中国争取到国际社会的承认,在国际舞台上站稳了脚跟,积极参与国际事务,并取得了一系列重大的外交成就。

(二)"两条线"的对外战略(20世纪50年代后期至60年代中期)

从20世纪50年代后期到60年代中期,中国外交的特点由"一边倒"调整为"两条线":既反美又反苏,"两面开弓,两个拳头打人"。这是由当时的国际形势,也是由美苏对华政策所决定的。同时加强同亚非拉国家的团结与合作。

1. 反对美苏两国的霸权主义

在这一时期,美国继续推行敌视中国的政策,不仅其军队驻在台湾,大搞"两个中国"的阴谋,而且发动了对越南的侵略战争,从南面威胁中国。这一时期中苏两党在意识形态方面出现了越来越大的分歧,并引起国际共产主义运动大论战,使统一的社会主义阵营解体。苏联在1956年苏共二十大以后逐步走上霸权主义的道路,妄图控制中国,导致中苏关系恶化,并在中苏、中蒙边境大量增兵,直至挑起珍宝岛事件,从北面形成对中国的威胁。

面对美苏两国的霸权主义,中国人民不畏强暴,进行了针锋相对的斗争。中国人民解放军从1958年8月23日起炮击金门、马祖,粉碎了美国的阴谋。中国给予印度支那各国人民的抗美斗争以大力支持,使美国深陷越战泥潭。中国拒不接受苏联有关中苏建立"联合舰队"等有损中国主权的建议,不允许把中国纳入苏联称霸世界的战略轨道,对苏联的霸权主义进行了有理有节的斗争。中国还依靠自己的力量制造出原子弹(1964年10月16日原子弹试爆成功),打破了美苏的核垄断,对维护国家的独立自主和领土安全起到了重要作用。

2. 加强同亚非拉国家的团结与合作

在坚决顶住美苏两国压力的同时,中国大力加强同亚非拉国家的团结与合作,支持被压迫民族和国家争取、维护民族独立的斗争,奉行睦邻友好政策,积极与不同社会制度的国家发展关系。从1960年到1965年,中国分别与缅甸(1960年)、尼泊尔(1961年)、朝鲜(1962年)、蒙古(1962年)、巴基斯坦(1963年)、阿富汗(1963年)等国签订边界条约,解决了边界问题。中国还与印度尼西亚解决了华侨的双重国籍问题。周恩来不辞辛劳,对亚非国家进行了三次规模较大的友好访问,推进了中国与亚非国家的友好合作关系。

中国还加强了对西欧和日本的工作。1964年1月27日,中国与法国建交,使美国孤立中国的政策破产。中日通过民间外交的渠道保持和增进了两国人民的交往与友谊,为实现中日关系的正常化奠定了基础。

20世纪60年代,中国顶住来自美苏两个大国的压力,联合广大亚非拉国家在维护自己的主权和利益,维护世界和平方面作出了重大贡献,"文化大革命"的爆发,使中国的外交一度受到严重干扰。

(三)"一条线、一大片"的对外战略(20世纪60年代中期至70年代末)

20世纪60年代中期到70年代末,是中国内外政策发生重大变化的时期。中国领导人错误地发动了"文化大革命",各项工作受到严重干扰。70年代经过重大调整,我国的对外关系克服了国内"文化大革命"的不利影响,取得了很大发展。1970—1980年的十年间,同中国建交的国家达75个。中国同这些国家在经济、贸易、科技、文化、民航等方面签订了许多合作协定,双边经济文化合作关系得到发展。从此,中国开始全面参与国际事务,在国际舞台上发挥着日益重要的作用。这一时期我国外交特点被概括为"一条线、一大片",即从中国经过巴基斯坦到中东再到西欧,到美国,再到澳大利亚、新西兰、日本是"一条线",这条纬度线的周围国家是"一大片"。

1. "三个世界"理论和"一条线"外交政策

面对新的形势,毛泽东在1974年2月会见赞比亚总统卡翁达时,提出了完整的"三个世界"划分的战略思想。第一世界,是指美国和苏联两个拥有最强军事和经济力量、在世界范围推行霸权主义的超级大国。第三世界,是指亚洲(除日本外)、非洲、拉丁美洲和其他地区的发展中国家。第二世界,是指处于第一世界和第三世界之间的资本主义发达国家,它们既具有殖民主义的某些特点,又不同程度地受到美苏的控制和威胁。依据"三个世界"理论,中国外交依靠属于革命力量的第三世界,联合具有两重性的第二世界,反对美苏两个超级大国;而在美苏之间又利用矛盾,孤立和打击最主要的敌人——苏联霸权主义。为此,中国必须同西方结成统一战线,对美国既团结又斗争,谋求中美关系逐步正常化。这就是"一条线"外交战略。毛泽东关于"三个世界"划分的战略思想,给我国对外关系开辟了道路。20世纪70年代,中国对外关系大踏步发展。

◎ 资料卡片 ◎

毛泽东关于"三个世界"的划分

20世纪70年代,世界风云急剧变化,出现了大动荡、大改组的局面。毛泽东在1974年2月22日会见赞比亚总统卡翁达时,提出了关于"三个世界"划分的理论,号召联合起来反对霸权主义。毛泽东说:"我看美国、苏联是第一世界。中间派,日本、欧洲、澳大利亚、加拿大,是第二世界。咱们是第三世界","第三世界人口很多。""亚洲除了日本,都是第三世界。整个非洲都是第三世界,拉丁美洲也是第三世界。"这个战略思想有着丰富的内容和重大的现实指导意义。同年4月,邓小平率中国代表团出席联合国大会第六届特别会议,并于10日在大会上发言,阐述了毛泽东关于"三个世界"划分的理论,引起了世界各国的广泛关注。

"三个世界"的战略思想表明：苏、美两霸是第一世界，它们互相争夺世界霸权。占世界人口大多数的第三世界国家和人民，是反帝、反殖、反霸的主力军。占世界人口五分之一的中国，已经由当年的半殖民地、半封建国家变为强大的社会主义国家，和其他坚持反帝反霸的社会主义国家一道，坚定地站在第三世界一边，成为第三世界中不可动摇的力量。在上述两者之间的发达国家，如英国、法国、联邦德国、日本等是第二世界，它们具有两面性，是第三世界在反霸斗争中可以争取或联合的力量。毛泽东关于"三个世界"划分的正确战略，为国际无产阶级、社会主义国家和被压迫民族团结一致，建立最广泛的统一战线，反对美苏两霸和它们的战争政策，提供了强大的思想武器。"三个世界"的理论，是我国当时制定对外政策的重要依据。

2. 中美关系正常化及中国对外关系的发展

为了摆脱同美苏两面对抗的局面，抵御来自苏联的严重威胁，也为了实现祖国的和平统一，毛泽东、周恩来等作出了改善中美关系的重大决策。1972年2月，尼克松应邀访华并发表了中美两国《上海联合公报》，中美关系开始走向正常化。1978年12月，中美两国发表了《关于建立外交关系的联合公报》，美国承诺与"台湾当局"断交，终止美台之间的《共同防御条约》，从台湾及台湾海峡撤军。1979年1月1日中美正式建交。但是，美国出于霸权主义目的，在1979年3月通过了违背国际法的《与台湾关系法》，希望利用台湾问题牵制中国。中国政府对此进行了坚决的斗争。1982年8月17日，中美发表了《八一七公报》，美国承诺坚持"一个中国"原则即中华人民共和国，向台湾地区出售的武器在数量上逐步减少。

中美关系的改善及正常化，带动了中国对外关系的新发展。1972年9月，日本田中角荣首相访华，中日发表联合声明，宣布两国正式建交；1978年8月，两国签署了《中日和平友好条约》，两国关系以更大的步伐向前发展。与此同时，中国与西方大国普遍建交，与其他国家的关系也有了很大发展。1970年底同中国建交的国家还只有55个，到1980年底已经增加到124个。1971年第26届联合国大会上恢复了中国在联合国的合法席位，中国在国际上有了比以前更广阔的活动舞台，能够更有力地为维护世界和平、加强国际合作、主持国际正义而奋斗。

3. 改善中国与西方国家的关系

随着中美关系的改善和中国在联合国合法席位的恢复，70年代出现了西欧国家同中国建交的高潮。1970—1973年，意大利、奥地利、比利时、冰岛、马耳他、希腊、卢森堡和西班牙先后同中国建立了外交关系。1972年，英国、荷兰与中国的代办级外交关系升格为大使级外交关系，同年联邦德国也同中国建立了外交关系。1979年，葡萄牙、爱尔兰同中国建立外交关系。至此，中国已同西欧20个国家建立了外交关系。1975年，中国同欧共体建立了正式外交关系。另外，中国还同加拿大、澳大利亚、新西兰先后建立了外交关系。

(四)中国外交政策的重大调整时期(20 世纪 80 年代)

从 20 世纪 80 年代初开始,中国进入一个新的历史发展时期。以邓小平同志为核心的第二代领导集体,在国内进行历史性改革的同时,根据国际形势的变化,对外交政策进行了重大调整。改变原来认为战争危险迫在眉睫的看法,认为在较长时间内不发生大规模的世界战争是可能的,维护世界和平是有希望的,和平与发展是当今世界的两大主题。赋予独立自主原则以新的内容,实行真正的不结盟政策。在坚持独立自主原则的基础上,实行全方位的开放。处理国家关系以和平共处五项原则为基础,不以社会制度和意识形态画线。改变"一条线"战略,坚定地站在和平力量一边。倡导以和平共处五项原则为基础,建立国际政治经济新秩序。提出并运用"一国两制"的构想,解决香港、澳门和台湾问题。经过调整,进一步完善了我国的独立自主和平外交政策,中国对外关系呈现出新局面。

1. 中国外交政策的重大调整

(1)科学判断战争与和平形势。改革开放后,邓小平经过冷静观察和客观分析,改变了战争不可避免的估计,认为世界和平因素的增长超过了战争因素的增长,在短期内有可能制止战争。随着时间的推移以及和平力量的继续发展壮大,他明确指出有可能争取在相当长的时间内,至少在 20 世纪内,世界大战打不起来。如果 20 世纪内战争打不起来,和平力量会有更大的发展,21 世纪谁要发动战争就会更加困难,我们就更有可能避免战争了。因此,中国要广交朋友,团结和支持一切维护和平的力量,积极推进国际裁军,反对霸权主义,反对战争。

(2)不同任何大国结盟或建立战略关系。新中国成立后,中国曾先后实行对苏"一边倒"和联美反苏的政策,这些政策虽是迫于当时形势并起到一定的积极作用,但也使中国先后受到苏联和美国霸权主义干涉的威胁。另外,进入 20 世纪 80 年代,美苏争夺转入僵持阶段,它们既争夺,又对话。因此,在全面总结过去 30 年经验教训的基础上,结合国际形势的需要,继续实行"一条线"战略,不仅没必要,而且对中国不利。在此情况下,中国适时调整了外交战略,改变了联美反苏的"一条线"战略,不同任何大国结盟或建立战略关系,不支持任何一方反对另一方。中国谋求的是,中美关系在严格遵守双方签署的公报所规定原则的基础上正常发展;中苏关系在消除三大障碍、恢复正常后,以和平共处五项原则为基础发展睦邻友好关系。这一战略调整促进了中美、中苏关系在 80 年代的健康发展。

(3)不以社会制度和意识形态的异同论亲疏。过去,中国在实行"一边倒"和"一条线"战略过程中,曾出现过"以美画线"和"以苏画线"的倾向,影响了中国同部分第三世界国家的关系。进入 20 世纪 80 年代,中国认识到,只有超越社会制度和意识形态的异同,普遍实行和平共处五项原则,才能发展正常的国家关系,增进国际合作,维护世界和平。中国尊重各国人民自己的选择,体谅它们的处境,尊重它们的政策与做法。

(4)制定了全面对外开放的基本国策。新中国自诞生之日起就决定在平等互利的基础上发展对外贸易和经济合作,但长期以来由于受国际国内因素的影响,中国的对外经济联系受到严重限制。党的十一届三中全会后,邓小平根据国际形势的变化和国内建设的需要,提出了对外开放的政策,并且将其确定为长期不变的基本国策。中国的对外开放是全面的,既对资本主义国家开放,也对社会主义国家开放;既对发达国家开放,也对发展中国家开放;既在物质文明建设方面开放,也要在精神文明建设方面吸取人类的优秀成果。

(5)提出了"一国两制"的新构思。"一国两制"是邓小平1982年9月提出并于1984年5月由六届人大二次会议认可的具有法律效力的科学构想。它是指在一个统一的国家内,实行两种不同的社会制度,即在大陆实行社会主义制度,在台湾、香港、澳门实行资本主义制度。这一方针是从考虑解决台湾问题提出的,同时适用于解决香港和澳门问题。"一国两制"表现出中国尊重历史和现实,照顾有关各方的正当权益,通过和平方式解决国际争端,为发展与不同制度国家和地区的关系提供了一种新的经验。香港、澳门的顺利回归是中国外交的重大胜利。"一国两制"是对中国外交政策的丰富和发展,具有深远的历史意义和国际意义。

2. 对外关系的新发展

20世纪80年代,中国同美、欧、日的关系有了新的发展。中美两国在三个《联合公报》的基础上,通过领导人互访和磋商,增进了相互了解,两国在经济、贸易、科技、文化、教育等领域的交流与合作有了新的发展,两国的贸易额不断增长。但是,由于美国并没有很好地遵守自己的承诺,利用台湾、人权等问题干涉中国内政,特别是1989年政治风波之后,美国带领西方国家对中国实行"制裁",严重损害了中美关系。中日之间的关系按照"和平友好、平等互利、相互信赖、长期稳定"四项原则稳定发展。中国同西欧等国的关系有了全面发展。特别是根据邓小平提出的"和平统一、一国两制"构想,我国同英国、葡萄牙经过谈判分别于1984年12月和1987年4月发表联合声明,确认中华人民共和国政府于1997年7月1日和1999年12月20日恢复对香港、澳门行使主权。

这一时期,中苏关系实现了正常化。1982年,苏联领导人勃列日涅夫在塔什干发表了愿意改善同中国关系的讲话,邓小平提出以消除"三大障碍"(即苏联必须减少在中苏边界的驻军;不以任何形式支持越南侵略柬埔寨,敦促越南从柬埔寨撤军;撤走入侵阿富汗的苏军)为条件与苏联谈判之后,中苏两国在经济、科技、贸易等领域的互利合作和人员往来得到不同程度的恢复。1989年苏联领导人戈尔巴乔夫访华,同邓小平举行了最高级会晤,两国领导人本着"结束过去,开辟未来"的精神,实现了关系正常化。与此同时,中国与东欧各国的关系也都取得新的发展。

这一时期,中国继续发展同周边国家、广大发展中国家的关系。我国继续坚持睦邻友好政策,在处理我国与邻国之间海域领土争端问题上提出"主权在我、搁置争议、共同开发"的主张,缓解了我国同有关国家的关系。中国继续支持发展中国家维护国家独立和民族权益的正义斗争。按照"平等互利、讲求实效、形式多样、共同发展"四项原则,不断扩大同发展中国家的经贸合作与交流。

(五)冷战后中国对外关系的充实和完善

20世纪90年代,苏东剧变,冷战结束,两极格局终结,各种力量分化组合,世界多极化趋势进一步发展,和平与发展仍然是世界的两大主题,但霸权主义和强权政治依然存在,威胁着世界和平。面对新的形势,以江泽民同志为核心的第三代领导集体,坚持以经济建设为中心,坚持邓小平外交思想和独立自主的和平外交政策,按照"冷静观察、稳住阵脚、沉着应付、韬光养晦、有所作为"的方针,积极谋求在和平共处五项原则基础上同世界各国发展友好合作关系,推进国际政治经济新秩序的建立,我国的对外关系全面发展。进入21世纪以来,在新一代领导集体的努力下,外交更为积极、成熟和自信,我国的国际空间更加广阔。

◎ 资料卡片

东欧剧变

又称苏东剧变、东欧大革命、东欧民主化。西方社会称之为1989年革命。指从20世纪80年代末到90年代初,东欧各社会主义国家的政治经济制度发生根本性改变,是采用斯大林模式的社会主义制度最终演变为西方欧美资本主义制度的剧烈动荡。东欧社会主义国家改革最先在波兰出现,后来扩展到民主德国、捷克斯洛伐克、匈牙利、保加利亚、罗马尼亚等前华沙条约组织国家。这个事件以苏联解体告终,一般认为其标志着冷战的结束。东欧剧变的实质是东欧各国政治体制和社会性质发生改变。

1. 中国与周边国家的关系得到显著改善

中国同印度尼西亚(1990年8月8日)复交,同新加坡(1990年10月3日)、文莱(1991年9月30日)、韩国(1992年8月24日)建交。积极发展同朝鲜半岛北南双方的友好关系,参加旨在建立半岛和平机制的中、美、朝、韩四方会谈;为解决朝鲜的核危机,积极斡旋,推进中、美、俄、日、朝、韩六方会谈,为维护半岛及东北亚地区的和平与稳定作出了建设性贡献。1997年确立与东盟建立面向21世纪的睦邻互信伙伴关系之后,到2000年中国已与东盟10国分别签署或发表了加强双边合作的框架文件。在此基础上,2002年11月中国与东盟签署了《全面经济合作框架协议》,并于2010年1月1日正式建立中国—东盟自由贸易区。2003年中国加入《东南亚友好合作条约》,并与东盟共同发表了《中国—东盟战略伙伴关系联合宣言》。中国与东盟的友好合作关系获得长足发展。中印两国在90年代初恢复了边界贸易,1993年签署了《关于在中印边境实际控制线地区保持和平与安宁的协定》。1996年11—12月,江泽民对印度进行了国事访问,双方一致同意建立"面向未来的建设性合作伙伴关系",并签署了《关于在中印边界实际控制线地区军事领域建立信任措施的协定》等。此后,因印度鼓吹"中国威胁论"并进行核试验而使两国关系一度受到影响。但不久两国关系又重新回到正常轨道,特别是2005年温家宝访问印度,两国领导人确定建立"面向和平与繁荣的战略合作伙伴关系",将中印关系大大向前推进了一步。中国与巴基斯坦之间一直保持着传统的友谊,两国关系不断向前发展。中国与南亚其他国家的关系也在继续发展。中国致力于维护中亚地区的和平与稳定,1996年、1997年先后同俄罗斯、哈萨克斯坦、吉尔吉斯斯坦和塔吉克斯坦签署关于在边境地区加强军事领域信任和相互裁减军事力量两个协定,建立了"上海五国"机制,为促进这一地区各个领域的合作发挥了积极作用。2001年6月15日,中国、俄罗斯、哈萨克斯坦、吉尔吉斯斯坦、塔吉克斯坦和乌兹别克斯坦六国在上海签署了《上海合作组织成立宣言》,上海合作组织正式诞生。上海合作组织成立以来,增进了互信,并在政治、安全、经济等领域开展了卓有成效的合作。

2. 中国努力与发达国家发展新型关系

1991年底苏联解体后,经过中俄双方的共同努力,顺利实现了中苏关系向中俄关系的历史性过渡,两国关系不断取得进展。1996年4月,中俄建立平等信任、面向21世纪的战略协作关系。2000年普京访华,两国元首签署了《中华人民共和国和俄罗斯联邦北京宣言》,规划了新世纪中俄关系总体发展的蓝图。2001年7月,两国签署了《中俄睦邻友好合作条约》,为两国关系的健康发展奠定了法律基础。21世纪初两国领导人不断互访,把两国战略协作伙伴关系发展到一个新的阶段。

中美关系的发展经历了一个曲折的过程。1993年和1994年中美关系缓慢回升。1995年7月,美国政府允许李登辉访美,导致两国关系的倒退。1997年10月,江泽民应邀对美国进行国事访问。江泽民提出发展中美关系应遵循"增加信任、减少麻烦、发展合作、不搞对抗"的方针。双方发表《联合声明》宣布,两国将共同致力于面向21世纪的建设性战略伙伴关系。1998年6月,克林顿访问中国,两国关系得到发展。1999年底中美两国就中国加入世界贸易组织达成协议,2000年对华永久正常贸易关系在美国国会获得通过,这都有利于为中美双边经贸合作创造长期稳定的环境。当然,中美两国作为在历史、文化传统和社会制度等方面存在较大差异的两个大国,不可避免地存在各种分歧和矛盾,特别是由于美国奉行对华"接触+遏制"的政策,严重影响中美关系的发展。1999年5月8日,以美国为首的北约轰炸我国驻南斯拉夫联盟大使馆,2001年4月1日美国军用侦察机公然入侵我国领空,严重损害了中美关系,中国政府和人民对美国这一违反国际法、侵犯中国国家主权的野蛮行径进行了坚决的斗争。"9·11"事件以来,中美关系有了明显改善。2002年2月,布什访华,双方领导人都表示要将中美关系发展成为一种"建设性的合作关系"。此后,中美高层领导人互访频繁,尤其是2005年7月10日至11日,布什政府的四位内阁成员相继访华。2005年11月和2006年4月,中美两国领导人的互访影响更为深远。目前,双方在人权、经贸、军控、安全等领域都形成对话机制,使两国关系的发展有了一个制度化保障。中美经贸关系更加密切。当前,台湾问题仍然是中美关系中最重要、最敏感的核心问题。切实遵守中美三个《联合公报》的原则和美方的有关承诺,是实现两国关系稳定、健康发展的关键。中美双方应该以战略眼光和长远观点看待与处理中美关系。

1991年8月日本首相海部俊树访华,中日关系恢复正常。1992年4月江泽民访日,同年10月明仁天皇访华,使中日关系发展到新水平。20世纪90年代中期,由于日本政要多次参拜靖国神社,否定日本侵略战争的罪行,一些右翼分子在钓鱼岛问题上挑衅,使中日关系走向低潮。1997年日本首相桥本龙太郎访华,特别是1998年江泽民访日,双方本着以史为鉴、面向21世纪的精神,宣布建立致力于和平与发展的友好合作伙伴关系,开辟了中日友好关系的新阶段。2000年10月,朱镕基访日,巩固了两国关系的政治基础,推动了两国各个领域友好合作关系的发展。然而,在21世纪初期由于日本小泉首相在历史问题、台湾问题上开倒车,中日关系受到严重损害,中日关系处于建交以来的最低点。

中欧关系在1989—1993年出现了一些曲折,1994年后中欧关系恢复并开始不断发展。1995年7月,欧洲联盟制定了有史以来第一个全面对华政策——《中国欧盟关系长期政策》,1998年6月29日,欧盟外长理事会审议通过了《与中国建立全面伙伴关系》的对华政策新文件,决定把对华关系提升到与美、日、俄同等重要的位置,加强中欧政治对话和经贸等领域的合作、交流,支持中国加入世贸组织。2003年与2004年之交,随着"全面战略伙伴关系"的确立,中欧关系进入了一个新的发展时期。中欧之间的各种对话频繁,经贸往来十分密切,欧盟已经成为中国的第二大贸易伙伴。此外,1997年5月,中法建立面向21世纪的全面伙伴关系;1998年10月,中英建立全面伙伴关系。1997年11月,中国和加拿大就建立面向21世纪的中加全面合作关系达成共识。

3. 中国同广大发展中国家的团结与合作进一步发展

中国在改善与周边国家关系的同时,与西亚、非洲、拉丁美洲各国在政治、经济等领域的合作也取得长足发展。中国与南非正式建交(1997年1月),并先后与巴西、埃及建立战略伙伴关系,同墨西哥就建立跨世纪的中墨全面合作伙伴关系达成共识。面对西方国家在冷战结束后以种种借口干涉发展中国家内政的做法,我国与广大发展中国家相互支持,密切合作,进行了有效的抵制和斗争。中国坚决支持发展中国家争取建立国际政治经济新秩序的合理要求,积极参加一系列旨在促进南北对话和加强南南合作的活动。努力促进与亚非拉国家的经贸合作,对最不发达国家和发展中国家出现的自然灾害给予慷慨援助。中国作为联合国安理会常任理事国,力主通过和平方式解决南斯拉夫科索沃问题和伊拉克问题,坚决反对北约对南联盟动武和美国发动的对伊拉克战争;在联合国改革问题上,中国强调应充分听取广大发展中国家的意见,主张通过广泛讨论达成各方都能够接受的改革方案,赢得了绝大多数国家的赞同。

4. 深入开展多边外交,在国际舞台上发挥积极作用

国际组织的国际会议是多边外交的主要舞台。新中国成立以来就陆续恢复或参加了一些国际组织,20世纪80年代以来更加速了这一进程,到90年代中期,中国已经成为50多个政府间国际组织的成员,并加入了1000多个非政府组织,2001年底中国正式加

入世界贸易组织。至此,中国已进入八个主要的国际机制和领域,即联合国、军备控制、人权、贸易、金融、电信、能源和环保。与此相应,更多的中国人在各种国际组织中担任重要职务,中国举办的区域性、世界性国际会议越来越多,中国的多边外交日趋活跃,在国际舞台上发挥的作用越来越大。中国积极促进联合国的改革,支持联合国在国际社会发挥更大作用,积极支持联合国的维和行动,努力促成地区和国际争端的解决。中国提出按公正、合理、全面、均衡的原则,推动军控和裁军进程;主张全面禁止和彻底销毁核武器,签署《全面禁止核试验条约》;妥善处理南亚核试验和朝鲜、伊朗核问题等。中国在多边经济领域的活动更为活跃,多领域、多层次、多形式地参与国际合作,在亚太经合组织等经济组织中发挥积极作用,负责任地应对亚洲经济危机等。与此同时,中国与国际社会进行广泛合作,努力解决环境、国际恐怖主义等全球性问题。

(六)21世纪以来中国外交的互利共赢

党的十八大以来,面对国际形势的深刻变化和世界各国同舟共济的客观要求,我国坚持独立自主的和平外交方针,坚定不移走和平发展道路,坚定不移维护世界和平、促进共同发展,推动构建以合作共赢为核心的新型国际关系,打造人类命运共同体,大力推进外交理论和实践创新,开启了中国特色大国外交新征程。

1. 和平、发展、合作、共赢成为时代潮流

20世纪90年代,随着苏联解体,世界多极化趋势加强。据此,我国依据和平与发展是时代主题的理论,利用和平的国际环境对内改革、对外开放,建立和完善了社会主义市场经济体制,推动了我国经济和社会各项事业的发展。进入21世纪,和平、发展、合作、共赢的时代潮流更加强劲。多个发展中心在世界各地区逐渐形成,国际力量对比继续朝着有利于世界和平与发展的方向发展。

同时,世界仍很不安宁,人类依然面临诸多难题和挑战。维护世界和平、促进共同发展依然任重而道远。

面对和平与发展的历史潮流,我国提出,各国应该共同推动建立以合作共赢为核心的新型国际关系,各国人民应该一起来维护世界和平、促进共同发展。各国和各国人民应该共同享受尊严、共同享受发展成果、共同享受安全保障。应尊重各国人民自主选择发展道路的权利,反对干涉别国内政,维护国际公平正义。各国要同心协力,妥善应对各种问题和挑战,共同变压力为动力、化危机为生机,谋求合作安全、集体安全、共同安全,以合作取代对抗,以共赢取代独占。中国是维护世界和平、促进共同发展的重要力量,中国将高举和平、发展、合作、共赢的旗帜,牢牢把握坚持和平发展、促进民族复兴这条主线,维护国家主权、安全、发展利益,为和平发展营造良好的国际环境,为促进人类和平与发展的崇高事业作出积极贡献。

2. 坚定不移走和平发展道路

实现中华民族伟大复兴的中国梦,必须有和平的国际环境。只有坚持走和平发展道路,中国才能实现自己的目标,为世界作出更大贡献。

中国走和平发展道路,是从对世界形势发展的历史、现实、未来的客观判断中得出的结论,是思想自信和实践自觉的有机统一。中华民族曾遭到列强的长期侵略和欺凌,因此更加坚定了维护和平的决心。中国人民抗日战争和世界反法西斯战争的胜利给我们留下的最宝贵启示,就是必须毫不动摇走和平发展道路。

中国的和平发展道路,是新中国成立以来特别是改革开放以来,经过艰辛探索和不断实践逐步形成的。改革开放40多年的历史已经证明,和平发展是中国基于自身国情、社会制度、文化传统作出的战略抉择,顺应时代潮流,符合中国根本利益,符合周边国家利益,符合世界各国利益,没有理由去改变它。

走和平发展道路,对中国有利,对亚洲有利,对世界也有利。中国坚持走和平发展道路,既让中国更好地利用世界的机遇,又让世界更好地分享中国的机遇,促进中国和世界各国良性互动、互利共赢。

3. 打造人类命运共同体

习近平总书记曾指出,当今世界,各国相互依存、休戚与共。我们要继承和弘扬《联合国宪章》的宗旨与原则,构建以合作共赢为核心的新型国际关系,打造人类命运共同体。人类生活在同一个地球村,各国相互联系、相互依存、相互合作,国际社会日益成为一个你中有我、我中有你的命运共同体。

打造人类命运共同体,要建立平等相待、互商互谅的伙伴关系,营造公道正义、共建共享的安全格局,谋求开放创新、包容互惠的发展前景,促进和而不同、兼收并蓄的文明交流,构筑尊崇自然、绿色发展的生态体系。要树立共同、综合、合作、可持续安全的新观念,充分发挥联合国及其安理会的核心作用,坚持通过对话协商和平解决分歧争端。推进各国经济全方位互联互通和良性互动,完善全球经济金融治理,减少全球发展不平等、不平衡现象,使各国人民公平享有世界经济增长带来的利益。促进不同文明、不同发展模式交流对话,在交流互鉴中共同发展。要以人与自然和谐相处为目标,实现世界的可持续发展和人的全面发展,创造一个各尽所能、合作共赢、奉行法治、公平正义、包容互鉴、共同发展的未来。

4. 积极落实"一带一路"倡议

建设"一带一路",是党中央作出的重大战略决策,是实施新一轮扩大开放的重要举措。"一带一路"贯穿欧亚大陆,"一带一路"倡议顺应了时代要求和各国加快发展的愿望,提供了一个包容性巨大的发展平台,具有深厚的历史渊源和人文基础,能够把快速发展的中国经济同沿线国家的利益结合起来。加快"一带一路"建设,有助于加强不同文明交流互鉴,促进世界和平发展。

"一带一路"是开放的,是连接亚欧非的广阔"朋友圈";"一带一路"是共赢的,将给沿线各国人民带来实实在在的利益;"一带一路"追求的是百花齐放的大利,不是一枝独秀的小利。中国倡议共建"一带一路",目的是支持各国共同发展,而不是要谋求政治势力范围。推进"一带一路"建设,要汇集各方力量,引导它们参与"一带一路"建设框架内各领域交流合作,营造良好的政治、舆论、商业、民意氛围。通过"一带一路"建设,共同打造开放、包容、均衡、普惠的区域合作架构。

5. 推动与各方关系全面发展

大国是影响世界和平的决定性力量,构建健康稳定的大国关系框架至关重要。俄罗斯是我国周边的最大邻国和世界大国,两国拥有广泛的共同利益,是好邻居、好伙伴、好朋友。两国牢固建立起全面战略协作伙伴关系,坚定支持对方维护核心利益,务实合作取得重大进展,成为和平共处、合作共赢的典范。中美关系是当今世界最重要的双边关系之一。中美构建新型大国关系,实现双方不冲突不对抗、相互尊重、合作共赢,是两国人民和国际社会的普遍愿望,是符合时代潮流的正确选择。欧洲是多极化世界的重要一极,要从战略高度看待中欧关系,提升中欧全面战略伙伴关系的全球影响力,为世界发展繁荣作出更大贡献。

周边是我国安身立命之所,要坚持与邻为善、以邻为伴,坚持睦邻、安邻、富邻,突出体现亲、诚、惠、容的理念。我们将深化同周边国家的互利合作和互联互通,共同打造周边命运共同体。

广大发展中国家是我国走和平发展道路的同路人。要坚持正确的义利观,做到义利兼顾,以义为先,切实加强同发展中国家的团结合作。

中国积极倡导和践行多边主义。积极参与多边事务,高度重视联合国的作用,支持二十国集团、上海合作组织、金砖国家等发挥积极作用。中国将坚定维护世界和平事业,始终维护《联合国宪章》的宗旨和原则以及其他公认的国际关系基本准则。中国将积极推动实现联合国千年发展目标,积极应对气候变化等全球性问题。

6. 坚决维护国家核心利益

习近平总书记指出,我们要坚持走和平发展道路,但决不能放弃我们的正当权益,决不能牺牲国家核心利益。任何外国不要指望我们会拿自己的核心利益做交易,不要指望我们会吞下损害我国主权、安全、发展利益的苦果。

坚决维护国家的核心利益是中国外交的神圣使命。我们要始终把坚决维护国家主权、安全、发展利益作为外交工作的基本出发点和落脚点。维护自身的领土主权和正当合理的海洋权益,是中国政府必须承担的责任。既要坚持用和平方式、谈判方式解决争端,又要做好应对各种复杂局面的准备。通过合作扩大共同利益的汇合点,维护同周边国家的关系及地区和平稳定大局。

中国的和平发展不会一帆风顺。我们不惹事,但也不怕事。在涉及我国核心利益的问题上,要敢于画出红线,亮明底线。随着我国和平发展进程的不断深入,维护国家利益的资源和手段将会越来越多。

7. 推进全球治理体系变革

习近平总书记指出,我们参与全球治理的根本目的,就是服从服务于实现"两个一百年"奋斗目标、实现中华民族伟大复兴的中国梦。

推动全球治理体系朝着更加公正合理方向发展,符合世界各国的普遍需求。新兴市场国家和一大批发展中国家快速发展,国际影响力不断增强,世界上的事情越来越需要各国共同商量着办,建立国际机制、遵守国际规则、追求国际正义成为多数国家的共识。

推进全球治理体制变革并不是推倒重来,也不是另起炉灶,而是创新完善,使全球治理体制更好地反映国际格局的变化,更加平衡地反映大多数国家特别是新兴市场国家和发展中国家的意愿与利益。要坚定维护以《联合国宪章》宗旨和原则为核心的国际秩序与国际体系,维护和巩固第二次世界大战胜利成果,积极维护开放型世界经济体制,提高国际法在全球治理中的地位和作用,推动建设和完善区域合作机制,加强国际社会应对资源能源安全、粮食安全、网络信息安全,应对气候变化,打击恐怖主义,防范重大传染性疾病等全球性挑战的能力。

中国是现行国际体系的参与者、建设者、贡献者。要推动全球治理理念创新发展,积极发掘中华文化中积极的处世之道和治理理念同当今时代的共鸣点,努力为完善全球治理体系贡献中国智慧、中国力量。要同二十国集团各成员加强沟通和协调,共同把二十国集团维护好、建设好、发展好,促使二十国集团顺利完成从危机应对机制向长效治理机制的转变,巩固作为全球经济治理主要平台的地位。

8. 中国开放的大门永远不会关上

对外开放是我国的基本国策。只有坚持对外开放,深度融入世界经济,才能实现可持续发展。准确把握经济全球化新趋势和我国对外开放新要求,妥善应对我国经济社会发展中面临的困难和挑战,更加需要扩大对外开放。实现"两个一百年"奋斗目标、实现中华民族伟大复兴的中国梦,也要推进更高水平的对外开放,以对外开放的主动赢得经济发展的主动、赢得国际竞争的主动。

我国同世界的互动越来越紧密,机遇共享、命运与共的关系日益凸显。中国将坚定不移提高开放型经济水平,将实行更加积极主动的开放战略,完善互利共赢、多元平衡、安全高效的开放型经济体系,大力开展中外经济文化交流,在学习互鉴中为推动人类文明进步作出应有的贡献。

二、中国外交政策的基本原则

(一)中国外交政策的宗旨和目标

1. 维护世界和平,促进共同发展是世界各国人民的根本利益,是中国对外政策的宗旨和基本目标

新中国成立前夕,中国人民政治协商会议通过的《共同纲领》明确规定:"中华人民共和国拥护国际的持久和平和各国人民间的友好合作,反对帝国主义的侵略政策和战争政策。"新中国成立初期,毛泽东庄严宣告:"我们的总任务是:团结全国人民,争取一切国际朋友的支援,为了建设一个伟大的社会主义国家而奋斗,为了保卫国际和平和发展人民进步事业而奋斗。"1954年制定的第一部宪法规定:"在国际事务中,我们坚定不移的方针是为世界和平和人类进步的崇高目标而努力。"1982年宪法将促进经济发展等内容补充进去,更完整地概括了和平与发展是中国外交的基本目标。

2. 中国把和平与发展作为外交的基本目标,是中国的国家性质、社会制度、历史遭遇、现实国情和所处时代所决定的

(1)中国是一个社会主义国家。社会主义本质上是主张和平与发展的。社会主义的本质是解放生产力,发展生产力,消灭剥削,消除两极分化,最终实现共同富裕。社会主义制度在中国的建立,消灭了剥削和压迫的根源,既消除了屈从外国侵略奴役的社会根源,又消除了我国对外侵略的社会根源。中国还处于社会主义初级阶段,谋求发展、实现现代化是中国的迫切任务,这更要求中国把和平与发展作为中国外交的首要目标。

(2)和平与发展是当今世界的两大主题,维护世界和平,促进共同发展,是当今时代的要求。和平与发展相互作用,紧密相连,没有和平就难以发展。中国是世界上最大的发展中国家和联合国安理会常任理事国,维护世界和平,促进人类发展,是我们义不容辞的责任。

3. 为维护世界和平,促进共同发展,中国作出了突出贡献

(1)坚决反对霸权主义、强权政治和恐怖主义。冷战结束后,中国坚决反对所谓"人权高于主权"等新干涉主义理论,反对以美国为首的北约打着"人道主义"旗号对南联盟的大规模军事打击;对美国轰炸中国驻南斯拉夫联盟大使馆事件进行了坚决的斗争;坚决反对美国抛开联合国,悍然发动对伊拉克的打击。中国主张国与国之间通过协商和平解决彼此间的争端,不应诉诸武力。中国还为此提出了和平解决国际争端的具体途径和办法,如创造性地提出了用"一国两制"的方式解决台湾、香港、澳门等历史遗留问题。中国认为,革命是一国人民自己的事,中国不输出革命,也反对别国输出革命或搞反革命颠覆活动。针对国际旧秩序危害世界和平与发展的情况,中国积极倡导以和平共处五项原则为指导,建立和平、稳定、公正、合理的国际新秩序。冷战结束以来,针对各种恐怖主义活动的泛滥,中国与国际社会广泛合作,打击各种形式的恐怖主义。

(2)反对军备竞赛并率先垂范。中国一贯反对军备竞赛,主张按照公正、合理、全面、均衡的原则进行有效裁军,主张全面禁止和彻底销毁一切核武器,呼吁有关国家放弃核威慑政策。中国多次在联合国大会上提出核裁军提案,最先承诺不首先使用核武器。1999年3月,江泽民在日内瓦裁军谈判会议上发表讲话,提出建立互信、互利、平等、合作的新安全观,并提出防止核武器扩散,推动核裁军进程的六点建议。1992年中国正式加入《不扩散核武器条约》,1996年9月签署了《全面禁止核试验条约》。中国还主张彻底销毁化学武器,大幅度裁减常规军备。中国在1993年签署了《禁止化学武器公约》。早在80年代中国就率先裁军100万,90年代又裁军50万,到2005年又完成裁军20万的任务。中国坚决反对美国违反《反弹道导弹条约》部署国家导弹防御系统和战区导弹防御系统等破坏战略平衡的倒行逆施行为。近年来,中国为防止大规模杀伤性武器的扩散,作出了不懈努力。

(3)推动建立国际经济新秩序。为促进共同发展,中国主张各国在平等互利的基础上开展广泛的经济贸易合作和科技交流,主张改善南北关系,加强南南合作,建立国际经济新秩序。在东南亚金融危机发生后,中国以负责任的态度坚持人民币不贬值,为亚洲邻国经济的稳定与发展作出一定牺牲。近年来中国建立的南南合作示范基地增多,中国对发展中国家的援助力度加大。中国为促进世界共同发展作出了重大贡献。

(二)中国外交政策的根本原则

1. 独立自主是中国外交政策的根本原则

独立自主,就是国家主权独立,在对内、对外事务中,不屈服于任何外来干涉和指挥,根据自己的实际情况和国际形势的发展,独立自主地处理本国对内、对外的一切事务。独立自主,是我国人民近代斗争历史经验的结晶,也是新中国成立以来国际斗争的经验总结,是中国对外关系一贯坚持的。早在新中国成立前夕,毛泽东曾明确指出:"中国必须独立,中国必须解放,中国的事情必须由中国人民自己作主张,自己来处理,不容许任何帝国主义国家再有一丝一毫的干涉。"在新的历史时期,邓小平再次郑重指出:"独立自主,自力更生,无论过去、现在和将来,都是我们的立足点。"我们始终坚持独立自主的外交政策,无论是在与苏联结盟时期,还是在联美反苏时期,我们都没有放弃独立自主的原则,都不允许任何国家染指我们的主权,插手中国的内政。20世纪80年代以来中国实行不结盟政策,更好地维护了中国的独立自主。在冷战后的新时期,中国与世界大国建立战略伙伴关系,目的是加强与大国的合作和交往,更好地促进自身发展,这一政策也有利于维护我国的独立自主。

我们奉行独立自主的外交政策,并不意味着我们不需要国际力量的支持与合作,搞闭关自守,而是坚持对外开放,加强合作。我们珍视自己的独立自主,也充分珍视别国的独立自主。我们反对任何国家把自己的意志强加于我们,我们也绝不把自己的意志强加于别人。我们奉行的独立自主原则,不仅适用于国家间的关系,也适用于政党间的关系,它是中国共产党发展同各国共产党、其他政党相互关系的准则。

2. 和平共处五项原则是中国发展同一切国家关系的基本准则

和平共处五项原则是,互相尊重主权和领土完整、互不侵犯、互不干涉内政、平等互利、和平共处。它是我国领导人在新中国成立后不久,根据当时中国所处的国际、国内环境,在列宁和平共处思想基础上首先提出来的。1953年12月,周恩来接见印度政府代表团时,第一次提出了和平共处五项原则。1954年4月,正式将之写入双方达成的《关于中国西藏地方和印度之间的通商和交通协定》的序言中。同年6月,在中印、中缅达成的联合声明中正式倡议将和平共处五项原则作为指导一般国际关系的原则。1954年8月,周恩来在中央人民政府委员会会议上的外交工作报告中,第一次把这五项原则称为和平共处五项原则。从此,和平共处五项原则成为我国处理国与国之间相互关系的基本准则。

和平共处五项原则是互相联系、不可分割的整体。"互相尊重主权和领土完整"是五项原则的核心和主要内容;"互不侵犯""互不干涉内政"是实现互相尊重主权和领土完整的根本保证;"平等互利"是各国发展政治、经济和文化关系必须遵循的原则;"和平共处"则是上述四项原则的目标和结果。和平共处五项原则高度概括了当今国际关系的基本原则,其本质是反对侵略和扩张,维护国家的独立自主权利。它是对几个世纪以来旧的国际关系准则和强权政治的否定、批判,是一种崭新的、公正的国际关系准则。

中国提出的和平共处五项原则,最初是用于处理同民族主义国家关系的。1956年波匈事件后,中国又将它用于处理同社会主义国家的关系。70年代,西方国家纷纷同中国建交,也都接受了和平共处五项原则。80年代,我国更加强调和平共处五项原则的普遍适用性。半个世纪以来,和平共处五项原则经历了国际政治风云变幻的考验,它已成当代公认的现代国际法和处理现代国际关系的共同准则。

中国不仅是和平共处五项原则的倡导者,也是忠实的维护者和执行者。正是在和平共处五项原则的指导下,中国同一些邻国妥善解决了历史遗留下来的各种复杂问题,提出"一国两制"的构想,圆满解决了香港、澳门问题,发展了同世界各国的友好合作关系,从而使我国在错综复杂的国际社会中确立了自己的地位,发挥了自己的作用。

3. 加强同发展中国家的团结与合作是中国外交的一贯政策

广大的亚洲、非洲、拉丁美洲及其他地区的发展中国家,长期受殖民主义、霸权主义的侵略和压迫,许多国家沦为殖民地或附属国。第二次世界大战后,民族解放运动蓬勃发展,许多发展中国家冲破殖民主义枷锁,获得民族独立,形成了一支新兴力量,一度改变了二战后世界的政治格局。冷战后,发展中国家的战略地位有所下降,但仍然是国际舞台上不可低估的一支重要力量。

中国是发展中的社会主义国家,同其他发展中国家有着相似的历史遭遇和苦难历程,都长期遭受外来奴役和掠夺,都曾为民族独立和解放进行过长期英勇的斗争,今天又都面临着发展本国经济、改善本国人民生活的现实任务。为此,都需要长期的国际和平环境,都需要反对外来干涉和强权政治,都需要为建立国际新秩序而努力。因此,中国的命运同广大发展中国家的命运紧密联系在一起。发展中国家的优势在于团结,振兴的希望也在于团结。团结是发展中国家的力量源泉,是共同发展的必由之路。中国始终重视同发展中国家的团结和合作,甚至将这一政策提升到基本立足点的高度,冷战结束以后仍然十分重视同发展中国家的关系。

中国一贯支持发展中国家争取与维护独立、主权的正义斗争。二战后发展中国家人民一直在积极争取和维护独立、主权,同殖民主义、霸权主义、种族主义进行英勇的斗争。中国自始至终支持发展中国家,从政治上、道义上和物质上给予大力支持和援助。在国际事务中,中国主张世界各国不论大小、贫富、强弱,都应一律平等,反对以大欺小、以富压贫、以强凌弱侵害发展中国家主权的强权政治行为。

中国一贯支持发展中国家反对国际经济旧秩序、振兴民族经济的努力。发展中国家作为一支新兴力量登上国际舞台后,提出了发展民族经济、改善南北关系、加强南南合作和改革国际经济旧秩序的要求,得到了中国的积极响应和大力支持。中国在许多国际场合提出了众多捍卫发展中国家利益的建议和原则,积极维护发展中国家的正当权益,推动了国际经济新秩序的建立。不仅如此,中国还按照"平等互利、讲求实效、形式多样、共同发展"的原则,发展同发展中国家的经济合作关系,有力地支援了发展中国家的经济建设。

中国一贯尊重发展中国家的独立和主权,支持和促进发展中国家内部的团结、合作。中国在与发展中国家交往的过程中,平等相待,不以大国自居,不干涉别国的内政。由于领土、民族、宗教等原因,发展中国家间存在不少矛盾和纷争。对于这些国家,中国一贯主张以大局为重,以团结为重,以共同利益为重,采取克制态度,本着互谅互让、求同存异的原则,通过和平谈判解决问题和分歧,并为此做了许多工作,促进了发展中国家的团结与合作。

4. 倡导"人类命运共同体"意识,在谋求本国发展中促进各国共同发展

人类命运共同体是指在追求本国利益时兼顾他国合理关切,在谋求本国发展中促进各国共同发展。人类只有一个地球,各国共处一个世界,要倡导"人类命运共同体"意识。

2018年3月11日,第十三届全国人民代表大会第一次会议通过的宪法修正案,将宪法序言第十二自然段中"发展同各国的外交关系和经济、文化的交流"修改为"发展同各国的外交关系和经济、文化交流,推动构建人类命运共同体"。

第一,人类命运共同体思想为全球生态和谐贡献了中国方案和中国智慧。人类命运共同体,首先是生命共同体,生态共同体。日益严重的气候变暖和环境污染等问题警示我们,地球生态危机问题越来越严重,地球已达其能承受人类过度消费和浪费的极限,生态一旦崩溃,任何国家都不能幸免。尽管中国承载着巨大的发展压力,但是仍主动承担责任,将"绿色"列为"五大发展理念"的基本内容,作为经济社会发展的根本指南;同时推动经济结构转型升级、创新绿色科技,积极落实《巴黎协定》等国际合作项目。

第二,人类命运共同体思想为国际和平事业贡献了中国方案和中国智慧。作为世界人口最多的发展中国家,中国保持长期团结稳定、繁荣发展、社会进步,同时,妥善处理好周边关系,广泛参与区域合作和全球事务。与奉行强权政治、霸权主义、单边主义的西方强国通过入侵战争、策划政变、经济制裁等手段到处插手他国事务不同的是,中国是在奉行和平发展、合作共赢原则的基础上,通过对内改革、对外开放,主动参与国际合作,经过数十年努力奋斗实现自身强大之后,顺应世界格局演变的趋势,应世界各国的强烈呼吁而积极参与国际事务,维护世界和平。当前,我们秉持和平、主权、普惠、共治原则,把深海、极地、外空、互联网等领域打造成各方合作的新疆域,而不是相互博弈的竞技场。人类命运共同体思想蕴含着中国维护生态和谐与世界和平的智慧,是变革全球治理体系应当遵守的基本价值规范。

第三，人类命运共同体思想为变革全球治理体系贡献了中国方案和中国智慧。"一花独放不是春，百花齐放春满园"，习近平在金砖国家峰会等多个国际场合，以此表达同世界各国共赢、共享、构建人类命运共同体的博大胸怀和历史担当。共赢、共享不仅是中国对世界秩序的美好希冀，也是世界人民的共同愿望。当今世界，"和平发展的大势日益强劲，变革创新的步伐持续向前。各国之间的联系从来没有像今天这样紧密，世界人民对美好生活的向往从来没有像今天这样强烈，人类战胜困难的手段从来没有像今天这样丰富"。因推行霸权主义而造成的难民问题，因推行新自由主义而造成的金融危机，均对作为始作俑者的西方强国造成严重影响。因此，已经在经济全球化中获益而率先发展起来的发达国家，更应该担负起帮扶落后国家的责任。中国早就意识到，"中国发展离不开世界，世界繁荣也需要中国"。因此，中国积极推动"一带一路"倡议、派出维和部队、支持非洲建设，将共赢共享理念贯彻到实践中。塔吉克斯坦驻华大使达夫拉特佐达曾称赞道，"中国在其他国家兴办企业、大力投资，这促进了当地的就业、增加了当地政府的税收。这些都表明，全世界都能够共享中国的发展成果"。建设新型国际关系，变革全球治理体系，大国是关键。"国家之间要构建对话不对抗、结伴不结盟的伙伴关系。大国要尊重彼此核心利益和重大关切，管控矛盾分歧，努力构建不冲突不对抗、相互尊重、合作共赢的新型关系"。

第四，人类命运共同体思想为构建全球公平正义的新秩序贡献了中国方案和中国智慧。国家只有大小之别，没有高下之分；文明只有特色之别，没有优劣之分。构建全球公平正义的新秩序，必须秉持共商共建的发展新理念。习近平在多个国际场合的讲话中，已经系统阐述了推动构建全球公平正义新秩序的方案。在经济方面，要引导经济全球化健康发展，反对逆全球化的保守主义倾向，避免不公正的贸易战争，"需要加强协调、完善治理，推动建设一个开放、包容、普惠、平衡、共赢的经济全球化，既要做大蛋糕，更要分好蛋糕，着力解决公平公正问题"。在政治方面，着力解决恐怖主义、难民问题、武装冲突等急切而棘手的重大问题，"当事各方要通过协商谈判，其他各方应该积极劝和促谈，尊重联合国发挥斡旋主渠道作用"。在文化方面，海纳百川，有容乃大，不同文明要平等交流、共同进步，"让文明交流互鉴成为推动人类社会进步的动力、维护世界和平的纽带"。

总之，构建人类命运共同体思想理念，就是创新、协调、绿色、开放、共享"五大发展理念"的国际版，是国内发展理念在国际战略中的反映，这表明人类命运共同体思想为构建全球公平正义的新秩序提供了中国方案和中国智慧。

第二节　与时俱进的外交战略

改革开放40多年来，中国的外部环境不断发生深刻变化。这些变化要求中国根据本国的实际发展定位在国际社会中的身份、地位和利益,并在外交政策上作出顺应时代的调整。

一、新时期外交战略的形成

邓小平国际战略思想,是对马克思主义、毛泽东思想的继承和重大发展,是邓小平理论的重要组成部分。它包含丰富的内容,涉及国际环境、国际战略目标、战略原则、对外方针和政策。

(一)邓小平国际战略思想是对毛泽东国际战略思想的继承和发展

邓小平国际战略思想是一个完整的科学思想体系,其科学性表现在既符合当今世界的"世情",也符合我国的国情,是指导我国参与国际竞争、实现国际利益的锐利思想武器。在我国国家领导人中,邓小平第一个使用"国际战略"这一概念,并在马克思主义发展史上第一次建立了完整而系统的社会主义国家的国际战略思想体系。

邓小平国际战略思想是对毛泽东国际战略思想实施过程中正确经验和成果继承、发展的结果,也是对其失误与教训加以纠正的结果。从这一意义来说,没有毛泽东的成功经验和严重失误,就没有邓小平的继承、发展和突破。邓小平国际战略思想继承和发展了毛泽东国际战略思想中关于维护国家独立、主权和领土完整的思想;关于独立自主的思想;关于反对霸权主义和强权政治的思想;关于争取和维护世界和平的思想;关于和平共处五项原则及其用来处理国家关系的思想,以及在国际竞争中团结和依靠第三世界国家即广大发展中国家的思想等。

随着国际形势的变化,邓小平又对毛泽东国际战略思想充实了许多新内容。譬如在估量与考虑自己国家的实力和利益时也正确估量与考虑他国的实力和利益;在反对资本主义国家的霸权主义和强权政治时,将同资本主义国家保持国家关系与反对它的霸权主义严格区分开来;在加强、发展同世界各国的国家关系时,不再以意识形态和社会制度异同论亲疏;在对外工作指导上,坚持广交朋友不树敌和坚持"韬光养晦、有所作为"的方针;提出处理同各国政党关系的四项准则和不争论原则,以及对外实行全方位、多层次、宽领域开放的思想等,都是对毛泽东国际战略思想的重大发展和突破。

早在二战结束后,毛泽东曾指出,第三次世界大战的危险是存在的,但也是可以避免的。1950年6月,毛泽东在七届二中全会上指出:"帝国主义阵营的战争威胁依然存在,第三次世界大战的可能性依然存在。但是,制止战争危险,使第三次世界大战避免爆发的斗争力量发展得很快,全世界大多数人民的觉悟正在提高。只要全世界共产党能够团结一切可能的和平民主力量,并使之获得更大的发展,新的世界战争是能够制止的。"在中苏结盟的情况下,毛泽东曾多次谈到战争有可能被推迟或制止,和平有可能得以维持的正确观点。但是,在中苏关系破裂,美国在印度支那扩大侵略战争的情况下,由于受来自"左"的思想的干扰和影响,在战争与和平问题上,中国共产党的指导思想发生了重大改变,曾一度提出"世界大战不可避免,而且迫在眉睫",要立足于"早打、大打、打核战争"的观点,过高估计了国际形势的恶化程度和世界大战爆发的可能性。同时,认为当时"世界的主要倾向是革命","不是革命制止战争,就是战争引起革命",曾一度提出"世界革命"的口号。这种"战争与革命"的观点,在60—70年代很长一段时间一直是我们对国际形势和时代主题的判断,并对我国经济建设和其他各方面工作产生了深刻而广泛的影响。

1978年12月党的十一届三中全会召开后,邓小平重新认识、研究国际形势的深刻变化,重新认识战争与和平问题,并科学作出"和平与发展是当代世界的两个大问题"的新判断。1983年2月,邓小平在同几位中央负责同志谈话时明确指出:"大战打不起来,不要怕,不存在什么冒险的问题。以前总是担心打仗,每年总要说一次。现在看来,担心得过分了。我看至少十年打不起来。"1984年10月,邓小平进一步指出:"国际上有两大问题非常突出。一个是和平问题,一个是南北问题。还有其他许多问题,但都不像这两个问题关系全局,带有全球性、战略性意义。"1985年6月,邓小平在军委扩大会议上明确指出:"过去我们的观点一直是战争不可避免,而且迫在眉睫。我们好多决策,包括一、二、三线的布局,'山、散、洞'的方针在内,都是从这个观点出发的。这几年我们仔细地观察了形势……由此得出结论,在较长时间内不发生大规模的世界战争是有可能的,维护世界和平是有希望的。根据对世界大势的这些分析,以及对我们周围环境的分析,我们改变了原来认为战争的危险很迫近的看法。"

邓小平关于国际形势及战争与和平问题的这一新判断,为在历史新时期我们党工作重点的转移提供了依据。根据邓小平的新判断,我们党在总结历史经验与教训的基础上,制定了社会主义初级阶段"一个中心,两个基本点"的基本路线,这不仅是对毛泽东国际战略思想的重大发展和突破,而且实现了我党在时代主题指导思想和对国际形势分析上的一次大飞跃。

(二)邓小平国际战略思想的主要内容

1. 提出和平与发展是全球性、战略性问题

邓小平通过对世界形势冷静深入的观察和分析,认为世界大战打不起来,强调"现在世界上真正大的问题,带全球性的战略问题,一个是和平问题,一个是经济问题或者说发展问题"。他作出这一判断的主要依据是:第一,世界上能打世界大战的国家只有美国和苏联两个超级大国。它们两家原子弹多,常规武器也多,但它们都没有准备好,谁也不敢先动手。美苏两家打不起来,就不会爆发世界大战。第二,世界上维护和平的力量大大超过发动战争的力量。第三世界包括中国希望自己发展起来,是不希望发生战争的;遭受二战浩劫的欧洲和日本也不愿打仗;美国和苏联人民也是不支持战争的。第三,世界新科技革命蓬勃发展,经济科技在世界竞争中的地位日益突出。"这种形势,无论美国、苏联、其他发达国家和发展中国家都不能不认真对待"。第四,世界各国都在致力于发展,但发达国家愈来愈富,而发展中国家却愈来愈穷,发展问题变得越来越突出。在苏联解体、两极格局终结前后,邓小平一再强调"和平问题没有得到解决,发展问题更加严重","世界和平与发展这两大问题,至今一个也没有解决"。20世纪80—90年代的事实一再证明邓小平的这一判断是完全符合客观实际的,是科学的。和平与发展仍然是当今世界的两大主题,至少在21世纪中叶以前这两个问题都不能得到解决,我们仍应牢牢把握住当今时代的这个基本特征。

2. 反对霸权主义,维护世界和平

霸权主义、强权政治是危害世界和平与安全的根源。邓小平非常强调"反对霸权主义,维护世界和平",把它定为我国的国策、总政策,有时称之为"是我们对外政策的纲领"。20世纪80年代,邓小平认为:"中国太穷,要发展自己,只有在和平的环境里才有可能。"要争取和平的环境,就必须同世界上一切和平力量合作,反对霸权主义,反对强权政治。"谁搞和平,我们就拥护,谁搞战争和霸权,我们就反对。我们同美苏两个超级大国都改善关系,但是他们哪件事做得不对,我们就批评,就不投赞成票"。邓小平还指出,反对霸权主义,维护世界和平是个长期的任务,"可能至少还要进行一个世纪的斗争",同时,中国自己"永远不称霸"。

3. 坚持独立自主,不与任何大国结盟

独立自主,是中国一贯坚持的根本原则,也是邓小平国际战略思想的基石。邓小平坚持独立自主的原则,并赋予其新的内容。他强调必须把"国家的主权和安全要始终放在第一位",在风云变幻的国际社会中,中国要走自己的路,建设有中国特色的社会主义;任何外国不要指望中国会作它们的附庸;中国不参加任何集团,不与任何大国结盟和建立战略关系;我们不打别人的牌,也不让别人打我们的牌;对于国际事务,都按照事情本身的是非曲直来确定我们的态度,讲公道话,办公道事,在原则问题上要坚持住,态度鲜明,说话算数。

党的十一届三中全会后,邓小平指出,中国执行的和平外交政策,就是在和平共处五项原则基础上建立和发展同世界各国友好关系的对外政策。我们同谁都来往,都交朋友。中国永远属于第三世界,要加强同广大发展中国家的团结与合作,要重视搞好同周边国家的睦邻友好关系,要超越意识形态和社会制度的差异,不计较历史恩怨,积极寻找共同利益的汇合点,发展同西方发达国家的关系。苏东剧变前后,邓小平提出不管它们发生什么变化,都要按照和平共处五项原则与之打交道。

4. 探索新时期解决国际争端的新途径

邓小平主张用和平方式解决国际争端,并创造性地提出和平解决国际争端的方法与途径。他说:"世界上有许多争端,总要找个解决问题的出路。我多年来一直在想,找个什么办法,不用战争手段而用和平方式,来解决这种问题。"邓小平创造性地提出和平解决国际争端的方法和途径主要有:用和平协商的方式,本着互谅互让的精神,合理解决边界争端和纠纷(如同印度);用"主权属我、搁置争议、共同开发"的办法,解决历史遗留下来的领土、领海争端(如同菲律宾、文莱、印度尼西亚、马来西亚和越南等国);对于一时解

决不了的,"可以把它放下",留待以后解决(如同日本);在处理国家关系时,求同存异,不纠缠历史旧账,一切向前看。

5. 确定了祖国统一的方针

邓小平既从中华民族的根本利益与当代中国现代化建设的需要出发,又充分考虑并尊重台湾、香港、澳门的历史和现实,创造性地提出祖国统一的"一国两制"的伟大构想。"和平统一、一国两制"的方针,既推动了祖国统一的伟大进程,又为解决国际争端和历史遗留问题提供了新的思路、新的范例。

6. 确立了对外开放的国策,勾画了中国屹立于世界民族之林的蓝图

1984年10月,邓小平指出,"中国的发展离不开世界","对外开放具有重要意义"。他认为"坚持改革开放是决定中国命运的一招"。关起门来搞建设是不能成功的。我们的对外开放,是全方位的对外开放。"我们是三个方面的开放。一个是对西方发达国家的开放,我们吸引外资、引进技术等主要从那里来。一个是对苏联和东欧国家的开放,这也是一个方面……还有一个是对第三世界发展中国家开放,这些国家都有自己的特点和长处,这里有很多文章可以做"。对外开放有利于壮大和发展社会主义经济,必须大胆吸收和借鉴人类社会创造的一切文明成果。要把对外开放作为一项基本国策,长期坚持下去。

中国要把自己的事办好,隔几年上一个新台阶。邓小平指出,抓住时机,发展自己,关键是发展经济。中国在国际事务中所起作用的大小,要看我们自己经济建设成就的大小,要奠定中国屹立于世界民族之林的经济基础。中国要摆正自己在世界上的位置,不能自卑,也不能自傲。邓小平一再强调,中国属于第三世界,永远站在第三世界一边,永远不做超级大国。一些国家希望中国当头,邓小平指出"头头可不能当,头头一当就坏了"。但中国人民已经站起来了,在世界上已不再是无足轻重的国家。

7. 以和平共处五项原则为基础建立国际政治经济新秩序

邓小平积极倡导建立国际政治经济新秩序。他总结了当代国际关系的实践,指出"最具有生命力的就是和平共处五项原则",进而倡导以和平共处五项原则为基础建立国际政治经济新秩序。1988年,邓小平在会见印度总理拉吉夫·甘地时说:"世界总的局势在变,各国都在考虑相应的新政策,建立新的国际秩序……世界上现在有两件事要同时做,一个是建立国际政治新秩序,一个是建立国际经济新秩序。"东欧剧变、苏联动荡之后,他更强调现在确实需要以和平共处五项原则为新的国际政治、经济秩序的准则。

8. 坚持"韬光养晦、有所作为"的新方针

随着苏东剧变和冷战的结束,世界进入新旧格局转换的大变动时期。面对复杂的国际形势,邓小平高瞻远瞩提出"不要搞意识形态的争论",要"冷静观察、稳住阵脚、沉着应对","韬光养晦、善于守拙、绝不当头","有所作为","中国永远站在第三世界一边,中国永远不称霸,中国也永远不当头。但在国际上无所作为不可能,还是要有所作为"。即"韬光养晦、有所作为"的方针,这一方针为我国的外交政策指明了方向,推动了我国对外关系的新发展。

总之,邓小平的国际战略思想博大精深,"是我们外交的指南针,是引导我们的外交

工作战胜艰难险阻,不断走向胜利的法宝"。邓小平国际战略思想已经结出丰硕果实,并将继续指引中国外交取得更加辉煌的成就。

二、新时期外交战略的发展

(一)江泽民的国际战略思想

党的十三届四中全会以来,以江泽民同志为核心的党的第三代中央领导集体,继承和发展了邓小平的国际战略思想,指引中国外交抓住机遇,应对挑战,开拓进取,为我国现代化建设营造了良好的外部环境,也为促进世界和平与发展事业作出了重要贡献。江泽民的国际战略思想内涵丰富,既有对国际形势走势的规律性、长期性判断,也有对国际关系现实矛盾的分析;既有对我国外交总体目标的把握,也有对外交工作具体任务的部署;既包括中国外交必须遵循的战略和策略思想,也包括指导实际工作的具体原则。

1. 深刻论述了世界多极化和经济全球化发展的历史趋势

冷战结束后,针对世界形势的新变化,江泽民科学分析当代世界矛盾,在邓小平提出的和平与发展是当今世界两大问题的基础上,进一步强调和平与发展是当今时代的主题。世界要和平,人民要合作,国家要发展,社会要进步,是时代的潮流。新的世界大战在可预见的时期内打不起来。争取较长时期的和平国际环境和良好周边环境是可以实现的。但影响和平与发展的不确定因素在增加。总体和平、局部战乱,总体缓和、局部紧张,总体稳定、局部动荡,是当前和今后一个时期国际局势的基本态势。这一论述抓住了世界的主要矛盾,为新世纪新阶段的中国外交提供了理论指导。

在全面观察和深入分析国际力量对比变化的基础上,江泽民指出,世界多极化趋势是不可阻挡的历史潮流,是当今国际形势的一个突出特点。无论是在全球还是在地区范围,无论是在政治领域还是在经济领域,多极化趋势都在加速发展。江泽民深刻揭示了经济全球化带来的新课题、新挑战,并指出,经济全球化趋势是当今世界经济和科技发展的产物,是历史发展的规律,不以人们的意志为转移。经济全球化给各国提供了新的发展机遇,也带来了新的挑战。国际社会应努力推进经济全球化朝着有利于实现共同繁荣的方向发展。我们要积极参与,顺势而上,趋利避害,发展自己。要对经济全球化带来的风险保持清醒认识,以切实维护我国的经济安全。要注意把中国改革开放与经济全球化加快发展的进程联系在一起,把中国人民的利益与世界人民的利益联系在一起,为促进地区和各国人民的共同发展作出贡献。

2. 明确了重要战略机遇期我国外交工作的任务和宗旨

江泽民在党的十六大报告中指出,21 世纪头 20 年,对我国来说,是一个必须紧紧抓住并且可以大有作为的重要战略机遇期。早在 20 世纪 90 年代初,江泽民就指出,冷战结束后,大国之间将越来越注重综合国力的竞争,这将成为决定中国前途命运的主导因素。我们要实现中华民族的伟大复兴,必须坚持发展是硬道理的战略思想,不断增强我国的经济实力、国防实力和民族凝聚力。

1993年7月12日,江泽民在第八次驻外使节会议上的讲话中说道,外交工作的根本任务就是要进一步巩固和发展有利于我国的和平国际环境,特别是和平周边环境,为我国的改革开放和经济建设服务,为祖国统一大业服务,为国家和人民的利益服务。归根结底就是一句话,外交工作要坚定不移地维护国家和民族的最高利益。

江泽民在党的十六大报告中提出,推进现代化建设,完成祖国统一,维护世界和平与促进共同发展,是新时期的三大历史任务。维护世界和平、促进共同发展,是中国外交政策的宗旨。不管国际风云如何变幻,我们始终不渝地奉行独立自主的和平外交政策。我们愿同各国人民一道,共同推进世界和平与发展的崇高事业。

这些论述为我国新时期外交工作指明了方向。面对日益复杂多变的国际形势,我们保持清醒头脑,把握外交工作的中心任务,坚定维护重要战略机遇期,致力于维护世界和平与促进共同发展,为国内经济持续快速健康发展提供了有力的外交保障,也为世界和平与发展作出了重大贡献。

3. 丰富和发展了建立国际新秩序等主张

江泽民积极倡导建立国际政治经济新秩序。十六大报告谈到国际形势和对外工作时,他指出,各国政治上应相互尊重,共同协商,而不应把自己的意志强加于人;经济上应相互促进,共同发展,而不应造成贫富悬殊;文化上应相互借鉴,共同繁荣,而不应排斥其他民族的文化;安全上应相互信任,共同维护,树立互信、互利、平等、协作的新安全观,通过对话和合作解决争端,而不应诉诸武力或以武力相威胁。在此基础上,江泽民进一步提出关于国际关系的一系列重要思想。

江泽民倡导国际关系民主化。2002年4月10日上午,在柏林德国外交政策协会上,江泽民发表了题为《共同创造一个和平繁荣的新世纪》的重要演讲。他指出,历史已反复证明,全球性的问题需要各国共同解决,全球性的挑战需要各国合作应对。任何一个国家和一种力量,都不可能也没有能力独自完成这个任务。各国的事情要各国人民做主,国际上的事情要由各国平等协商。

江泽民总结历史经验,提出要摒弃冷战思维,建立适应时代需要的新安全观。他说,各国在安全上的相互依存不断加深,只有加强国际合作,才能有效应对全球安全挑战,实现普遍和持久的安全。新安全观的核心是互信、互利、平等、协作;和平共处五项原则以及其他公认的国际关系准则,是维护和平的政治基础;互利合作、共同繁荣,是维护和平的经济保障;建立在平等基础上的对话、协商和谈判,是解决争端、维护和平的正确途径。

4. 坚持独立自主,推进全方位外交

江泽民根据冷战结束后大国之间既相互竞争又相互合作的新特点,提出要努力发展大国间长期稳定的友好合作关系,扩大共同利益汇合点,妥善解决彼此分歧,坚持对话,不搞对抗。他将巩固周边作为外交工作的首要任务,提出要坚持睦邻友好,坚持与邻为善、以邻为伴,坚持政经结合,加强区域合作,坚持和平解决摩擦争端,妥善处理同周边一些国家间存在的历史遗留问题,保持和发展同周边国家的睦邻友好关系。

江泽民把加强同发展中国家的团结合作作为我国对外政策的基本立足点。他认为,广大发展中国家在反对霸权主义和强权政治、维护国家独立和主权、维护和平和制止战争以及发展民族经济方面同中国有着共同语言,是我们在国际舞台上的同盟军,我们必须以长远的战略观点看待同广大发展中国家的关系。

5. 坚持以"一国两制"方针推进祖国统一大业

以江泽民同志为核心的党的第三代中央领导集体在涉及国家主权、安全等核心利益的重大问题上,有力地维护和拓展了我国的国家利益。

在台湾问题上,江泽民于1995年初提出现阶段发展两岸关系、推进祖国和平统一进程的八项主张,引起强烈反响。同时,江泽民有针对性地对有关国家开展工作,争取国际社会反对"台湾当局"在国际上制造分裂活动。1997年7月1日与1999年12月20日,中国分别对香港、澳门恢复行使主权,开创了用和平方式解决历史遗留问题的范例。"一国两制"、"港人治港"、"澳人治澳"、高度自治的方针在香港、澳门得到全面贯彻落实。

江泽民针对一些国家提出的"人权高于主权""主权原则过时"等论调,重申要恪守主权平等和互不干涉内政为核心的国际关系准则。从1990年到2002年,我们连续10次挫败了西方国家在联合国人权会议上借人权问题干涉我国内政的图谋,捍卫了国家主权和民族尊严。

6. 强调原则的坚定性与策略的灵活性相结合

早在20世纪90年代初,江泽民就指出,在当前风云变幻的国际形势下,我们要坚持贯彻邓小平同志提出的冷静观察、沉着应对、绝不当头、有所作为的战略方针。实行这个战略方针,绝不是表明我们软弱、退让,更不是放弃原则,而是考虑我们面临的错综复杂的国际形势,不要四面出击,到处树敌,同时又坚持我们的原则立场和独立自主、自力更生、奋发图强的精神。

江泽民认为,我们要贯彻韬光养晦的方针,绝不当头,这一点是毫无疑问的。但我们也要有所作为。我们已经有一定的经济实力和巨大的市场潜力。中国作为联合国安理会常任理事国、世界上最大的发展中国家,有广大发展中国家的支持,我们能够并且有条件做到有所作为。但是我这里说的有所作为,是指必须做而又可能做的事就要尽力去做,而不是无所不为。我们不能超越我们的现实可能去办事情。

江泽民指出,在对外工作和国际斗争中,要坚持原则性和灵活性相结合。国家主权、国家利益和民族尊严要坚决维护,该斗的一定要斗。在斗争中,要注意防止感情用事,要讲究斗争艺术,讲究斗争策略。要沉着、冷静、不急不躁地妥善处理问题。1989年政治风波后,西方国家对我国采取"制裁"措施,党中央坚持原则、顶住压力、多做工作。1989年底,日本率先恢复对华政府援助。从1990年底起,我国同西欧国家逐步恢复高层互访。1993年,江泽民与克林顿举行会晤,打破了1989年以来中美没有元首会晤的不正常局面。

以江泽民同志为核心的党的第三代中央领导集体运筹帷幄,纵横捭阖,妥善运用我国日益增加的政治、经济、文化等影响力,提高我国的国际地位,在国际事务中的作用与影响越来越大,中国受到越来越多国家和人民的尊重。

(二)胡锦涛的国际战略思想

1. 提出和谐世界理念

党的十六大以来,以胡锦涛同志为总书记的党中央坚持科学发展观,在倡导构建和谐社会的基础上,将"和谐"理念拓展到国际关系领域,逐步形成了坚持和平发展道路、建设和谐世界的国际战略思想。2005年4月,胡锦涛参加雅加达亚非峰会时,首次提出亚非国家应"共同构建一个和谐世界"。两个多月后,在胡锦涛出访莫斯科过程中,中俄两国领导人联合发表《中俄关于21世纪国际秩序的联合声明》,声明表示:"中俄两国愿同各国一道,为建立一个和平、发展、和谐的世界而努力。""和谐世界"理念第一次被确认为国与国之间的共识。2005年9月15日,在纪念联合国成立60周年首脑会议演讲中,胡锦涛代表中国发表了题为《努力建设持久和平、共同繁荣的和谐世界》的讲话,首次在联合国讲台上发出"努力建设持久和平、共同繁荣的和谐世界"的重要倡议,向全世界传递了中国渴望和平发展、愿做负责任大国,并希望与其他各国共建和平、繁荣、和谐世界的信息。2005年12月22日,中国政府发表了题为《中国的和平发展道路》白皮书,对中国的发展道路进行了系统阐述,指出:"建设一个持久和平、共同繁荣的和谐世界,是中国走和平发展道路的崇高目标;和谐世界应该是民主的世界,和睦的世界,公正的世界,包容的世界。"2006年4月21日,胡锦涛在美国耶鲁大学发表演讲,以富有文学色彩的语言,向美国人民阐述了中国和平发展战略的内涵,即"对内以民为本,注重和谐;对外亲仁善邻,讲求和睦"。党的十六届六中全会审议通过的《中共中央关于构建社会主义和谐社会若干重大问题的决定》明确提出:"按照和平共处五项原则和其他公认的国际关系准则同世界各国发展友好关系,推动建设持久和平、共同繁荣的和谐世界。"2007年10月,在党的十七大报告中,胡锦涛指出:"我们主张,各国人民携手努力,推动建设持久和平、共同繁荣的和谐世界。中国将始终不渝走和平发展道路,始终不渝奉行互利共赢的开放战略,坚持在和平共处五项原则的基础上同所有国家发展友好合作,继续同各国人民一道,为实现人类的美好理想而不懈努力。"

2. 携手推动两岸关系和平发展

以胡锦涛同志为总书记的党中央从全局和战略的高度重视与加强对台工作,针对台海局势的新变化,就新形势下的对台工作作出了一系列重大决策和部署。胡锦涛指出:"有力打击和有效遏制'台独'分裂势力及其活动,事关维护我国发展的重要战略机遇期,事关中华民族的根本利益。"两岸同胞要共同反对和遏制"台独"分裂活动。要团结岛内反对"台独"的力量,综合运用政治、经济、文化、法律、外交等力量和必要的军事手段,维护国家主权和领土完整,维护两岸关系大局基本稳定,推进祖国和平统一进程。要坚持"和平统一、一国两制"的基本方针,坚持"一个中国"原则绝不动摇,争取和平统一的努力绝不放弃，贯彻寄希望于台湾人民的方针绝不改变，反对"台独"分裂活动绝不妥协，牢牢把握两岸关系和平发展的主题，真诚为两岸同胞谋福祉、为台海地区谋和平，维护中华民族的根本利益。

3. 营造和谐的外部环境

进入21世纪以来，国际形势处于深刻演变之中。以胡锦涛同志为总书记的党中央冷静分析国内外形势，紧紧抓住战略机遇期，高举和平、发展、合作的旗帜，为国内经济发展营造了和谐的外部环境。

首先，与主要大国关系稳定发展。中俄两国战略协作伙伴关系全面深入快速发展，进入历史最好时期。中美同意全面推进21世纪建设性合作关系。我国同欧盟及其主要成员国建立了全面战略伙伴关系。2008年5月，胡锦涛成功对日本进行"暖春"之旅，开创了中日战略互惠关系新局面。我国同各主要大国启动战略对话磋商机制。

其次，同周边国家睦邻友好合作关系进一步扩大和深化。我国同印度、印尼等国建立不同形式的战略伙伴关系，同哈萨克斯坦等国签订友好合作条约。推动上海合作组织成员国缔结长期睦邻友好合作条约，上海合作组织进入全面务实合作阶段。我国作为首个非东盟国家加入《东南亚友好合作条约》，东盟—中国（10+1）、东盟—中日韩（10+3）合作成果显著。推动南海、东海共同开发迈出新步伐。

再次，同发展中国家的团结合作取得重要进展。2006年，我国成功主办"中非合作论坛"北京峰会，这是新中国外交史上主办的规模最大、领导人出席最多的国际会议，对巩固、发展我国与非洲国家的友好关系具有重大意义。2004年成立"中阿合作论坛"。同拉美、加勒比和南太平洋地区国家的互利合作不断深化。加强了同巴西、南非、墨西哥等发展中大国的协调与合作，"金砖四国"等合作机制日益充实、完善。

4. 加强公共外交与人文外交

2007年，胡锦涛总书记在党的十七大报告中，从提升中国文化软实力的高度，明确提出"加强对外文化交流，吸收各国优秀文明成果，增强中华文化国际影响力"。2009年7月20日，胡锦涛在出席第十一次驻外使节会议时指出："要加强公共外交和人文外交，开展各种形式的对外文化交流活动，扎实传播中华优秀文化。"随后，中美人文交流高层磋商机制2010年建立，文化部在各国陆续推出的"中国文化节"、教育部主办的"汉语桥"大中学生汉语大赛、广电部门主办的"中国电影周"等一系列人文外交机制得以巩固和发展，人文外交越来越成为中国外交的亮丽风景线。加强公共外交和人文外交，是中国外交新的增长点。胡锦涛在外事活动中身体力行，积极践行公共外交，为加深中国与其他国家之间的公共外交作出了重要贡献。

三、习近平外交思想与实践

以习近平同志为核心的党中央在继承前辈外交发展道路和理论基础上，登高望远，勇于创新，外交开局、布局、格局体现了稳进、周密、宽广的特点，向世界展示了一个崛起中的文明大国、东方大国、负责任大国、社会主义大国的外交新气派。十八大以来,习近平在外交战略方面有许多新论述、新观点、新思想,突出了外交工作在新一届中央领导集体治国理政体系中的重要地位,体现了他独具特色的外交观与战略理念,向外界发出中国新一届中央领导集体将坚持改革开放,坚持走和平发展道路,坚持奉行互利共赢的开放战略,坚定维护国家核心利益的明确信息。

面对错综复杂的国际局势,以习近平同志为核心的党中央发扬中国共产党理论联系实际的优良作风,勇于探索,坚持内政和外交有机统一、中国特色与时代特征融为一体,在很短的时间内取得了一系列外交理论和实践的重要突破,体现了开拓创新的决心,展现出宽广的世界眼光、前瞻的战略思维和驾驭全局的能力,为开创外交工作新局面、抓住和用好重要战略机遇期提供了有力的理论和实践保障。

(一)提出中国梦重要思想,增进我国与世界各国的交流合作

十八大以来,习近平30多次出访,足迹遍及五大洲、五六十个国家以及主要国际和区域组织。习近平在出访和接待外国来宾的过程中,向各国领导人和公众深入介绍了实现中华民族伟大复兴中国梦的重要思想,阐述了中国梦的丰富内涵。

在中国梦的语境之下,中国外交显示出两个明显的特征:一是更加开放包容,突出外交为国富民强、民族振兴和人民幸福服务,强调坚持走和平发展道路;一是中国越来越成为一个坚持原则和负责任的世界大国,不仅坚持捍卫国家利益和民族尊严,也注重在多边舞台上发挥负责任大国作用,为世界作出更大贡献,赢得更多的国际声誉。

习近平强调,中国梦是中国各族人民的梦,也是每个中国百姓的梦。中国梦的实现需要和平稳定的国际、周边环境,中国将坚持通过和平发展方式实现中国梦。中国梦与世界各国人民的梦想息息相通,中国在实现自身发展的同时将努力带动和帮助其他国家特别是发展中国家和周边国家发展。中国将与各国更多地分享发展机遇,使它们更好地实现自己的梦想。中国希望同世界各国合作共赢、共同发展。中国人民希望通过实现中国梦,同各国人民一道,携手共圆世界梦。

习近平就中国梦所作的全面深入细致的阐述,是中国坚持走和平发展道路的重要思想在新时期的继承与发展,增进了国际社会对中国和平发展战略的理解和认同,在国际上受到普遍赞赏与欢迎。很多国家领导人和各界人士表示,中国梦与他们自己国家、人民的梦想是一致的,愿意同中国一道努力实现人类共同的美好理想。这一事实有力地挫败了某些国际势力歪曲与诋毁中国梦的图谋。

中国梦的重要思想不仅大大激励了中国人民实现中华民族伟大复兴的决心和信心,也有力地提升了我国的对外影响力和亲和力,增加了我国在国际事务中的地位和话语权,充分体现了内政和外交的有机结合、高度统一。

(二)提出构建中美新型大国关系,积极应对中美贸易摩擦,推动与各大国关系的发展

推动构建中美新型大国关系,实现中国与各大国关系的良性互动、合作共赢,是以习近

平同志为总书记的党中央关于运筹大国关系的重要理念。这既是充分汲取历史经验教训、准确把握时代潮流、将中国自身利益与世界各国利益紧密结合作出的战略抉择,也是实现"两个一百年"奋斗目标的内在需要和坚持和平发展这一总体对外战略的必然要求。

中美就构建新型大国关系达成重要共识。2013年6月,在中美元首安纳伯格庄园会晤中,习近平与美国总统奥巴马一致同意,中美将共同努力构建新型大国关系,造福两国和世界人民。习近平用三句话对新型大国关系内涵进行了精辟的概括:一是不冲突、不对抗。要客观理性看待彼此的战略意图,坚持做伙伴、不做对手;通过对话合作、而非对抗冲突的方式,妥善处理矛盾和分歧。二是相互尊重。要尊重各自选择的社会制度和发展道路,尊重彼此的核心利益和重大关切,求同存异,包容互鉴,共同进步。三是合作共赢。要摒弃零和思维,在追求自身利益时兼顾对方利益,在寻求自身发展时促进共同发展,不断深化利益交融格局。习近平还指出,为落实构建中美新型大国关系共识,双方要提升对话互信新水平,在开展务实合作方面采取新步骤,建立大国互动新模式,探索管控分歧新办法。中美建立新型大国关系前无古人、后启来者,是一项没有现成经验可循的历史创举,不会一帆风顺,但只要我们看清形势、认准目标、坚定信心、不断推进,就一定能推动中美关系健康稳定发展。

2018年3月22日,美国总统特朗普在白宫签署一份针对中国"经济侵略行为"的总统备忘录,依据此前"301调查"结果,将对从中国进口的商品大规模征收关税,并限制中国企业在美国的投资和收购兼并。与此同时,美国政府也表示,美国贸易代表办公室(USTR)将在15天内公布征税商品清单,涵盖1300种产品,金额约500亿美元。消息一出,举世哗然。

◎ 资料卡片

"301条款"

"301条款"是美国《1974年贸易法案》第三部分第一章的俗称。"301条款"是美国政府针对损害美国贸易利益和商业利益的外国政府的行为、政策和做法进行调查、报复和制裁的手段,其市质是美国强权政治和单边主义做法在对外贸易方面的体现,利用贸易政策推行其价值观念的一种手段,即通过强化美国对外贸易协定的实施,扩大美国海外市场,迫使其他国家接受美国的国际贸易准则,以维护美国的利益。该项法律授权美国贸易代表办公室可以采取的制裁措施包括几个方面:中止贸易协定项下的减让;采取关税或其他进口限制;对服务征收费用或采取限制;与被调查国达成协议,以消除其违反行为或向美国提供补偿和限制服务领域的授权等。

随着中美贸易摩擦不断升级,美方的战略意图和底牌暴露得越发明显,其目标显然不是缩减贸易逆差这么简单,越来越多的迹象表明这是打着贸易战的旗号,剑指中国经济崛起和产业升级,尤其是对中国高科技领域的战略遏制和"围猎",这也让国内抱有幻想的人更加清醒。最能显示美方战略意图的是两份文件和两个案例:2018年3月的《301报告》、5月的美方要价清单、20世纪80年代的日美贸易战以及当前美方对中国高科技旗舰企业华为的围堵。

随着中国经济崛起、中美产业分工从互补走向竞争以及中美在价值观、意识形态、国家治理上的差异，近年来，美国政界、商界以及社会各界对中国看法发生重大转变，部分美方人士认为，中国是政治上的威权主义、经济上的国家资本主义、贸易上的重商主义、国际关系上的新扩张主义，这是对美国领导的西方世界的全面挑战。中国经济崛起挑战美国经济霸权，中国进军高科技挑战美国高科技的垄断地位，中国重商主义挑战美国贸易规则，中国"一带一路"倡议挑战美国地缘政治，中国发展模式挑战美国意识形态和西方文明。

因此，我们必须清醒地认识到，中美贸易摩擦具有长期性和严峻性。面对内外部形势，我们最好的应对是以更大力度、更大决心推动改革开放，建设高水平市场经济和开放体制，降低关税、放宽投资限制、减少负面清单、加强知识产权保护、营造国企民企外企公平的竞争环境，展现开放自信。

同时，在我国的积极运筹和推进下，我国与其他大国的关系也取得新进展和新突破。中俄战略互信不断深化，经贸合作水平稳步提升，能源等重大合作项目取得新突破，在重大国际和地区问题、全球经济治理等方面保持密切协调，全面战略协作伙伴关系取得新发展。中欧合作领域进一步拓宽，相互利益交融不断加深，战略合作关系水平持续提升。我们还积极发展与发展中大国及地区大国的友好合作关系，取得明显成效。

（三）坚持正确义利观，加强与周边和发展中国家的友好合作

正确处理"义"和"利"的关系是中华优秀传统文化的精髓，也是中华民族传承至今的道德准则，不仅是指导个人为人处世的重要原则，也是指导国家处理国际关系的重要原则。习近平同志秉承中华文化和新中国外交优良传统，针对我国与发展中国家和周边国家关系面临的新形势、新任务，强调在同这些国家发展关系时要树立正确义利观，政治上坚持正义、秉持公道、道义为先，经济上坚持互利共赢、共同发展。对于那些对我国长期友好而自身发展任务艰巨的周边和发展中国家，要更多地考虑对方利益，不要损人利己，以邻为壑。

我们以正确义利观为引导，加强对周边和发展中国家的工作。习近平访非期间与非洲领导人坦诚交心，全面阐述中国对非政策，提出对非合作的真、实、亲、诚四字箴言，特别强调中非合作的互利共赢性质，表示中国将不折不扣落实承诺，不附加任何政治条件，重在帮助非洲国家把资源优势转化为发展优势，实现多元、自主、可持续发展。习近平的讲话引起非洲领导人和民众的强烈共鸣，他们纷纷表示中国对非洲的帮助是真诚的，目的是促进非洲发展，非洲国家完全信任中国。

习近平访问特立尼达和多巴哥、哥斯达黎加，落实了一大批重大合作项目，体现了我国帮助中美洲有关国家发展的诚意。习近平宣布，中国将面向加勒比友好国家设立优惠贷款和基础设施建设专项贷款，受到有关国家的欢迎。习近平访问墨西哥，在促进两国经贸领域合作方面取得积极成果，双方宣布将中墨关系提升为全面战略伙伴关系。

2019年5月15日至22日,以"亚洲文明交流互鉴与命运共同体"为主题的亚洲文明对话大会在北京召开。大会立足亚洲、面向世界,覆盖了亚洲各个国家,向世界各文明开放,充分展示亚洲文明的多彩魅力和中华文明的深厚底蕴,体现了兼收并蓄、共同进步的文明理念。当今的亚洲是经济快速发展的亚洲,21世纪世界地缘格局变动的一个重大趋势,就是亚洲的整体性崛起。新世纪以来,亚洲经济增速持续领跑全球,2017年亚洲GDP总值为29.4万亿美元,占世界比重达到36.5%,而北美洲及欧洲占比分别为27.4%、26.1%。欧、美、亚三足鼎立的新格局初步形成,400年来西方一家主导世界的局面一去不复返。亚洲文明对话大会是继博鳌亚洲论坛之后,中国主要面向亚洲搭建的又一重要对话合作机制,博鳌亚洲论坛注重经济议题的对话合作、共同协商,亚洲文明对话大会则是强调文明对话、交流互鉴,以文明的力量化解世界发展难题。可以说,创建亚洲文明对话大会既是为促进亚洲及世界各国文明平等对话、交流互鉴提供了一个新的平台,也是为充满不确定性、不稳定性的世界实现更好发展再次贡献中国方案、中国智慧、中国力量。

(四)加强外交工作的顶层设计、策略运筹和底线思维,维护国家核心利益

习近平多次强调,要从顶层设计角度对中长期对外工作作出战略规划。党中央高瞻远瞩、总揽全局,观大势、谋大事,不断加强顶层设计和战略谋划,通过一系列重大外交行动,将大国、周边、发展中国家、多边等工作密切结合,综合施策,推动了与各方关系的全面发展,达到了外交工作开好头、起好步、布好局的预期目标,为运筹中长期外交整体布局奠定了良好基础。

以习近平同志为总书记的党中央高度重视对外政策的具体执行环节,强调要搞好策略运筹,顺势而为,根据国际形势和外部环境变化,及时调整政策和策略,正确处理对外工作中遇到的新情况、新问题。要有底线思维,处理问题既要朝好的方向努力,也要做最坏的打算。习近平强调,中国坚定不移走和平发展道路,但绝不能放弃我们的正当利益,绝不能牺牲国家核心利益。任何外国不要指望我们会吞下损害我国主权、安全、发展利益的苦果。在外交实践中不回避矛盾和问题,妥善处理同有关国家的分歧、摩擦,同时推动各领域交流合作,通过合作扩大共同利益的汇合点,努力维护同周边国家的关系及地区的和平稳定大局。

(五)提出加强外事工作的统筹协调,确保中央对外交工作的集中统一领导

党中央从统筹国内国际两个大局出发,高度重视对外事工作的统筹协调,强调外事工作必须内外兼顾、通盘筹划、统一指挥、统筹实施,要求中央和地方、政府和民间、涉外各部门牢固树立外交一盘棋意识,各司其职,形成合力,既充分发挥各方面的积极性和创造力,又从国家利益的高度做好集中调度,保障中央对对外工作的领导、决策、管理、处置等各项功能顺利实施,确保中央对外战略意图的实现,有力改进和加强了中央对外事工作的集中统一领导和统筹协调。

(六)共建"一带一路",打造欧亚区域经济一体化新格局

2017年10月18日,习近平总书记在十九大报告中强调,要以"一带一路"建设为重点,坚持引进来和走出去并重,遵循共商共建共享原则,加强创新能力开放合作,形成陆海内外联动、东西双向互济的开放格局。党的十九大关于《中国共产党章程(修正案)》的决议明确提出,将推进"一带一路"建设等内容写入党章。这充分体现了在中国共产党领导下,中国高度重视"一带一路"建设、坚定推进"一带一路"国际合作的决心和信心。

"一带一路"是"丝绸之路经济带"和"21世纪海上丝绸之路"的简称。中国政府倡议,共建"一带一路",恪守《联合国宪章》的宗旨和原则,坚持开放合作、和谐包容、市场运作,互利共赢。秉持和平合作、开放包容、互学互鉴、互利共赢的理念,以政策沟通、设施联通、贸易畅通、资金融通和民心相通为主要内容加强合作。自该倡议提出以来,得到了全球140多个国家和80多个国际组织的积极支持和参与,联合国大会、联合国安理会等重要决议都采纳了相关内容。

"一带一路"是促进共同发展、实现共同繁荣的合作共赢之路,是增进理解信任、加强全方位交流的和平友谊之路。"一带一路"建设不是对现有国际合作机制的挑战和替代,而是与现有机制互为助力、相互补充,针对国际合作中的瓶颈和制约因素提出中国方案,以开放、合作、共赢的理念为世界经济注入正能量。"一带一路"建设聚焦"五通",把中国发展同沿线各国发展结合起来,把中国梦与世界梦衔接起来,推动沿线各国联动发展并加深经济融合。各国在此过程中将形成"一荣俱荣、一损俱损"的利益共同体,从而为打造人类命运共同体奠定基础。

随着"一带一路"建设的深入实施,一批战略性、示范性大项目将逐步生根开花结果。中国不仅能进一步实现发展,相关国家的经济发展也必将因此迈向新台阶,这将进一步推动中国与相关国家政治安全关系的改善。

(七)谋求开放创新、包容互惠的发展前景

当前,世界多极化、经济全球化、社会信息化、文化多样化深入发展,国际格局以西方为主导、国际关系理念以西方价值观为主要取向的"西方中心论"已难以为继,新兴市场国家和广大发展中国家快速崛起,日益改变着国际力量对比。国际社会迫切呼唤新的全球治理理念,构建新的更加公正合理的国际体系和秩序,开辟人类更加美好的发展前景。顺应和平、发展、合作、共赢的时代潮流,习近平总书记谋求开放创新、包容互惠的发展前景,提出构建人类命运共同体理念。这一理念传承和弘扬了中华优秀传统文化精髓,具有丰富的文化意蕴,既具有鲜明的中国特色,又蕴含全人类的共同价值追求,赢得了世界大多数国家和人民的高度认同。

第三节 中国的国际地位和作用

改革开放以来,我国经济和社会发展取得了令人瞩目的成就,主要经济社会指标占世界的比重逐年上升,居世界的位次不断前移,国际地位和国际影响力显著提升,在国际舞台上的地位日益提高,发挥着越来越重要的作用。中国为维护世界和平、推进世界经济共同繁荣作出了卓越的贡献。

一、国际地位提升明显

(一)我国经济持续较快增长,是世界经济增长的主要动力

1. 经济增速明显高于世界平均水平

1979—2018年,我国经济平均增长率约为9.4%,明显高于世界同期2.9%的平均水平,也高于世界各主要经济体同期平均水平。党的十九大提出,中国经济已由高速增长转向高质量发展。在国家推动实施供给侧结构性改革的背景下,2018年中国实现了6.6%的增长,远高于世界3.0%的平均水平。

2. 对世界经济增长的贡献跃居全球首位

1979—2017年,中国对世界经济增长的年均贡献率为18.4%,仅次于美国,居世界第二位。特别是自2006年以来,中国对世界经济增长的贡献率稳居世界第一位,是世界经济增长的第一引擎。

(二)我国经济实力显著增强,主要经济总量指标跃居世界前列

1. 国内生产总值稳居世界第二位

1978年,我国国内生产总值世界排名第十一位;2010年,成为世界第二大经济体,并在此后稳居世界第二位。我国占世界经济总量的比重逐年上升,2018年中国全年GDP同比增长6.6%,首次突破90万亿元。

2. 主要工农业产品产量跃居世界前列

农业生产稳定增长,谷物、肉类等主要农产品产量居世界第一位。1978—2016年,我国谷物、花生、茶叶产品产量由世界第二位上升至世界第一位;肉类由第三位提高到第一位;甘蔗产量由第十位提高到第三位。2018年粮食种植面积11704万公顷,油料种植面积1289万公顷,全年粮食产量65789万吨,全年棉花产量610万吨,全年猪牛羊禽肉产量8517万吨。

主要工业产品产量跃居世界前列。改革开放以来,我国主要工业产品产量稳步提

升,相继步入世界前列。其中,粗钢、煤、发电量、水泥、化肥产量分别由1978年居世界第五、三、七、四、三位跃居2016年的世界第一位;原油产量由第八位上升到第五位。

3. 对外货物和服务贸易总额跃居世界前列

我国货物进出口总额跃居世界第一位。随着我国对外开放的不断扩大并于2001年正式加入世界贸易组织,我国货物进出口总额持续增长,占世界比重不断提升。1978年居世界第29位,2013年我国货物进出口贸易额首次跃居世界第一位,2014—2015年保持第一。在2017年我国全年实现货物进出口总额重回世界第一位的基础上,2018年全年货物进出口总额305050亿元,比2017年增长9.7%;贸易总量首次超过30万亿元,创历史新高。在世界经济下行压力较大的背景下,我国进口需求增长对世界经济的复苏作出了突出贡献。

我国服务进出口总额跃居世界第二位。改革开放以来,我国服务进出口总额大幅增长,不断迈上新台阶。1982年我国服务进出口总额居世界第34位,2000年上升至世界第十一位,2013年上升至第三位,2018年我国服务进出口总额超过5万亿元人民币,规模再创历史新高,连续五年保持全球第二位。

4. 外商直接投资和对外直接投资居世界前列

对外直接投资跃居世界第三位。1982—2017年,我国对外直接投资快速增长,年均增长率为25.8%。1982年,我国对外直接投资额居世界第28位,2000年居世界第33位,2013—2015年稳居世界第四位。2016年,我国对外直接投资额达1961亿美元。2018年,在全球投资不确定性增加、国内对跨境资本监管力度加大的大环境下,我国对外直接投资额1298.3亿美元,同比增长4.2%。

吸引外商直接投资跃居世界第二位。联合国贸发会议数据显示,1979—2017年,我国吸引外商直接投资快速增长,年均增长46.1%。1979年我国吸引外商直接投资额居世界第122位,2000年上升至世界第八位,2013—2014年稳居世界第二位。2018年,在世界跨国投资复苏缓慢、国际贸易关系复杂多变的背景下,中国利用外资再创历史新高,全年实际使用外商直接投资达到1350亿美元(不含银行、证券、保险领域),增长了3%。同时,新设立的外商投资企业增长了将近70%。

5. 出境旅游人数和境外旅游支出居世界第一位

我国出境旅游人数稳居世界第一位。1995—2016年,我国出境旅游人数由0.05亿人次升至1.35亿人次,年均增长17.6%。1995年我国出境人数居世界第17位,2003年首次进入世界前十,居世界第九位,2013年首次跃居世界第一位,2014—2016年稳居世界第一位,是全球最大的出境游市场。

我国出境旅游支出大幅增长。1995—2016年,随着人民生活水平的改善,我国出境旅游支出大幅提高。1995年我国出境旅游支出居世界第25位,2000年上升至世界第八位,2013年居世界第二位,2014—2015年稳居世界第一位。2016年,我国出境旅游支出额为2611亿美元,比1995年的37亿美元提高了2574亿美元,增长69.6倍,居世界第一位,比1995年提高24位。

我国入境旅游人数和国际旅游收入逐年增加。我国接待入境旅游人数稳步增长,国际旅游收入大幅增加。1995年,我国入境旅游人数居世界第七位,2000年居世界第五位,2013—2016年稳居世界第四位。

6. 现代基础设施建设领跑世界

截至2018年底,我国铁路营业里程达到13.1万公里以上,其中高铁2.9万公里以上,居世界第一位。改革开放40多年来,铁路营业里程由5.2万公里增长到13.1万公里以上,增长154.4%,形成了世界上最现代化的铁路网和最发达的高铁网;铁路服务经济社会发展保障能力显著增强,国家铁路旅客发送量由8.07亿人次增长到33.17亿人次,增长311.0%,货物发送量由10.75亿吨增长到31.9亿吨,增长196.7%;铁路科技创新取得重大突破,成功构建了具有完全自主知识产权的高速、普速、重载三大领域铁路技术标准体系,总体技术水平迈入世界先进行列,部分达到世界领先水平。

(三)人均国民总收入大幅增加,民生指标位次明显前移

1. 人均国民总收入(GNI)不断迈上新台阶

1978年,我国人均GNI为200美元,远低于中等偏下收入国家水平;2018年我国人均国民总收入达到9732美元,已经进入中等偏上收入国家行列,且高于中等收入国家平均水平。

2. 教育文化、医疗卫生水平明显提升

教育事业取得长足发展。1978—2015年,我国高等教育毛入学率从0.7%提高到48.1%,我国即将由高等教育大众化阶段进入普及化阶段,远高于世界平均水平。

婴儿死亡率显著降低,预期寿命超过世界平均水平。改革开放以来,我国医疗卫生事业得到进一步发展,婴儿死亡率逐年降低。2016年,婴儿死亡率由1978年的53.0‰降低到6.1‰,远远低于世界平均水平,也显著低于中等偏上收入国家平均水平。

2018年,我国预期寿命达到77岁,比1978年提高了11岁,超过世界平均水平5岁,超过中等偏上收入国家平均水平2岁。

3. 我国贫困人口大幅减少,为世界减贫事业作出巨大贡献

按照我国现行农村贫困标准(2010年价格水平每人每年2300元)测算,1978年我国农村贫困人口为7.7亿,贫困发生率为97.5%。2017年年末农村贫困人口3046万人,比1978年减少7.4亿人;2018年末,全国农村贫困人口1660万人,比2017年末减少1386万人;贫困发生率1.7%,比2017年下降1.4个百分点。我国是最早实现联合国千年发展目标中减贫目标的发展中国家,为世界减贫事业作出了巨大贡献。

改革开放40多年来,在国际形势复杂多变、国际竞争压力不断加大的情况下,我国经济社会发展经受住各种重大挑战,社会生产力快速发展,综合国力大幅提升,人民生活明显改善,社会事业全面发展,国际地位和影响力明显提高,取得了举世瞩目的成绩。尽

管近年来我国经济增速有所放缓,但从全球来看仍然是较高增速。在国际形势日益复杂的大环境中,未来我国经济社会发展仍将面临一些困难和阻力。但我们坚信,只要在以习近平同志为核心的党中央的坚强领导下,全面深化改革,主动适应国际环境变化,有效化解各种矛盾,就一定能实现综合国力的持续提升,人民生活水平、国际地位和影响力进一步增强。

二、中国在多极化进程中的作用

(一)促进世界多极格局均衡化发展

新中国自成立以来,就以独立自主的姿态屹立于世界民族之林,发挥着独特作用。新中国成立初期,中国与苏联结盟,极大地壮大了社会主义阵营的力量。20世纪70年代后期,在美苏争霸的过程中,中国作为中美苏"大三角"中独特的"一角",发挥着有力的制衡作用。在苏东剧变、冷战结束的前后,中国顶住各方面压力,打破了西方国家的制裁,积极倡导建立和平、稳定、公正、合理的国际政治经济新秩序,推动多极化进程。随着两极格局的崩溃,各种力量分化组合,形成了五大力量中心,中国是公认的力量中心之一。在多极化趋势进一步发展所带动的大国关系深刻调整的过程中,"中国因素"是明显的。当前,中国的迅速崛起,进一步推动北美、欧洲、亚洲三大中心区域和美国、欧盟、日本、中国、俄罗斯五大力量的均衡化发展,中国在国际战略力量中的制衡作用更为突出。

(二)中国是维护世界和平和地区稳定的重要力量

长期以来,中国奉行的是独立自主的和平外交政策,始终是维护世界和平和地区稳定的坚定力量。中国把反对霸权主义,维护世界和平作为对外政策的基本目标,长期以来同各种形式的霸权主义、强权政治进行了不懈的斗争。中国是和平共处五项原则的积极倡导者、模范执行者和坚定捍卫者。中国作为联合国安理会常任理事国,一贯支持联合国在维护世界和平、裁军、解决国际争端方面所作的积极努力,并发挥自己的作用。中国一贯坚持发展睦邻友好关系,维护周边地区的稳定。中国不断加强同周边国家的友好往来和合作,积极开展安全对话和合作。中国同一些周边国家建立了双边或多边安全对话和磋商机制。中国积极参与国际争端的斡旋与调停,在稳定国际局势、抑制战争方面发挥了举足轻重的作用。

中国不参加军备竞赛,而且反对军备竞赛。中国一贯主张全面禁止和彻底销毁核武器、化学武器、生物武器等大规模杀伤性武器,反对这类武器的扩散。中国政府多次郑重声明,在任何时候、任何情况下都不首先使用核武器,不对无核国家和无核地区使用或威胁使用核武器。中国积极参加联合国裁军谈判,多次阐明对裁军、军控问题的原则立场和具体建议。中国奉行的是防御性国防战略。中国军队的武器装备、军事技术与发达国家相去甚远,正在进行的国防现代化建设是保卫国家安全和维护国家领土完整的需要。

因此,中国的发展和国防现代化不仅不会对别国构成威胁,相反,还有利于亚太地区力量的平衡与稳定。

(三)中国是世界经济发展的重要推动力量

中国的发展离不开世界,中国的发展又推动了世界的发展。随着中国经济实力的进一步增强和中国全方位、大纵深地参与国际事务,中国对世界经济已产生巨大的影响。对此,英国《经济学家》指出:"中国作为世界经济增长的重要引擎和世界经济利润的神经中枢,其增长的缓急和方式的调整都将引起世界发展的敏感反应。全球通胀率、利率、国债收益率、房地产价格、工资、利润和商品价格现在越来越受中国决策的驱动,这可能成为至少半个世纪以来世界上最深刻的经济变化。"

2014年11月,在亚太经合组织北京峰会上,习近平就推动亚太地区经济发展提出五点建议:第一,以亚洲国家为重点方向,率先实现亚洲互联互通。"一带一路"源于亚洲、依托亚洲、造福亚洲。中国愿通过互联互通为亚洲邻国提供更多的公共产品,欢迎大家搭乘中国发展的列车。第二,以经济走廊为依托,建立亚洲互联互通的基本框架。"一带一路"兼顾各国需求,统筹陆海两大方向,涵盖面宽,包容性强,辐射作用大。第三,以交通基础设施为突破,实现亚洲互联互通的早期收获,优先部署中国同邻国的铁路、公路项目。第四,以建设融资平台为抓手,突破亚洲互联互通的瓶颈。第五,以人文交流为纽带,夯实亚洲互联互通的社会根基。习近平宣布,将出资400亿美元成立亚洲基础设施投资银行。截至2015年4月,共有57个国家成为亚投行意向创始成员国。中国的国际影响力和对世界经济发展的推动作用日益凸显。

思考题

1. 简述中国对外政策的宗旨和基本原则。
2. 简述我国在当今世界上的地位和作用。

参考文献

[1] 邓小平文选.第3卷.北京:人民出版社,1993.

[2] 王逸舟.当代国际政治析论.上海:上海人民出版社,1995.

[3] 畅征,陈峰君主编.第三世界的变革.北京:中国人民大学出版社,1997.

[4] [美]塞缪尔·亨廷顿,周琪等译.文明的冲突与世界秩序的重建.北京:新华出版社,1998.

[5] [德]汉斯·马丁哈拉尔特·舒曼,张世鹏等译.全球化陷阱——对民主和福利的进攻.北京:中央编译出版社,1998.

[6] 王缉思主编.高处不胜寒——冷战后美国的全球战略和世界地位.北京:世界知识出版社,1999.

[7] 李宗禹等.斯大林模式研究.北京:中央编译出版社,1999.

[8] [美]布鲁斯·拉西特,哈维·斯塔尔著,王玉珍等译.世界政治(第五版).北京:华夏出版社,1999.

[9] 王树柏主编.风云变幻:世纪之交的世界.北京:新华出版社,2000.

[10] 金重远主编.20世纪的世界·百年历史回溯(上、下卷).上海:复旦大学出版社,2000.

[11] 俞正梁等.全球化时代的国际关系.上海:复旦大学出版社,2000.

[12] 方柏华.国际关系格局——理论与现实.北京:中国社会科学出版社,2001.

[13] 张树华.过渡时期的俄罗斯社会.北京:新华出版社,2001.

[14] 张蕴岭主编.21世纪:世界格局与大国关系.北京:社会科学文献出版社,2001.

[15] 畅征,刘青建.发展中国家政治经济概论.北京:中国人民大学出版社,2001.

[16] [美]罗伯特·吉尔平著,杨宇光、杨炯译.全球资本主义的挑战.上海:上海人民出版社,2001.

[17] 俞邃等.普京:能使俄罗斯振兴吗?南京:江苏人民出版社,2001.

[18] 梁西.国际组织法(总论).武汉:武汉大学出版社,2001.

[19] 李铁城主编.世纪之交的联合国.北京:人民出版社,2002.

[20] 郑羽主编.独联体十年——现状·问题·前景.北京:世界知识出版社,2002.

[21] 金鑫主编.世界问题报告——从世界的视角观照中国.北京:中国社会科学出版社,2002.

[22] 王逸舟.当代国际政治析论.上海:上海人民出版社,2004.

[23] 冯绍雷,相蓝欣主编.转型理论与俄罗斯政治改革.上海:上海人民出版社,2005.

[24] 冯绍雷,相蓝欣主编.俄罗斯与大国及周边关系.上海:上海人民出版社,2005.

[25] 李淑珍主编.当今时代与时代主题.北京:北京大学出版社,2005.

[26] [美]汉斯·摩根索著,徐昕、郝望、李保平译.国家间政治权力斗争与和平(第七版).北京:北京大学出版社,2006.

[27] [俄罗斯]米·伊·科金著,刘燕明译.风雨兼程——俄罗斯转型启示录.北京:中央文献出版社,2004.

[28] 陆南泉.苏联经济体制改革史:从列宁到普京.北京:人民出版社,2007.

[29] 张宇燕,李增刚.国际关系的新政治经济学.北京:中国社会科学出版社,2010.

[30] [美]威廉·R·科勒.20世纪的世界(牛津第5版).北京:群言出版社,2010.

[31] 戴德铮编著.国际政治学要论:国际政治态势与战略应对.北京:时事出版社,2010.

[32] 王缉思,唐士其主编.多元化与同一性并存:三十年世界政治变迁(1979—2009).北京:社会科学文献出版社,2011.

[33] 陆齐华.俄罗斯和欧洲安全.北京:中央编译出版社,2012.

[34] [美]亨利·基辛格.论中国.北京:中信出版社,2012.

[35] [美]亨利·基辛格著,顾淑馨,林添贵译.大外交.海南:海南出版社,2012.

[36] 沈志华主编.一个大国的崛起与崩溃:苏联历史专题研究1917—1991.北京:社会科学文献出版社,2012.

[37] 陆南泉,左凤琴等主编.苏东剧变之后——对119个问题的思考.北京:新华出版社,2012.

[38] 李慎明等.居安思危·世界社会主义小丛书(10卷).北京:社会科学文献出版社,2012.

[39] 蒲宁.沉浮:世界格局与大国关系.北京:西苑出版社,2013.

[40] 习近平谈治国理政.北京:外文出版社,2014.

[41] 中共中央宣传部理论局编.世界社会主义五百年党员干部读本.北京:学习出版社,2014.

[42] [美]吉原恒淑、詹姆斯·霍姆斯著,钟飞腾、李志斐译.红星照耀太平洋:中国崛起与美国海上战略.北京:社会科学文献出版社,2014.

[43] 王毅.国际形势与中国外交.北京:人民出版社,2015.

[44] 刘廷忠主编.当代世界经济政治与国际关系(第3版).高等教育出版社,2015.

[45] 张洁主编.中国周边安全形势评估(2015)——"一带一路"与周边战略.北京:社会科学文献出版社,2015.

[46] 国际形势与中国外交. 北京：人民出版社，党建读物出版社，2015.

[47] 李景治，林甦主编. 当代世界经济与政治（第 6 版）. 北京：中国人民大学出版社，2016.

[48] 冯玉军. 欧亚新秩序（三卷本）. 北京：中国社会科学出版社，2018.

[49] 马峰."一带一路"倡议的全球治理意义. 中国发展观察，2019，(08).

[50] 黄发红，李欣怡，吴乐珺，刘军国，张远南. 多国经济学家深入评析当前经济形势——世界经济需要排除制约因素. 人民日报，2018-11-13.

后　记

根据《普通高等学校"两课"教学基本要求·当代世界经济与政治》(教社政司函[2003]17号)、《中共中央宣传部、教育部关于进一步加强和改进高等学校思想政治理论课的意见》(教社政[2005]5号)的相关要求,在安徽省高校省级本科精品课程《当代世界经济与政治》建设的基础上,我们编写了本教材。与以往教材相比,我们不仅在编写形式和风格上作了新的尝试,而且在内容和体例上也作了较大的调整和改进,使之更符合教学的基本要求。在编写过程中,我们补充了大量新的观点、材料,吸收了近年来的最新研究成果,以反映世界经济与政治的新发展、新变化,增强教材的现实性和实效性。

本教材由吴玉才教授、杨荣教授担任主编,本书编写的具体分工如下:绪论,吴玉才、杨荣;第一章,汪志伟;第二章,谢振安、王新林;第三章,艾敏;第四章,秦元春;第五章,杨荣、吴玉才;第六章,孙自胜;第七章,杨荣;第八章,刘庆炬。吴玉才具体组织编写工作,吴玉才、杨荣负责拟订编写大纲,并对全书统改、定稿。李海洋、秦翠红、李方媛、胡小璐、王艳丽承担有关资料的收集、整理与文字校对等方面工作。

在编写过程中,有关专家提出了宝贵的意见和建议,同时,我们参考了有关教材和学术研究的成果,在此一并表示感谢!

由于资料和编者水平有限,书中不足和疏漏之处在所难免,恳请同行专家和广大读者给予批评和指正。

《当代世界经济与政治》编写组
2015年5月

再版后记

2019年4月,本教材获批安徽省"一流教材"建设项目后,编写组邀请有关专家、教材使用单位代表和出版社领导、编辑召开了修订会。经过讨论,提出以下修订意见:第一,总体思路:以习近平新时代中国特色社会主义思想为指导,贯彻落实党的十九大精神,同时及时补充体现当代世界经济与政治的新动态、新变化、新特点。第二,修订的主要原则:其一,贯穿新思想。以习近平新时代中国特色社会主义思想统领各章节,修改教材中相应的内容。其二,突出前沿性。吸收近年来新的研究成果,同时注重前沿材料来源的权威性、可靠性。其三,保持稳定性。在保持基本框架不变的情况下,根据新精神、新成果增减和修改已有章节的内容;同时,根据对读者和教材使用单位的调查,调整和修改部分内容。

本次修订的具体分工如下:绪论,吴玉才、杨荣;第一章,谢振安、王新林;第二章,汪志伟;第三章,汪志伟、艾敏;第四章,秦元春;第五章,杨荣;第六章,孙自胜;第七章,杨荣;第八章,刘庆炬。吴玉才具体组织修订工作,吴玉才、杨荣负责拟订修订大纲,并对全书统改、定稿。

在修订过程中,江西九江学院夏仕教授、安徽三联学院李海洋副教授、安徽新华学院徐平博士等有关专家提出了宝贵的意见和建议,同时,我们参考了有关教材和学术研究的成果,在此一并表示感谢!

《当代世界经济与政治》编写组
2019年6月